工会法
及相关法规汇编

(含典型案例)

中国法制出版社
CHINA LEGAL PUBLISHING HOUSE

编辑说明

《中华人民共和国工会法》（以下简称工会法）是明确工会法律地位和工作职责的重要法律，是工会组织依法开展工作的重要制度保障。2021年12月24日，第十三届全国人民代表大会常务委员会第三十二次会议通过《关于修改〈中华人民共和国工会法〉的决定》，新修正的工会法自2022年1月1日起施行。《中国工会章程》（以下简称工会章程）是中国工会的基础性规章性文件，是处理工会内部事务的基本准则。2023年10月12日，中国工会第十八次全国代表大会通过了《中国工会章程（修正案）》，该修正案自通过之日起生效。

为方便读者全面学习工会法、工会章程及相关法律规定，我们编辑出版了《工会法及相关法规汇编（含典型案例）》一书。本书有如下特点：

1. 关注新法动态，收录最新的法律文件，如2023年10月12日修正的《中国工会章程》。

2. 收录工会工作、工会组织、经费和资产、劳动保护、女职工工作、劳动争议处理等相关法律制度，内容全面。

3. 全面汇编司法实践中工会工作相关典型案例的案号、裁判要点与法律依据，并提供案例裁判文书全文的电子版文件。（扫描下方二维码即可下载）

希望本书能够为广大读者的工作与学习带来帮助！对于本书的不足之处，还望读者不吝批评指正！

扫描二维码下载
本书典型案例裁判文书全文

目　录[*]

一、综　合

中华人民共和国工会法 ………………………………………… 1
　　（2021 年 12 月 24 日）
最高人民法院关于在民事审判工作中适用《中华人民共和国工会法》若干问题的解释 …………………………………… 10
　　（2020 年 12 月 29 日）
中国工会章程 …………………………………………………… 12
　　（2023 年 10 月 12 日）

二、工会工作

基层工会工作暂行条例 ………………………………………… 26
　　（1984 年 5 月 3 日）
企业工会工作条例 ……………………………………………… 32
　　（2006 年 12 月 11 日）
机关工会工作暂行条例 ………………………………………… 42
　　（2015 年 6 月 26 日）
事业单位工会工作条例 ………………………………………… 49
　　（2018 年 9 月 4 日）
中华全国总工会关于企业集团建立工会组织的办法 ………… 57
　　（2018 年 9 月 3 日）

---

* 本目录中的日期为法律文件的公布时间或施行时间。

三、工会组织

工会基层组织选举工作条例 …………………………………… 61
　　（2016 年 10 月 9 日）
基层工会会员代表大会条例 …………………………………… 67
　　（2019 年 1 月 15 日）
企业工会主席合法权益保护暂行办法 ………………………… 73
　　（2007 年 8 月 20 日）
企业工会主席产生办法（试行）………………………………… 76
　　（2008 年 7 月 25 日）
工会会员会籍管理办法 ………………………………………… 79
　　（2016 年 12 月 12 日）
基层工会法人登记管理办法 …………………………………… 82
　　（2020 年 12 月 8 日）
职工互助保障组织监督管理办法 ……………………………… 87
　　（2020 年 2 月 26 日）
学校教职工代表大会规定 ……………………………………… 92
　　（2011 年 12 月 8 日）
全国模范职工之家、全国模范职工小家、全国优秀工会工作者评
　　选表彰管理办法 …………………………………………… 97
　　（2020 年 8 月 10 日）
中华全国总工会关于进一步推行职工董事、职工监事制度的意见 …… 106
　　（2006 年 5 月 31 日）
最高人民法院行政审判庭关于工会选举程序和公司法人工商登记
　　等法律适用问题的答复 …………………………………… 109
　　（2011 年 7 月 5 日）
劳动和社会保障部办公厅关于工会主席任职期间用人单位能否因
　　违纪解除劳动合同问题的复函 …………………………… 110
　　（2005 年 1 月 14 日）

四、经费和资产

工会会计制度 …………………………………………………… 111
　　（2021 年 4 月 14 日）
工会预算管理办法 ……………………………………………… 124
　　（2019 年 12 月 31 日）
工会经费呆账处理办法 ………………………………………… 133
　　（2002 年 10 月 9 日）
基层工会经费收支管理办法 …………………………………… 134
　　（2017 年 12 月 15 日）
基层工会预算管理办法 ………………………………………… 141
　　（2020 年 12 月 29 日）
工会送温暖资金使用管理办法（试行） ……………………… 147
　　（2018 年 12 月 21 日）
中华全国总工会关于工会企事业单位资产监督管理的暂行规定 ……… 150
　　（2007 年 9 月 28 日）
工会新旧会计制度有关衔接问题的处理规定 ………………… 156
　　（2021 年 6 月 30 日）
全国总工会、国家工商行政管理局关于在企业登记中以工会资产
　　投资设立企业出具资信证明有关问题的通知 …………… 164
　　（1996 年 12 月 25 日）
　　中华全国总工会、国家国有资产管理局关于工会资产界定与管
　　　理有关问题的通知 ……………………………………… 165
　　（1993 年 9 月 13 日）
中华全国总工会、财政部关于新《工会法》中有关工会经费问
　　题的具体规定 ……………………………………………… 166
　　（1992 年 8 月 29 日）
审计机关对工会经费实行审计监督的通知 …………………… 167
　　（1992 年 7 月 23 日）

国家税务总局关于税务机关代收工会经费企业所得税税前扣除凭据问题的公告 ………………………………………… 168
  （2011年5月11日）
国家税务总局关于工会经费企业所得税税前扣除凭据问题的公告 …… 168
  （2010年11月9日）
最高人民法院关于产业工会、基层工会是否具备社会团体法人资格和工会经费集中户可否冻结划拨问题的批复 …………… 169
  （2020年12月29日）
最高人民法院关于人民法院不得与所在地总工会就工会经费收缴问题联合签发文件的通知 …………………………… 170
  （1997年8月4日）

五、劳动保护

中华人民共和国劳动法 ……………………………………… 172
  （2018年12月29日）
中华人民共和国劳动合同法 ………………………………… 185
  （2012年12月28日）
中华人民共和国安全生产法（节录） ………………………… 201
  （2021年6月10日）
中华人民共和国职业病防治法（节录） ……………………… 211
  （2018年12月29日）
禁止使用童工规定 …………………………………………… 217
  （2002年10月1日）
工会劳动保护监督检查员工作条例 ………………………… 219
  （2001年12月31日）
工会劳动保护工作责任制（试行） …………………………… 222
  （2005年6月22日）
工会劳动法律监督办法 ……………………………………… 224
  （2021年3月31日）

工会法律援助办法 ·· 229
　　（2008年8月11日）
工会劳动保护监督检查员管理办法 ······························ 233
　　（2011年5月24日）
防暑降温措施管理办法 ·· 236
　　（2012年6月29日）
煤矿班组安全建设规定（试行） ··································· 240
　　（2012年6月26日）
集体合同规定 ·· 246
　　（2004年1月20日）
工会参加平等协商和签订集体合同试行办法 ···················· 255
　　（1995年8月17日）
工资集体协商试行办法 ·· 261
　　（2000年11月8日）
劳动和社会保障部、中华全国总工会关于加强劳动保障监察与工会劳动保障法律监督相互协调配合工作的通知 ······ 265
　　（2001年11月13日）
劳动和社会保障部、建设部、全国总工会关于加强建设等行业农民工劳动合同管理的通知 ·································· 267
　　（2005年4月18日）

六、女职工工作

中华人民共和国妇女权益保障法（节录） ······················· 271
　　（2022年10月30日）
工会女职工委员会工作条例 ·· 273
　　（2009年3月20日）
女职工劳动保护特别规定 ··· 277
　　（2012年4月28日）
女职工保健工作规定 ··· 280
　　（1993年11月26日）

中华全国总工会关于加强新时代工会女职工工作的意见 …………… 284
　　（2022年4月25日）
中华全国总工会关于加强企业工会女职工工作的意见 …………… 288
　　（2009年7月17日）

七、劳动争议处理

中华人民共和国劳动争议调解仲裁法 ……………………………… 293
　　（2007年12月29日）
工会参与劳动争议处理试行办法 …………………………………… 301
　　（1995年8月17日）
人力资源和社会保障部、司法部、中华全国总工会、中国企业联
　　合会/中国企业家协会关于加强劳动人事争议调解工作的意见 …… 305
　　（2009年10月30日）
人力资源社会保障部、中央政法委、最高人民法院、工业和信息
　　化部、司法部、财政部、中华全国总工会、中华全国工商业联
　　合会、中国企业联合会/中国企业家协会关于进一步加强劳动
　　人事争议协商调解工作的意见 ………………………………… 310
　　（2022年10月13日）
最高人民法院、中华全国总工会关于在部分地区开展劳动争议多
　　元化解试点工作的意见 ………………………………………… 316
　　（2020年2月20日）
最高人民法院办公厅、中华全国总工会办公厅关于加快推进劳动
　　争议纠纷在线诉调对接工作的通知 …………………………… 319
　　（2021年6月1日）

八、其他

中华全国总工会关于加强县级工会建设的意见 …………………… 322
　　（2020年12月23日）
中华全国总工会关于加强乡镇（街道）工会建设的若干意见 …… 326
　　（2019年12月27日）

中华全国总工会关于加强和规范区域性、行业性工会联合会建设
的意见……………………………………………………………… 329
　　（2020年1月15日）
中华全国总工会、民政部关于加强社会组织工会建设的意见
（试行）…………………………………………………………… 334
　　（2021年8月31日）
全国总工会关于加强产业工会工作的实施办法…………………… 339
　　（2018年4月17日）
中华全国总工会、民政部、人力资源社会保障部关于加强工会社
会工作专业人才队伍建设的指导意见…………………………… 341
　　（2016年12月5日）
中华全国总工会关于切实维护新就业形态劳动者劳动保障权益的
意见………………………………………………………………… 347
　　（2021年7月）
中华全国总工会办公厅关于推进新就业形态劳动者入会工作的若
干意见（试行）…………………………………………………… 351
　　（2021年9月18日）
中华全国总工会关于组织劳务派遣工加入工会的规定…………… 354
　　（2009年4月）
中华全国总工会关于加强公司制企业民主管理工作的意见……… 355
　　（2012年12月13日）
中华全国总工会关于坚决纠正在企业改革改制中撤销工会组织、
合并工会工作机构问题的通知…………………………………… 360
　　（2009年10月30日）
中华全国总工会办公厅关于建立健全工会领导机关干部赴基层蹲
点工作长效机制的意见…………………………………………… 363
　　（2021年12月31日）
人力资源社会保障部、中华全国总工会、中国企业联合会/中国
企业家协会、中华全国工商业联合会关于推进新时代和谐劳动
关系创建活动的意见……………………………………………… 368
　　（2023年1月3日）

人力资源社会保障部、住房城乡建设部、安全监管总局、全国总工会关于进一步做好建筑业工伤保险工作的意见 ……………… 375
　（2014 年 12 月 29 日）
关于进一步加强职工体育工作的意见 ………………………… 379
　（2010 年 5 月 31 日）

九、典型案例

1. 全国总工会推选工会劳动法律监督十大优秀案例 ………… 383
2. 岳某、某公司劳动合同纠纷案 ……………………………… 390
3. 康某、甘肃某公司劳动争议案 ……………………………… 391
4. 深圳某公司、张某劳动争议案 ……………………………… 392
5. 尤某、辽宁省沈某文化传媒有限公司劳动争议案 ………… 393
6. 尤某、某运营服务有限公司劳动争议案 …………………… 394
7. 王某与某公司劳动争议案 …………………………………… 395
8. 某贸易公司、某煤业公司工会委员会等买卖合同纠纷案 ………… 395
9. 邓某、广州某投资集团有限公司劳动争议案 ……………… 396
10. 北京某公司镇江分公司诉镇江市某区总工会纠纷案 …… 396
11. 某县总工会、邓某执行复议执行案 ………………………… 397
12. 某公司、崔某等买卖合同纠纷案 …………………………… 397
13. 某集团有限公司与白某房屋买卖合同纠纷上诉案 ………… 398
14. 某公司工会委员会与云某等不当得利纠纷上诉案 ………… 399
15. 战某、大连某公司劳动争议案 ……………………………… 400

一、综　合

中华人民共和国工会法

（1992年4月3日第七届全国人民代表大会第五次会议通过　根据2001年10月27日第九届全国人民代表大会常务委员会第二十四次会议《关于修改〈中华人民共和国工会法〉的决定》第一次修正　根据2009年8月27日第十一届全国人民代表大会常务委员会第十次会议《关于修改部分法律的决定》第二次修正　根据2021年12月24日第十三届全国人民代表大会常务委员会第三十二次会议《关于修改〈中华人民共和国工会法〉的决定》第三次修正）

目　录

第一章　总　则
第二章　工会组织
第三章　工会的权利和义务
第四章　基层工会组织
第五章　工会的经费和财产
第六章　法律责任
第七章　附　则

第一章　总　则

第一条　为保障工会在国家政治、经济和社会生活中的地位，确定工会的权利与义务，发挥工会在社会主义现代化建设事业中的作用，根据宪法，制定本法。

第二条　工会是中国共产党领导的职工自愿结合的工人阶级群众组

织，是中国共产党联系职工群众的桥梁和纽带。

中华全国总工会及其各工会组织代表职工的利益，依法维护职工的合法权益。

第三条 在中国境内的企业、事业单位、机关、社会组织（以下统称用人单位）中以工资收入为主要生活来源的劳动者，不分民族、种族、性别、职业、宗教信仰、教育程度，都有依法参加和组织工会的权利。任何组织和个人不得阻挠和限制。

工会适应企业组织形式、职工队伍结构、劳动关系、就业形态等方面的发展变化，依法维护劳动者参加和组织工会的权利。

第四条 工会必须遵守和维护宪法，以宪法为根本的活动准则，以经济建设为中心，坚持社会主义道路，坚持人民民主专政，坚持中国共产党的领导，坚持马克思列宁主义、毛泽东思想、邓小平理论、"三个代表"重要思想、科学发展观、习近平新时代中国特色社会主义思想，坚持改革开放，保持和增强政治性、先进性、群众性，依照工会章程独立自主地开展工作。

工会会员全国代表大会制定或者修改《中国工会章程》，章程不得与宪法和法律相抵触。

国家保护工会的合法权益不受侵犯。

第五条 工会组织和教育职工依照宪法和法律的规定行使民主权利，发挥国家主人翁的作用，通过各种途径和形式，参与管理国家事务、管理经济和文化事业、管理社会事务；协助人民政府开展工作，维护工人阶级领导的、以工农联盟为基础的人民民主专政的社会主义国家政权。

第六条 维护职工合法权益、竭诚服务职工群众是工会的基本职责。工会在维护全国人民总体利益的同时，代表和维护职工的合法权益。

工会通过平等协商和集体合同制度等，推动健全劳动关系协调机制，维护职工劳动权益，构建和谐劳动关系。

工会依照法律规定通过职工代表大会或者其他形式，组织职工参与本单位的民主选举、民主协商、民主决策、民主管理和民主监督。

工会建立联系广泛、服务职工的工会工作体系，密切联系职工，听取和反映职工的意见和要求，关心职工的生活，帮助职工解决困难，全心全意为职工服务。

第七条 工会动员和组织职工积极参加经济建设，努力完成生产任务和工作任务。教育职工不断提高思想道德、技术业务和科学文化素质，建设有理想、有道德、有文化、有纪律的职工队伍。

第八条 工会推动产业工人队伍建设改革，提高产业工人队伍整体素质，发挥产业工人骨干作用，维护产业工人合法权益，保障产业工人主人翁地位，造就一支有理想守信念、懂技术会创新、敢担当讲奉献的宏大产业工人队伍。

第九条 中华全国总工会根据独立、平等、互相尊重、互不干涉内部事务的原则，加强同各国工会组织的友好合作关系。

第二章 工 会 组 织

第十条 工会各级组织按照民主集中制原则建立。

各级工会委员会由会员大会或者会员代表大会民主选举产生。企业主要负责人的近亲属不得作为本企业基层工会委员会成员的人选。

各级工会委员会向同级会员大会或者会员代表大会负责并报告工作，接受其监督。

工会会员大会或者会员代表大会有权撤换或者罢免其所选举的代表或者工会委员会组成人员。

上级工会组织领导下级工会组织。

第十一条 用人单位有会员二十五人以上的，应当建立基层工会委员会；不足二十五人的，可以单独建立基层工会委员会，也可以由两个以上单位的会员联合建立基层工会委员会，也可以选举组织员一人，组织会员开展活动。女职工人数较多的，可以建立工会女职工委员会，在同级工会领导下开展工作；女职工人数较少的，可以在工会委员会中设女职工委员。

企业职工较多的乡镇、城市街道，可以建立基层工会的联合会。

县级以上地方建立地方各级总工会。

同一行业或者性质相近的几个行业，可以根据需要建立全国的或者地方的产业工会。

全国建立统一的中华全国总工会。

第十二条 基层工会、地方各级总工会、全国或者地方产业工会组织的建立，必须报上一级工会批准。

上级工会可以派员帮助和指导企业职工组建工会，任何单位和个人不得阻挠。

第十三条　任何组织和个人不得随意撤销、合并工会组织。

基层工会所在的用人单位终止或者被撤销，该工会组织相应撤销，并报告上一级工会。

依前款规定被撤销的工会，其会员的会籍可以继续保留，具体管理办法由中华全国总工会制定。

第十四条　职工二百人以上的企业、事业单位、社会组织的工会，可以设专职工会主席。工会专职工作人员的人数由工会与企业、事业单位、社会组织协商确定。

第十五条　中华全国总工会、地方总工会、产业工会具有社会团体法人资格。

基层工会组织具备民法典规定的法人条件的，依法取得社会团体法人资格。

第十六条　基层工会委员会每届任期三年或者五年。各级地方总工会委员会和产业工会委员会每届任期五年。

第十七条　基层工会委员会定期召开会员大会或者会员代表大会，讨论决定工会工作的重大问题。经基层工会委员会或者三分之一以上的工会会员提议，可以临时召开会员大会或者会员代表大会。

第十八条　工会主席、副主席任期未满时，不得随意调动其工作。因工作需要调动时，应当征得本级工会委员会和上一级工会的同意。

罢免工会主席、副主席必须召开会员大会或者会员代表大会讨论，非经会员大会全体会员或者会员代表大会全体代表过半数通过，不得罢免。

第十九条　基层工会专职主席、副主席或者委员自任职之日起，其劳动合同期限自动延长，延长期限相当于其任职期间；非专职主席、副主席或者委员自任职之日起，其尚未履行的劳动合同期限短于任期的，劳动合同期限自动延长至任期期满。但是，任职期间个人严重过失或者达到法定退休年龄的除外。

第三章　工会的权利和义务

第二十条　企业、事业单位、社会组织违反职工代表大会制度和其他民主管理制度,工会有权要求纠正,保障职工依法行使民主管理的权利。

法律、法规规定应当提交职工大会或者职工代表大会审议、通过、决定的事项,企业、事业单位、社会组织应当依法办理。

第二十一条 工会帮助、指导职工与企业、实行企业化管理的事业单位、社会组织签订劳动合同。

工会代表职工与企业、实行企业化管理的事业单位、社会组织进行平等协商,依法签订集体合同。集体合同草案应当提交职工代表大会或者全体职工讨论通过。

工会签订集体合同,上级工会应当给予支持和帮助。

企业、事业单位、社会组织违反集体合同,侵犯职工劳动权益的,工会可以依法要求企业、事业单位、社会组织予以改正并承担责任;因履行集体合同发生争议,经协商解决不成的,工会可以向劳动争议仲裁机构提请仲裁,仲裁机构不予受理或者对仲裁裁决不服的,可以向人民法院提起诉讼。

第二十二条 企业、事业单位、社会组织处分职工,工会认为不适当的,有权提出意见。

用人单位单方面解除职工劳动合同时,应当事先将理由通知工会,工会认为用人单位违反法律、法规和有关合同,要求重新研究处理时,用人单位应当研究工会的意见,并将处理结果书面通知工会。

职工认为用人单位侵犯其劳动权益而申请劳动争议仲裁或者向人民法院提起诉讼的,工会应当给予支持和帮助。

第二十三条 企业、事业单位、社会组织违反劳动法律法规规定,有下列侵犯职工劳动权益情形,工会应当代表职工与企业、事业单位、社会组织交涉,要求企业、事业单位、社会组织采取措施予以改正;企业、事业单位、社会组织应当予以研究处理,并向工会作出答复;企业、事业单位、社会组织拒不改正的,工会可以提请当地人民政府依法作出处理:

(一)克扣、拖欠职工工资的;

(二)不提供劳动安全卫生条件的;

(三)随意延长劳动时间的;

(四)侵犯女职工和未成年工特殊权益的;

(五)其他严重侵犯职工劳动权益的。

第二十四条 工会依照国家规定对新建、扩建企业和技术改造工程中的劳动条件和安全卫生设施与主体工程同时设计、同时施工、同时投产使用进行监督。对工会提出的意见，企业或者主管部门应当认真处理，并将处理结果书面通知工会。

第二十五条 工会发现企业违章指挥、强令工人冒险作业，或者生产过程中发现明显重大事故隐患和职业危害，有权提出解决的建议，企业应当及时研究答复；发现危及职工生命安全的情况时，工会有权向企业建议组织职工撤离危险现场，企业必须及时作出处理决定。

第二十六条 工会有权对企业、事业单位、社会组织侵犯职工合法权益的问题进行调查，有关单位应当予以协助。

第二十七条 职工因工伤亡事故和其他严重危害职工健康问题的调查处理，必须有工会参加。工会应当向有关部门提出处理意见，并有权要求追究直接负责的主管人员和有关责任人员的责任。对工会提出的意见，应当及时研究，给予答复。

第二十八条 企业、事业单位、社会组织发生停工、怠工事件，工会应当代表职工同企业、事业单位、社会组织或者有关方面协商，反映职工的意见和要求并提出解决意见。对于职工的合理要求，企业、事业单位、社会组织应当予以解决。工会协助企业、事业单位、社会组织做好工作，尽快恢复生产、工作秩序。

第二十九条 工会参加企业的劳动争议调解工作。

地方劳动争议仲裁组织应当有同级工会代表参加。

第三十条 县级以上各级总工会依法为所属工会和职工提供法律援助等法律服务。

第三十一条 工会协助用人单位办好职工集体福利事业，做好工资、劳动安全卫生和社会保险工作。

第三十二条 工会会同用人单位加强对职工的思想政治引领，教育职工以国家主人翁态度对待劳动，爱护国家和单位的财产；组织职工开展群众性的合理化建议、技术革新、劳动和技能竞赛活动，进行业余文化技术学习和职工培训，参加职业教育和文化体育活动，推进职业安全健康教育和劳动保护工作。

第三十三条 根据政府委托，工会与有关部门共同做好劳动模范和先进生产（工作）者的评选、表彰、培养和管理工作。

第三十四条 国家机关在组织起草或者修改直接涉及职工切身利益的法律、法规、规章时，应当听取工会意见。

县级以上各级人民政府制定国民经济和社会发展计划，对涉及职工利益的重大问题，应当听取同级工会的意见。

县级以上各级人民政府及其有关部门研究制定劳动就业、工资、劳动安全卫生、社会保险等涉及职工切身利益的政策、措施时，应当吸收同级工会参加研究，听取工会意见。

第三十五条 县级以上地方各级人民政府可以召开会议或者采取适当方式，向同级工会通报政府的重要的工作部署和与工会工作有关的行政措施，研究解决工会反映的职工群众的意见和要求。

各级人民政府劳动行政部门应当会同同级工会和企业方面代表，建立劳动关系三方协商机制，共同研究解决劳动关系方面的重大问题。

第四章 基层工会组织

第三十六条 国有企业职工代表大会是企业实行民主管理的基本形式，是职工行使民主管理权力的机构，依照法律规定行使职权。

国有企业的工会委员会是职工代表大会的工作机构，负责职工代表大会的日常工作，检查、督促职工代表大会决议的执行。

第三十七条 集体企业的工会委员会，应当支持和组织职工参加民主管理和民主监督，维护职工选举和罢免管理人员、决定经营管理的重大问题的权力。

第三十八条 本法第三十六条、第三十七条规定以外的其他企业、事业单位的工会委员会，依照法律规定组织职工采取与企业、事业单位相适应的形式，参与企业、事业单位民主管理。

第三十九条 企业、事业单位、社会组织研究经营管理和发展的重大问题应当听取工会的意见；召开会议讨论有关工资、福利、劳动安全卫生、工作时间、休息休假、女职工保护和社会保险等涉及职工切身利益的问题，必须有工会代表参加。

企业、事业单位、社会组织应当支持工会依法开展工作，工会应当支持企业、事业单位、社会组织依法行使经营管理权。

第四十条　公司的董事会、监事会中职工代表的产生,依照公司法有关规定执行。

第四十一条　基层工会委员会召开会议或者组织职工活动,应当在生产或者工作时间以外进行,需要占用生产或者工作时间的,应当事先征得企业、事业单位、社会组织的同意。

基层工会的非专职委员占用生产或者工作时间参加会议或者从事工会工作,每月不超过三个工作日,其工资照发,其他待遇不受影响。

第四十二条　用人单位工会委员会的专职工作人员的工资、奖励、补贴,由所在单位支付。社会保险和其他福利待遇等,享受本单位职工同等待遇。

第五章　工会的经费和财产

第四十三条　工会经费的来源:

(一)工会会员缴纳的会费;

(二)建立工会组织的用人单位按每月全部职工工资总额的百分之二向工会拨缴的经费;

(三)工会所属的企业、事业单位上缴的收入;

(四)人民政府的补助;

(五)其他收入。

前款第二项规定的企业、事业单位、社会组织拨缴的经费在税前列支。

工会经费主要用于为职工服务和工会活动。经费使用的具体办法由中华全国总工会制定。

第四十四条　企业、事业单位、社会组织无正当理由拖延或者拒不拨缴工会经费,基层工会或者上级工会可以向当地人民法院申请支付令;拒不执行支付令的,工会可以依法申请人民法院强制执行。

第四十五条　工会应当根据经费独立原则,建立预算、决算和经费审查监督制度。

各级工会建立经费审查委员会。

各级工会经费收支情况应当由同级工会经费审查委员会审查,并且定期向会员大会或者会员代表大会报告,接受监督。工会会员大会或者会员代表大会有权对经费使用情况提出意见。

工会经费的使用应当依法接受国家的监督。

第四十六条 各级人民政府和用人单位应当为工会办公和开展活动，提供必要的设施和活动场所等物质条件。

第四十七条 工会的财产、经费和国家拨给工会使用的不动产，任何组织和个人不得侵占、挪用和任意调拨。

第四十八条 工会所属的为职工服务的企业、事业单位，其隶属关系不得随意改变。

第四十九条 县级以上各级工会的离休、退休人员的待遇，与国家机关工作人员同等对待。

第六章 法 律 责 任

第五十条 工会对违反本法规定侵犯其合法权益的，有权提请人民政府或者有关部门予以处理，或者向人民法院提起诉讼。

第五十一条 违反本法第三条、第十二条规定，阻挠职工依法参加和组织工会或者阻挠上级工会帮助、指导职工筹建工会的，由劳动行政部门责令其改正；拒不改正的，由劳动行政部门提请县级以上人民政府处理；以暴力、威胁等手段阻挠造成严重后果，构成犯罪的，依法追究刑事责任。

第五十二条 违反本法规定，对依法履行职责的工会工作人员无正当理由调动工作岗位，进行打击报复的，由劳动行政部门责令改正、恢复原工作；造成损失的，给予赔偿。

对依法履行职责的工会工作人员进行侮辱、诽谤或者进行人身伤害，构成犯罪的，依法追究刑事责任；尚未构成犯罪的，由公安机关依照治安管理处罚法的规定处罚。

第五十三条 违反本法规定，有下列情形之一的，由劳动行政部门责令恢复其工作，并补发被解除劳动合同期间应得的报酬，或者责令给予本人年收入二倍的赔偿：

（一）职工因参加工会活动而被解除劳动合同的；

（二）工会工作人员因履行本法规定的职责而被解除劳动合同的。

第五十四条 违反本法规定，有下列情形之一的，由县级以上人民政府责令改正，依法处理：

（一）妨碍工会组织职工通过职工代表大会和其他形式依法行使民主

权利的;

（二）非法撤销、合并工会组织的;

（三）妨碍工会参加职工因工伤亡事故以及其他侵犯职工合法权益问题的调查处理的;

（四）无正当理由拒绝进行平等协商的。

第五十五条 违反本法第四十七条规定，侵占工会经费和财产拒不返还的，工会可以向人民法院提起诉讼，要求返还，并赔偿损失。

第五十六条 工会工作人员违反本法规定，损害职工或者工会权益的，由同级工会或者上级工会责令改正，或者予以处分；情节严重的，依照《中国工会章程》予以罢免；造成损失的，应当承担赔偿责任；构成犯罪的，依法追究刑事责任。

第七章　附　　则

第五十七条 中华全国总工会会同有关国家机关制定机关工会实施本法的具体办法。

第五十八条 本法自公布之日起施行。1950年6月29日中央人民政府颁布的《中华人民共和国工会法》同时废止。

最高人民法院关于在民事审判工作中适用《中华人民共和国工会法》若干问题的解释

（2003年1月9日最高人民法院审判委员会第1263次会议通过　根据2020年12月23日最高人民法院审判委员会第1823次会议通过的《最高人民法院关于修改〈最高人民法院关于在民事审判工作中适用《中华人民共和国工会法》若干问题的解释〉等二十七件民事类司法解释的决定》修正　2020年12月29日最高人民法院公告公布　自2021年1月1日起施行　法释〔2020〕17号）

为正确审理涉及工会经费和财产、工会工作人员权利的民事案件，维护工会和职工的合法权益，根据《中华人民共和国民法典》《中华人民共和国工会法》和《中华人民共和国民事诉讼法》等法律的规定，现就有关法律的适用问题解释如下：

第一条 人民法院审理涉及工会组织的有关案件时，应当认定依照工会法建立的工会组织的社团法人资格。具有法人资格的工会组织依法独立享有民事权利，承担民事义务。建立工会的企业、事业单位、机关与所建工会以及工会投资兴办的企业，根据法律和司法解释的规定，应当分别承担各自的民事责任。

第二条 根据工会法第十八条规定，人民法院审理劳动争议案件，涉及确定基层工会专职主席、副主席或者委员延长的劳动合同期限的，应当自上述人员工会职务任职期限届满之日起计算，延长的期限等于其工会职务任职的期间。

工会法第十八条规定的"个人严重过失"，是指具有《中华人民共和国劳动法》第二十五条第（二）项、第（三）项或者第（四）项规定的情形。

第三条 基层工会或者上级工会依照工会法第四十三条规定向人民法院申请支付令的，由被申请人所在地的基层人民法院管辖。

第四条 人民法院根据工会法第四十三条的规定受理工会提出的拨缴工会经费的支付令申请后，应当先行征询被申请人的意见。被申请人仅对应拨缴经费数额有异议的，人民法院应当就无异议部分的工会经费数额发出支付令。

人民法院在审理涉及工会经费的案件中，需要按照工会法第四十二条第一款第（二）项规定的"全部职工""工资总额"确定拨缴数额的，"全部职工""工资总额"的计算，应当按照国家有关部门规定的标准执行。

第五条 根据工会法第四十三条和民事诉讼法的有关规定，上级工会向人民法院申请支付令或者提起诉讼，要求企业、事业单位拨缴工会经费的，人民法院应当受理。基层工会要求参加诉讼的，人民法院可以准许其作为共同申请人或者共同原告参加诉讼。

第六条 根据工会法第五十二条规定，人民法院审理涉及职工和工会工作人员因参加工会活动或者履行工会法规定的职责而被解除劳动合同的劳动争议案件，可以根据当事人的请求裁判用人单位恢复其工作，并补发被解除劳动合同期间应得的报酬；或者根据当事人的请求裁判用人单位给予本人年收入二倍的赔偿，并根据劳动合同法第四十六条、第四十七条规定给予解除劳动合同时的经济补偿。

第七条 对于企业、事业单位无正当理由拖延或者拒不拨缴工会经费的，工会组织向人民法院请求保护其权利的诉讼时效期间，适用民法典第一百八十八条的规定。

第八条 工会组织就工会经费的拨缴向人民法院申请支付令的，应当按照《诉讼费用交纳办法》第十四条的规定交纳申请费；督促程序终结后，工会组织另行起诉的，按照《诉讼费用交纳办法》第十三条规定的财产案件受理费标准交纳诉讼费用。

中国工会章程

（中国工会第十八次全国代表大会部分修改，2023年10月12日通过）

总　　则

中国工会是中国共产党领导的职工自愿结合的工人阶级群众组织，是党联系职工群众的桥梁和纽带，是国家政权的重要社会支柱，是会员和职工利益的代表。

中国工会以宪法为根本活动准则，按照《中华人民共和国工会法》和本章程独立自主地开展工作，依法行使权利和履行义务。

工人阶级是我国的领导阶级，是先进生产力和生产关系的代表，是中国共产党最坚实最可靠的阶级基础，是改革开放和社会主义现代化建设的主力军，是维护社会安定的强大而集中的社会力量。中国工会高举中国特色社会主义伟大旗帜，坚持马克思列宁主义、毛泽东思想、邓小平理论、"三个代表"重要思想、科学发展观，全面贯彻习近平新时代中国特色社会主义思想，贯彻执行党的以经济建设为中心、坚持四项基本原则、坚持改革开放的基本路线，保持和增强政治性、先进性、群众性，坚定不移地走中国特色社会主义工会发展道路，推动党的全心全意依靠工人阶级的根本指导方针的贯彻落实，全面履行工会的社会职能，在维护全国人民总体利益的同时，更好地表达和维护职工的具体利益，团结和动员全国职工自力更生、艰苦创业，坚持和发展中国特色社会主义，为全面建成社会主义现代化强国、实现第二个百年奋斗目标，以中国式现代化全面推进中华民族伟大复兴而奋斗。

中国工会坚持自觉接受中国共产党的领导，承担团结引导职工群众听党话、跟党走的政治责任，巩固和扩大党执政的阶级基础和群众基础。

中国工会的基本职责是维护职工合法权益、竭诚服务职工群众。

中国工会按照中国特色社会主义事业"五位一体"总体布局和"四个全面"战略布局，贯彻创新、协调、绿色、开放、共享的新发展理念，把握为实现中华民族伟大复兴的中国梦而奋斗的工人运动时代主题，弘扬劳模精神、劳动精神、工匠精神，动员和组织职工积极参加建设和改革，努力促进经济、政治、文化、社会和生态文明建设；发展全过程人民民主，代表和组织职工参与管理国家事务、管理经济和文化事业、管理社会事务，参与企业、事业单位、机关、社会组织的民主管理；教育职工践行社会主义核心价值观，不断提高思想道德素质、科学文化素质和技术技能素质，建设有理想、有道德、有文化、有纪律的职工队伍，不断发展工人阶级先进性。

中国工会以忠诚党的事业、竭诚服务职工为己任，坚持组织起来、切实维权的工作方针，坚持以职工为本、主动依法科学维权的维权观，促进完善社会主义劳动法律，维护职工的经济、政治、文化和社会权利，参与协调劳动关系和社会利益关系，推动构建和谐劳动关系，促进经济高质量发展和社会的长期稳定，维护工人阶级和工会组织的团结统一，为构建社会主义和谐社会作贡献。

中国工会维护工人阶级领导的、以工农联盟为基础的人民民主专政的社会主义国家政权，协助人民政府开展工作，依法发挥民主参与和社会监督作用。

中国工会推动产业工人队伍建设改革，强化产业工人思想政治引领，提高产业工人队伍整体素质，发挥产业工人骨干作用，维护产业工人合法权益，保障产业工人主人翁地位，造就一支有理想守信念、懂技术会创新、敢担当讲奉献的宏大产业工人队伍。

中国工会在企业、事业单位、社会组织中，按照促进企事业和社会组织发展、维护职工权益的原则，支持行政依法行使管理权力，组织职工参与本单位民主选举、民主协商、民主决策、民主管理和民主监督，与行政方面建立协商制度，保障职工的合法权益，调动职工的积极性，促进企业、事业单位、社会组织的发展。

中国工会实行产业和地方相结合的组织领导原则，坚持民主集中制。

中国工会坚持以改革创新精神加强自身建设，健全联系广泛、服务职工的工作体系，增强团结教育、维护权益、服务职工的功能，坚持群众化、民主化，保持同会员群众的密切联系，依靠会员群众开展工会工作。各级工会领导机关坚持把工作重点放到基层，着力扩大覆盖面、增强代表性，着力强化服务意识、提高维权能力，着力加强队伍建设、提升保障水平，坚持服务职工群众的工作生命线，全心全意为基层、为职工服务，构建智慧工会，增强基层工会的吸引力凝聚力战斗力，把工会组织建设得更加充满活力、更加坚强有力，成为深受职工群众信赖的学习型、服务型、创新型"职工之家"。

工会兴办的企业、事业单位，坚持公益性、服务性，坚持为改革开放和发展社会生产力服务，为职工群众服务，为推进工运事业服务。

中国工会努力巩固和发展工农联盟，坚持最广泛的爱国统一战线，加强包括香港特别行政区同胞、澳门特别行政区同胞、台湾同胞和海外侨胞在内的全国各族人民的大团结，促进祖国的统一、繁荣和富强。

中国工会在国际事务中坚持独立自主、互相尊重、求同存异、加强合作、增进友谊的方针，在独立、平等、互相尊重、互不干涉内部事务的原则基础上，广泛建立和发展同国际和各国工会组织的友好关系，积极参与"一带一路"建设，增进我国工人阶级同各国工人阶级的友谊，同全世界工人和工会一起，在推动构建人类命运共同体中发挥作用，为世界的和平、发展、合作、工人权益和社会进步而共同努力。

中国工会深入学习贯彻习近平总书记关于党的建设的重要思想，落实新时代党的建设总要求，贯彻全面从严治党战略方针，以党的政治建设为统领，加强党的建设，深刻领悟"两个确立"的决定性意义，增强"四个意识"、坚定"四个自信"、做到"两个维护"，在思想上政治上行动上同以习近平同志为核心的党中央保持高度一致。

第一章 会　　员

第一条　凡在中国境内的企业、事业单位、机关、社会组织中，以工资收入为主要生活来源或者与用人单位建立劳动关系的劳动者，不分民族、种族、性别、职业、宗教信仰、教育程度，承认工会章程，都可以加入工会为会员。

工会适应企业组织形式、职工队伍结构、劳动关系、就业形态等方面的发展变化，依法维护劳动者参加和组织工会的权利。

第二条　职工加入工会，由本人自愿申请，经基层工会委员会批准并发给会员证。

第三条　会员享有以下权利：

（一）选举权、被选举权和表决权。

（二）对工会工作进行监督，提出意见和建议，要求撤换或者罢免不称职的工会工作人员。

（三）对国家和社会生活问题及本单位工作提出批评与建议，要求工会组织向有关方面如实反映。

（四）在合法权益受到侵犯时，要求工会给予保护。

（五）工会提供的文化、教育、体育、旅游、疗休养、互助保障、生活救助、法律服务、就业服务等优惠待遇；工会给予的各种奖励。

（六）在工会会议和工会媒体上，参加关于工会工作和职工关心问题的讨论。

第四条　会员履行下列义务：

（一）认真学习贯彻习近平新时代中国特色社会主义思想，学习政治、经济、文化、法律、科技和工会基本知识等。

（二）积极参加民主管理，努力完成生产和工作任务，立足本职岗位建功立业。

（三）遵守宪法和法律，践行社会主义核心价值观，弘扬中华民族传统美德，恪守社会公德、职业道德、家庭美德、个人品德，遵守劳动纪律。

（四）正确处理国家、集体、个人三者利益关系，向危害国家、社会利益的行为作斗争。

（五）维护中国工人阶级和工会组织的团结统一，发扬阶级友爱，搞好互助互济。

（六）遵守工会章程，执行工会决议，参加工会活动，按月交纳会费。

第五条 会员组织关系随劳动（工作）关系变动，凭会员证明接转。

第六条 会员有退会自由。会员退会由本人向工会小组提出，由基层工会委员会宣布其退会并收回会员证。

会员没有正当理由连续六个月不交纳会费、不参加工会组织生活，经教育拒不改正，应当视为自动退会。

第七条 对不执行工会决议、违反工会章程的会员，给予批评教育。对严重违法犯罪并受到刑事处罚的会员，开除会籍。开除会员会籍，须经工会小组讨论，提出意见，由基层工会委员会决定，报上一级工会备案。

第八条 会员离休、退休和失业，可保留会籍。保留会籍期间免交会费。

工会组织要关心离休、退休和失业会员的生活，积极向有关方面反映他们的愿望和要求。

第二章 组 织 制 度

第九条 中国工会实行民主集中制，主要内容是：

（一）个人服从组织，少数服从多数，下级组织服从上级组织。

（二）工会的各级领导机关，除它们派出的代表机关外，都由民主选举产生。

（三）工会的最高领导机关，是工会的全国代表大会和它所产生的中华全国总工会执行委员会。工会的地方各级领导机关，是工会的地方各级代表大会和它所产生的总工会委员会。

（四）工会各级委员会，向同级会员大会或者会员代表大会负责并报告工作，接受会员监督。会员大会和会员代表大会有权撤换或者罢免其所选举的代表和工会委员会组成人员。

（五）工会各级委员会，实行集体领导和分工负责相结合的制度。凡属重大问题由委员会民主讨论，作出决定，委员会成员根据集体的决定和分工，履行自己的职责。

（六）工会各级领导机关，加强对下级组织的领导和服务，经常向下级组织通报情况，听取下级组织和会员的意见，研究和解决他们提出的问题。下级组织应及时向上级组织请示报告工作。

第十条　工会各级代表大会的代表和委员会的产生,要充分体现选举人的意志。候选人名单,要反复酝酿,充分讨论。选举采用无记名投票方式,可以直接采用候选人数多于应选人数的差额选举办法进行正式选举,也可以先采用差额选举办法进行预选,产生候选人名单,然后进行正式选举。任何组织和个人,不得以任何方式强迫选举人选举或不选举某个人。

第十一条　中国工会实行产业和地方相结合的组织领导原则。同一企业、事业单位、机关、社会组织中的会员,组织在一个基层工会组织中;同一行业或者性质相近的几个行业,根据需要建立全国的或者地方的产业工会组织。除少数行政管理体制实行垂直管理的产业,其产业工会实行产业工会和地方工会双重领导,以产业工会领导为主外,其他产业工会均实行以地方工会领导为主,同时接受上级产业工会领导的体制。各产业工会的领导体制,由中华全国总工会确定。

省、自治区、直辖市,设区的市和自治州,县(旗)、自治县、不设区的市建立地方总工会。地方总工会是当地地方工会组织和产业工会地方组织的领导机关。全国建立统一的中华全国总工会。中华全国总工会是各级地方总工会和各产业工会全国组织的领导机关。

中华全国总工会执行委员会委员和产业工会全国委员会委员实行替补制,各级地方总工会委员会委员和地方产业工会委员会委员,也可以实行替补制。

第十二条　县和县以上各级地方总工会委员会,根据工作需要可以派出代表机关。

县和县以上各级工会委员会,在两次代表大会之间,认为有必要时,可以召集代表会议,讨论和决定需要及时解决的重大问题。代表会议代表的名额和产生办法,由召集代表会议的总工会决定。

全国产业工会、各级地方产业工会、乡镇工会、城市街道工会和区域性、行业性工会联合会的委员会,可以按照联合制、代表制原则,由下一级工会组织民主选举的主要负责人和适当比例的有关方面代表组成。

上级工会可以派员帮助和指导用人单位的职工组建工会。

第十三条　各级工会代表大会选举产生同级经费审查委员会。中华全国总工会经费审查委员会设常务委员会,省、自治区、直辖市总工会经费审查委员会和独立管理经费的全国产业工会经费审查委员会,应当设常务委员会。经费审查委员会负责审查同级工会组织及其直属企业、事业单位的经费收支和资产管理情况，监督财经法纪的贯彻执行和工会经费的使用，并接受上级工会经费审查委员会的指导和监督。工会经费审查委员会向同级会员大会或会员代表大会负责并报告工作；在大会闭会期间，向同级工会委员会负责并报告工作。

上级经费审查委员会应当对下一级工会及其直属企业、事业单位的经费收支和资产管理情况进行审查。

中华全国总工会经费审查委员会委员实行替补制，各级地方总工会经费审查委员会委员和独立管理经费的产业工会经费审查委员会委员，也可以实行替补制。

第十四条 各级工会建立女职工委员会，表达和维护女职工的合法权益。女职工委员会由同级工会委员会提名，在充分协商的基础上组成或者选举产生，女职工委员会与工会委员会同时建立，在同级工会委员会领导下开展工作。企业工会女职工委员会是县或者县以上妇联的团体会员，通过县以上地方工会接受妇联的业务指导。

第十五条 县和县以上各级工会组织应当建立法律服务机构，为保护职工和工会组织的合法权益提供服务。

各级工会组织应当组织和代表职工开展劳动法律监督。

第十六条 成立或者撤销工会组织，必须经会员大会或者会员代表大会通过，并报上一级工会批准。基层工会组织所在的企业终止，或者所在的事业单位、机关、社会组织被撤销，该工会组织相应撤销，并报上级工会备案。其他组织和个人不得随意撤销工会组织，也不得把工会组织的机构撤销、合并或者归属其他工作部门。

第三章 全 国 组 织

第十七条 中国工会全国代表大会，每五年举行一次，由中华全国总工会执行委员会召集。在特殊情况下，由中华全国总工会执行委员会主席团提议，经执行委员会全体会议通过，可以提前或者延期举行。代表名额和代表选举办法由中华全国总工会决定。

第十八条 中国工会全国代表大会的职权是：

（一）审议和批准中华全国总工会执行委员会的工作报告。

（二）审议和批准中华全国总工会执行委员会的经费收支情况报告和经费审查委员会的工作报告。

（三）修改中国工会章程。

（四）选举中华全国总工会执行委员会和经费审查委员会。

第十九条 中华全国总工会执行委员会，在全国代表大会闭会期间，负责贯彻执行全国代表大会的决议，领导全国工会工作。

执行委员会全体会议选举主席一人、副主席若干人、主席团委员若干人，组成主席团。

执行委员会全体会议由主席团召集，每年至少举行一次。

第二十条 中华全国总工会执行委员会全体会议闭会期间，由主席团行使执行委员会的职权。主席团全体会议，由主席召集。

主席团闭会期间，由主席、副主席组成的主席会议行使主席团职权。主席会议由中华全国总工会主席召集并主持。

主席团下设书记处，由主席团在主席团成员中推选第一书记一人，书记若干人组成。书记处在主席团领导下，主持中华全国总工会的日常工作。

第二十一条 产业工会全国组织的设置，由中华全国总工会根据需要确定。

产业工会全国委员会的建立，经中华全国总工会批准，可以按照联合制、代表制原则组成，也可以由产业工会全国代表大会选举产生。全国委员会每届任期五年。任期届满，应当如期召开会议，进行换届选举。在特殊情况下，经中华全国总工会批准，可以提前或者延期举行。

产业工会全国代表大会和按照联合制、代表制原则组成的产业工会全国委员会全体会议的职权是：审议和批准产业工会全国委员会的工作报告；选举产业工会全国委员会或者产业工会全国委员会常务委员会。独立管理经费的产业工会，选举经费审查委员会，并向产业工会全国代表大会或者委员会全体会议报告工作。产业工会全国委员会常务委员会由主席一人、副主席若干人、常务委员若干人组成。

第四章　地　方　组　织

第二十二条 省、自治区、直辖市，设区的市和自治州，县（旗）、自治县、不设区的市的工会代表大会，由同级总工会委员会召集，每五年举行一次。在特殊情况下，由同级总工会委员会提议，经上一级工会批准，可以提前或者延期举行。工会的地方各级代表大会的职权是：

（一）审议和批准同级总工会委员会的工作报告。

（二）审议和批准同级总工会委员会的经费收支情况报告和经费审查委员会的工作报告。

（三）选举同级总工会委员会和经费审查委员会。

各级地方总工会委员会，在代表大会闭会期间，执行上级工会的决定和同级工会代表大会的决议，领导本地区的工会工作，定期向上级总工会委员会报告工作。

根据工作需要，省、自治区总工会可在地区设派出代表机关。直辖市和设区的市总工会在区一级建立总工会。

县和城市的区可在乡镇和街道建立乡镇工会和街道工会组织，具备条件的，建立总工会。

第二十三条 各级地方总工会委员会选举主席一人、副主席若干人、常务委员若干人，组成常务委员会。工会委员会、常务委员会和主席、副主席以及经费审查委员会的选举结果，报上一级总工会批准。

各级地方总工会委员会全体会议，每年至少举行一次，由常务委员会召集。各级地方总工会常务委员会，在委员会全体会议闭会期间，行使委员会的职权。

第二十四条 各级地方产业工会组织的设置，由同级地方总工会根据本地区的实际情况确定。

第五章 基 层 组 织

第二十五条 企业、事业单位、机关、社会组织等基层单位，应当依法建立工会组织。社区和行政村可以建立工会组织。从实际出发，建立区域性、行业性工会联合会，推进新经济组织、新社会组织工会组织建设。

有会员二十五人以上的，应当成立基层工会委员会；不足二十五人的，可以单独建立基层工会委员会，也可以由两个以上单位的会员联合建立基层工会委员会，也可以选举组织员或者工会主席一人，主持基层工会工作。基层工会委员会有女会员十人以上的建立女职工委员会，不足十人的设女职工委员。

职工二百人以上企业、事业单位、社会组织的工会设专职工会主席。工会专职工作人员的人数由工会与企业、事业单位、社会组织协商确定。

基层工会组织具备民法典规定的法人条件的,依法取得社会团体法人资格,工会主席为法定代表人。

第二十六条 基层工会会员大会或者会员代表大会,每年至少召开一次。经基层工会委员会或者三分之一以上的工会会员提议,可以临时召开会员大会或者会员代表大会。工会会员在一百人以下的基层工会应当召开会员大会。

工会会员大会或者会员代表大会的职权是:

(一)审议和批准基层工会委员会的工作报告。

(二)审议和批准基层工会委员会的经费收支情况报告和经费审查委员会的工作报告。

(三)选举基层工会委员会和经费审查委员会。

(四)撤换或者罢免其所选举的代表或者工会委员会组成人员。

(五)讨论决定工会工作的重大问题。

基层工会委员会和经费审查委员会每届任期三年或者五年,具体任期由会员大会或者会员代表大会决定。任期届满,应当如期召开会议,进行换届选举。在特殊情况下,经上一级工会批准,可以提前或者延期举行。

会员代表大会的代表实行常任制,任期与本单位工会委员会相同。

第二十七条 基层工会委员会的委员,应当在会员或者会员代表充分酝酿协商的基础上选举产生;主席、副主席,可以由会员大会或者会员代表大会直接选举产生,也可以由基层工会委员会选举产生。大型企业、事业单位的工会委员会,根据工作需要,经上级工会委员会批准,可以设立常务委员会。基层工会委员会、常务委员会和主席、副主席以及经费审查委员会的选举结果,报上一级工会批准。

第二十八条 基层工会委员会的基本任务是:

(一)执行会员大会或者会员代表大会的决议和上级工会的决定,主持基层工会的日常工作。

(二)代表和组织职工依照法律规定,通过职工代表大会、厂务公开和其他形式,参与本单位民主选举、民主协商、民主决策、民主管理和民主监督,保障职工知情权、参与权、表达权和监督权,在公司制企业落实职工董事、职工监事制度。企业、事业单位工会委员会是职工代表大会工作机构,负责职工代表大会的日常工作,检查、督促职工代表大会决议的执行。

(三)参与协调劳动关系和调解劳动争议,与企业、事业单位、社会组织行政方面建立协商制度,协商解决涉及职工切身利益问题。帮助和指导职工与企业、事业单位、社会组织行政方面签订和履行劳动合同,代表职工与企业、事业单位、社会组织行政方面签订集体合同或者其他专项协议,并监督执行。

(四)组织职工开展劳动和技能竞赛、合理化建议、技能培训、技术革新和技术协作等活动,培育工匠、高技能人才,总结推广先进经验。做好劳动模范和先进生产(工作)者的评选、表彰、培养和管理服务工作。

(五)加强对职工的政治引领和思想教育,开展法治宣传教育,重视人文关怀和心理疏导,鼓励支持职工学习文化科学技术和管理知识,开展健康的文化体育活动。推进企业文化职工文化建设,办好工会文化、教育、体育事业。

(六)监督有关法律、法规的贯彻执行。协助和督促行政方面做好工资、安全生产、职业病防治和社会保险等方面的工作,推动落实职工福利待遇。办好职工集体福利事业,改善职工生活,对困难职工开展帮扶。依法参与生产安全事故和职业病危害事故的调查处理。

(七)维护女职工的特殊权益,同歧视、虐待、摧残、迫害女职工的现象作斗争。

(八)搞好工会组织建设,健全民主制度和民主生活。建立和发展工会积极分子队伍。做好会员的发展、接收、教育和会籍管理工作。加强职工之家建设。

(九)收好、管好、用好工会经费,管理好工会资产和工会的企业、事业。

第二十九条 教育、科研、文化、卫生、体育等事业单位和机关工会,从脑力劳动者比较集中的特点出发开展工作,积极了解和关心职工的思想、工作和生活,推动党的知识分子政策的贯彻落实。组织职工搞好本单位的民主选举、民主协商、民主决策、民主管理和民主监督,为发挥职工的聪明才智创造良好的条件。

第三十条 基层工会委员会根据工作需要,可以在分厂、车间(科室)建立分厂、车间(科室)工会委员会。分厂、车间(科室)工会委员会由分厂、车间(科室)会员大会或者会员代表大会选举产生,任期和基层工会委员会相同。

基层工会委员会和分厂、车间(科室)工会委员会,可以根据需要设若干专门委员会或者专门小组。

按照生产(行政)班组建立工会小组,民主选举工会小组长,积极开展工会小组活动。

第六章 工 会 干 部

第三十一条 各级工会组织按照革命化、年轻化、知识化、专业化的要求,落实新时代好干部标准,努力建设一支坚持党的基本路线,熟悉本职业务,热爱工会工作,受到职工信赖的干部队伍。

第三十二条 工会干部要努力做到:

(一)认真学习马克思列宁主义、毛泽东思想、邓小平理论、"三个代表"重要思想、科学发展观、习近平新时代中国特色社会主义思想,学习党的基本知识和党的历史,学习政治、经济、历史、文化、法律、科技和工会业务等知识,提高政治能力、思维能力、实践能力,增强推动高质量发展本领、服务群众本领、防范化解风险本领。

(二)执行党的基本路线和各项方针政策,遵守国家法律、法规,在改革开放和社会主义现代化建设中勇于开拓创新。

(三)信念坚定,忠于职守,勤奋工作,敢于担当,廉洁奉公,顾全大局,维护团结。

(四)坚持实事求是,认真调查研究,如实反映职工的意见、愿望和要求。

(五)坚持原则,不谋私利,热心为职工说话办事,依法维护职工的合法权益。

(六)作风民主,联系群众,增强群众意识和群众感情,自觉接受职工群众的批评和监督。

第三十三条 各级工会组织根据有关规定管理工会干部,重视发现培养和选拔优秀年轻干部、女干部、少数民族干部,成为培养干部的重要基地。

基层工会主席、副主席任期未满不得随意调动其工作。因工作需要调动时，应事先征得本级工会委员会和上一级工会同意。

县和县以上工会可以为基层工会选派、聘用社会化工会工作者等工作人员。

第三十四条 各级工会组织建立与健全干部培训制度。办好工会干部院校和各种培训班。

第三十五条 各级工会组织关心工会干部的思想、学习和生活，督促落实相应的待遇，支持他们的工作，坚决同打击报复工会干部的行为作斗争。

县和县以上工会设立工会干部权益保障金，保障工会干部依法履行职责。

第七章　工会经费和资产

第三十六条 工会经费的来源：

（一）会员交纳的会费。

（二）企业、事业单位、机关、社会组织按全部职工工资总额的百分之二向工会拨缴的经费或者建会筹备金。

（三）工会所属的企业、事业单位上缴的收入。

（四）人民政府和企业、事业单位、机关、社会组织的补助。

（五）其他收入。

第三十七条 工会经费主要用于为职工服务和开展工会活动。各级工会组织应坚持正确使用方向，加强预算管理，优化支出结构，开展监督检查。

第三十八条 县和县以上各级工会应当与税务、财政等有关部门合作，依照规定做好工会经费收缴和应当由财政负担的工会经费拨缴工作。

未成立工会的企业、事业单位、机关、社会组织，按工资总额的百分之二向上级工会拨缴工会建会筹备金。

具备社会团体法人资格的工会应当依法设立独立经费账户。

第三十九条 工会资产是社会团体资产，中华全国总工会对各级工会的资产拥有终极所有权。各级工会依法依规加强对工会资产的监督、管理，保护工会资产不受损害，促进工会资产保值增值。根据经费独立原则,建立预算、决算、资产监管和经费审查监督制度。实行"统一领导、分级管理"的财务体制、"统一所有、分级监管、单位使用"的资产监管体制和"统一领导、分级管理、分级负责、下审一级"的经费审查监督体制。工会经费、资产的管理和使用办法以及工会经费审查监督制度,由中华全国总工会制定。

第四十条 各级工会委员会按照规定编制和审批预算、决算,定期向会员大会或者会员代表大会和上一级工会委员会报告经费收支和资产管理情况,接受上级和同级工会经费审查委员会审查监督。

第四十一条 工会经费、资产和国家及企业、事业单位等拨给工会的不动产和拨付资金形成的资产受法律保护,任何单位和个人不得侵占、挪用和任意调拨;不经批准,不得改变工会所属企业、事业单位的隶属关系和产权关系。

工会组织合并,其经费资产归合并后的工会所有;工会组织撤销或者解散,其经费资产由上级工会处置。

第八章 会 徽

第四十二条 中国工会会徽,选用汉字"中"、"工"两字,经艺术造型呈圆形重叠组成,并在两字外加一圆线,象征中国工会和中国工人阶级的团结统一。会徽的制作标准,由中华全国总工会规定。

第四十三条 中国工会会徽,可在工会办公地点、活动场所、会议会场悬挂,可作为纪念品、办公用品上的工会标志,也可以作为徽章佩戴。

第九章 附 则

第四十四条 本章程解释权属于中华全国总工会。

二、工会工作

基层工会工作暂行条例

(1984年5月3日全国总工会书记处第二十七次会议通过)

第一章 总 则

第一条 基层工会是工会组织密切联系群众，开展各项工作的基础。为了加强基层工会的建设，充分发挥工会组织在实现党的总任务、总目标中的积极作用，根据《中国工会章程》的规定，特制订本条例。

第二条 基层工会坚持社会主义道路，坚持无产阶级专政，坚持共产党的领导，坚持马克思列宁主义、毛泽东思想，充分发挥工会作为联结党和职工群众的纽带、人民民主专政的重要社会支柱和共产主义学校的作用。

第三条 基层工会要认真执行新时期工会工作的方针，以四化建设为中心，为职工说话、办事，维护职工的合法权益，加强对职工的思想政治教育和文化技术教育，建设一支有理想、有道德、有文化、守纪律的职工队伍，充分发挥工人阶级在社会主义物质文明和精神文明建设中的主力军作用。

第四条 基层工会在上级工会和同级党委的领导下，根据工会组织的特点和广大职工的意愿，积极主动、独立负责地开展工作。

第五条 基层工会实行民主集中制的原则，坚持群众路线，把工会办成"职工之家"，工会干部成为"职工之友"。

第二章 基 本 任 务

第六条 基层工会的基本任务是：

(一) 做好职工思想政治工作，向职工进行爱国主义、集体主义、社会主义、共产主义教育，加强法制教育和职业责任、职业道德、职业纪律的教育。

（二）依法维护职工的民主权利，组织职工民主管理企业、事业。

（三）组织职工开展社会主义劳动竞赛、群众合理化建议、技术革新和技术协作活动，总结推广先进经验，做好先进生产（工作）者和劳动模范的评选、表彰、培养和管理工作，发动职工完成生产（工作）任务。

（四）维护职工的学习权利，吸引和支持职工学习政治、文化、科学、技术和管理知识。

开展有益职工身心健康的文化、体育活动，办好工会的文化、教育、体育事业。

（五）保障职工生活福利，协助和督促行政方面办好职工集体福利事业。开展职工互助互济活动，搞好职工生活困难补助。做好劳动保险工作和劳动工资的群众工作。参与调处劳动争议。协同有关方面做好退休职工和职工家属工作。

（六）关心职工劳动条件的改善，维护职工在劳动中的安全和健康。监督国家有关劳动保护、安全技术、工业卫生等法律、法规、条例的贯彻执行。向职工进行安全教育。督促行政方面解决影响职工健康和安全的问题，参加安全检查和伤亡事故的调查处理。

（七）维护女职工的合法权益，同歧视、虐待、摧残、迫害妇女的现象作斗争。针对女职工的特殊问题，做好保护工作。

（八）收好、管好、用好工会经费，管理好工会财产。

（九）坚持工会的民主制度和民主生活，加强工会小组工作。接收新会员，对会员进行工会基本知识的教育。

第三章　会员代表大会、会员大会和工会委员会

第七条　会员代表大会或会员大会是基层工会的权力机关，必须按期召开。

会员代表大会的代表，一般应以工会小组为单位，由会员直接选举产生。

第八条　工会委员会由会员代表大会或会员大会选举产生。选举要充分体现选举人的意志，采取无记名投票方式，候选人由会员或会员代表提

名，经过充分酝酿，可以经过预选产生候选人名单，然后正式选举，也可以不经过预选，采用候选人数多于应选人数的办法进行选举。任何组织和个人都不得以任何方式强迫选举人选举或不选举某个人。

第九条 工会委员会的委员，应由坚持四项基本原则、密切联系群众、热心为群众服务、办事公道、作风正派的会员担任。委员中应有专业技术人员、青年职工和女职工。

工会委员会选举主席1人，副主席1~2人。工会主席应由作风民主、善于团结同志、有群众工作经验和组织领导能力、高中以上文化程度、年龄不超过50岁的委员担任。主席出缺，应由委员会另行选举。

第十条 工会委员会对会员代表大会或会员大会负责，执行会员代表大会或会员大会的决议，定期向会员报告工作和经费收支情况，接受会员监督。

第十一条 工会委员会实行集体领导和分工负责相结合的制度，重要问题要经过集体讨论，作出决定。工会主席负责召集工会委员会会议，主持工会的日常工作。副主席协助主席工作。

第十二条 工会委员会每月至少召开一次会议，讨论和决定以下问题：

（一）贯彻执行会员代表大会或会员大会的决议和贯彻执行党委、上级工会有关决定、指示的措施；

（二）向会员代表大会或会员大会的工作报告和向党委、上级工会的重要请示、报告；

（三）工会工作总结和计划；

（四）有关职工权益的重大问题和向行政、职工代表大会提出的重大建议；

（五）工会经费预、决算及重大财务支出；

（六）工会机构设置、人员配备；

（七）工会会员会籍处理；

（八）必须由工会委员会讨论和决定的其他问题。

第十三条 基层工会的经费审查委员会由会员代表大会或会员大会选举产生，对会员代表大会或会员大会负责并报告工作。在会员代表大会或会员大会闭会期间，对工会基层委员会负责并报告工作。

经费审查委员会根据有关工会财务工作的规定，审查经费收支情况和财产管理情况。对不正当的经费收支，有权批评或制止。工会会计人员调动交接时，负责监交。经费审查委员会与工会委员会在重大问题上意见不一致时，报请上级工会处理。

第十四条　工会委员会根据工作需要，可以设立若干工作委员会。各工作委员会由工会委员会选聘工会积极分子组成，设主任1人，必要时可设副主任1人。工作委员会主任，由工会委员会委员兼任。

第十五条　车间（科室）工会委员会由车间（科室）会员代表大会或会员大会选举产生，任期和工会基层委员会相同。选举主席1人，必要时可选举副主席1人。较大车间，可根据工作需要设专职工会主席。车间（科室）工会在基层工会领导下进行工作。

第十六条　基层工会要加强工会小组建设。要经常深入小组，调查研究，帮助工作，总结推广小组工作经验，培训小组长和小组干事。

工会小组要定期改选工会小组长，健全小组工作制度，每月召开一次小组民主生活会。

第十七条　基层工会要建设一支同职工群众密切联系，热心为群众办事、热爱工会工作的积极分子队伍，依靠他们活跃工会工作。要支持积极分子的工作，经常对他们培训，关心他们的进步，帮助他们解决工作、学习和生活上的困难，总结交流他们的经验，定期表彰、奖励优秀工会积极分子。

第四章　工会与职工代表大会

第十八条　基层工会承担职工代表大会工作机构的职责，其任务是：

（一）宣传党的群众路线和依靠工人阶级办企业、事业的方针、政策，宣传和解释职工代表大会的性质、作用和任务；

（二）组织职工选举职工代表，组织职工代表学习党和国家的政策、法令和经营管理知识；

（三）提出召开大会的方案和议题的建议；

（四）征集、整理提案，交职工代表大会提案小组审理；

（五）会同有关部门做好会议期间的组织工作和会务工作；

（六）组织职工代表传达会议精神，发动职工群众和督促有关部门实现大会决议；

（七）组织职工代表团（组）和各专门工作委员会检查大会决议和提案的落实情况；

（八）承办职工代表大会或大会主席团交办的事宜。

第十九条 基层工会的负责人经职工代表大会选举参加职工代表大会主席团并担任领导工作。

基层工会的各工作委员会要积极协助职工代表大会的各专门委员会的工作，配合处理共同性的问题。

第二十条 基层工会要维护职工代表的权利。职工代表因行使职权而受到刁难、打击时，要及时进行调查，要求有关方面作出严肃处理。

第五章 工会与行政

第二十一条 办好社会主义企业、事业是工会和行政的共同任务。基层工会要支持行政负责人对生产行政工作行使职权，维护生产行政指挥系统的高度权威，教育职工遵守厂规厂法和职工守则，发动职工积极参加企业、事业的改革，努力提高经济效益和工作质量，全面完成生产（工作）任务。

第二十二条 基层工会要组织和代表职工群众监督企业、事业单位正确执行国家有关政策和法规。在行政决定有关生产和职工切身利益问题时，工会应参加研究，提出意见，维护国家利益、企业事业集体利益和职工的正当权益。

第二十三条 基层工会代表职工与行政签订合同或协议；受理职工群众的申诉，参与调处劳动争议。

第二十四条 基层工会积极主动地参与企业、事业改革，根据社会主义现代化建设的需要和职工群众的合理要求，提出建议，协助行政制订改革方案，发动职工群众贯彻实施。

第六章 工会与党委

第二十五条 基层工会接受企业、事业党委的领导，贯彻执行党委的有关决议，定期向党委汇报工作情况，反映职工的意见和呼声，提出解决问题的建议。

基层工会对以下问题要向党委请示报告：

（一）工会全面工作计划；
（二）召开会员代表大会或会员大会的方案；
（三）全厂性的重要活动；
（四）工会干部的调整和配备。

第二十六条 对于党委讨论决定的有关工会的重大问题，基层工会委员会要认真讨论，组织实施；工会的日常工作和经费开支，要根据职工群众的要求和上级工会的有关规定，积极主动、独立负责地办理；对工会主要领导干部的任免调动，要履行民主手续，并报上级工会批准；职工群众的呼声、工会工作的情况，在向党委报告的同时，应向上级工会报告。

第二十七条 基层工会对贯彻执行上级工会决议的部署，应结合实际提出意见，向党委汇报，在党委的领导下，认真贯彻执行。

第七章 工作作风和工作方法

第二十八条 密切联系群众，同群众打成一片，坚持家访谈心，与职工交朋友。根据广大群众的愿望和要求开展活动，全心全意为职工服务。

第二十九条 坚持实事求是，深入群众，深入实际，调查研究。既要提出问题，又要提出解决问题的办法，切实替职工说话，为职工办事。

第三十条 充分发扬民主，认真执行工会的民主制度。办事要同群众商量，尊重群众的意见，坚持真理，修正错误。

第三十一条 坚持说服教育和群众自我教育的方法。摆事实、讲道理，民主讨论，典型示范，依靠群众自己解决自己的问题。时刻注意把职工的切身利益和工人阶级的根本利益结合起来，始终坚持国家、集体、个人三者利益的统一和兼顾的原则。

第三十二条 工会干部要振奋精神，刻苦学习，勇于改革，不断创新，坚持原则，大胆工作，一心为公，不谋私利，多办实事，讲究实效。

第八章 附 则

第三十三条 本条例适用于全民所有制和集体所有制企业、事业、机关单位。中外合资企业和外资企业工会，应根据本条例原则精神，另行制订工作条例。

第三十四条 各单位可根据本条例，结合实际，制订实施细则。

企业工会工作条例

(2006年12月11日中华全国总工会第十四届执行委员会第四次全体会议通过)

第一章 总 则

第一条 为加强和改进企业工会工作，发挥企业工会团结组织职工、维护职工权益、促进企业发展的重要作用，根据《工会法》、《劳动法》和《中国工会章程》，制定本条例。

第二条 企业工会是中华全国总工会的基层组织，是工会的重要组织基础和工作基础，是企业工会会员和职工合法权益的代表者和维护者。

第三条 企业工会以邓小平理论和"三个代表"重要思想为指导，贯彻科学发展观，坚持全心全意依靠工人阶级根本指导方针，走中国特色社会主义工会发展道路，落实"组织起来、切实维权"的工作方针，团结和动员职工为实现全面建设小康社会宏伟目标作贡献。

第四条 企业工会贯彻促进企业发展、维护职工权益的工作原则，协调企业劳动关系，推动建设和谐企业。

第五条 企业工会在本企业党组织和上级工会的领导下，依照法律和工会章程独立自主地开展工作，密切联系职工群众，关心职工群众生产生活，热忱为职工群众服务，努力建设成为组织健全、维权到位、工作活跃、作用明显、职工信赖的职工之家。

第二章 企业工会组织

第六条 企业工会依法组织职工加入工会，维护职工参加工会的权利。

第七条 会员二十五人以上的企业建立工会委员会；不足二十五人的可以单独建立工会委员会，也可以由两个以上企业的会员按地域或行业联合建立基层工会委员会。同时按有关规定建立工会经费审查委员会、工会女职工委员会。

企业工会具备法人条件的，依法取得社会团体法人资格，工会主席是法定代表人。

企业工会受法律保护，任何组织和个人不得随意撤销或将工会工作机构合并、归属到其他部门。

企业改制须同时建立健全工会组织。

第八条 会员大会或会员代表大会是企业工会的权力机关，每年召开一至两次会议。经企业工会委员会或三分之一以上会员提议可临时召开会议。

会员代表大会的代表由会员民主选举产生，会员代表实行常任制，任期与企业本届工会委员会相同，可连选连任。

会员在一百人以下的企业工会应召开会员大会。

第九条 会员大会或会员代表大会的职权：

（一）审议和批准工会委员会的工作报告。

（二）审议和批准工会委员会的经费收支情况报告和经费审查委员会的工作报告。

（三）选举工会委员会和经费审查委员会。

（四）听取工会主席、副主席的述职报告，并进行民主评议。

（五）撤换或者罢免其所选举的代表或者工会委员会组成人员。

（六）讨论决定工会工作其他重大问题。

第十条 会员大会或会员代表大会与职工代表大会或职工大会须分别行使职权，不得相互替代。

第十一条 企业工会委员会由会员大会或会员代表大会差额选举产生，选举结果报上一级工会批准，每届任期三年或者五年。

大型企业工会经上级工会批准，可设立常务委员会，负责工会委员会的日常工作，其下属单位可建立工会委员会。

第十二条 企业工会委员会是会员大会或会员代表大会的常设机构，对会员大会或会员代表大会负责，接受会员监督。在会员大会或会员代表大会闭会期间，负责日常工作。

第十三条 企业工会委员会根据工作需要，设立相关工作机构或专门工作委员会、工作小组。

工会专职工作人员一般按不低于企业职工人数的千分之三配备，具体人数由上级工会、企业工会与企业行政协商确定。

根据工作需要和经费许可,工会可从社会聘用工会工作人员,建立专兼职相结合的干部队伍。

第十四条 企业工会委员会实行民主集中制,重要问题须经集体讨论作出决定。

第十五条 企业工会委员(常委)会一般每季度召开一次会议,讨论或决定以下问题:

(一)贯彻执行会员大会或会员代表大会决议和党组织、上级工会有关决定、工作部署的措施。

(二)提交会员大会或会员代表大会的工作报告和向党组织、上级工会的重要请示、报告。

(三)工会工作计划和总结。

(四)向企业提出涉及企业发展和职工权益重大问题的建议。

(五)工会经费预算执行情况及重大财务支出。

(六)由工会委员会讨论和决定的其他问题。

第十六条 企业生产车间、班组建立工会分会、工会小组,会员民主选举工会主席、工会小组长,组织开展工会活动。

第十七条 建立工会积极分子队伍,发挥工会积极分子作用。

第三章 基本任务和活动方式

第十八条 企业工会的基本任务:

(一)执行会员大会或会员代表大会的决议和上级工会的决定。

(二)组织职工依法通过职工代表大会或职工大会和其他形式,参加企业民主管理和民主监督,检查督促职工代表大会或职工大会决议的执行。

(三)帮助和指导职工与企业签订劳动合同。就劳动报酬、工作时间、劳动定额、休息休假、劳动安全卫生、保险福利等与企业平等协商、签订集体合同,并监督集体合同的履行。调解劳动争议。

(四)组织职工开展劳动竞赛、合理化建议、技术革新、技术攻关、技术协作、发明创造、岗位练兵、技术比赛等群众性经济技术创新活动。

(五)组织培养、评选、表彰劳动模范,负责做好劳动模范的日常管理工作。

（六）对职工进行思想政治教育，组织职工学习文化、科学和业务知识，提高职工素质。办好职工文化、教育、体育事业，开展健康的文化体育活动。

（七）协助和督促企业做好劳动报酬、劳动安全卫生和保险福利等方面的工作，监督有关法律法规的贯彻执行。参与劳动安全卫生事故的调查处理。协助企业办好职工集体福利事业，做好困难职工帮扶救助工作，为职工办实事、做好事、解难事。

（八）维护女职工的特殊利益。

（九）加强组织建设，健全民主生活，做好会员会籍管理工作。

（十）收好、管好、用好工会经费，管理好工会资产和工会企（事）业。

第十九条　坚持群众化、民主化，实行会务公开。凡涉及会员群众利益的重要事项，须经会员大会或会员代表大会讨论决定；工作计划、重大活动、经费收支等情况接受会员监督。

第二十条　按照会员和职工群众的意愿，依靠会员和职工群众，开展形式多样的工会活动。

第二十一条　工会召开会议或者组织职工活动，需要占用生产时间的，应当事先征得企业的同意。

工会非专职委员占用生产或工作时间参加会议或者从事工会工作，在法律规定的时间内工资照发，其他待遇不受影响。

第二十二条　开展建设职工之家活动，建立会员评议建家工作制度，增强工会凝聚力，提高工会工作水平。

推动企业关爱职工，引导职工热爱企业，创建劳动关系和谐企业。

第四章　工　会　主　席

第二十三条　职工二百人以上的企业工会依法配备专职工会主席。由同级党组织负责人担任工会主席的，应配备专职工会副主席。

第二十四条　国有、集体及其控股企业工会主席候选人，应由同级党组织和上级工会在充分听取会员意见的基础上协商提名。工会主席按企业党政同级副职级条件配备，是共产党员的应进入同级党组织领导班子。专职工会副主席按不低于企业中层正职配备。

私营企业、外商投资企业、港澳台商投资企业工会主席候选人，由会员民主推荐，报上一级工会同意提名；也可以由上级工会推荐产生。工会主席享受企业行政副职待遇。

企业行政负责人、合伙人及其近亲属不得作为本企业工会委员会成员的人选。

第二十五条 工会主席、副主席可以由会员大会或会员代表大会直接选举产生，也可以由企业工会委员会选举产生。工会主席出现空缺，须按民主程序及时进行补选。

第二十六条 工会主席应当具备下列条件：

（一）政治立场坚定，热爱工会工作。

（二）具有与履行职责相应的文化程度、法律法规和生产经营管理知识。

（三）作风民主，密切联系群众，热心为会员和职工服务。

（四）有较强的协调劳动关系和组织活动能力。

第二十七条 企业工会主席的职权：

（一）负责召集工会委员会会议，主持工会日常工作。

（二）参加企业涉及职工切身利益和有关生产经营重大问题的会议，反映职工的意愿和要求，提出工会的意见。

（三）以职工方首席代表的身份，代表和组织职工与企业进行平等协商、签订集体合同。

（四）代表和组织职工参与企业民主管理。

（五）代表和组织职工依法监督企业执行劳动安全卫生等法律法规，要求纠正侵犯职工和工会合法权益的行为。

（六）担任劳动争议调解委员会主任，主持企业劳动争议调解委员会的工作。

（七）向上级工会报告重要信息。

（八）负责管理工会资产和经费。

第二十八条 按照法律规定，企业工会主席、副主席任期未满时，不得随意调动其工作。因工作需要调动时，应征得本级工会委员会和上一级工会的同意。

罢免工会主席、副主席必须召开会员大会或会员代表大会讨论，非经会员大会全体会员或者会员代表大会全体代表无记名投票过半数通过，不得罢免。

工会专职主席、副主席或者委员自任职之日起，其劳动合同期限自动延长，延长期限相当于其任职期间；非专职主席、副主席或者委员自任职之日起，其尚未履行的劳动合同期限短于任期的，劳动合同期限自动延长至任期期满。任职期间个人严重过失或者达到法定退休年龄的除外。

第二十九条 新任企业工会主席、副主席，应在一年内参加上级工会举办的上岗资格或业务培训。

第五章　工作机制和制度

第三十条 帮助和指导职工签订劳动合同。代表职工与企业协商确定劳动合同文本的主要内容和条件，为职工签订劳动合同提供法律、技术等方面的咨询和服务。监督企业与所有职工签订劳动合同。

工会对企业违反法律法规和有关合同规定解除职工劳动合同的，应提出意见并要求企业将处理结果书面通知工会。工会应对企业经济性裁员事先提出同意或否决的意见。

监督企业和引导职工严格履行劳动合同，依法督促企业纠正违反劳动合同的行为。

第三十一条 依法与企业进行平等协商，签订集体合同和劳动报酬、劳动安全卫生、女职工特殊权益保护等专项集体合同。

工会应将劳动报酬、工作时间、劳动定额、保险福利、劳动安全卫生等问题作为协商重点内容。

工会依照民主程序选派职工协商代表，可依法委托本企业以外的专业人士作为职工协商代表，但不得超过本方协商代表总数的三分之一。

小型企业集中的地方，可由上一级工会直接代表职工与相应的企业组织或企业进行平等协商，签订区域性、行业性集体合同或专项集体合同。

劳务派遣工集中的企业，工会可与企业、劳务公司共同协商签订集体合同。

第三十二条 工会发出集体协商书面要约二十日内，企业不予回应的，工会可要求上级工会协调；企业无正当理由拒绝集体协商的，工会可提请县级以上人民政府责令改正，依法处理；企业违反集体合同规定的，工会可依法要求企业承担责任。

第三十三条　企业工会是职工代表大会或职工大会的工作机构，负责职工代表大会或职工大会的日常工作。

职工代表大会的代表经职工民主选举产生。职工代表大会中的一线职工代表一般不少于职工代表总数的百分之五十。女职工、少数民族职工代表应占相应比例。

第三十四条　国有企业、国有控股企业职工代表大会或职工大会的职权：

（一）听取审议企业生产经营、安全生产、重组改制等重大决策以及实行厂务公开、履行集体合同情况报告，提出意见和建议。

（二）审议通过集体合同草案、企业改制职工安置方案。审查同意或否决涉及职工切身利益的重要事项和企业规章制度。

（三）审议决定职工生活福利方面的重大事项。

（四）民主评议监督企业中层以上管理人员，提出奖惩任免建议。

（五）依法行使选举权。

（六）法律法规规定的其他权利。

集体（股份合作制）企业职工代表大会或职工大会的职权：

（一）制定、修改企业章程。

（二）选举、罢免企业经营管理人员。

（三）审议决定经营管理以及企业合并、分立、变更、破产等重大事项。

（四）监督企业贯彻执行国家有关劳动安全卫生等法律法规、实行厂务公开、执行职代会决议等情况。

（五）审议决定有关职工福利的重大事项。

私营企业、外商投资企业和港澳台商投资企业职工代表大会或职工大会的职权：

（一）听取企业发展规划和年度计划、生产经营等方面的报告，提出意见和建议。

（二）审议通过涉及职工切身利益重大问题的方案和企业重要规章制度、集体合同草案等。

（三）监督企业贯彻执行国家有关劳动安全卫生等法律法规、实行厂务公开、履行集体合同和执行职代会决议、缴纳职工社会保险、处分和辞退职工的情况。

（四）法律法规、政策和企业规章制度规定及企业授权和集体协商议定的其他权利。

第三十五条 职工代表大会或职工大会应有全体职工代表或全体职工三分之二以上参加方可召开。职工代表大会或职工大会进行选举和作出重要决议、决定，须采用无记名投票方式进行表决，经全体职工代表或全体职工过半数通过。

小型企业工会可联合建立区域或行业职工代表大会，解决本区域或行业涉及职工利益的共性问题。

公司制企业不得以股东（代表）大会取代职工（代表）大会。

第三十六条 督促企业建立和规范厂务公开制度。

第三十七条 凡设立董事会、监事会的公司制企业，工会应依法督促企业建立职工董事、职工监事制度。

职工董事、职工监事人选由企业工会提名，通过职工代表大会或职工大会民主选举产生，对职工代表大会或职工大会负责。企业工会主席、副主席一般应分别作为职工董事、职工监事的候选人。

第三十八条 建立劳动法律监督委员会，职工人数较少的企业应设立工会劳动法律监督员，对企业执行有关劳动报酬、劳动安全卫生、工作时间、休息休假、女职工和未成年工保护、保险福利等劳动法律法规情况进行群众监督。

第三十九条 建立劳动保护监督检查委员会，生产班组中设立工会小组劳动保护检查员。建立完善工会监督检查、重大事故隐患和职业危害建档跟踪、群众举报等制度，建立工会劳动保护工作责任制。依法参加职工因工伤亡事故和其他严重危害职工健康问题的调查处理。协助与督促企业落实法律赋予工会与职工安全生产方面的知情权、参与权、监督权和紧急避险权。开展群众性安全生产活动。

依照国家法律法规对企业新建、扩建和技术改造工程中的劳动条件和安全卫生设施与主体工程同时设计、同时施工、同时使用进行监督。

发现企业违章指挥、强令工人冒险作业，或者生产过程中发现明显重大事故隐患和职业危害，工会应提出解决的建议；发现危及职工生命安全的情况，工会有权组织职工撤离危险现场。

第四十条 依法建立企业劳动争议调解委员会，劳动争议调解委员会由职工代表、企业代表和工会代表组成，办事机构设在企业工会。职工代表和工会代表的人数不得少于调解委员会成员总数的三分之二。

建立劳动争议预警机制，发挥劳动争议调解组织的预防功能，设立建立企业劳动争议信息员制度，做好劳动争议预测、预报、预防工作。

企业发生停工、怠工事件，工会应当积极同企业或者有关方面协商，反映职工的意见和要求并提出解决意见，协助企业做好工作，尽快恢复生产、工作秩序。

第四十一条 开展困难职工生活扶助、医疗救助、子女就学和职工互助互济等工作。有条件的企业工会建立困难职工帮扶资金。

第六章　女职工工作

第四十二条 企业工会有女会员十名以上的，应建立工会女职工委员会，不足十名的应设女职工委员。

女职工委员会在企业工会委员会领导和上一级工会女职工委员会指导下开展工作。

女职工委员会主任由企业工会女主席或副主席担任。企业工会没有女主席或副主席的，由符合相应条件的工会女职工委员担任，享受同级工会副主席待遇。

女职工委员会委员任期与同级工会委员会委员相同。

第四十三条 女职工委员会依法维护女职工的合法权益，重点是女职工经期、孕期、产期、哺乳期保护、禁忌劳动、卫生保健、生育保险等特殊利益。

第四十四条 女职工委员会定期研究涉及女职工特殊权益问题，向企业工会委员会和上级女职工委员会报告工作，重要问题应提交企业职工代表大会或职工大会审议。

第四十五条 企业工会应为女职工委员会开展工作与活动提供必要的经费。

第七章　工会经费和资产

第四十六条　督促企业依法按每月全部职工工资总额的百分之二向工会拨缴经费、提供工会办公和开展活动的必要设施和场所等物质条件。

第四十七条　工会依法设立独立银行账户，自主管理和使用工会经费、会费。工会经费、会费主要用于为职工服务和工会活动。

第四十八条　督促企业按国家有关规定支付工会会同企业开展的职工教育培训、劳动保护、劳动竞赛、技术创新、职工疗休养、困难职工补助、企业文化建设等工作所需费用。

第四十九条　工会经费审查委员会代表会员群众对工会经费收支和财产管理进行审查监督。

建立经费预算、决算和经费审查监督制度，经费收支情况接受同级工会经费审查委员会审查，接受上级工会审计，并定期向会员大会或会员代表大会报告。

第五十条　企业工会经费、财产和企业拨给工会使用的不动产受法律保护，任何单位和个人不得侵占、挪用和任意调拨。

企业工会组织合并，其经费财产归合并后的工会所有；工会组织撤销或解散，其经费财产由上级工会处置。

第八章　工会与企业党组织、行政和上级工会

第五十一条　企业工会接受同级党组织和上级工会双重领导，以同级党组织领导为主。未建立党组织的企业，其工会由上一级工会领导。

第五十二条　企业工会与企业行政具有平等的法律地位，相互尊重、相互支持、平等合作，共谋企业发展。

企业工会与企业可以通过联席会、民主议事会、民主协商会、劳资恳谈会等形式，建立协商沟通制度。

第五十三条　企业工会支持企业依法行使经营管理权，动员和组织职工完成生产经营任务。

督促企业按照有关规定，按职工工资总额的百分之一点五至百分之二点五、百分之一分别提取职工教育培训费用和劳动竞赛奖励经费，并严格管理和使用。

第五十四条　企业行政应依法支持工会履行职责，为工会开展工作创造必要条件。

第五十五条　上级工会负有对企业工会指导和服务的职责，为企业工会开展工作提供法律、政策、信息、培训和会员优惠等方面的服务，帮助企业工会协调解决工作中的困难和问题。

企业工会在履行职责遇到困难时，可请上级工会代行企业工会维权职责。

第五十六条　县以上地方工会设立保护工会干部专项经费，为维护企业工会干部合法权益提供保障。经费来源从本级工会经费中列支，也可以通过其它渠道多方筹集。

建立上级工会保护企业工会干部责任制。对因履行职责受到打击报复或不公正待遇以及有特殊困难的企业工会干部，上级工会应提供保护和帮助。

上级工会与企业工会、企业行政协商，可对企业工会兼职干部给予适当补贴。

第五十七条　上级工会应建立对企业工会干部的考核、激励机制，对依法履行职责作出突出贡献的工会干部给予表彰奖励。

工会主席、副主席不履行职责，上级工会应责令其改正；情节严重的可以提出罢免的建议，按照有关规定予以罢免。

第九章　附　　则

第五十八条　本条例适用于中华人民共和国境内所有企业和实行企业化管理的事业单位工会。

第五十九条　本条例由中华全国总工会解释。

第六十条　本条例自公布之日起施行。

机关工会工作暂行条例

（2015年6月26日　总工发〔2015〕27号）

第一章　总　　则

第一条　为加强机关工会工作制度化、规范化建设，充分发挥机关工会作用,根据《中华人民共和国工会法》和《中国工会章程》,制定本条例。

第二条 机关工会是指党的机关、人大机关、行政机关、政协机关、审判机关、检察机关,各民主党派和工商联的机关,以及使用国家行政编制的人民团体和群众团体机关等依法建立的工会组织。

第三条 机关工会必须坚持党的领导,在同级机关党组织领导下,依照法律和《中国工会章程》独立自主地开展工作,依法行使权利和履行义务。

第四条 机关工会以马克思列宁主义、毛泽东思想、邓小平理论、"三个代表"重要思想、科学发展观为指导,深入贯彻习近平总书记系列重要讲话精神,坚持正确政治方向,在思想上、政治上、行动上同党中央保持一致,坚定不移走中国特色社会主义工会发展道路,认真履行工会各项社会职能,团结动员机关职工为完成机关各项任务作贡献,在全面建成小康社会、实现中华民族伟大复兴的中国梦的历史进程中充分发挥作用。

第五条 机关工会坚持以改革创新精神加强自身建设,坚持群众化、民主化、制度化,改进工作作风,保持同职工的密切联系,依靠职工开展工作,把机关工会组织建设成职工群众信赖的"职工之家",把工会干部锤炼成听党话、跟党走、职工群众信赖的"娘家人"。

第二章 组 织 建 设

第六条 机关单位应当依法建立工会组织。有会员二十五人以上的,应当建立机关工会委员会;不足二十五人的,可以单独建立机关工会委员会,也可以由两个以上单位的会员联合建立机关工会委员会,也可以选举工会主席一人,主持工会工作。

机关内设部门及机构,可以建立机关工会分会或者工会小组。

会员人数较多的工会组织,可以根据需要设立相应的专门工作委员会,承担工会委员会的有关工作。

第七条 机关工会组织按照民主集中制原则建立。工会委员会由会员大会或者会员代表大会民主选举产生,选举结果报上一级工会批准。

机关工会接受同级机关党组织和上级工会双重领导,以同级机关党组织领导为主。

第八条 机关工会委员会每届任期三至五年,具体任期由会员大会或者会员代表大会决定。

机关工会委员会应当按期换届。因故提前或者延期换届的,应当报上一级工会批准。任期届满未换届的,上级工会有权督促其限期进行换届。

第九条 机关工会委员会具备条件的,应当依法申请取得工会法人资格,工会主席或者主持工作的副主席为法定代表人。

第十条 各省、自治区、直辖市,设区的市(地)和自治州(盟),县(区、旗)、自治县、不设区的市所属机关,经同级地方工会或者其派出机关批准,成立机关工会委员会或者联合机关工会委员会。

各省、自治区、直辖市,设区的市(地)和自治州(盟),县(区、旗)、自治县、不设区的市,经同级地方工会批准,可以成立地方机关工会联合会,也可以设立地方机关工会工作委员会,领导本级各机关工会委员会或者联合机关工会委员会。

地方机关工会联合会或者地方机关工会工作委员会以同级地方直属机关党的工作委员会领导为主,同时接受地方工会的领导。

第十一条 中央直属机关工会联合会、中央国家机关工会联合会的建立,由中华全国总工会批准。中央直属机关工会联合会、中央国家机关工会联合会以中央直属机关工作委员会、中央国家机关工作委员会领导为主,同时接受中华全国总工会的领导。

中央和国家机关各部委、各人民团体机关,经中央直属机关工会联合会或者中央国家机关工会联合会批准,成立机关工会委员会。

第三章 工作职责

第十二条 机关工会的职责是:

(一)加强对职工进行中国特色社会主义理论体系教育,深入开展党的基本理论、基本路线、基本纲领、基本经验、基本要求教育,培育和践行社会主义核心价值观,不断提高机关职工政治理论、思想道德、科学文化和业务素质水平。

(二)动员组织职工围绕机关中心工作,开展创先争优活动,做好先进工作者的评选、表彰、培养、管理和服务工作。

(三)加强和改进职工思想政治工作,注重人文关怀和心理疏导,开展群众性精神文明创建、文化体育活动,丰富职工精神文化生活,推动机关文化建设。

(四)配合党政机关贯彻落实《中华人民共和国公务员法》等法律法规,维护机关职工合法权益,协助党政机关解决涉及职工切身利益的问题。做好困难职工帮扶工作,组织职工参加疗养、休养及健康体检,努力为职工办实事、做好事、解难事,促进和谐机关建设。

(五)加强调查研究,反映机关职工意见和建议,参与机关内部事务民主管理、民主监督,促进机关内部事务公开,保障职工的知情权、参与权、表达权、监督权,推进机关廉政建设。

(六)加强工会组织建设,健全工会民主制度,做好会员的发展、接收、教育和会籍管理工作,加强对专(兼)职工会干部和工会积极分子的培养,深入开展建设职工之家活动。

(七)依法收好、管好、用好工会经费,管理好工会资产。

第四章 组织制度

第十三条 机关工会每年至少召开一次会员大会或者会员代表大会。经机关工会委员会或者三分之一以上会员提议,可以临时召开会议。会员在一百人以下的应当召开会员大会。

会员大会和会员代表大会的主要任务是:传达党组织、上级工会的重要指示精神;审议和批准工会委员会工作报告;审议和批准工会委员会的经费收支情况报告和经费审查委员会的工作报告;选举工会委员会、经费审查委员会;讨论决定工会工作的重大问题;公开工会内部事务;民主评议监督工会工作和工会领导人。

会员代表大会代表实行常任制,任期与工会委员会相同。

第十四条 机关工会委员会主持会员大会或者会员代表大会的日常工作,向会员大会或者会员代表大会负责并报告工作,接受会员监督。

第十五条 机关工会委员会的主要任务是:负责贯彻党组织和上级工会工作部署、会员大会或者会员代表大会决议;向党组织和上级工会请示报告有关召开会员大会或者会员代表大会的重要事宜;研究制定工会工作计划和重大活动方案,提出工作报告;编制和执行工会经费预算,编报工会经费决算,审批重大支出项目;讨论和决定其他重要事项。

第十六条　机关工会委员会向同级机关党组织请示汇报以下事项：贯彻上级党组织对工会工作重要指示和上级工会重要工作部署的意见；召开会员大会或者会员代表大会的方案、工会工作报告、工作安排、重要活动及主要领导成员的推荐人选；涉及职工切身利益的重大问题及思想工作和生活情况；推荐表彰先进等事项。

第五章　干部队伍

第十七条　机关工会应当根据职工人数相应配备专（兼）职工会干部。职工人数较多的，可以配备专职工会主席。

第十八条　机关工会设专职主席的，一般按同级机关党组织副职领导干部配备；设专职副主席的，一般按相应职级的干部配备。机关工会主席是党员的，应当具备提名作为同级机关党组织常委、委员候选人的条件。

第十九条　机关工会主席、副主席和委员实行任期制，可以连选连任。

工会主席、副主席因工作需要调动时，应当征得本级工会委员会和上一级工会的同意。

工会主席、副主席缺额时，应当及时补选，空缺时间不超过半年。

第六章　工会经费和资产

第二十条　工会会员按规定标准按月缴纳会费。

建立工会组织的机关，按每月全部职工工资总额的百分之二向机关工会拨缴工会经费；由财政统一划拨经费的，工会经费列入同级财政预算，按财政统一划拨方式执行。

机关工会可以按照《中华人民共和国工会法》有关规定，向机关单位申请经费补助，以弥补工会经费不足。

上级工会有权对下级工会所在机关拨缴工会经费情况进行监督检查。对无正当理由拖延或者拒不拨缴工会经费的单位，依据《中华人民共和国工会法》相关规定处理。

第二十一条　具备社团法人资格的机关工会可以设立独立经费账户。费用支出实行工会主席签批制度。

工会经费主要用于为职工服务和工会活动。

机关工会应当按照有关规定收缴、上解工会经费，依法独立管理和使用工会经费。任何组织和个人不得截留、挪用、侵占工会经费。

第二十二条 机关工会应当根据经费独立原则建立预算、决算和经费审查制度，坚持量入为出、厉行节约、收支平衡的原则。

工会经费的收支情况应当由同级工会经费审查委员会审查，并定期向会员大会或者会员代表大会报告，采取一定方式公开，接受会员监督。工会经费的审查工作按照有关法律、规定和工会经费审查制度进行。

工会主席任期届满或者任期内离任的，应当按照规定进行经济责任审计。

第二十三条 各级人民政府和机关单位应当依法为工会办公和开展活动提供必要的设施和活动场所等物质条件。

工会经费、资产和国家拨给工会的不动产及拨付资金形成的资产，任何单位和个人不得侵占、挪用和任意调拨；未经批准，工会所属的为职工服务的企业、事业单位，其隶属关系和产权关系不得改变。

第七章　工会经费审查审计

第二十四条 会员大会或者会员代表大会在选举机关工会委员会的同时，选举产生经费审查委员会，会员人数较少的，可以选举经费审查委员一人。

经费审查委员会主任、副主任由经费审查委员会全体会议选举产生。经费审查委员会主任按同级工会副职级配备。

经费审查委员会或者经费审查委员的选举结果，与机关工会委员会的选举结果同时报上一级工会批准。

第二十五条 机关工会经费审查委员会的任期与机关工会委员会相同，向同级会员大会或者会员代表大会负责并报告工作；在会员大会或者会员代表大会闭会期间，向同级工会委员会负责并报告工作。

第二十六条 机关工会经费审查委员会审查审计同级工会组织的经费收支、资产管理等全部经济活动。

经费审查委员会对审查审计工作中的重大事项，有权向同级工会委员会和上一级经费审查委员会报告。

机关工会经费审查委员会应当接受上级工会经费审查委员会的业务指导和督促检查。

第八章 女职工工作

第二十七条 机关工会有女会员十人以上的建立女职工委员会，不足十人的设女职工委员。

女职工委员会由同级机关工会委员会提名，在充分协商的基础上组成或者选举产生，女职工委员会与工会委员会同时建立，在同级工会委员会领导下开展工作，接受上级工会女职工委员会指导，任期与同级工会委员会相同。

女职工委员会主任由机关工会女主席或者女副主席担任，也可以经民主协商，按照同级工会副主席相应条件配备女职工委员会主任。

第二十八条 机关工会女职工委员会的任务是：依法维护女职工的合法权益和特殊利益；组织开展女职工岗位建功活动；开展教育培训，全面提高女职工的思想道德、科学文化、业务技能和健康素质；关心女职工成长进步，积极发现、培养、推荐女性人才。

第二十九条 机关工会女职工委员会定期研究涉及女职工的有关问题，向机关工会委员会和上级工会女职工委员会报告工作。

机关工会应当支持女职工委员会根据女职工的特点开展工作，并提供必要的活动场地和经费。

第三十条 机关工会女职工委员会通过县以上地方工会接受妇联的业务指导。

第九章 附 则

第三十一条 参照《中华人民共和国公务员法》管理的事业单位，适用本条例。

机关直属企业和实行企业化管理的事业单位工会，依照《企业工会工作条例》执行。

第三十二条 各省、自治区、直辖市总工会，中央直属机关工会联合会、中央国家机关工会联合会可以依据本条例，制定具体实施办法。

第三十三条 本条例由中华全国总工会负责解释。

第三十四条 本条例自公布之日起施行。

事业单位工会工作条例

(2018年9月4日　总工发〔2018〕26号)

第一章　总　　则

第一条　为深入推进新时代事业单位工会工作改革创新，充分发挥事业单位工会作用，促进事业单位改革发展，根据《中华人民共和国工会法》《中国工会章程》，制定本条例。

第二条　本条例所指事业单位工会是指国家为了社会公益目的，由国家机关举办或者其他社会组织利用国有资产举办的，从事教育、科技、文化、卫生、体育等活动的社会服务组织中依法建立的工会组织。

第三条　事业单位工会以马克思列宁主义、毛泽东思想、邓小平理论、"三个代表"重要思想、科学发展观、习近平新时代中国特色社会主义思想为指导，坚持正确政治方向，坚持围绕中心、服务大局，牢牢把握为实现中华民族伟大复兴的中国梦而奋斗的工人运动时代主题，坚定不移走中国特色社会主义工会发展道路，推进事业单位工会制度化、规范化建设，加强维权服务，积极创新实践，强化责任担当，团结动员事业单位职工群众为全面建成小康社会、夺取新时代中国特色社会主义伟大胜利、实现中华民族伟大复兴的中国梦作出积极贡献。

第四条　事业单位工会接受同级党组织和上级工会双重领导，以同级党组织领导为主。对不在事业单位所在地的直属单位工会，实行属地管理原则。

第五条　事业单位工会工作应遵循把握以下原则：坚持党的领导，贯彻落实党的全心全意依靠工人阶级的根本指导方针，始终保持正确的政治方向；坚持以职工为本，保持和增强政治性、先进性、群众性，发挥联系职工桥梁纽带作用；坚持依法依规，做到依法建会、依法管会、依法履职、依法维权；坚持改革创新，适应形势任务要求，积极探索实践，不断加强自身建设，把工会组织建设得更加充满活力、更加坚强有力，努力增强吸引力凝聚力战斗力。

第二章 组织建设

第六条 事业单位应当依法建立工会组织,组织职工加入工会。

会员二十五人以上的事业单位建立工会委员会;不足二十五人的可以单独建立工会委员会,也可以由两个以上事业单位的会员联合建立工会基层委员会,也可以选举组织员或者工会主席一人,主持工会工作。同时按有关规定建立工会经费审查委员会、工会女职工委员会。

第七条 会员人数较多的事业单位工会组织,可以根据需要设立专门工作委员会,承担工会委员会的有关工作。

事业单位内设机构,可以建立工会分会或工会小组。

第八条 事业单位工会具备法人条件的,依法取得社团法人资格,工会主席为法定代表人。

第九条 事业单位工会受法律保护,不得随意撤销、合并或归属其他部门。

事业单位被撤销,其工会组织相应撤销,并报告上一级工会,已取得社团法人资格的,办理社团法人注销手续。

事业单位改革改制,应同时建立健全工会组织和相应机构。

第十条 会员大会或会员代表大会每年至少召开一次会议。经事业单位工会委员会或三分之一以上会员提议,可临时召开会议。

第十一条 会员代表大会的代表实行常任制,任期与本单位工会委员会相同。

第十二条 会员在一百人以下的事业单位工会应召开会员大会。

第十三条 会员大会或会员代表大会的职权:

(一)审议和批准工会委员会的工作报告;

(二)审议和批准工会委员会的经费收支情况报告和经费审查委员会的工作报告;

(三)选举工会委员会和经费审查委员会;

(四)撤换或罢免其所选举的代表或工会委员会组成人员;

(五)讨论决定工会工作其他重大问题;

(六)公开工会内部事务;

(七)民主评议和监督工会工作及工会负责人。

第十四条 会员代表大会或会员大会与职工代表大会（或职工大会，下同）须分别行使职权，不得相互替代。

第十五条 大型事业单位工会委员会，根据工作需要，经上级工会批准，可设立常务委员会，负责工会委员会的日常工作，其下属单位可建立工会委员会。

事业单位工会委员会委员和常务委员会委员应差额选举产生，可以直接采用候选人数多于应选人数的差额选举办法进行正式选举，也可以先采用差额选举办法进行预选产生候选人名单，然后进行正式选举。委员会委员和常务委员会委员的差额率分别不低于5%和10%。选举结果报上一级工会批准。

第十六条 事业单位工会委员会是会员大会或会员代表大会的常设机构，对会员大会或会员代表大会负责，接受会员监督。在会员大会或会员代表大会闭会期间，负责日常工作。

第十七条 事业单位工会委员会和经费审查委员会每届任期三年至五年，具体任期由会员大会或者会员代表大会决定。任期届满，应当如期召开会员大会或者会员代表大会，进行换届选举。特殊情况下，经上一级工会批准，可以提前或者延期举行，延期时间一般不超过半年。

第十八条 工会委员会实行民主集中制，重要人事事项、大额财务支出、资产处置、评先评优等重大问题、重要事项须经集体讨论作出决定。

第十九条 工会委员会（常委会）一般每季度召开一次会议，讨论或决定下列事项：

（一）贯彻党组织、上级工会有关决定和工作部署，执行会员大会或会员代表大会决议；

（二）向党组织、上级工会提交的重要请示、报告，向会员大会或会员代表大会提交的工作报告；

（三）工会工作计划和总结；

（四）向行政提出涉及单位发展、有关维护服务职工重大问题的建议；

（五）工会经费预算执行情况及重大财务支出；

（六）由工会委员会讨论和决定的其他事项。

第三章　职　责　任　务

第二十条 事业单位工会的职责任务：

（一）坚持用习近平新时代中国特色社会主义思想武装头脑，认真学习贯彻党的基本理论、基本路线、基本方略，教育引导职工树立共产主义远大理想和中国特色社会主义共同理想，团结引导职工群众听党话、跟党走。

（二）培育和践行社会主义核心价值观，加强和改进职工思想政治工作，开展理想信念教育，实施道德建设工程，培养职工的社会公德、职业道德、家庭美德、个人品德，深化群众性精神文明创建活动，提高职工的思想觉悟、道德水准、文明素养。

（三）弘扬劳模精神、劳动精神、工匠精神，营造劳动光荣的社会风尚和精益求精的敬业风气，深入开展劳动和技能竞赛，开展群众性技术创新、技能培训等活动，提升职工技能技术素质，建设知识型、技能型、创新型职工队伍。

（四）加强职工文化建设，注重人文关怀和心理疏导，开展主题文化体育活动，丰富职工精神文化生活。

（五）加强以职工代表大会为基本形式的民主管理工作，深入推进事业单位内部事务公开，落实职工的知情权、参与权、表达权、监督权。

（六）做好职工维权工作，开展集体协商，构建和谐劳动人事关系，协调处理劳动人事争议，推动解决劳动就业、技能培训、工资报酬、安全健康、社会保障以及职业发展、民主权益、精神文化需求等问题。

（七）做好服务职工工作，倾听职工意见，反映职工诉求，协助党政办好职工集体福利事业，开展困难职工帮扶，组织职工参加疗养、休养及健康体检，为职工办实事、做好事、解难事。

（八）加强工会组织建设，建立健全工会内部运行和开展工作的各项制度，做好会员的发展、接转、教育和会籍管理工作，加强对专（兼）职工会干部和工会积极分子的培养，深入开展"职工之家"和"职工小家"创建活动。

（九）收好、管好、用好工会经费，管理使用好工会资产，加强工会经费和工会资产审查审计监督工作。

第四章　工 作 制 度

第二十一条　职工代表大会是事业单位实行民主管理的基本形式，是职工行使民主管理权力的机构。

事业单位职工代表大会每三年至五年为一届，每年至少召开一次。召开职工代表大会正式会议，必须有全体职工代表三分之二以上出席。

事业单位工会是职工代表大会工作机构，负责职工代表大会的日常工作。

事业单位工会承担以下与职工代表大会相关的工作职责：

（一）做好职工代表大会的筹备工作和会务工作，组织选举职工代表大会代表，征集和整理提案，提出会议议题、方案和主席团建议人选；

（二）职工代表大会闭会期间，组织传达贯彻会议精神，督促检查会议决议的落实；

（三）组织职工代表的培训，接受和处理职工代表的建议和申诉；

（四）就本单位民主管理工作向单位党组织汇报；

（五）完成职工代表大会委托的其他任务。

事业单位应当为本单位工会承担职工代表大会工作机构的职责提供必要的工作条件和经费保障。

第二十二条　事业单位的党政工联席会议，研究和解决事关职工切身利益的重要问题，由本单位工会召集。

第二十三条　建立和规范事务公开制度，协助党政做好事务公开工作，明确公开内容，拓展公开形式，并做好民主监督。

第二十四条　畅通职工表达合理诉求渠道，通过协商、协调、沟通的办法，化解劳动人事矛盾，构建和谐劳动人事关系。

第二十五条　建立健全劳动人事关系调解机制，协商解决涉及职工切身利益的问题。建立和完善科学有效的利益协调机制、诉求表达机制、权益保障机制。建立劳动人事关系争议预警机制，做好劳动人事关系争议预测、预报、预防工作。事业单位工会应当积极同有关方面协商，表达职工诉求，提出解决的意见建议。

第五章　自身建设

第二十六条　事业单位依法依规设置工会工作机构，明确主要职责、机构规格、领导职数和编制数额。

第二十七条　事业单位工会主席应以专职为主，兼职为辅。职工两百人以上的事业单位,设专职工会主席。工会专职工作人员的具体人数由事业单位工会与单位行政协商确定。根据工作需要和经费许可,事业单位工会可从社会聘用工会工作人员,建立专兼职相结合的干部队伍。

事业单位工会主席、副主席和委员实行任期制,可以连选连任。

工会主席、副主席因工作需要调动时,应当征得本级工会委员会和上一级工会的同意。

工会主席、副主席空缺时,应当及时补选,空缺期限一般不超过半年。

第二十八条 突出政治标准,选优配强事业单位工会领导班子和干部队伍,牢固树立政治意识、大局意识、核心意识、看齐意识,坚定道路自信、理论自信、制度自信、文化自信,坚决维护党中央权威和集中统一领导。按照既要政治过硬、又要本领高强的要求,建设忠诚干净担当的高素质事业单位工会干部队伍,注重培养专业能力、专业精神,提高做好群众工作本领。

第六章 工会经费和资产

第二十九条 具备社团法人资格的事业单位工会应当独立设立经费账户。工会经费支出实行工会法定代表人签批制度。

事业单位工会经费主要用于为职工服务和工会活动。

第三十条 工会会员按规定标准和程序缴纳会费。

建立工会组织的事业单位,按每月全部职工工资总额的百分之二向事业单位工会拨缴工会经费;由财政统一划拨经费的,工会经费列入同级财政预算,按财政统一划拨方式执行。

事业单位工会因工作需要,可以依据《中华人民共和国工会法》等有关规定,向单位行政申请经费补助。

上级工会有权对下级工会所在事业单位拨缴工会经费情况进行监督检查。对无正当理由拖延或者拒不拨缴工会经费的单位,依据《中华人民共和国工会法》等有关规定处理。

事业单位工会应当按照有关规定收缴、上解工会经费,依法独立管理和使用工会经费。任何组织和个人不得截留、挪用、侵占工会经费。

第三十一条 事业单位工会应当根据经费独立原则建立预算、决算和经费审查审计制度,坚持遵纪守法、经费独立、预算管理、服务职工、勤俭节约、民主管理的原则。事业单位工会应当建立健全财务制度，完善经费使用流程和程序，各项收支实行工会委员会集体领导下的主席负责制，重大收支必须集体研究决定。

事业单位工会应根据国家和全国总工会的有关政策规定以及上级工会的要求，依法、科学、完整、合理地编制工会经费年度预（决）算，按程序报上一级工会批准，严禁无预算、超预算使用工会经费。

第三十二条 各级人民政府和事业单位应当依法为事业单位工会办公和开展活动提供必要的设施和活动场所等物质条件。

工会经费、资产和国家拨给工会的不动产及拨付资金形成的资产，任何单位和个人不得侵占、挪用和任意调拨。

第七章 工会经费审查审计

第三十三条 会员大会或者会员代表大会在选举事业单位工会委员会的同时，选举产生经费审查委员会，会员人数较少的，可以选举经费审查委员一人。

经费审查委员会主任、副主任由经费审查委员会全体会议选举产生。经费审查委员会主任按同级工会副职级配备。

经费审查委员会或者经费审查委员的选举结果，与事业单位工会委员会的选举结果同时报上一级工会批准。

第三十四条 事业单位工会经费审查委员会的任期与事业单位工会委员会相同，向同级会员大会或者会员代表大会负责并报告工作；在会员大会或者会员代表大会闭会期间，向同级工会委员会负责并报告工作；事业单位工会经费审查委员会应当接受上级工会经费审查委员会的业务指导和督促检查。

第三十五条 事业单位工会经费审查委员会审查审计同级工会组织的经费收支、资产管理等全部经济活动，定期向会员大会或者会员代表大会报告，并采取一定方式公开，接受会员监督。

经费审查委员会对审查审计工作中的重大事项，有权向同级工会委员会和上一级经费审查委员会报告。

工会主席任期届满或者任期内离任的，应当按照规定对其进行经济责任审计。

第八章　女职工工作

第三十六条　事业单位工会有女会员十人以上的建立工会女职工委员会，不足十人的设女职工委员。

女职工委员会与工会委员会同时建立，在同级工会委员会领导下开展工作，接受上级工会女职工委员会指导，任期与同级工会委员会相同。女职工委员会委员由同级工会委员会提名，在充分协商的基础上组成或者选举产生。

女职工委员会主任由事业单位工会女主席或者女副主席担任，也可以经民主协商，按照同级工会副主席相应条件选配女职工委员会主任。

第三十七条　女职工委员会的基本任务是：依法维护女职工的合法权益和特殊利益；组织实施女职工提升素质建功立业工程，全面提高女职工的思想道德、科学文化和业务技能素质；开展家庭文明建设工作；关注女职工身心健康，做好关爱帮困工作；加强工会女职工工作的理论政策研究；关心女职工成长进步，积极发现、培养、推荐女性人才。

第三十八条　女职工委员会定期研究涉及女职工的有关问题，向同级工会委员会和上级工会女职工委员会报告工作，重要问题应提交职工代表大会审议。

事业单位工会应为女职工委员会开展工作与活动提供必要的场地和经费。

第九章　附　　则

第三十九条　民办非企业单位（社会服务机构）工会参照本条例执行。

第四十条　参照公务员法管理的事业单位工会和承担行政职能的事业单位工会，依照《机关工会工作暂行条例》执行。

从事生产经营活动的事业单位工会，依照《企业工会工作条例》执行。

第四十一条　各省、自治区、直辖市总工会可依据本条例，制定具体实施办法。

第四十二条　本条例由中华全国总工会负责解释。

第四十三条　本条例自公布之日起施行。

中华全国总工会关于
企业集团建立工会组织的办法

(2018年9月3日 总工办发〔2018〕23号)

第一章 总 则

第一条 为进一步规范企业集团工会组织建立，充分发挥企业集团工会作用，根据《中华人民共和国工会法》《中国工会章程》《企业民主管理规定》《企业工会工作条例》等有关规定，制定本办法。

第二条 本办法所称企业集团，是指以资本为主要联结纽带的母子公司为主体，以集团章程为共同行为规范的母公司、子公司、参股公司及其他成员企业或机构共同组成的具有一定规模的企业法人联合体。

凡符合前款规范要求、行政管理机构健全并依法设立登记的企业集团，经上级工会批准，可在企业集团范围内建立集团工会组织。

第三条 建立集团工会组织，在同级党组织和上级工会的领导下进行。企业集团未建立党组织的，在上级工会领导下进行。

第四条 企业集团建立工会组织，必须坚持党的领导，贯彻落实党的全心全意依靠工人阶级的根本指导方针，始终把握正确政治方向；坚持民主集中制，注重广泛性、代表性；坚持职工为本，充分反映职工群众的意愿和要求；坚持依法规范，符合法律和工会章程规定。

第五条 企业集团根据法人治理结构、经营模式、企业规模、职工队伍状况等实际，适应贯彻新发展理念、建设现代化经济体系、加快完善社会主义市场经济体制的需要，统筹考虑振兴实体经济、深化国有企业改革、发展混合所有制经济、民营企业发展等形势任务，立足实际建立健全工会组织。

第二章 集团工会的建立

第六条 集团工会是工会的基层组织。组建集团工会，依照《工会基层组织选举工作条例》产生。集团工会的组织形式，根据集团实际确定。

第七条 在京中央企业集团组建集团工会,按规定报相关全国产业工会,由相关全国产业工会按程序报中华全国总工会批准。京外中央企业集团和其他企业集团组建工会,按规定报企业集团所在地同级地方工会批准。

第八条 集团工会选举主席1人、副主席若干人、常务委员若干人,组成常务委员会。成员单位和职工人数较少的,可不设常务委员会。

集团工会每届任期三年至五年。任期届满,应按期进行换届选举。

第九条 集团工会在选举产生集团工会委员会的同时,选举产生同级工会经费审查委员会。集团工会成立后,按照有关规定及时建立集团工会女职工委员会,并选配女职工委员会主任。

第十条 集团工会的名称,为"企业集团工商登记名称+工会(联合会)委员会"。集团所属子公司的工会组织名称,为"子公司工商登记名称+工会委员会"。对于工会名称不规范的,应结合工会换届工作进行规范。

第十一条 集团工会依法依规设置工会工作机构,并按照有关规定配备专职工作人员,专职工作人员人数,根据有关规定确定,或由集团工会与集团协商确定。根据工作需要,可配备兼职工作人员,坚持以专职为主,兼职为辅,专兼职相结合。

集团工会根据工作需要,设立相关工作机构或专门工作委员会、工作小组。

第十二条 在企业集团改组改制中,要科学设置、合理规范工会组织,不得随意把工会组织机构撤销、合并或者归属其他工作部门。

第十三条 集团工会具备法人条件的,依法取得社会团体法人资格,工会主席为法定代表人。

第十四条 各级工会要加强对企业集团建立工会组织工作的领导,确保集团工会组织建立符合法律和工会章程、组织机构健全、职工群众拥护、作用发挥明显。

第三章 集团工会的组织领导关系

第十五条 集团工会的领导关系,根据产业和地方相结合的组织领导原则确定。

集团工会以同级党组织领导为主，同时接受所在地方工会的领导和上级有关产业工会的指导。

在京的中央企业集团工会，以同级党组织领导为主。同时在中华全国总工会领导下，按照行业分类原则，由相关全国产业工会实施具体指导。

第十六条 集团工会对集团母公司所在地的子（分）公司工会实行直接领导。不在母公司所在地的子（分）公司工会，在同级党组织领导下，以所在地工会领导为主，其工会组织关系、经费关系等明确在所在地工会，在所在地工会的领导下建立健全工会组织并按期换届，参加所在地工会组织开展的工作；同时接受集团工会的领导，参加集团工会统一组织开展的具有集团特点的工作和活动等。铁路、民航、金融等行政管理体制实行垂直管理的产业所属企业集团子（分）公司除外。

第十七条 以地方政府部门改组的资产经营公司为母公司组建的企业集团，可按照本办法建立集团工会委员会。原工会组织承担地方产业工会领导职能的，改建为集团工会后，如所在地方工会认为需要，可继续依托集团工会组建产业工会，也可建立新的产业工会。

第十八条 集团工会是集团职工代表大会的工作机构，负责集团职工代表大会的日常工作。

第四章 集团工会的经费

第十九条 集团工会经费，通过经费留成、上级工会补助、集团行政补助支持等方式解决。

第二十条 集团工会经费收缴，实行属地管理原则。铁路、民航、金融等行政管理体制实行垂直管理的产业所属企业集团子（分）公司除外。

企业集团所在地的子（分）公司工会，其工会经费按规定的比例上缴给集团工会，由集团工会按比例上缴上级工会。集团工会与所在地子（分）公司工会经费分成比例由集团工会确定。

企业集团所在地以外的子（分）公司，工会经费上缴所在地工会。集团工会可与其子（分）公司所在地工会协商，从子（分）公司上缴所在地工会经费中明确一定比例上缴集团工会。

第五章 附 则

第二十一条 本办法由中华全国总工会负责解释。

第二十二条 本办法自印发之日起施行。1997年3月17日全国总工会办公厅印发的《全国总工会关于企业集团建立工会组织的试行办法》（总工办发〔1997〕19号）同时废止。

三、工会组织

工会基层组织选举工作条例

(2016年10月9日 总工发〔2016〕27号)

第一章 总 则

第一条 为规范工会基层组织选举工作,加强基层工会建设,发挥基层工会作用,根据《中华人民共和国工会法》《中国工会章程》等有关规定,制定本条例。

第二条 本条例适用于企业、事业单位、机关和其他社会组织单独或联合建立的基层工会委员会。

第三条 基层工会委员会由会员大会或会员代表大会选举产生。工会委员会的主席、副主席,可以由会员大会或会员代表大会直接选举产生,也可以由工会委员会选举产生。

第四条 工会会员享有选举权、被选举权和表决权。保留会籍的人员除外。

第五条 选举工作应坚持党的领导,坚持民主集中制,遵循依法规范、公开公正的原则,尊重和保障会员的民主权利,体现选举人的意志。

第六条 选举工作在同级党组织和上一级工会领导下进行。未建立党组织的在上一级工会领导下进行。

第七条 基层工会委员会换届选举的筹备工作由上届工会委员会负责。

新建立的基层工会组织选举筹备工作由工会筹备组负责。筹备组成员由同级党组织代表和职工代表组成,根据工作需要,上级工会可以派人参加。

第二章 委员和常务委员名额

第八条 基层工会委员会委员名额,按会员人数确定:

不足 25 人，设委员 3 至 5 人，也可以设主席或组织员 1 人；

25 人至 200 人，设委员 3 至 7 人；

201 人至 1000 人，设委员 7 至 15 人；

1001 人至 5000 人，设委员 15 至 21 人；

5001 人至 10000 人，设委员 21 至 29 人；

10001 人至 50000 人，设委员 29 至 37 人；

50001 人以上，设委员 37 至 45 人。

第九条 大型企事业单位基层工会委员会，经上一级工会批准，可以设常务委员会，常务委员会由 9 至 11 人组成。

第三章 候选人的提出

第十条 基层工会委员会的委员、常务委员会委员和主席、副主席的选举均应设候选人。候选人应信念坚定、为民服务、勤政务实、敢于担当、清正廉洁，热爱工会工作，受到职工信赖。

基层工会委员会委员候选人中应有适当比例的劳模（先进工作者）、一线职工和女职工代表。

第十一条 单位行政主要负责人、法定代表人、合伙人以及他们的近亲属不得作为本单位工会委员会委员、常务委员会委员和主席、副主席候选人。

第十二条 基层工会委员会的委员候选人，应经会员充分酝酿讨论，一般以工会分会或工会小组为单位推荐。由上届工会委员会或工会筹备组根据多数工会分会或工会小组的意见，提出候选人建议名单，报经同级党组织和上一级工会审查同意后，提交会员大会或会员代表大会表决通过。

第十三条 基层工会委员会的常务委员会委员、主席、副主席候选人，可以由上届工会委员会或工会筹备组根据多数工会分会或工会小组的意见提出建议名单，报经同级党组织和上一级工会审查同意后提出；也可以由同级党组织与上一级工会协商提出建议名单，经工会分会或工会小组酝酿讨论后，由上届工会委员会或工会筹备组根据多数工会分会或工会小组的意见，报经同级党组织和上一级工会审查同意后提出。

根据工作需要，经上一级工会与基层工会和同级党组织协商同意，上一级工会可以向基层工会推荐本单位以外人员作为工会主席、副主席候选人。

第十四条　基层工会委员会的主席、副主席，在任职一年内应按规定参加岗位任职资格培训。凡无正当理由未按规定参加岗位任职资格培训的，一般不再提名为下届主席、副主席候选人。

第四章　选举的实施

第十五条　基层工会组织实施选举前应向同级党组织和上一级工会报告，制定选举工作方案和选举办法。

基层工会委员会委员候选人建议名单应进行公示，公示期不少于5个工作日。

第十六条　会员不足100人的基层工会组织，应召开会员大会进行选举；会员100人以上的基层工会组织，应召开会员大会或会员代表大会进行选举。

召开会员代表大会进行选举的，按照有关规定由会员民主选举产生会员代表。

第十七条　参加选举的人数为应到会人数的三分之二以上时，方可进行选举。

基层工会委员会委员和常务委员会委员应差额选举产生，可以直接采用候选人数多于应选人数的差额选举办法进行正式选举，也可以先采用差额选举办法进行预选产生候选人名单，然后进行正式选举。委员会委员和常务委员会委员的差额率分别不低于5%和10%。常务委员会委员应从新当选的工会委员会委员中产生。

第十八条　基层工会主席、副主席可以等额选举产生，也可以差额选举产生。主席、副主席应从新当选的工会委员会委员中产生，设立常务委员会的应从新当选的常务委员会委员中产生。

第十九条　基层工会主席、副主席由会员大会或会员代表大会直接选举产生的，一般在经营管理正常、劳动关系和谐、职工队伍稳定的中小企事业单位进行。

第二十条　召开会员大会进行选举时，由上届工会委员会或工会筹备组主持；不设委员会的基层工会组织进行选举时，由上届工会主席或组织员主持。

召开会员代表大会进行选举时,可以由大会主席团主持,也可以由上届工会委员会或工会筹备组主持。大会主席团成员由上届工会委员会或工会筹备组根据各代表团(组)的意见,提出建议名单,提交代表大会预备会议表决通过。

召开基层工会委员会第一次全体会议选举常务委员会委员、主席、副主席时,由上届工会委员会或工会筹备组或大会主席团推荐一名新当选的工会委员会委员主持。

第二十一条　选举前,上届工会委员会或工会筹备组或大会主席团应将候选人的名单、简历及有关情况向选举人介绍。

第二十二条　选举设监票人,负责对选举全过程进行监督。

召开会员大会或会员代表大会选举时,监票人由全体会员或会员代表、各代表团(组)从不是候选人的会员或会员代表中推选,经会员大会或会员代表大会表决通过。

召开工会委员会第一次全体会议选举时,监票人从不是常务委员会委员、主席、副主席候选人的委员中推选,经全体委员会议表决通过。

第二十三条　选举采用无记名投票方式。不能出席会议的选举人,不得委托他人代为投票。

选票上候选人的名单按姓氏笔画为序排列。

第二十四条　选举人可以投赞成票或不赞成票,也可以投弃权票。投不赞成票者可以另选他人。

第二十五条　会员或会员代表在选举期间,如不能离开生产、工作岗位,在监票人的监督下,可以在选举单位设立的流动票箱投票。

第二十六条　投票结束后,在监票人的监督下,当场清点选票,进行计票。

选举收回的选票,等于或少于发出选票的,选举有效;多于发出选票的,选举无效,应重新选举。

每张选票所选人数等于或少于规定应选人数的为有效票,多于规定应选人数的为无效票。

第二十七条　被选举人获得应到会人数的过半数赞成票时,始得当选。

获得过半数赞成票的被选举人人数超过应选名额时,得赞成票多的当选。如遇赞成票数相等不能确定当选人时，应就票数相等的被选举人再次投票，得赞成票多的当选。

当选人数少于应选名额时，对不足的名额可以另行选举。如果接近应选名额且符合第八条规定，也可以由大会征得多数会员或会员代表的同意减少名额，不再进行选举。

第二十八条 大会主持人应当场宣布选举结果及选举是否有效。

第二十九条 基层工会委员会、常务委员会和主席、副主席的选举结果，报上一级工会批准。上一级工会自接到报告15日内应予批复。违反规定程序选举的，上一级工会不得批准，应重新选举。

基层工会委员会的任期自选举之日起计算。

第五章　任期、调动、罢免和补选

第三十条 基层工会委员会每届任期三年或五年，具体任期由会员大会或会员代表大会决定。经选举产生的工会委员会委员、常务委员会委员和主席、副主席可连选连任。基层工会委员会任期届满，应按期换届选举。遇有特殊情况，经上一级工会批准，可以提前或延期换届，延期时间一般不超过半年。

上一级工会负责督促指导基层工会组织按期换届。

第三十一条 基层工会主席、副主席任期未满时，不得随意调动其工作。因工作需要调动时，应征得本级工会委员会和上一级工会的同意。

第三十二条 经会员大会或会员代表大会民主测评和上级工会与同级党组织考察，需撤换或罢免工会委员会委员、常务委员会委员和主席、副主席时，须依法召开会员大会或会员代表大会讨论，非经会员大会全体会员或会员代表大会全体代表无记名投票过半数通过，不得撤换或罢免。

第三十三条 基层工会主席因工作调动或其他原因空缺时，应及时按照相应民主程序进行补选。

补选主席，如候选人是委员的，可以由工会委员会选举产生，也可以由会员大会或会员代表大会选举产生；如候选人不是委员的，可以经会员大会或会员代表大会补选为委员后，由工会委员会选举产生，也可以由会员大会或会员代表大会选举产生。

补选主席的任期为本届工会委员会尚未履行的期限。

补选主席前征得同级党组织和上一级工会的同意，可暂由一名副主席或委员主持工作，期限一般不超过半年。

第六章 经费审查委员会

第三十四条 凡建立一级工会财务管理的基层工会组织，应在选举基层工会委员会的同时，选举产生经费审查委员会。

第三十五条 基层工会经费审查委员会委员名额一般3至11人。经费审查委员会设主任1人，可根据工作需要设副主任1人。

基层工会的主席、分管财务和资产的副主席、财务和资产管理部门的人员，不得担任同级工会经费审查委员会委员。

第三十六条 基层工会经费审查委员会由会员大会或会员代表大会选举产生。主任、副主任可以由经费审查委员会全体会议选举产生，也可以由会员大会或会员代表大会选举产生。

第三十七条 基层工会经费审查委员会的选举结果，与基层工会委员会选举结果同时报上一级工会批准。

基层工会经费审查委员会的任期与基层工会委员会相同。

第七章 女职工委员会

第三十八条 基层工会组织有女会员10人以上的建立女职工委员会，不足10人的设女职工委员。女职工委员会与基层工会委员会同时建立。

第三十九条 基层工会女职工委员会委员由同级工会委员会提名，在充分协商的基础上产生，也可召开女职工大会或女职工代表大会选举产生。

第四十条 基层工会女职工委员会主任由同级工会女主席或女副主席担任，也可经民主协商，按照相应条件配备女职工委员会主任。女职工委员会主任应提名为同级工会委员会或常务委员会委员候选人。基层工会女职工委员会主任、副主任名单，与工会委员会选举结果同时报上一级工会批准。

第八章 附 则

第四十一条 乡镇（街道）、开发区（工业园区）、村（社区）建立的工会委员会，县级以下建立的区域（行业）工会联合会如进行选举的，参照本条例执行。

第四十二条 本条例由中华全国总工会负责解释。

第四十三条 本条例自发布之日起施行，以往有关规定与本条例不一致的，以本条例为准。1992年5月18日全国总工会办公厅印发的《工会基层组织选举工作暂行条例》同时废止。

基层工会会员代表大会条例

(2019年1月15日　总工发〔2019〕6号)

第一章　总　　则

第一条 为完善基层工会会员代表大会制度，推进基层工会民主化、规范化、法治化建设，增强基层工会政治性、先进性、群众性，激发基层工会活力，发挥基层工会作用，根据《中华人民共和国工会法》《中国工会章程》等有关规定，制定本条例。

第二条 本条例适用于企业、事业单位、机关、社会团体和其他社会组织单独或联合建立的基层工会组织。

乡镇（街道）、开发区（工业园区）、村（社区）建立的工会委员会，县级以下建立的区域（行业）工会联合会，如召开会员代表大会的，依照本条例执行。

第三条 会员不足100人的基层工会组织，应召开会员大会；会员100人以上的基层工会组织，应召开会员大会或会员代表大会。

第四条 会员代表大会是基层工会的最高领导机构，讨论决定基层工会重大事项，选举基层工会领导机构，并对其进行监督。

第五条 会员代表大会实行届期制，每届任期三年或五年，具体任期由会员代表大会决定。会员代表大会任期届满，应按期换届。遇有特殊情况，经上一级工会批准，可以提前或延期换届，延期时间一般不超过半年。

会员代表大会每年至少召开一次，经基层工会委员会、三分之一以上的会员或三分之一以上的会员代表提议,可以临时召开会员代表大会。

第六条 会员代表大会应坚持党的领导,坚持民主集中制,坚持依法规范,坚持公开公正,切实保障会员的知情权、参与权、选举权、监督权。

第七条 基层工会召开会员代表大会应向同级党组织和上一级工会报告。换届选举、补选、罢免基层工会委员会组成人员的,应向同级党组织和上一级工会书面报告。

上一级工会对下一级工会召开会员代表大会进行指导和监督。

第二章 会员代表大会的组成和职权

第八条 会员代表的组成应以一线职工为主,体现广泛性和代表性。中层正职以上管理人员和领导人员一般不得超过会员代表总数的20%。女职工、青年职工、劳动模范(先进工作者)等会员代表应占一定比例。

第九条 会员代表名额,按会员人数确定:

会员100至200人的,设代表30至40人;

会员201至1000人的,设代表40至60人;

会员1001至5000人的,设代表60至90人;

会员5001至10000人的,设代表90至130人;

会员10001至50000人的,设代表130至180人;

会员50001人以上的,设代表180至240人。

第十条 会员代表的选举和会议筹备工作由基层工会委员会负责,新成立基层工会的由工会筹备组负责。

第十一条 会员代表大会根据需要,可以设立专门工作委员会(小组),负责办理会员代表大会交办的具体事项。

第十二条 会员代表大会的职权是:

(一)审议和批准基层工会委员会的工作报告;

(二)审议和批准基层工会委员会经费收支预算决算情况报告、经费审查委员会工作报告;

(三)开展会员评家,评议基层工会开展工作、建设职工之家情况,评议基层工会主席、副主席履行职责情况;

(四)选举和补选基层工会委员会和经费审查委员会组成人员;

（五）选举和补选出席上一级工会代表大会的代表；
（六）罢免其所选举的代表、基层工会委员会组成人员；
（七）讨论决定基层工会其他重大事项。

第三章 会 员 代 表

第十三条 会员代表应由会员民主选举产生，不得指定会员代表。劳务派遣工会员民主权利的行使，如用人单位工会与用工单位工会有约定的，依照约定执行；如没有约定或约定不明确的，在劳务派遣工会员会籍所在工会行使。

第十四条 会员代表应具备以下条件：
（一）工会会员，遵守工会章程，按期缴纳会费；
（二）拥护党的领导，有较强的政治觉悟；
（三）在生产、工作中起骨干作用，有议事能力；
（四）热爱工会工作，密切联系职工群众，热心为职工群众说话办事；
（五）在职工群众中有一定的威信，受到职工群众信赖。

第十五条 会员代表的选举，一般以下一级工会或工会小组为选举单位进行，两个以上会员人数较少的下一级工会或工会小组可作为一个选举单位。

会员代表由选举单位会员大会选举产生。规模较大、管理层级较多的单位，会员代表可由下一级会员代表大会选举产生。

第十六条 选举单位按照基层工会确定的代表候选人名额和条件，组织会员讨论提出会员代表候选人，召开有三分之二以上会员或会员代表参加的大会，采取无记名投票方式差额选举产生会员代表，差额率不低于15%。

第十七条 会员代表候选人，获得选举单位全体会员过半数赞成票时，方能当选；由下一级会员代表大会选举时，其代表候选人获得应到会代表人数过半数赞成票时，方能当选。

第十八条 会员代表选出后，应由基层工会委员会或工会筹备组，对会员代表人数及人员结构进行审核，并对会员代表进行资格审查。

符合条件的会员代表人数少于原定代表人数的，可以把剩余的名额再分配，进行补选，也可以在符合规定人数情况下减少代表名额。

第十九条 会员代表实行常任制,任期与会员代表大会届期一致,会员代表可以连选连任。

第二十条 会员代表的职责是:

(一)带头执行党的路线、方针、政策,自觉遵守国家法律法规和本单位的规章制度,努力完成生产、工作任务;

(二)在广泛听取会员意见和建议的基础上,向会员代表大会提出提案;

(三)参加会员代表大会,听取基层工会委员会和经费审查委员会的工作报告,讨论和审议代表大会的各项议题,提出审议意见和建议;

(四)对基层工会委员会及代表大会各专门委员会(小组)的工作进行评议,提出批评、建议;对基层工会主席、副主席进行民主评议和民主测评,提出奖惩和任免建议;

(五)保持与选举单位会员群众的密切联系,热心为会员说话办事,积极为做好工会各项工作献计献策;

(六)积极宣传贯彻会员代表大会的决议精神,对工会委员会落实会员代表大会决议情况进行监督检查,团结和带动会员群众完成会员代表大会提出的各项任务。

第二十一条 选举单位可单独或联合组成代表团(组),推选团(组)长。团(组)长根据会员代表大会议程,组织会员代表参加大会各项活动;在会员代表大会闭会期间,按照基层工会的安排,组织会员代表开展日常工作。

第二十二条 基层工会讨论决定重要事项,可事先召开代表团(组)长会议征求意见,也可根据需要,邀请代表团(组)长列席会议。

第二十三条 基层工会应建立会员代表调研、督查等工作制度,充分发挥会员代表作用。

第二十四条 会员代表在法定工作时间内依法参加会员代表大会及工会组织的各项活动,单位应当正常支付劳动报酬,不得降低其工资和其他福利待遇。

第二十五条 有下列情形之一的,会员代表身份自然终止:

(一)在任期内工作岗位跨选举单位变动的;

(二)与用人单位解除、终止劳动(工作)关系的;

（三）停薪留职、长期病事假、内退、外派超过一年，不能履行会员代表职责的。

第二十六条　会员代表对选举单位会员负责，接受选举单位会员的监督。

第二十七条　会员代表有下列情形之一的，可以罢免：

（一）不履行会员代表职责的；

（二）严重违反劳动纪律或单位规章制度，对单位利益造成严重损害的；

（三）被依法追究刑事责任的；

（四）其他需要罢免的情形。

第二十八条　选举单位工会或三分之一以上会员或会员代表有权提出罢免会员代表。

会员或会员代表联名提出罢免的，选举单位工会应及时召开会员代表大会进行表决。

第二十九条　罢免会员代表，应经过选举单位全体会员过半数通过；由会员代表大会选举产生的代表，应经过会员代表大会应到会代表的过半数通过。

第三十条　会员代表出现缺额，原选举单位应及时补选。缺额超过会员代表总数四分之一时，应在三个月内进行补选。补选会员代表应依照选举会员代表的程序，进行差额选举，差额率应按照第十六条规定执行。补选的会员代表应报基层工会委员会进行资格审查。

第四章　会员代表大会的召开

第三十一条　每届会员代表大会第一次会议召开前，应将会员代表大会的组织机构、会员代表的构成、会员代表大会主要议程等重要事项，向同级党组织和上一级工会书面报告。上一级工会接到报告后应于 15 日内批复。

第三十二条　每届会员代表大会第一次会议召开前，基层工会委员会或工会筹备组应对会员代表进行专门培训，培训内容应包括工会基本知识、会员代表大会的性质和职能、会员代表的权利和义务、大会选举办法等。

第三十三条 会员代表全部选举产生后,应在一个月内召开本届会员代表大会第一次会议。

第三十四条 会员代表大会召开前,会员代表应充分听取会员意见建议,积极提出与会员切身利益和工会工作密切相关的提案,经基层工会委员会或工会筹备组审查后,决定是否列入大会议程。

第三十五条 召开会员代表大会,应提前5个工作日将会议日期、议程和提交会议讨论的事项通知会员代表。

第三十六条 每届会员代表大会第一次会议召开前,可举行预备会议,听取会议筹备情况的报告,审议通过关于会员代表资格审查情况的报告,讨论通过选举办法,通过大会议程和其他有关事项。

第三十七条 召开会员代表大会时,未当选会员代表的经费审查委员会委员、女职工委员会委员应列席会议,也可以邀请有关方面的负责人或代表列席会议。

可以邀请获得荣誉称号的人员、曾经作出突出贡献的人员作为特邀代表参加会议。

列席人员和特邀代表仅限本次会议,可以参加分组讨论,不承担具体工作,不享有选举权、表决权。

第三十八条 基层工会委员会、经费审查委员会及女职工委员会的选举工作,依照《工会基层组织选举工作条例》规定执行。

第三十九条 会员代表大会应每年对基层工会开展工作、建设职工之家和工会主席、副主席履行职责等情况进行民主评议,在民主评议的基础上,以无记名投票方式进行测评,测评分为满意、基本满意、不满意三个等次。测评结果应及时公开,并书面报告同级党组织和上一级工会。

基层工会主席、副主席测评办法应由会员代表大会表决通过,并报上一级工会备案。

第四十条 基层工会主席、副主席,具有下列情形之一的,可以罢免:

(一)连续两年测评等次为不满意的;

(二)任职期间个人有严重过失的;

(三)被依法追究刑事责任的;

(四)其他需要罢免的情形。

基层工会委员会委员具有上述(二)(三)(四)项情形的,可以罢免。

第四十一条 本届工会委员会、三分之一以上的会员或会员代表可以提议罢免主席、副主席和委员。

罢免主席、副主席和委员的，应经同级党组织和上一级工会进行考察，未建立党组织的，由上一级工会考察。经考察，如确认其不能再担任现任职务时，应依法召开会员代表大会进行无记名投票表决，应参会人员过半数通过的，罢免有效，并报上一级工会批准。

第四十二条 规模较大、人数众多、工作地点分散、工作时间不一致，会员代表难以集中的基层工会，可以通过电视电话会议、网络视频会议等方式召开会员代表大会。不涉及无记名投票的事项，可以通过网络进行表决，如进行无记名投票的，可在分会场设立票箱，在规定时间内统一投票、统一计票。

第四十三条 会员代表大会与职工代表大会应分别召开，不得互相代替。如在同一时间段召开的，应分别设置会标、分别设定会议议程、分别行使职权、分别作出决议、分别建立档案。

第四十四条 会员代表大会通过的决议、重要事项和选举结果等应当形成书面文件，并及时向会员公开。

第五章 附 则

第四十五条 除会员代表的特别规定外，召开会员大会依照本条例相关规定执行。

第四十六条 本条例由中华全国总工会负责解释。

第四十七条 本条例自发布之日起施行，以往有关规定与本条例不一致的，以本条例为准。1992年4月14日中华全国总工会办公厅印发的《关于基层工会会员代表大会代表实行常任制的若干暂行规定》同时废止。

企业工会主席合法权益保护暂行办法

（2007年8月20日 总工发〔2007〕32号）

第一章 总 则

第一条 为坚持主动依法科学维权，保护企业工会主席合法权益，保障其依法履行职责，发挥企业工会促进企业发展、维护职工权益的作用，依据《工会法》、《劳动法》、《劳动合同法》等法律法规，制定本办法。

第二条　中华人民共和国境内各类企业工会专职、兼职主席、副主席（以下简称工会主席）的合法权益保护，适用本办法。

企业化管理的事业单位、民办非企业单位工会主席，区域性行业性工会联合会、联合基层工会主席的合法权益保护，参照本办法执行。

第三条　各级工会要依据国家法律法规和政策，严格按照中国工会章程的规定和组织程序，运用法律、经济等手段，保护企业工会主席的合法权益。

第二章　保护内容与措施

第四条　企业工会主席因依法履行职责，被企业降职降级、停职停薪降薪、扣发工资以及其他福利待遇的，或因被诬陷受到错误处理、调动工作岗位的，或遭受打击报复不能恢复原工作、享受原职级待遇的，或未安排合适工作岗位的，上级工会要会同该企业党组织督促企业撤销处理决定，恢复该工会主席原岗位工作，并补足其所受经济损失。

在企业拒不纠正的情况下，上级工会要向企业的上级党组织报告，通过组织渠道促使问题的解决；或会同企业、行业主管部门、或提请劳动行政部门责令该企业改正。

第五条　企业工会主席因依法履行职责，被企业无正当理由解除或终止劳动合同的，上级工会要督促企业依法继续履行其劳动合同，恢复原岗位工作，补发被解除劳动合同期间应得的报酬，或给予本人年收入二倍的赔偿，并给予解除或终止劳动合同时的经济补偿金。

在企业拒不改正的情况下，上级工会要提请劳动行政部门责令该企业改正，直至支持权益受到侵害的工会主席向人民法院提起诉讼。对于发生劳动争议，工会主席本人申请仲裁或者提起诉讼的，应当为其提供法律援助，支付全部仲裁、诉讼费用。

第六条　企业工会主席因依法履行职责，被故意伤害导致人身伤残、死亡的，上级工会要支持该工会主席或者其亲属、代理人依法追究伤害人的刑事责任和民事责任。

对于被故意伤害导致人身伤残的工会主席，上级工会要视其伤残程度给予一次性补助；对于被故意伤害导致死亡的工会主席，要协助其直系亲属做好善后处理事宜，并给予一次性慰问金。

第七条 企业工会主席因依法履行职责，遭受企业解除或终止劳动合同，本人不愿意继续在该企业工作、导致失业的，上级工会要为其提供就业帮助；需要就业培训的，要为其免费提供职业技能培训。在该工会主席失业期间，上级工会要按照本人原岗位工资收入给予补助，享受期限最多不超过六个月。

第八条 企业非专职工会主席因参加工会会议、学习培训、从事工会工作，被企业扣发或减少工资和其他经济收入的，上级工会要督促企业依法予以足额补发。

第三章　保护机制与责任

第九条 各级工会领导机关要建立保护企业工会主席责任制，逐级承担保护企业工会主席合法权益的职责。企业工会的上一级工会要切实负起责任，保护所属企业工会主席的合法权益。

第十条 县（区）级以上工会领导机关要设立工会干部权益保障金，省级工会50万元、地（市）级工会30万元、县（区）级工会10万元，年末结余滚存下一年度使用。当年使用不足时可以动用滚存结余，仍不足时可追加。本级工会经费有困难时，可向上级工会提出补助申请。

要切实加强工会干部权益保障金的管理，专款专用。各级工会经费审查委员会要加强审查和监督工作。

第十一条 县（区）级以上工会领导机关要建立由组织部门牵头、相关部门参加的工作协调机构，受理下级工会或企业工会主席的维权申请、核实、报批和资料存档等相关事宜。

当工会主席合法权益受到侵害后，工会主席本人或者其所在企业工会组织向上一级工会提出书面保护申请及相关证明材料；上一级工会要及时做好调查核实工作，采取相应保护措施。需要支付保障金的，要按照隶属关系向县（区）级地方工会提出申请。县（区）级以上地方工会应依据实际情况，及时向合法权益受到侵害的工会主席支付权益保障金。

第四章 附　则

第十二条　全国铁路、金融、民航工会适用本办法。

第十三条　本办法由中华全国总工会解释。

第十四条　本办法自公布之日起施行。

企业工会主席产生办法（试行）

（2008年7月25日）

第一章 总　则

第一条　为健全完善企业工会主席产生机制，充分发挥工会主席作用，切实履行工作职责，增强工会组织凝聚力，根据《工会法》、《中国工会章程》和《企业工会工作条例》，制定本办法。

第二条　中华人民共和国境内企业和实行企业化管理的事业单位、民办非企业单位的工会主席产生适用本办法。

第三条　企业工会主席产生，应坚持党管干部、依法规范、民主集中、组织有序的原则。

第四条　上一级工会应对企业工会主席产生进行直接指导。

第二章 任职条件

第五条　企业工会主席应具备下列条件：

（一）政治立场坚定，热爱工会工作；

（二）具有与履行职责相应的文化程度、法律法规和生产经营管理知识；

（三）作风民主，密切联系群众，热心为会员和职工服务；

（四）有较强的组织协调能力。

第六条　企业行政负责人（含行政副职）、合伙人及其近亲属，人力资源部门负责人，外籍职工不得作为本企业工会主席候选人。

第三章 候选人产生

第七条 企业工会换届或新建立工会组织,应当成立由上一级工会、企业党组织和会员代表组成的领导小组,负责工会主席候选人提名和选举工作。

第八条 企业工会主席候选人应以工会分会或工会小组为单位酝酿推荐,或由全体会员以无记名投票方式推荐,上届工会委员会、上一级工会或工会筹备组根据多数会员的意见,提出候选人名单。

企业工会主席候选人应多于应选人。

第九条 企业党组织和上级工会应对企业工会主席候选人进行考察,对不符合任职条件的予以调整。

第十条 企业工会主席候选人应进行公示,公示期为七天。公示按姓氏笔画排序。

第十一条 企业工会主席候选人应报经企业党组织和上一级工会审批。

第十二条 上级工会可以向非公有制企业工会、联合基层工会推荐本企业以外人员作为工会主席候选人。

第四章 民主选举

第十三条 企业工会主席产生均应依法履行民主选举程序,经会员民主选举方能任职。

第十四条 选举企业工会主席应召开会员大会或会员代表大会,采取无记名投票方式进行。

因故未出席会议的选举人,不得委托他人代为投票。

第十五条 企业工会主席可以由会员大会或会员代表大会直接选举产生,也可以由企业工会委员会选举产生;可以与企业工会委员会委员同时进行选举,也可以单独选举。

第十六条 会员大会或会员代表大会选举企业工会主席,参加选举人数为应到会人数三分之二以上时,方可进行选举。

企业工会主席候选人获得赞成票超过应到会有选举权人数半数的始得当选。

第十七条 任何组织和任何个人不得妨碍民主选举工作,不得阻挠有选举权和被选举权的会员到场,不得以私下串联、胁迫他人等非组织行为强迫选举人选举或者不选举某个人,不得以任何方式追查选举人的投票意向。

第十八条 企业工会主席出现空缺,应在三个月内进行补选。

补选前应征得同级党组织和上一级工会的同意,暂由一名副主席或委员主持工作,一般期限不得超过三个月。

第五章 管理与待遇

第十九条 企业工会主席选举产生后应及时办理工会法人资格登记或工会法人代表变更登记。

企业工会主席一般应按企业副职级管理人员条件选配并享受相应待遇。

公司制企业工会主席应依法进入董事会。

第二十条 企业工会主席由同级党组织与上级工会双重领导,以同级党组织领导为主。尚未建立党组织的企业,其工会主席接受上一级工会领导。

第二十一条 职工二百人以上的企业依法配备专职工会主席。由同级党组织负责人担任工会主席的,应配备专职工会副主席。

企业应依法保障兼职工会主席的工作时间及相应待遇。

第二十二条 企业工会主席任期未满,企业不得随意调动其工作,不得随意解除其劳动合同。因工作需要调动时,应当征得本级工会委员会和上一级工会同意,依法履行民主程序。

工会专职主席自任职之日起,其劳动合同期限自动延长,延长期限相当于其任职期间;非专职主席自任职之日起,其尚未履行的劳动合同期限短于任期的,劳动合同期限自动延长至任期期满。任职期间个人严重过失或者达到法定退休年龄的除外。

罢免、撤换企业工会主席须经会员大会全体会员或者会员代表大会全体代表无记名投票过半数通过。

第二十三条 由上级工会推荐并经民主选举产生的企业工会主席,其工资待遇、社会保险费用等,可以由企业支付,也可以由上级工会或上级工会与其他方面合理承担。

第六章 附　　则

第二十四条　联合基层工会、基层工会联合会主席的产生，参照本办法执行。

第二十五条　本办法由中华全国总工会负责解释。

第二十六条　本办法自发布之日起施行。

工会会员会籍管理办法

(2016 年 12 月 12 日)

第一章 总　　则

第一条　为规范工会会员会籍管理工作，增强会员意识，保障会员权利，根据《中华人民共和国工会法》和《中国工会章程》等有关规定，制定本办法。

第二条　工会会员会籍是指工会会员资格，是职工履行入会手续后工会组织确认其为工会会员的依据。

第三条　工会会员会籍管理，随劳动（工作）关系流动而变动，会员劳动（工作）关系在哪里，会籍就在哪里，实行一次入会、动态接转。

第二章　会籍取得与管理

第四条　凡在中国境内的企业、事业单位、机关和其他社会组织中，以工资收入为主要生活来源或者与用人单位建立劳动关系的体力劳动者和脑力劳动者，不分民族、种族、性别、职业、宗教信仰、教育程度，承认《中国工会章程》，都可以加入工会为会员。

第五条　职工加入工会，由其本人通过口头或书面形式及通过互联网等渠道提出申请，填写《中华全国总工会入会申请书》和《工会会员登记表》，经基层工会审核批准，即为中华全国总工会会员，发给《中华全国总工会会员证》(以下简称"会员证")，享有会员权利，履行会员义务。工会会员卡（以下简称"会员卡"）也可以作为会员身份凭证。

第六条　尚未建立工会的用人单位职工，按照属地和行业就近原则，可以向上级工会提出入会申请，在上级工会的帮助指导下加入工会。用人单位建立工会后，应及时办理会员会籍接转手续。

第七条　非全日制等形式灵活就业的职工，可以申请加入所在单位工会，也可以申请加入所在地的乡镇（街道）、开发区（工业园区）、村（社区）工会和区域（行业）工会联合会等。会员会籍由上述工会管理。

第八条　农民工输出地工会开展入会宣传，启发农民工入会意识；输入地工会按照属地管理原则，广泛吸收农民工加入工会。农民工会员变更用人单位时，应及时办理会员会籍接转手续，不需重复入会。

第九条　劳务派遣工可以在劳务派遣单位加入工会，也可以在用工单位加入工会。劳务派遣单位没有建立工会的，劳务派遣工在用工单位加入工会。

在劳务派遣工会员接受派遣期间，劳务派遣单位工会可以与用工单位工会签订委托管理协议，明确双方对会员组织活动、权益维护等方面的责任与义务。

加入劳务派遣单位工会（含委托用工单位管理）的会员，其会籍由劳务派遣单位工会管理。加入用工单位工会的会员会籍由用工单位工会管理。

第十条　基层工会可以通过举行入会仪式、集体发放会员证或会员卡等形式，增强会员意识。

第十一条　基层工会应建立会员档案，实行会员实名制，动态管理会员信息，保障会员信息安全。

第十二条　会员劳动（工作）关系发生变化后，由调出单位工会填写会员证"工会组织关系接转"栏目中有关内容。会员的《工会会员登记表》随个人档案一并移交。会员以会员证或会员卡等证明其工会会员身份，新的用人单位工会应予以接转登记。

第十三条　已经与用人单位解除劳动（工作）关系并实现再就业的会员，其会员会籍应转入新的用人单位工会。如新的用人单位尚未建立工会，其会员会籍原则上应暂时保留在会员居住地工会组织，待所在单位建立工会后，再办理会员会籍接转手续。

第十四条　临时借调到外单位工作的会员，其会籍一般不作变动。如借调时间六个月以上，借调单位已建立工会的，可以将会员关系转到借调单位工会管理。借调期满后，会员关系转回所在单位。会员离开工作岗位进行脱产学习的，如与单位仍有劳动（工作）关系，其会员会籍不作变动。

第十五条　联合基层工会的会员会籍接转工作，由联合基层工会负责。区域（行业）工会联合会的会员会籍接转工作，由会员所在基层工会负责。

第十六条　各级工会分级负责本单位本地区的会员统计工作。农民工会员由输入地工会统计。劳务派遣工会员由劳务派遣单位工会统计，加入用工单位工会的由用工单位工会统计。保留会籍的人员不列入会员统计范围。

第三章　会籍保留与取消

第十七条　会员退休（含提前退休）后，在原单位工会办理保留会籍手续。退休后再返聘参加工作的会员，保留会籍不作变动。

第十八条　内部退养的会员，其会籍暂不作变动，待其按国家有关规定正式办理退休手续后，办理保留会籍手续。

第十九条　会员失业的，由原用人单位办理保留会籍手续。原用人单位关闭或破产的，可将其会籍转至其居住地的乡镇（街道）或村（社区）工会。重新就业后，由其本人及时与新用人单位接转会员会籍。

第二十条　已经加入工会的职工，在其服兵役期间保留会籍。服兵役期满，复员或转业到用人单位并建立劳动关系的，应及时办理会员会籍接转手续。

第二十一条　会员在保留会籍期间免交会费，不再享有选举权、被选举权和表决权。

第二十二条　会员有退会自由。对于要求退会的会员，工会组织应做好思想工作。对经过做思想工作仍要求退会的，由会员所在的基层工会讨论后，宣布其退会并收回其会员证或会员卡。会员没有正当理由连续六个月不交纳会费、不参加工会组织生活，经教育拒不改正，应视为自动退会。

第二十三条　对严重违法犯罪并受到刑事处分的会员，开除会籍。开除会员会籍，须经会员所在工会小组讨论提出意见，由工会基层委员会决定，并报上一级工会备案，同时收回其会员证或会员卡。

第四章 附　则

第二十四条　本办法由中华全国总工会负责解释。

第二十五条　本办法自印发之日起施行。2000年9月11日印发的《中华全国总工会关于加强工会会员会籍管理有关问题的暂行规定》（总工发〔2000〕18号）同时废止。

基层工会法人登记管理办法

（2020年12月8日　总工办发〔2020〕20号）

第一章 总　则

第一条　为规范基层工会法人登记管理工作，依法确立基层工会民事主体地位，根据《中华人民共和国民法典》、《中华人民共和国工会法》及《中国工会章程》等有关规定，制定本办法。

第二条　我国境内的企业、事业单位、机关和其他社会组织等基层单位单独或联合建立的工会组织，区域性、行业性工会联合会，开发区（工业园区）工会，乡镇（街道）工会，村（社区）工会等工会组织（以下简称基层工会）申请取得、变更、注销法人资格，适用本办法。

第三条　基层工会按照本办法规定经审查登记，领取赋有统一社会信用代码的《工会法人资格证书》，取得法人资格，依法独立享有民事权利，承担民事义务。

第四条　各级工会应当依照规定的权限、范围、条件和程序，遵循依法依规、公开公正、便捷高效、科学管理的原则，做好基层工会法人登记管理工作。

第五条　省、自治区、直辖市总工会，设区的市和自治州总工会，县（旗）、自治县、不设区的市总工会（以下简称县以上各级地方总工会）应当为工会法人登记管理工作提供必要保障，所需费用从本级工会经费列支。具备条件的，可以专人负责工会法人登记管理工作。

开展工会法人登记管理工作，不得向基层工会收取费用。

第二章　登记管理机关

第六条　中华全国总工会和县以上各级地方总工会为基层工会法人登记管理机关。

登记管理机关相关部门之间应加强沟通,信息共享,协调配合做好工会法人登记管理工作。

第七条　基层工会法人登记按照属地原则,根据工会组织关系、经费收缴关系,实行分级管理:

(一) 基层工会组织关系隶属于地方工会的,或与地方工会建立经费收缴关系的,由基层工会组织关系隶属地或经费关系隶属地相应的省级、市级或县级地方总工会负责登记管理;

(二) 基层工会组织关系隶属于铁路、金融、民航等产业工会的,由其所在地省级总工会登记管理或授权市级总工会登记管理;

(三) 中央和国家机关工会联合会所属各基层工会、在京的中央企业(集团) 工会由中华全国总工会授权北京市总工会登记管理;京外中央企业(集团) 工会由其所在地省级总工会登记管理或授权市级总工会登记管理。

登记管理机关之间因登记管理权限划分发生争议,由争议双方协商解决;协商解决不了的,由双方共同的上级工会研究确定。

第八条　登记管理机关应当制备工会法人登记专用章,专门用于基层工会法人登记工作,其规格和式样由中华全国总工会制定。

第九条　登记管理机关应当建立法人登记档案管理制度。

中华全国总工会建立统一的全国工会法人登记管理系统,登记管理机关实行网络化登记管理。

第三章　申　请　登　记

第十条　基层工会申请法人资格登记,应当具备以下条件:

(一) 依照《中华人民共和国工会法》和《中国工会章程》的规定成立;

(二) 有自己的名称、组织机构和住所;

(三) 工会经费来源有保障。

基层工会取得法人资格,不以所在单位是否具备法人资格为前提条件。

第十一条 凡具备本办法规定条件的基层工会，应当于成立之日起六十日内，向登记管理机关申请工会法人资格登记。

第十二条 基层工会申请工会法人资格登记，应当向登记管理机关提交下列材料：

（一）工会法人资格登记申请表；

（二）上级工会的正式批复文件；

（三）其他需要提交的证明、文件。

第十三条 登记管理机关自受理登记申请之日起十五日内完成对有关申请文件的审查。审查合格的，颁发《工会法人资格证书》，赋予统一社会信用代码；申请文件不齐备的，应及时通知基层工会补充相关文件，申请时间从文件齐备时起算；审查不合格，决定不予登记的，应当书面说明不予登记的理由。

第十四条 《工会法人资格证书》应标注工会法人统一社会信用代码和证书编码。

工会法人统一社会信用代码按照统一社会信用代码编码规则编定。其中第一位为登记管理部门代码，以数字"8"标识；第二位为组织机构类别代码，以数字"1"或"9"标识，为基层工会赋码时选用"1"，为其他类别工会赋码时选用"9"。

第十五条 基层工会登记工会法人名称，应当为上一级工会批准的工会组织的全称。一般由所在单位成立时登记的名称（区域性、行业性工会联合会应冠以区域、行业名称），缀以"工会委员会"、"联合工会委员会"、"工会联合会"等组成。

基层工会的名称具有唯一性，其他基层工会申请取得法人资格时不得重复使用。

第十六条 基层工会具备法人条件的，依法取得法人资格，工会主席为法定代表人。

第十七条 因合并、分立而新设立的基层工会，应当重新申请工会法人资格登记。

第四章 变更登记

第十八条 取得工会法人资格的基层工会变更名称、住所、法定代表人等事项的，应当自变更之日起三十日内，向登记管理机关申请变更登记，并提交工会法人变更登记申请表和相关文件。

登记管理机关自受理变更登记申请之日起十五日内，换发《工会法人资格证书》，收回原证书。

第十九条　基层工会法人跨原登记管理机关辖区变更组织关系、经费收缴关系或住所的，由原登记管理机关办理登记管理权限变更手续，并按本办法确立的原则，将该基层工会法人登记管理关系转移到变更后的登记管理机关。

第二十条　取得工会法人资格的基层工会，合并、分立后存续，但原登记事项发生变化的，应当申请变更登记。

第二十一条　未经变更登记，任何组织和个人不得擅自改变工会法人资格登记事项。

第五章　注销登记

第二十二条　取得工会法人资格的基层工会经会员大会或会员代表大会通过并报上一级工会批准撤销的，或因所在单位终止、撤销等原因相应撤销的，应当自撤销之日起三十日内，向登记管理机关申请注销登记，并提交工会法人注销登记申请表、上级工会同意撤销的文件或向上级工会备案撤销的文件，以及该基层工会经费、资产清理及债权债务完结的证明等材料。

登记管理机关自受理注销登记申请之日起十五日内完成审查登记，收回《工会法人资格证书》。

第二十三条　取得工会法人资格的基层工会，因合并、分立而解散的，应当申请注销登记。

第六章　信息公告和证书管理

第二十四条　基层工会取得、变更、注销工会法人资格的，登记管理机关应当依法及时在报刊或网络上发布有关信息。

第二十五条　《工会法人资格证书》是基层工会法人资格的唯一合法凭证。未取得《工会法人资格证书》的基层工会，不得以工会法人名义开展活动。

《工会法人资格证书》及相关登记申请表样式由中华全国总工会统一制发。

第二十六条　《工会法人资格证书》的有效期为三年至五年，具体时间与工会的届期相同。

第二十七条　基层工会依法取得《工会法人资格证书》的，应当在证书有效期满前三十日内，向登记管理机关提交《工会法人资格证书》换领申请表和工会法人存续证明材料，经登记管理机关审查合格后换发新证，有效期重新计算。

第二十八条　《工会法人资格证书》不得涂改、抵押、转让和出借。《工会法人资格证书》遗失的，基层工会应当于一个月内在报刊或网络上发布公告，并向登记管理机关提交《工会法人资格证书》补领申请表、遗失公告和说明，申请补发新证。

第七章　监督管理

第二十九条　登记管理机关应当加强对基层工会法人资格登记工作的监督管理，基层工会应当接受并配合登记管理机关的监督管理。

上级工会应当加强对下级工会开展基层工会法人登记管理工作的指导和监督检查。

第三十条　不具备条件的基层工会组织或机构在申请登记时弄虚作假、骗取登记的，由登记管理机关予以撤销登记，收回《工会法人资格证书》和统一社会信用代码。

第三十一条　登记管理机关审查不严，或者滥用职权，造成严重后果的，依法依纪追究有关责任。

第八章　附　　则

第三十二条　地方总工会等机构编制由机构编制部门负责管理的工会组织，由机构编制部门制发统一社会信用代码证书。

第三十三条　各级产业工会委员会申领《工会法人资格证书》，参照本办法执行。

第三十四条　县以上各级地方总工会派出的工会工作委员会、工会办事处等工会派出代表机关，工会会员不足二十五人仅选举组织员或者工会主席一人主持工作的基层工会，可以参照本办法规定申请取得统一社会信用代码证书。

第三十五条　各省、自治区、直辖市总工会可以根据本办法的规定，制定基层工会法人登记管理的具体实施细则，并报中华全国总工会备案。

第三十六条　本办法由中华全国总工会负责解释。

第三十七条　本办法自 2021 年 1 月 1 日起施行。2008 年 6 月 13 日中华全国总工会印发的《基层工会法人资格登记办法》同时废止。

附件：

1. 工会法人资格登记申请表（略）
2. 工会法人变更登记申请表（略）
3. 工会法人注销登记申请表（略）
4. 《工会法人资格证书》补（换）领申请表（略）
5. 工会统一社会信用代码申请表（略）
6. 工会法人资格证书样式（略）
7. 工会统一社会信用代码证书样式（略）

职工互助保障组织监督管理办法

（2020 年 2 月 26 日　总工办发〔2020〕6 号）

为加强职工互助保障组织的监督管理，规范职工互助保障组织的运营行为，根据国家法律法规和《中国工会章程》《中华全国总工会关于加强职工互助保障活动规范和管理的意见》，制定本办法。

第一章　总　　则

第一条　职工互助保障组织是指依托各级工会组织，以互助互济方式为职工提供保障服务的非营利性法人组织。职工互助保障活动是指各级工会职工互助保障组织为维护职工医疗、健康等保障权益而开展的职工互助互济活动。

第二条　职工互助保障组织应当坚持服务职工的公益属性，坚持互助的组织特色，坚持发挥对社会保障的补充作用。遵循依法独立承担责任、成本、风险可控的原则，切实维护职工和会员权益。

第三条 职工互助保障组织开展职工互助保障活动，必须遵守法律、法规及本办法规定，接受本级和上级监管部门（机构）监督。职工互助保障组织不得以职工互助保障活动为由从事营利性活动。

第二章 监督管理体制

第四条 全国总工会制定全国职工互助保障组织管理制度，负责中国职工保险互助会有关审批事宜；全总资产监督管理部和全总组织部、财务部、机关党委、经费审查委员会办公室等部门按照职责分工，共同做好中国职工保险互助会管理工作。

第五条 全总资产监督管理部对全国职工互助保障组织进行资产监督管理和业务指导，行使以下职责：

（一）监督全国职工互助保障组织管理制度实施，沟通协调相关政策。

（二）对中国职工保险互助会开展的互助保障活动项目实施备案管理。

（三）指导各级工会资产监督管理部门做好互助保障组织资产的日常监督管理工作。

（四）指导全国职工互助保障组织自律工作。

第六条 省级、市级工会负责对本区域内职工互助保障组织的管理，研究拟定本级职工互助保障组织管理制度，对本级或下级职工互助保障组织的成立、变更、撤销进行审批或报备，对本级职工互助保障活动正常开展所需的工作人员、工作经费等予以适当保障；指导和支持中国职工保险互助会所在地办事处工作。

第七条 省级、市级工会资产监督管理机构和职工互助保障组织业务指导部门，负责对本区域内职工互助保障组织资产监督管理和业务管理，监督本级职工互助保障组织管理制度实施，沟通协调相关政策。

第八条 建立健全全国职工互助保障行业自律组织，由中国职工保险互助会承担其职能，行使以下职责：

（一）促进职工互助保障组织间的沟通交流，积极开展教育培训，提升职工互助保障活动从业人员队伍专业能力。

（二）统筹推进职工互助保障活动宣传和品牌建设。

（三）为地方职工互助保障组织提供咨询、服务。地方职工互助保障组织应作为团体会员，加入中国职工保险互助会。

第三章 设立及撤销

第九条 省级、市级工会可以根据本地区经济发展水平和职工保障实际设立职工互助保障组织、开展职工互助保障活动。

第十条 设立职工互助保障组织应当经本级工会批准，在相关部门登记注册并依法取得法人资格。

第十一条 设立职工互助保障组织应当具备以下条件：

（一）合法财产和经费来源。

（二）符合法律法规及本办法规定的活动章程或规则。

（三）健全的组织机构和管理制度。

（四）固定工作场所和必要的业务设施。

（五）具备任职所需专业知识和业务工作经验的管理人员。

第十二条 职工互助保障组织设立时，主办工会应当明确本级职工互助保障组织的业务管理部门（机构），指导职工互助保障组织依法依规开展工作。

第十三条 职工互助保障组织的停办、撤销需经主办工会同意并依据相关法律法规及规定办理，确保资金、资产安全完整，切实维护入会职工权益。

第四章 运营规则

第十四条 职工互助保障活动内容是指具有共同保障需求的职工，依据章程及有关规定自愿成为职工互助保障组织会员，并缴纳会费形成互助基金，由该基金对会员发生约定的事故给付互助金，并开展普惠性会员服务。职工互助保障活动主要面向在职职工。

第十五条 职工互助保障活动项目保障期限一般控制在三年（含）以内，保障项目设计必须进行科学测算，并经本级和上级工会职工互助保障活动监管部门（机构）备案。

第十六条 职工互助保障组织应当在活动章程或规则中明确会员的权利和义务，维护会员权益、加强对会员的管理和服务。

第十七条　职工互助保障组织应当根据组织性质和业务特点，依照国家相关制度进行会计核算，建立符合职工互助保障活动特色的财务制度，不同保障活动项目单独核算。

第十八条　职工互助保障组织应当运用信息化手段建立符合职工互助保障活动的业务运营流程，建立完整的统计分析制度。

第十九条　职工互助保障组织应当建立健全偿付能力管理、稽核审计、合规管理等内部控制制度。

第二十条　职工互助保障组织应当建立适合职工互助保障组织运营特点的信息披露制度，并定期在适当范围内向全体会员进行信息披露。

第二十一条　职工互助保障组织应当自觉接受工会经审、财务和相关行政部门审计监督和检查，被审计和检查的单位要主动配合，据实提供各种凭单、账册、报表和资料。

第五章　财务管理

第二十二条　职工互助保障组织资金属于全体会员所有，任何组织、个人不得侵占和挪用。

第二十三条　职工互助保障资金应当由具有法人资格的职工互助保障组织集中统一管理。资金管理应遵循合法合规性、安全性、流动性原则，根据资金性质实行资产负债管理和全面风险管理，做好资产保值增值。

第二十四条　职工互助保障组织资金来源：

（一）会员自愿缴纳的职工互助保障活动会费。

（二）社会各界的捐赠。

（三）政府、行政和工会的资助或补助。

（四）在核准业务范围内开展活动和服务的收入。

（五）利息及其他合法收入。

第二十五条　职工互助保障组织的资金主要用于服务会员。支出范围包括：

（一）给付会员的互助金。

（二）开展与会员保障服务和促进事业发展的相关支出，包括救助慰问、健康管理、文体活动、宣传培训、法律服务等。

（三）日常管理、工作人员工资福利和行政办公支出。

第二十六条 职工互助保障组织应当对资金实行全面预算管理，严格控制和规范管理费用支出；职工互助保障组织负责预算编制和执行；主管工会对职工互助保障组织编制的预算进行审核、备案。

第二十七条 职工互助保障组织应当建立健全资金管理制度，完善资金收付转流程管理，规范资金审批权限。

第二十八条 职工互助保障组织资金只能用于银行存款、购买国债等低风险固定收益类产品，不得用于兴建、改建办公场所，不得购买股票、基金、债券、期货、理财等金融产品，不得违规投资运营。

第二十九条 职工互助保障组织应当依法规范资金账户管理，建立健全资金账户管理制度，资金账户的开设、变更、撤销必须依法依规履行相关程序，严格执行收支两条线管理，确保资金安全。

第三十条 职工互助保障组织应当明确资金运用职责，规范资金运用决策程序，大额资金使用必须集体决策并保留记录。

第三十一条 加强财务管理基础，健全岗位责任制，分离不相容岗位，明确各业务环节、岗位的衔接方式及操作标准，定期检查和评估制度执行情况，做到权责分明、相对独立和相互制衡。

第三十二条 职工互助保障组织应当建立健全内部稽核和外部审计制度。每年至少一次对职工互助保障活动资金管理情况进行内部稽核。职工互助保障组织应当聘请专业外部审计机构对职工互助保障资金管理情况进行年度审计。内部稽核和外部审计结果应当向相关机构和本级监管部门报告。

第六章 监 督 管 理

第三十三条 工会资产监督管理机构和职工互助保障组织业务管理部门（机构）对职工互助保障组织的监督管理主要采取现场监督管理与非现场监督管理相结合的方式。应根据检查情况，定期对职工互助保障组织运营状况进行评估。

第三十四条 建立健全监督审计制度，将职工互助保障活动资金管理情况、偿付能力状况等列入重点监督检查范围。

第三十五条 职工互助保障组织应按规定及时报送偿付能力报告、业务统计报告、年度审计报告及其他有关报告、报表文件和资料。各级工会资产监督管理机构和职工互助保障组织业务管理部门（机构）应向上一级工会汇总上报本地区互助保障组织上述报告。

第三十六条 职工互助保障组织违反本办法,造成不良影响的,工会资产监督管理机构和职工互助保障组织业务管理部门(机构)可以采取以下措施:

(一)责令改正。

(二)监管谈话。

(三)将其违规行为记入履职记录。

职工互助保障组织违反国家法律、法规的,依据国家相关法律、法规进行处罚。

第七章 附 则

第三十七条 本办法适用于省级、市级工会主办的职工互助保障组织。中华全国铁路总工会、中国民航工会全国委员会、中国金融工会全国委员会、新疆生产建设兵团总工会、中央和国家机关工会联合会开展的职工互助保障活动参照本办法执行。

第三十八条 本办法由全总资产监督管理部负责解释。

第三十九条 本办法自印发之日起执行。

学校教职工代表大会规定

(2011年12月8日教育部令第32号公布 自2012年1月1日起施行)

第一章 总 则

第一条 为依法保障教职工参与学校民主管理和监督,完善现代学校制度,促进学校依法治校,依据教育法、教师法、工会法等法律,制定本规定。

第二条 本规定适用于中国境内公办的幼儿园和各级各类学校(以下统称学校)。

民办学校、中外合作办学机构参照本规定执行。

第三条 学校教职工代表大会（以下简称教职工代表大会）是教职工依法参与学校民主管理和监督的基本形式。

学校应当建立和完善教职工代表大会制度。

第四条 教职工代表大会应当高举中国特色社会主义伟大旗帜，以马克思列宁主义、毛泽东思想、邓小平理论和"三个代表"重要思想为指导，深入贯彻落实科学发展观，全面贯彻执行党的基本路线和教育方针，认真参与学校民主管理和监督。

第五条 教职工代表大会和教职工代表大会代表应当遵守国家法律法规，遵守学校规章制度，正确处理国家、学校、集体和教职工的利益关系。

第六条 教职工代表大会在中国共产党学校基层组织的领导下开展工作。教职工代表大会的组织原则是民主集中制。

第二章 职 权

第七条 教职工代表大会的职权是：

（一）听取学校章程草案的制定和修订情况报告，提出修改意见和建议；

（二）听取学校发展规划、教职工队伍建设、教育教学改革、校园建设以及其他重大改革和重大问题解决方案的报告，提出意见和建议；

（三）听取学校年度工作、财务工作、工会工作报告以及其他专项工作报告，提出意见和建议；

（四）讨论通过学校提出的与教职工利益直接相关的福利、校内分配实施方案以及相应的教职工聘任、考核、奖惩办法；

（五）审议学校上一届（次）教职工代表大会提案的办理情况报告；

（六）按照有关工作规定和安排评议学校领导干部；

（七）通过多种方式对学校工作提出意见和建议，监督学校章程、规章制度和决策的落实，提出整改意见和建议；

（八）讨论法律法规规章规定的以及学校与学校工会商定的其他事项。

教职工代表大会的意见和建议，以会议决议的方式做出。

第八条 学校应当建立健全沟通机制，全面听取教职工代表大会提出的意见和建议，并合理吸收采纳；不能吸收采纳的，应当做出说明。

第三章 教职工代表大会代表

第九条 凡与学校签订聘任聘用合同、具有聘任聘用关系的教职工，均可当选为教职工代表大会代表。

教职工代表大会代表占全体教职工的比例，由地方省级教育等部门确定；地方省级教育等部门没有确定的，由学校自主确定。

第十条 教职工代表大会代表以学院、系（所、年级）、室（组）等为单位，由教职工直接选举产生。

教职工代表大会代表可以按照选举单位组成代表团（组），并推选出团（组）长。

第十一条 教职工代表大会代表以教师为主体，教师代表不得低于代表总数的60%，并应当根据学校实际，保证一定比例的青年教师和女教师代表。民族地区的学校和民族学校，少数民族代表应当占有一定比例。

教职工代表大会代表接受选举单位教职工的监督。

第十二条 教职工代表大会代表实行任期制，任期3年或5年，可以连选连任。

选举、更换和撤换教职工代表大会代表的程序，由学校根据相关规定，并结合本校实际予以明确规定。

第十三条 教职工代表大会代表享有以下权利：

（一）在教职工代表大会上享有选举权、被选举权和表决权；

（二）在教职工代表大会上充分发表意见和建议；

（三）提出提案并对提案办理情况进行询问和监督；

（四）就学校工作向学校领导和学校有关机构反映教职工的意见和要求；

（五）因履行职责受到压制、阻挠或者打击报复时，向有关部门提出申诉和控告。

第十四条 教职工代表大会代表应当履行以下义务：

（一）努力学习并认真执行党的路线方针政策、国家的法律法规、党和国家关于教育改革发展的方针政策，不断提高思想政治素质和参与民主管理的能力；

（二）积极参加教职工代表大会的活动，认真宣传、贯彻教职工代表大会决议，完成教职工代表大会交给的任务；

（三）办事公正，为人正派，密切联系教职工群众，如实反映群众的意见和要求；

（四）及时向本部门教职工通报参加教职工代表大会活动和履行职责的情况，接受评议监督；

（五）自觉遵守学校的规章制度和职业道德，提高业务水平，做好本职工作。

第四章　组 织 规 则

第十五条　有教职工 80 人以上的学校，应当建立教职工代表大会制度；不足 80 人的学校，建立由全体教职工直接参加的教职工大会制度。

学校根据实际情况，可在其内部单位建立教职工代表大会制度或者教职工大会制度，在该范围内行使相应的职权。

教职工大会制度的性质、领导关系、组织制度、运行规则等，与教职工代表大会制度相同。

第十六条　学校应当遵守教职工代表大会的组织规则，定期召开教职工代表大会，支持教职工代表大会的活动。

第十七条　教职工代表大会每学年至少召开一次。

遇有重大事项，经学校、学校工会或 1/3 以上教职工代表大会代表提议，可以临时召开教职工代表大会。

第十八条　教职工代表大会每 3 年或 5 年为一届。期满应当进行换届选举。

第十九条　教职工代表大会须有 2/3 以上教职工代表大会代表出席。

教职工代表大会根据需要可以邀请离退休教职工等非教职工代表大会代表，作为特邀或列席代表参加会议。特邀或列席代表在教职工代表大会上不具有选举权、被选举权和表决权。

第二十条　教职工代表大会的议题，应当根据学校的中心工作、教职工的普遍要求，由学校工会提交学校研究确定，并提请教职工代表大会表决通过。

第二十一条　教职工代表大会的选举和表决，须经教职工代表大会代表总数半数以上通过方为有效。

第二十二条 教职工代表大会在教职工代表大会代表中推选人员，组成主席团主持会议。

主席团应当由学校各方面人员组成，其中包括学校、学校工会主要领导，教师代表应占多数。

第二十三条 教职工代表大会可根据实际情况和需要设立若干专门委员会（工作小组），完成教职工代表大会交办的有关任务。专门委员会（工作小组）对教职工代表大会负责。

第二十四条 教职工代表大会根据实际情况和需要，可以在教职工代表大会代表中选举产生执行委员会。执行委员会中，教师代表应占多数。

教职工代表大会闭会期间，遇有急需解决的重要问题，可由执行委员会联系有关专门委员会（工作小组）与学校有关机构协商处理。其结果向下一次教职工代表大会报告。

第五章 工作机构

第二十五条 学校工会为教职工代表大会的工作机构。

第二十六条 学校工会承担以下与教职工代表大会相关的工作职责：

（一）做好教职工代表大会的筹备工作和会务工作，组织选举教职工代表大会代表，征集和整理提案，提出会议议题、方案和主席团建议人选；

（二）教职工代表大会闭会期间，组织传达贯彻教职工代表大会精神，督促检查教职工代表大会决议的落实，组织各代表团（组）及专门委员会（工作小组）的活动，主持召开教职工代表团（组）长、专门委员会（工作小组）负责人联席会议；

（三）组织教职工代表大会代表的培训，接受和处理教职工代表大会代表的建议和申诉；

（四）就学校民主管理工作向学校党组织汇报，与学校沟通；

（五）完成教职工代表大会委托的其他任务。

选举产生执行委员会的学校，其执行委员会根据教职工代表大会的授权，可承担前款有关职责。

第二十七条 学校应当为学校工会承担教职工代表大会工作机构的职责提供必要的工作条件和经费保障。

第六章　附　　则

第二十八条　学校可以在其下属单位建立教职工代表大会制度，在该单位范围内实行民主管理和监督。

第二十九条　省、自治区、直辖市人民政府教育行政部门，可以与本地区有关组织联合制定本行政区域内学校教职工代表大会的相关规定。

有关学校根据本规定和所在地区的相关规定，可以制定相应的教职工代表大会或者教职工大会的实施办法。

第三十条　本规定自 2012 年 1 月 1 日起施行。1985 年 1 月 28 日教育部、原中国教育工会印发的《高等学校教职工代表大会暂行条例》同时废止。

全国模范职工之家、全国模范职工小家、全国优秀工会工作者评选表彰管理办法

（2020 年 8 月 10 日）

第一章　总　　则

第一条　为规范全国模范职工之家、全国模范职工小家、全国优秀工会工作者评选表彰工作，发挥先进典型的示范引领作用，根据《中华人民共和国工会法》《中国工会章程》及中华全国总工会关于加强职工之家建设的有关规定，结合工会工作实际，制定本办法。

第二条　全国模范职工之家、全国模范职工小家、全国优秀工会工作者，是中华全国总工会设立的分别授予先进基层工会，基层工会下属先进工会或工会小组，基层工会优秀专兼职干部、专职社会化工会工作者和各级工会领导机关处级以下优秀工会干部的荣誉称号。

对积极参加基层工会活动的会员，可命名为全国优秀工会积极分子；对关心支持工会工作的厅局级以下党政领导干部、基层工会所在单位党政负责人，可命名为全国优秀工会之友。

第三条　评选表彰工作的指导思想是：深入贯彻落实习近平新时代中

国特色社会主义思想，贯彻落实习近平总书记关于工人阶级和工会工作的重要论述特别是加强基层工会建设"三个着力"重要指示精神，增强基层工会政治性、先进性、群众性，激发基层工会活力，发挥基层工会作用，切实把工会建设成为职工群众信赖的"职工之家"，把工会干部培养成为职工群众信赖的"娘家人"。

第四条 评选表彰工作的原则是：

（一）坚持面向基层一线。评选对象突出工会基层组织、基层干部和一线职工，畅通基层工会和广大会员的参与渠道，着力夯实工会基层基础；

（二）坚持公开公平公正。保障评选表彰工作规范有序，保护调动会员积极性，确保表彰对象得到广大会员普遍认可，突出评选表彰的权威性；

（三）坚持会员主体地位。实行上级工会考察和职工群众评议相结合，充分尊重广大会员的知情权、参与权、表达权、监督权，真正让会员当主角；

（四）坚持高标准严要求。严格评选条件，做到优中选优，确保表彰对象的先进性，充分体现和发挥先进典型的引领性示范性；

（五）坚持动态监督管理。实行动态评估、跟踪监管，形成完备的闭环管理机制，做到能进能出，破除"一评终身制"，确保评选表彰的质量。

第二章 评选表彰范围和基本条件

第五条 全国模范职工之家从我国境内企业、事业单位、机关、社会团体和其他社会组织单独或联合建立的基层工会，乡镇（街道）、开发区（工业园区）、村（社区）工会，县级以下区域（行业）工会联合会中评选。

全国模范职工小家从基层工会下属的子公司（分公司）、分厂、车间（科室）、班组工会或工会小组中评选。

全国优秀工会工作者从基层工会专兼职干部、专职社会化工会工作者、各级工会领导机关处级以下干部中评选。

全国优秀工会积极分子从不脱离生产、工作岗位，热心从事工会工作的基层工会骨干会员和兼职工会干部中命名，一线职工数量不低于百分之六十，女性占适当比例。

全国优秀工会之友从给予工会工作关心支持的厅局级以下党政领导干部及企业、事业单位、社会团体（除工会外）和其他社会组织党政负责人中命名。

先进集体和个人，一般不重复评选表彰或命名。

第六条 全国模范职工之家一般从省级模范职工之家中产生，其基本条件是：

（一）认真贯彻习近平新时代中国特色社会主义思想，执行党的路线方针政策，遵守国家法律法规，践行社会主义核心价值观，加强职工思想政治引领，团结带领职工建功新时代；

（二）工会组织机构单独设立，工会委员会、经费审查委员会及女职工委员会等领导机构健全，工会劳动保护委员会、劳动法律监督委员会等工作机构完善，具备条件的工会依法取得社会团体法人资格，近三年职工（含农民工、劳务派遣工）入会率均在百分之九十以上；

（三）依法独立设立工会经费账户，及时足额拨缴工会经费，自主管理，规范使用；

（四）工会会员代表大会、民主选举、会务公开、会员评议职工之家等制度落实到位；

（五）有效落实以职工代表大会为基本形式的民主管理制度，依法实行厂务公开，开展集体协商签订集体合同，健全劳动争议调解组织，有效化解劳动纠纷，劳动关系和谐稳定；

（六）热忱服务职工群众，工会工作获得职工高度认可，近三年工会会员代表大会评议职工之家满意率均在百分之九十以上。

第七条 全国模范职工小家一般从省级模范职工小家中产生，其基本条件是：

（一）认真贯彻习近平新时代中国特色社会主义思想，执行党的路线方针政策，遵守国家法律法规，践行社会主义核心价值观，工会工作充满活力；

（二）子公司（分公司）、分厂、车间（科室）、班组工会或工会小组建设好，依法选举工会主席或小组长，具备条件的工会依法取得社会团体法人资格，近三年职工（含农民工、劳务派遣工）入会率均在百分之九十以上；

（三）子公司（分公司）、分厂、车间（科室）、班组民主管理好，依法实行厂务公开、会务公开，开展集体协商；

（四）子公司（分公司）、分厂、车间（科室）、班组完成生产、工作任务好，组织职工开展技术创新、劳动技能竞赛，团结带领职工建功立业；

（五）职工小家阵地建设好，活动场所和服务设施齐全，服务活动丰富，近三年工会会员代表大会评议职工之家满意率均在百分之九十以上。

第八条　全国优秀工会工作者一般从省级优秀工会工作者中产生，其基本条件是：

（一）认真学习贯彻习近平新时代中国特色社会主义思想，坚定走中国特色社会主义工会发展道路，以实际行动践行社会主义核心价值观；

（二）坚持原则，模范执行工会会员代表大会、民主选举、会务公开、会员评议职工之家等制度，积极推动落实以职工代表大会为基本形式的民主管理制度，推进厂务公开和集体协商，所在单位劳动关系和谐稳定；

（三）尽职尽责，热忱服务职工群众，切实维护职工合法权益，团结带领职工创新创效、建功立业，推动培育高素质职工队伍，受到职工广泛信赖；

（四）遵纪守法，廉洁自律，作风民主，密切联系职工群众，自觉接受批评监督，基层工会主席、副主席近三年的工会会员代表大会测评等次均为满意。

第九条　在优中选优的基础上，对工作成绩优异、贡献突出的全国模范职工之家、全国优秀工会工作者，分别授予全国模范职工之家红旗单位、全国优秀工会工作者标兵荣誉称号。

第十条　全国优秀工会积极分子的基本条件是：

（一）认真学习贯彻习近平新时代中国特色社会主义思想，坚定走中国特色社会主义工会发展道路，积极为党的工运事业做贡献；

（二）热爱集体，团结协作，爱岗敬业，甘于奉献，圆满完成生产、工作任务，发挥模范带头作用；

（三）积极参加工会活动，热忱服务职工群众，积极参与落实工会会员代表大会、民主选举、会务公开、会员评议职工之家等制度，推动落实以职工代表大会为基本形式的民主管理制度；

（四）遵纪守法，廉洁自律，密切联系职工群众，自觉接受批评监督。

第十一条　全国优秀工会之友的基本条件是：

（一）认真学习贯彻习近平新时代中国特色社会主义思想，拥护中国特色社会主义工会发展道路，尊重劳动，尊重职工主体地位，模范贯彻落实党的全心全意依靠工人阶级的根本方针；

（二）坚持以人民为中心的发展思想，重视提高职工队伍素质，积极解决职工群众困难，受到职工群众信赖；

（三）遵守《工会法》和劳动法律法规，重视支持所辖区域（行业）或本单位工会工作，把更多的资源手段赋予工会组织，积极落实协调劳动关系制度机制，支持工会依法自主管理、规范使用工会经费，为工会工作创造良好条件；

（四）廉洁自律，作风民主，密切联系职工群众，自觉接受批评监督。

第十二条 单位有下列情形之一的，该单位工会不得申报推荐为全国模范职工之家、全国模范职工小家：

（一）存在未全员签订劳动合同、拖欠职工工资、不按规定缴纳职工社会保险费等违反劳动法律法规行为的；

（二）近一年内发生过一般安全生产责任事故、三年内发生过重大安全生产责任事故，职业病危害严重，能源消耗超标、环境污染严重，存在重大安全隐患拒不整改的；

（三）劳动争议案件多发，近三年内因违反法律法规引发职工群体性事件的；

（四）近三年内未依法及时足额拨缴工会经费的；

（五）民主管理、集体协商、劳动争议调解等制度机制不落实的；

（六）有违法违纪行为受到处罚并在影响期之内，或正在被执法执纪部门调查处理的。

第十三条 基层工会有下列情形之一的，工会干部不得申报推荐为全国优秀工会工作者：

（一）工会组织和工作机构被随意撤销、合并或归属到党政部门的；

（二）工会不依法按期换届选举，具备条件而不依法进行工会法人资格登记的；

（三）不依法独立设立工会经费账户，或工会经费使用管理出现严重问题的；

（四）不推动落实职工代表大会、厂务公开制度，不进行集体协商签订集体合同的。

第三章 评选表彰周期和基本程序

第十四条 全国模范职工之家、全国模范职工小家、全国优秀工会工作者评选表彰每五年开展两次。一般在工会全国代表大会届中开展一次，在工会全国代表大会换届之年开展一次。在换届之年评选表彰中，可同时命名全国优秀工会积极分子、全国优秀工会之友。

评选表彰工作在中华全国总工会书记处领导下进行，中华全国总工会基层工作部负责具体实施。各省（区、市）总工会、各全国产业工会、中央和国家机关工会联合会负责推荐。新疆生产建设兵团总工会通过新疆维吾尔自治区总工会推荐。

第十五条 在评选表彰年度，中华全国总工会发布评选表彰通知，就评选表彰的项目、对象、条件、程序、名额分配、组织实施等作出具体要求，部署评选表彰工作。

第十六条 基层工会按推荐评选条件申报全国模范职工之家、全国模范职工小家、全国优秀工会工作者，推荐全国优秀工会积极分子、全国优秀工会之友。申报推荐集体和个人的，应通过基层工会会员大会或会员代表大会征求会员群众意见。本单位有党组织和纪检组织的，应征求党组织和纪检组织意见。推荐名单和事迹应在本单位进行不少于五个工作日的公示。

被推荐人选是党员领导干部或公职人员的，基层工会应按照干部管理权限，征求纪检监察机关和组织人事部门意见。

地市级以下地方工会、各产业工会在充分听取各方面意见的基础上，对申报推荐集体和个人进行审查通过后，逐级上报。

第十七条 各省（区、市）总工会、各全国产业工会、中央和国家机关工会联合会按照推荐评选条件进行审核把关。推荐集体和个人名单应经领导班子集体研究确定，并在省（区、市）工会报刊或网络媒体上进行不少于五个工作日的公示。公示后符合条件的，向中华全国总工会推荐。

第十八条 各省（区、市）总工会推荐的集体和个人中，来自非公有制单位的一般不少于推荐总数的二分之一。

第十九条 中华全国总工会基层工作部对各省（区、市）总工会、各全国产业工会、中央和国家机关工会联合会推荐材料进行审核。

对伪造材料或未按照推荐评选条件和规定程序推荐的集体和个人，经查实后撤销其评选资格，取消相应名额，不得递补或重报。

对符合条件的集体和个人，作为向中华全国总工会书记处提出拟表彰和命名的建议名单。

第二十条　拟表彰和命名的建议名单，经中华全国总工会书记处审议通过后，在《工人日报》或中工网上进行不少于五个工作日的公示，接受公众监督。

根据公示结果，最终确定表彰和命名名单。

第二十一条　对受表彰和命名的先进集体、先进个人，由中华全国总工会印发表彰决定，颁发证书、奖牌。

第四章　监督管理服务

第二十二条　各级工会对受表彰和命名的先进集体、先进个人实行动态监督管理服务。做好以下日常工作：

（一）完善评选管理机制，建立监督管理制度，制定和协调落实有关激励政策，指导督促提高工会工作水平；

（二）加强基础工作，建立健全管理档案，跟踪先进集体和个人所在单位的工会建设、劳动关系等情况，重大情况及时报告；

（三）宣传先进集体和个人的先进事迹，总结推广他们的典型经验，充分发挥其示范导向作用；

（四）根据推荐评选条件和实际工作要求，上级工会应加强对获得荣誉的集体和个人的复查，复查不合格的，按程序撤销荣誉称号、取消命名；

（五）关心全国优秀工会工作者、全国模范职工之家和职工小家工会主席、全国优秀工会积极分子、全国优秀工会之友的思想、工作和生活，帮助他们解决生产生活等困难，依法维护他们的合法权益；

（六）接受群众举报，调查核实有关情况，提出处理意见。

第二十三条　有下列情形之一的，可撤销全国模范职工之家、全国模范职工小家荣誉称号，收回证书和奖牌：

（一）弄虚作假，骗取荣誉的；

（二）工会组织和工作机构被随意撤销、合并或归属到党政部门的；

（三）工会不依法按期换届选举，不依法进行工会法人资格变更登记的；

（四）工会经费不依法足额拨缴或使用管理出现严重问题的；

（五）不推动落实职工代表大会、厂务公开制度，不进行集体协商签订集体合同的；

（六）所在单位发生重大安全生产责任事故或严重职业危害，工会未依法履行职责的；

（七）所在单位发生群体性事件，造成恶劣影响的；

（八）所在单位拖欠职工工资，不按规定缴纳职工养老、医疗、工伤、失业、生育等社会保险费，工会未依法履行职责的；

（九）工会会员代表大会评议职工之家不满意率连续两年超过百分之五十的；

（十）其他需要撤销的情形。

第二十四条 有下列情形之一的，可撤销全国优秀工会工作者荣誉称号，取消全国优秀工会积极分子、全国优秀工会之友命名，收回证书和奖牌：

（一）弄虚作假，骗取荣誉的；

（二）工作严重过失，经批评教育仍不改正的；

（三）存在道德败坏、腐化堕落等不良行为，造成恶劣社会影响的；

（四）受到党内严重警告以上处分，或受到记大过以上政务处分的；

（五）被依法追究刑事责任的；

（六）其他需要撤销、取消的情形。

第二十五条 基层工会主席、副主席除适用第二十四条规定情形外，另有下列情形之一的，可撤销全国优秀工会工作者荣誉称号，收回证书和奖牌：

（一）不履行职责或履行职责不到位，工会会员代表大会测评等次连续两年为不满意，或被依法罢免的；

（二）工会不依法按期换届选举，不依法进行工会法人资格变更登记的；

（三）工会经费不依法足额拨缴或使用管理出现严重问题的；

（四）不推动落实职工代表大会、厂务公开制度，不进行集体协商签订集体合同的；

（五）工会会员代表大会评议职工之家不满意率连续两年超过百分

五十的。

第二十六条　撤销全国模范职工之家、全国模范职工小家、全国优秀工会工作者荣誉称号，取消全国优秀工会积极分子、全国优秀工会之友命名，一般由原推荐单位逐级申请，经所在省（区、市）总工会、全国产业工会、中央和国家机关工会联合会同意后，向中华全国总工会基层工作部提出书面报告。

对核查属实的，向中华全国总工会书记处提出书面请示，经审核批准后，撤销荣誉称号、取消命名，收回证书和奖牌。

对查实具有本办法第二十三条、第二十四条、第二十五条规定情形的集体和个人，中华全国总工会书记处也可直接决定撤销荣誉称号、取消命名，收回证书和奖牌，并书面通报推荐单位。

第二十七条　受表彰的基层工会所在单位破产、终止或撤销的，上一级工会应及时收回证书和奖牌，并逐级上报。

第二十八条　县级以上地方工会、各产业工会可对受表彰的先进集体进行工作经费补助，不对受表彰和命名的先进个人进行物质奖励或设置待遇。

基层工会可对其下属工会中受表彰的先进集体进行一定的工作经费补助。经会员代表大会审议通过后，基层工会也可对受表彰和命名的先进个人进行一定的物质奖励。

工作经费补助、物质奖励应符合工会经费支出有关规定。

第五章　附　　则

第二十九条　各省（区、市）总工会、各全国产业工会可参照本办法制定本地区、本产业评选表彰实施办法，但不得与本办法相抵触。

第三十条　本办法由中华全国总工会负责解释。

第三十一条　本办法自发布之日起施行。

中华全国总工会关于进一步推行职工董事、职工监事制度的意见

(2006年5月31日 总工发〔2006〕32号)

为了推动建立和完善中国特色的现代企业制度，保障职工民主决策、民主管理、民主监督的权利，建立和谐稳定的劳动关系，促进企业健康发展，根据《中华人民共和国公司法》有关规定，现就进一步推行职工董事、职工监事制度，提出以下意见：

一、充分认识推行职工董事、职工监事制度的重要性和必要性

职工董事、职工监事制度，是依照法律规定，通过职工代表大会（或职工大会及其他形式，下同）民主选举一定数量的职工代表，进入董事会、监事会，代表职工行使参与企业决策权利、发挥监督作用的制度。凡依法设立董事会、监事会的公司都应建立职工董事、职工监事制度。

推行职工董事、职工监事制度，是贯彻落实党的十六大和十六届三中、四中、五中全会精神，牢固树立和落实科学发展观，加强社会主义民主政治建设，构建社会主义和谐社会的重要举措；是建立现代企业制度，完善公司法人治理结构的重要内容；是维护职工合法权益，调动和发挥职工的积极性和创造性，建立和谐稳定的劳动关系，促进企业改革、发展、稳定的内在需要。建立职工董事、职工监事制度也是许多市场经济国家现代企业管理的成功经验。

各级工会一定要从实践"三个代表"重要思想、加强党的执政能力建设、落实全心全意依靠工人阶级指导方针的高度，充分认识这项工作的重要性、紧迫性，高度重视，把这项工作列入重要议事日程。

二、进一步规范职工董事、职工监事制度

（一）职工董事、职工监事人选的条件和人数比例

职工董事、职工监事人选的基本条件是：本公司职工；遵纪守法，办事公道，能够代表和反映职工的意见和要求，为职工群众信赖和拥护；熟悉企业经营管理或具有相关的工作经验，有一定的参与经营决策和协调沟通的能力。

未担（兼）任工会主席的公司高级管理人员，《公司法》中规定的不能担任或兼任董事、监事的人员，不得担任职工董事、职工监事。

董事会中职工董事与监事会中职工监事的人数和比例应在公司章程中作出明确规定。职工董事的人数一般应占公司董事会成员总数的四分之一；董事会成员人数较少的，其职工董事至少1人。职工监事的人数不得少于监事会成员总数的三分之一。

（二）职工董事、职工监事的产生程序

职工董事、职工监事的候选人由公司工会提名，公司党组织审核，并报告上级工会；没有党组织的公司可由上一级工会组织审核。工会主席一般应作为职工董事的候选人，工会副主席一般应作为职工监事的候选人。

职工董事、职工监事由本公司职工代表大会以无记名投票方式选举产生。职工董事、职工监事候选人必须获得全体会议代表过半数选票方可当选。

公司应建立健全职工代表大会制度，尚未建立的，应组织职工或职工代表选举产生职工董事、职工监事，并积极筹建职工代表大会制度。

职工董事、职工监事选举产生后，应报上级工会、有关部门和机构备案，并与其他内部董事、监事一同履行有关手续。

（三）职工董事、职工监事的职责

职工董事、职工监事享有与其他董事、监事同等的权利，承担相应的义务，并履行下列职责：

职工董事、职工监事应经常或定期深入到职工群众中听取意见和建议。

职工董事、职工监事在董事会、监事会研究决定公司重大问题时，应认真履行职责，代表职工行使权利，充分发表意见。

职工董事在董事会讨论涉及职工切身利益的重要决策时，应如实反映职工要求，表达和维护职工的合法权益；在董事会研究确定公司高级管理人员时，要如实反映职工代表大会民主评议公司管理人员的情况。

职工监事要定期监督检查职工各项保险基金的提取、缴纳，以及职工工资、劳动保护、社会保险、福利等制度的执行情况。

职工董事、职工监事有权向上级工会、有关部门和机构反映有关情况。

（四）职工董事、职工监事的任期、补选、罢免

职工董事、职工监事的任期与其他董事和监事的任期相同，任期届满，可连选连任。

职工董事、职工监事在任期内，其劳动合同期限自动延长至任期届满；任职期间以及任期届满后，公司不得因其履行职责的原因与其解除劳动合同，或采取其他形式进行打击报复。

职工董事、职工监事离职的，其任职资格自行终止。职工董事、职工监事出缺应及时进行补选，空缺时间一般不得超过3个月。

职工代表大会有权罢免职工董事、职工监事。罢免职工董事、职工监事，须由三分之一以上的职工代表联名提出罢免议案。

三、正确处理职工董事、职工监事与公司工会、职代会的关系

公司工会要为职工董事、职工监事开展工作提供服务。应协调和督促公司及时向职工董事、职工监事提供有关生产经营等方面的文件和资料，协助职工董事、职工监事进行调研、巡视等活动；协助职工董事、职工监事就有关议题听取职工意见，进行分析论证，提出意见和建议；成立"智囊团"等形式的组织，为职工董事、职工监事提供咨询服务；协调有关方面建立职工董事、职工监事各项工作制度。

职工董事、职工监事要向公司职工代表大会负责。应积极参加职工代表大会的有关活动，认真执行职工代表大会的有关决议，在董事会、监事会会议上按照职工代表大会的相关决定发表意见。应定期向职工代表大会报告工作，接受职工代表大会的质询。职工代表大会每年对职工董事、职工监事履行职责情况进行民主评议，对民主评议不称职的予以罢免。

四、加强对职工董事、职工监事制度建设工作的领导

各级地方工会和产业工会要进一步加强对职工董事、职工监事工作的领导，明确责任，指定专门的部门和人员负责此项工作。要切实把工作重点放在基层，深入研究解决问题。要善于发现和总结经验，宣传典型，用典型推动工作。

要经常对职工董事、职工监事制度的推行情况进行调查分析。根据《公司法》的有关规定，结合各地实际，加强与各地政府及有关部门的合作和联系，参与制定和完善有关推行职工董事、职工监事制度的地方性政策法规。

要加强职工董事、职工监事的培训工作。各级工会要研究制定培训方案，有组织、有计划地进行培训，保证培训质量，提高职工董事、职工监事的整体素质，切实发挥其作用。

最高人民法院行政审判庭关于工会选举程序和公司法人工商登记等法律适用问题的答复

(2011年7月5日 〔2010〕行他字第190号)

山东省高级人民法院：

你院鲁高法函〔2010〕16号《关于工会选举程序公司法人工商登记等法律适用问题的请示》收悉。经征求全国人大常委会法工委和国务院法制办意见，现答复如下：

一、依据《工会法》第十条"企业、事业单位、机关有会员二十五人以上的，应当建立基层工会委员会""县级以上地方建立地方各级总工会"等规定精神，《工会法》第十一条、第十七条规定的"上一级工会"既包括基层工会所在地的地方总工会，也包括上一级企业工会。

二、《工会法》第九条规定"工会会员大会或者会员代表大会有权撤换或者罢免其所选举的代表或者工会委员会组成人员"，《工会法》未要求撤换工会委员时原工会主席一定到场，只要撤换程序符合法律、法规和工会章程有关规定，应视为合法。

三、公司依据《公司法》规定的程序召开股东会议，依法作出股东会决议，公司据此向工商行政管理部门申请变更登记，不宜认定为《公司法》第一百九十九条规定的"提交虚假材料或者采取其他欺诈手段隐瞒重要事实取得公司登记的"情形。

鉴于目前相关法律规定不够明确，各方对本案争议问题存在较大意见分歧，请你院结合案件实际妥善处理，并注意听取各方面的意见，积极协调化解纠纷，力求案结事了。

劳动和社会保障部办公厅关于工会主席任职期间用人单位能否因违纪解除劳动合同问题的复函

(2005年1月14日 劳社厅函〔2005〕24号)

北京市劳动和社会保障局：

你局《关于工会主席任职期间用人单位能否因违纪解除劳动合同的请示》(京劳社仲文〔2004〕83号)收悉，经研究，现答复如下：

用人单位按照《劳动法》第二十五条的规定解除劳动合同不受其他附加条件限制，因此，如工会主席、副主席或者委员在任职期间存在《劳动法》第二十五条规定情形之一的，用人单位可以解除劳动合同。同时，根据《工会法》第二十一条规定，用人单位单方面解除职工劳动合同时，应当事先将理由通知工会，若工会认为用人单位违反法律、法规和有关合同，要求重新研究处理时，用人单位应当研究工会的意见，并将处理结果书面通知工会。

四、经费和资产

工会会计制度

(2021 年 4 月 14 日　财会〔2021〕7 号)

第一章　总　　则

第一条　为了规范工会会计行为,保证会计信息质量,根据《中华人民共和国会计法》(以下简称会计法)、《中华人民共和国工会法》(以下简称工会法)等法律法规,制定本制度。

第二条　本制度适用于各级工会,包括基层工会及县级以上(含县级,下同)工会。工会所属事业单位、工会所属企业及挂靠工会管理的社会团体,不适用本制度。

第三条　工会会计是核算、反映、监督工会预算执行和经济活动的专业会计。工会依法建立独立的会计核算管理体系,与工会预算管理体制相适应。

第四条　工会应当对其自身发生的经济业务或者事项进行会计处理和报告。

第五条　工会会计处理应当以工会的持续运行为前提。

第六条　工会会计处理应当划分会计期间,分期结算账目和编制会计报表。

会计期间至少分为年度和月度。会计年度、月度等会计期间的起讫日期采用公历日期。

第七条　工会会计处理应当以货币计量,以人民币作为记账本位币。

第八条　工会会计处理一般采用收付实现制,部分经济业务或者事项应当按照本制度的规定采用权责发生制。

第九条　工会会计要素包括:资产、负债、净资产、收入和支出。其平衡公式为：资产＝负债+净资产。

第十条 工会会计处理应当采用借贷记账法记账。

第十一条 工会会计记录的文字应当使用中文。在民族自治地方，会计记录可以同时使用当地通用的一种民族文字。

第十二条 县级以上工会应当设置会计机构，配备专职会计人员。基层工会应当根据会计业务的需要设置会计机构或者在有关机构中设置会计人员并指定会计主管人员；不具备设置条件的，应当委托经批准设立从事代理记账业务的中介机构代理记账。

第十三条 各级工会的法定代表人应当对本级工会的会计工作以及会计资料的真实性、完整性负责。

第十四条 各级工会应当建立健全内部控制制度，并确保内部控制有效施行。县级以上工会应当组织指导和检查下级工会会计工作，负责制定有关实施细则；组织工会会计人员培训，不断提高政策、业务水平。

第十五条 工会应当重视并不断推进会计信息化的应用。工会开展会计信息化工作，应当符合财政部制定的相关会计信息化工作规范和标准，确保利用现代信息技术手段进行会计处理及生成的会计信息符合会计法和本制度的规定。

第二章 一般原则

第十六条 工会提供的会计信息应当符合工会管理工作的要求，满足会计信息使用者的需要，满足本级工会加强财务管理的需要。

第十七条 工会应当以实际发生的经济业务或者事项为依据进行会计处理，如实反映工会财务状况和收支情况等信息，保证会计信息真实可靠、内容完整。

第十八条 工会提供的会计信息应当清晰明了，便于理解和使用。

第十九条 工会会计处理应当采用规定的会计政策，前后各期一致，不得随意变更，以确保会计信息口径一致，相互可比。

第二十条 工会会计处理应当遵循重要性原则。对于重要的经济业务或者事项，应当单独反映。

第二十一条 工会应当对已经发生的经济业务或者事项及时进行会计处理和报告，不得提前或者延后。

第二十二条 工会应当对指定用途的资金按规定的用途专款专用，并单独反映。

第二十三条 工会在发生会计政策变更、会计估计变更和会计差错更正时，除本制度另有规定外，一般采用未来适用法进行会计处理。

会计政策，是指工会在会计核算时所遵循的特定原则、基础以及所采用的具体会计处理方法。会计估计，是指工会对结果不确定的经济业务或者事项以最近可利用的信息为基础所作的判断，如固定资产、无形资产的预计使用年限等。会计差错，是指工会在会计核算时，在确认、计量、记录、报告等方面出现的错误，通常包括计算或记录错误、应用会计政策错误、疏忽或曲解事实产生的错误、财务舞弊等。未来适用法，是指将变更后的会计政策应用于变更当期及以后各期发生的经济业务或者事项，或者在会计估计变更当期和未来期间确认会计估计变更的影响的方法。

第三章 资 产

第二十四条 资产是工会过去的经济业务或者事项形成的，由工会控制的，预期能够产生服务潜力或者带来经济利益流入的经济资源。

服务潜力是指工会利用资产提供公共产品和服务以履行工会职能的潜在能力。

经济利益流入表现为现金及现金等价物的流入，或者现金及现金等价物流出的减少。

工会的资产包括流动资产、在建工程、固定资产、无形资产、投资和长期待摊费用等。

第二十五条 工会对符合本制度第二十四条规定的资产定义的经济资源，在同时满足以下条件时，应当确认为资产：

（一）与该经济资源相关的服务潜力很可能实现或者经济利益很可能流入工会；

（二）该经济资源的成本或者价值能够可靠地计量。

符合资产定义并确认的资产项目，应当列入资产负债表。

第二十六条 工会的资产按照国家有关规定依法确认为国有资产的，应当作为国有资产登记入账；依法确认为工会资产的，应当作为工会资产登记入账。

第二十七条 工会的资产在取得时应当按照实际成本计量。除国家另有规定外,工会不得自行调整其账面价值。

对于工会接受捐赠的现金资产,应当按照实际收到的金额入账。对于工会接受捐赠、无偿调入的非现金资产,其成本按照有关凭据注明的金额加上相关税费、运输费等确定;没有相关凭据、但按照规定经过资产评估的,其成本按照评估价值加上相关税费、运输费等确定;没有相关凭据、也未经过评估的,其成本比照同类或类似资产的价格加上相关税费、运输费等确定。如无法采用上述方法确定资产成本的,按照名义金额(人民币1元)入账,相关税费、运输费等计入当期支出。

工会盘盈的资产,其成本比照本条第二款确定。

第一节 流动资产

第二十八条 流动资产是指预计在一年内(含一年)变现或者耗用的资产。主要包括货币资金、应收款项和库存物品等。

第二十九条 货币资金包括库存现金、银行存款等。

货币资金应当按照实际发生额入账。工会应当设置库存现金和银行存款日记账,按照业务发生顺序逐日逐笔登记。库存现金应当做到日清月结,其账面余额应当与库存数相符;银行存款的账面余额应当与银行对账单定期核对,如有不符,应当编制银行存款余额调节表调节相符。

工会发生外币业务的,应当按照业务发生当日的即期汇率,将外币金额折算为人民币金额记账,并登记外币金额和汇率。期末,各种外币账户的期末余额,应当按照期末的即期汇率折算为人民币,作为外币账户期末人民币余额。调整后的各种外币账户人民币余额与原账面余额的差额,作为汇兑损益计入当期支出。

第三十条 应收款项包括应收上级经费、应收下级经费和其他应收款等。

应收上级经费是本级工会应收未收的上级工会应拨付(或转拨)的工会拨缴经费和补助。

应收下级经费是县级以上工会应收未收的下级工会应上缴的工会拨缴经费。

其他应收款是工会除应收上下级经费以外的其他应收及暂付款项。

应收款项应当按照实际发生额入账。年末，工会应当分析各项应收款项的可收回性，对于确实不能收回的应收款项应报经批准认定后及时予以核销。

第三十一条 库存物品指工会取得的将在日常活动中耗用的材料、物品及达不到固定资产标准的工具、器具等。

库存物品在取得时应当按照其实际成本入账。工会购入、有偿调入的库存物品以实际支付的价款记账。工会接受捐赠、无偿调入的库存物品按照本制度第二十七条规定所确定的成本入账。

库存物品在发出（领用或出售等）时，工会应当根据实际情况在先进先出法、加权平均法、个别计价法中选择一种方法确定发出库存物品的实际成本。库存物品发出方法一经选定，不得随意变更。

工会应当定期对库存物品进行清查盘点，每年至少全面盘点一次。对于盘盈、盘亏或报废、毁损的库存物品，应当及时查明原因，报经批准认定后及时进行会计处理。

工会盘盈的库存物品应当按照确定的成本入账，报经批准后相应增加资产基金；盘亏的库存物品，应当冲减其账面余额，报经批准后相应减少资产基金。对于报废、毁损的库存物品，工会应当冲减其账面余额，报经批准后相应减少资产基金，清理中取得的变价收入扣除清理费用后的净收入（或损失）计入当期收入（或支出），按规定应当上缴财政的计入其他应付款。

第二节　固　定　资　产

第三十二条 固定资产是指工会使用年限超过 1 年（不含 1 年），单位价值在规定标准以上，并在使用过程中基本保持原有物质形态的资产，一般包括：房屋及构筑物；专用设备；通用设备；文物和陈列品；图书、档案；家具、用具、装具及动植物。

通用设备单位价值在 1000 元以上，专用设备单位价值在 1500 元以上的，应当确认为固定资产。单位价值虽未达到规定标准，但是使用时间超过 1 年（不含 1 年）的大批同类物资，应当按照固定资产进行核算和管理。

第三十三条 固定资产在取得时应当按照其实际成本入账。

工会购入、有偿调入的固定资产，其成本包括实际支付的买价、运输费、保险费、安装费、装卸费及相关税费等。

工会自行建造的固定资产，其成本包括该项资产至交付使用前所发生的全部必要支出。

工会接受捐赠、无偿调入的固定资产，按照本制度第二十七条规定所确定的成本入账。

工会在原有固定资产基础上进行改建、扩建、大型修缮后的固定资产，其成本按照原固定资产账面价值加上改建、扩建、大型修缮发生的支出，再扣除固定资产被替换部分的账面价值后的金额确定。

已交付使用但尚未办理竣工决算手续的固定资产，工会应当按照估计价值入账，待办理竣工决算后再按照实际成本调整原来的暂估价值。

第三十四条 在建工程是工会已经发生必要支出，但尚未交付使用的建设项目工程。工会作为建设单位的基本建设项目应当按照本制度规定统一进行会计核算。

工会对在建工程应当按照实际发生的支出确定其工程成本，并单独核算。在建工程的工程成本应当根据以下具体情况分别确定：

（一）对于自营工程，按照直接材料、直接人工、直接机械施工费等确定其成本；

（二）对于出包工程，按照应支付的工程价款等确定其成本；

（三）对于设备安装工程，按照所安装设备的价值、工程安装费用、工程试运转等所发生的支出等确定其成本。

建设项目完工交付使用时，工会应当将在建工程成本转入固定资产等进行核算。

第三十五条 工会应当对固定资产计提折旧，但文物和陈列品、动植物、图书、档案，单独计价入账的土地和以名义金额计量的固定资产除外。

工会应当根据相关规定以及固定资产的性质和使用情况，合理确定固定资产的使用年限。固定资产的使用年限一经确定，不得随意变更。

工会一般应当采用年限平均法或者工作量法计提固定资产折旧，计提折旧时不考虑预计净残值。在确定固定资产折旧方法时，应当考虑与固定资产相关的服务潜力或经济利益的预期实现方式。固定资产的折旧方法一经确定,不得随意变更。

工会应当按月对固定资产计提折旧。当月增加的固定资产,当月计提折旧;当月减少的固定资产,当月不再计提折旧。固定资产提足折旧后,无论是否继续使用,均不再计提折旧;提前报废的固定资产,也不再补提折旧。

固定资产因改建、扩建或大型修缮等原因而延长其使用年限的,工会应当按照重新确定的固定资产成本以及重新确定的折旧年限计算折旧额。

工会应当对暂估入账的固定资产计提折旧,实际成本确定后不需调整原已计提的折旧额。

第三十六条 工会处置(出售)固定资产时,应当冲减其账面价值并相应减少资产基金,处置中取得的变价收入扣除处置费用后的净收入(或损失)计入当期收入(或支出),按规定应当上缴财政的计入其他应付款。

第三十七条 工会应当定期对固定资产进行清查盘点,每年至少全面盘点一次。对于盘盈、盘亏或报废、毁损的固定资产,工会应当及时查明原因,报经批准认定后及时进行会计处理。

工会盘盈的固定资产,应当按照确定的成本入账,报经批准后相应增加资产基金;盘亏的固定资产,应当冲减其账面余额,报经批准后相应减少资产基金。对于报废、毁损的固定资产,工会应当冲减其账面余额,报经批准后相应减少资产基金,清理中取得的变价收入扣除清理费用后的净收入(或损失)计入当期收入(或支出),按规定应当上缴财政的计入其他应付款。

第三节 无形资产

第三十八条 无形资产是指工会控制的没有实物形态的可辨认非货币性资产,包括专利权、商标权、著作权、土地使用权、非专利技术等。工会购入的不构成相关硬件不可缺少组成部分的应用软件,应当确认为无形资产。

第三十九条 无形资产在取得时应当按照其实际成本入账。

工会外购的无形资产,其成本包括购买价款、相关税费以及可归属于该项资产达到预定用途前所发生的其他支出。工会委托软件公司开发的软件，视同外购无形资产确定其成本。

工会接受捐赠、无偿调入的无形资产，按照本制度第二十七条规定所确定的成本入账。

对于非大批量购入、单价小于 1000 元的无形资产，工会可以于购买的当期将其成本直接计入支出。

第四十条 工会应当按月对无形资产进行摊销，使用年限不确定的、以名义金额计量的无形资产除外。

工会应当按照以下原则确定无形资产的摊销年限：法律规定了有效年限的，按照法律规定的有效年限作为摊销年限；法律没有规定有效年限的，按照相关合同中的受益年限作为摊销年限；上述两种方法无法确定有效年限的，应当根据无形资产为工会带来服务潜力或者经济利益的实际情况，预计其使用年限。

工会应当采用年限平均法或工作量法对无形资产进行摊销，应摊销金额为其成本，不考虑预计净残值。

工会应当按月进行摊销。当月增加的无形资产，当月进行摊销；当月减少的无形资产，当月不再进行摊销。无形资产提足摊销后，无论是否继续使用，均不再进行摊销；核销的无形资产，也不再补提摊销。

因发生后续支出而增加无形资产成本的，对于使用年限有限的无形资产，工会应当按照重新确定的无形资产成本以及重新确定的摊销年限计算摊销额。

第四十一条 工会处置（出售）无形资产时，应当冲减其账面价值并相应减少资产基金，处置中取得的变价收入扣除处置费用后的净收入（或损失）计入当期收入（或支出），按规定应当上缴财政的计入其他应付款。

第四十二条 工会应当定期对无形资产进行清查盘点，每年至少全面盘点一次。工会在资产清查盘点过程中发现的无形资产盘盈、盘亏等，参照本制度固定资产相关规定进行处理。

第四节 其他资产

第四十三条 投资是指工会按照国家有关法律、行政法规和工会的相关规定，以货币资金、实物资产等方式向其他单位的投资。投资按其流动性分为短期投资和长期投资；按其性质分为股权投资和债权投资。

投资在取得时应当按照其实际成本入账。工会以货币资金方式对外投资的，以实际支付的款项（包括购买价款以及税金、手续费等相关税费）作为投资成本记账。工会以实物资产和无形资产方式对外投资的，以评估确认或合同、协议确定的价值记账。

对于投资期内取得的利息、利润、红利等各项投资收益，工会应当计入当期投资收益。

工会处置（出售）投资时，实际取得价款与投资账面余额的差额，应当计入当期投资收益。

对于因被投资单位破产、被撤销、注销、吊销营业执照或者被政府责令关闭等情况造成难以收回的未处置不良投资，工会应当在报经批准后及时核销。

第四十四条 长期待摊费用是工会已经支出，但应由本期和以后各期负担的分摊期限在1年以上（不含1年）的各项支出，如对以经营租赁方式租入的固定资产发生的改良支出等。

长期待摊费用应当在对应资产的受益年限内平均摊销。如果某项长期待摊费用已经不能使工会受益，应当将其摊余金额一次性转销。

第四章 负 债

第四十五条 负债是指工会过去的经济业务或者事项形成的，预期会导致经济资源流出的现时义务。

现时义务是指工会在现行条件下已承担的义务。未来发生的经济业务或者事项形成的义务不属于现时义务，不应当确认为负债。

工会的负债包括应付职工薪酬、应付款项等。

第四十六条 工会对于符合本制度第四十五条规定的现时义务，在同时满足以下条件时，应当确认为负债：

（一）履行该义务很可能导致含有服务潜力或者经济利益的经济资源流出工会；

（二）该义务的金额能够可靠计量。

符合负债定义并确认的负债项目，应当列入资产负债表。

第四十七条 应付职工薪酬是工会按照国家有关规定应付给本单位职

工及为职工支付的各种薪酬，包括基本工资、国家统一规定的津贴补贴、规范津贴补贴（绩效工资）、改革性补贴、社会保险费（如职工基本养老保险费、职业年金、基本医疗保险费等）和住房公积金等。

第四十八条　应付款项包括应付上级经费、应付下级经费和其他应付款。

应付上级经费指本级工会按规定应上缴上级工会的工会拨缴经费。

应付下级经费指本级工会应付下级工会的各项补助以及应转拨下级工会的工会拨缴经费。

其他应付款指除应付上下级经费之外的其他应付及暂存款项，包括工会按规定收取的下级工会筹建单位交来的建会筹备金等。

第四十九条　工会的各项负债应当按照实际发生额入账。

第五章　净　资　产

第五十条　净资产是指工会的资产减去负债后的余额，包括资产基金、专用基金、工会资金结转、工会资金结余、财政拨款结转、财政拨款结余和预算稳定调节基金。

第五十一条　资产基金指工会库存物品、固定资产、在建工程、无形资产、投资和长期待摊费用等非货币性资产在净资产中占用的金额。

资产基金应当在取得库存物品、固定资产、在建工程、无形资产、投资及发生长期待摊费用时确认。资产基金应当按照实际发生额入账。

第五十二条　专用基金指县级以上工会按规定依法提取和使用的有专门用途的基金。

工会提取专用基金时，应当按照实际提取金额计入当期支出；使用专用基金时，应当按照实际支出金额冲减专用基金余额；专用基金未使用的余额，可以滚存下一年度使用。

第五十三条　工会资金结转是指工会预算安排项目的支出年终尚未执行完毕或者因故未执行，且下年需要按原用途继续使用的工会资金。

工会资金结余是指工会年度预算执行终了，预算收入实际完成数扣除预算支出和工会结转资金后剩余的工会资金。

第五十四条　财政拨款结转是指县级以上工会预算安排项目的支出年终尚未执行完毕或者因故未执行，且下年需要按原用途继续使用的财政拨款资金。

财政拨款结余是指县级以上工会年度预算执行终了，预算收入实际完成数扣除预算支出和财政拨款结转资金后剩余的财政拨款资金。

第五十五条 预算稳定调节基金是县级以上工会为平衡年度预算按规定设置的储备性资金。

第六章 收　　入

第五十六条 收入是指工会根据工会法以及有关政策规定开展业务活动所取得的非偿还性资金。收入按照来源分为会费收入、拨缴经费收入、上级补助收入、政府补助收入、行政补助收入、附属单位上缴收入、投资收益和其他收入。

会费收入指工会会员依照规定向基层工会缴纳的会费。

拨缴经费收入指基层单位行政拨缴、下级工会按规定上缴及上级工会按规定转拨的工会拨缴经费中归属于本级工会的经费。

上级补助收入指本级工会收到的上级工会补助的款项，包括一般性转移支付补助和专项转移支付补助。

政府补助收入指各级人民政府按照工会法和国家有关规定给予县级以上工会的补助款项。

行政补助收入指基层工会取得的所在单位行政方面按照工会法和国家有关规定给予工会的补助款项。

附属单位上缴收入指工会所属的企事业单位按规定上缴的收入。

投资收益指工会对外投资发生的损益。

其他收入指工会除会费收入、拨缴经费收入、上级补助收入、政府补助收入、行政补助收入、附属单位上缴收入和投资收益之外的各项收入。

第五十七条 工会各项收入应当按照实际发生额入账。

第七章 支　　出

第五十八条 支出是指工会为开展各项工作和活动所发生的各项资金耗费和损失。支出按照功能分为职工活动支出、职工活动组织支出、职工服务支出、维权支出、业务支出、行政支出、资本性支出、补助下级支出、对附属单位的支出和其他支出。

职工活动支出指基层工会开展职工教育活动、文体活动、宣传活动、劳模疗休养活动、会员活动等发生的支出。

职工活动组织支出指县级以上工会组织开展职工教育活动、文体活动、宣传活动和劳模疗休养活动等发生的支出。

职工服务支出指工会开展职工劳动和技能竞赛活动、职工创新活动、建家活动、职工书屋、职工互助保障、心理咨询等工作发生的支出。

维权支出指工会用于维护职工权益的支出,包括劳动关系协调、劳动保护、法律援助、困难职工帮扶、送温暖和其他维权支出。

业务支出指工会培训工会干部、加强自身建设及开展业务工作发生的各项支出。

行政支出指县级以上工会为行政管理、后勤保障等发生的各项日常支出。

资本性支出指工会从事建设工程、设备工具购置、大型修缮和信息网络购建等而发生的实际支出。

补助下级支出指县级以上工会为解决下级工会经费不足或根据有关规定给予下级工会的各类补助款项。

对附属单位的支出指工会按规定对所属企事业单位的补助。

其他支出指工会除职工活动支出、职工活动组织支出、职工服务支出、维权支出、业务支出、行政支出、资本性支出、补助下级支出和对附属单位的支出以外的各项支出。

第五十九条　工会各项支出应当按照实际发生额入账。

第八章　财务报表

第六十条　工会财务报表是反映各级工会财务状况、业务活动和预算执行结果的书面文件。工会财务报表是各级工会领导、上级工会及其他财务报表使用者了解情况、掌握政策、指导工作的重要资料。

第六十一条　工会财务报表包括会计报表和附注。会计报表分为主表和附表,主表包括资产负债表和收入支出表,附表包括财政拨款收入支出表、国有资产情况表和成本费用表。

资产负债表,是反映工会某一会计期末全部资产、负债和净资产情况的报表。

收入支出表，是反映工会某一会计期间全部收入、支出及结转结余情况的报表。

财政拨款收入支出表，是反映县级以上工会某一会计期间从同级政府财政部门取得的财政拨款收入、支出及结转结余情况的报表。

国有资产情况表，是反映县级以上工会某一会计期间持有的国有资产情况的报表。

成本费用表，是反映县级以上工会某一会计期间成本费用情况的报表。

附注是对在资产负债表、收入支出表等报表中列示项目所作的进一步说明，以及未能在这些报表中列示项目的说明。

第六十二条　工会财务报表分为年度财务报表和中期财务报表。以短于一个完整的会计年度的期间（如半年度、季度和月度）编制的财务报表称为中期财务报表。年度财务报表是以整个会计年度为基础编制的财务报表。

第六十三条　工会要负责对所属单位财务报表和下级工会报送的年度财务报表进行审核、核批和汇总工作，定期向本级工会领导和上级工会报告本级工会预算执行情况。

第六十四条　工会财务报表要根据登记完整、核对无误的账簿记录和其他有关资料编制，做到数字准确、内容完整、报送及时。工会财务报表应当由各级工会的法定代表人和主管会计工作的负责人、会计机构负责人（会计主管人员）签名并盖章。

第九章　附　　则

第六十五条　工会填制会计凭证、登记会计账簿、管理会计档案等，应当按照《会计基础工作规范》、《会计档案管理办法》等规定执行。

第六十六条　本制度从 2022 年 1 月 1 日起实施。2009 年 5 月 31 日财政部印发的《工会会计制度》（财会〔2009〕7 号）同时废止。

附录 1：工会会计科目和财务报表（略）

附录 2：工会固定资产折旧年限表（略）

工会预算管理办法

(2019年12月31日 总工办发〔2019〕26号)

第一章 总 则

第一条 为了规范各级工会收支行为，强化预算约束，加强对预算的管理和监督，建立全面规范透明、标准科学、约束有力的预算制度，保障工运事业的健康发展和工会职能的有效发挥，根据《中华人民共和国工会法》《中华人民共和国预算法》等法律法规，制定本办法。

第二条 工会预算是各级工会组织及所属事业单位按照一定程序核定的年度收支计划。

第三条 预算、决算的编制、审查、批准、监督，以及预算的执行和调整，依照本办法规定执行。

第四条 工会系统实行一级工会一级预算，预算管理实行下管一级的原则。

工会预算一般分为五级，即：全国总工会、省级工会、市级工会、县级工会和基层工会。省级工会可根据乡镇（街道）工会、开发区（工业园区）工会发展的实际，确定省级以下工会的预算管理级次，并报全国总工会备案。

经全国总工会批准，中华全国铁路总工会、中国民航工会全国委员会、中国金融工会全国委员会依法独立管理经费，根据各自管理体制，确定所属下级工会的预算管理级次，并报全国总工会备案。

第五条 全国工会预算由全国总工会总预算和省级工会总预算组成。

全国总工会总预算由全国总工会本级预算和与全国总工会建立经费拨缴关系的企业工会汇总预算组成。

省级工会总预算由省（自治区、直辖市）总工会、中央和国家机关工会联合会、中华全国铁路总工会、中国民航工会全国委员会、中国金融工会全国委员会本级预算和汇总的下一级工会总预算组成。下一级工会只有本级预算的，下一级工会总预算即指下一级工会的本级预算。

本级预算是指各级工会本级次范围内所有收支预算，包括本级所属单位的单位预算和本级工会的转移支付预算。

单位预算是指本级工会机关、所属事业单位的预算。

转移支付预算是指本级工会对下级工会的补助预算。

第六条 拨缴的工会经费实行分成制。

第七条 工会预算应当遵循统筹兼顾、勤俭节约、量力而行、讲求绩效和收支平衡的原则。

第八条 各级工会的预算收入和预算支出实行收付实现制，特定事项按照相关规定实行权责发生制。

第九条 预算年度自公历1月1日起，至12月31日止。

第十条 预算收入和预算支出以人民币元为计算单位。

第二章 预算管理职权

第十一条 各级工会、各预算单位财务管理部门是预算归口管理的职能部门。

第十二条 全国总工会财务管理部门的职权：

（一）具体负责汇总编制全国工会预算；

（二）具体负责编制全国总工会本级预（决）算草案，报全总领导同志签批后，经中华全国总工会经费审查委员会审查，提交全总党组会议审议；

（三）具体负责编制全国总工会本级预算调整方案，经中华全国总工会经费审查委员会履行审查程序后，提交全总党组会议审议；

（四）批复全国总工会本级预算单位预（决）算，对省级工会的预（决）算和预算调整方案实行备案管理；

（五）提出全国总工会本级预算预备费动用方案，提交全总党组会议审议；

（六）具体负责汇总编制全国工会决算；

（七）定期向中华全国总工会经费审查委员会或其常委会报告全国总工会本级预算执行情况。

第十三条 省级工会的职权：

（一）汇总编制省级工会总预算，报全国总工会备案；

（二）编制省级工会本级预（决）算草案，经必要程序审查、审议通过后报全国总工会备案；

（三）编制省级工会本级预算调整方案，经必要程序审查、审议通过后报全国总工会备案；

（四）批复省级工会本级预算单位的预（决）算，对下一级工会的本级预（决）算和预算调整方案实行审批或备案管理；

（五）决定本级预备费的动用；

（六）汇总本级及以下各级工会决算，报全国总工会。

第十四条　市级工会的职权：

（一）汇总编制市级工会总预算，报省级工会备案；

（二）编制市级工会本级预（决）算草案，经必要程序审查、审议通过后报省级工会审批或备案；

（三）编制市级工会本级预算调整方案，经必要程序审查、审议通过后报省级工会审批或备案；

（四）审批市级工会本级预算单位的预（决）算，对县级工会的本级预（决）算和预算调整方案实行审批或备案管理；

（五）决定本级预备费的动用；

（六）汇总本级及以下各级工会决算，报省级工会。

第十五条　县级工会的职权：

（一）汇总编制县级工会总预算，报市级工会备案；

（二）编制县级工会本级预（决）算草案，经必要程序审查、审议通过后报市级工会审批或备案；

（三）编制县级工会本级预算调整方案，经必要程序审查、审议通过后报市级工会审批或备案；

（四）审批县级工会本级预算单位的预（决）算，对下一级工会的本级预（决）算和预算调整方案实行审批或备案管理；

（五）决定本级预备费的动用；

（六）汇总本级及以下各级工会决算，报市级工会。

第十六条　乡镇（街道）工会、开发区（工业园区）工会预算管理职权由省级工会确定。

第十七条　基层工会的职责：

（一）负责编制本级工会预（决）算草案和预算调整方案，经本级经费审查委员会审查后，由本级工会委员会审批，报上级工会备案；

（二）组织本级预算的执行；

（三）定期向本级工会经费审查委员会报告本级工会预算执行情况；

（四）批复本级所属预算单位的预（决）算；

（五）编制本级工会决算，报上级工会。

第三章　预算收支范围

第十八条　预算由预算收入和预算支出组成。工会及所属预算单位的全部收入和支出都应当纳入预算。

第十九条　县级以上工会预算收入包括：拨缴经费收入、上级补助收入、政府补助收入、附属单位上缴收入、投资收益、其他收入。

基层工会预算收入包括：会费收入、拨缴经费收入、上级补助收入、行政补助收入、附属单位上缴收入、投资收益、其他收入。

第二十条　工会所属事业单位预算收入包括：财政拨款收入、事业收入、上级补助收入、附属单位上缴收入、经营收入、债务收入、非同级财政拨款收入、投资收益、其他收入。

第二十一条　县级以上工会预算支出包括：职工活动组织支出、职工服务支出、维权支出、业务支出、行政支出、资本性支出、补助下级支出、对附属单位的支出、其他支出。

基层工会预算支出包括：职工活动支出、职工服务支出、维权支出、业务支出、资本性支出、对附属单位的支出、其他支出。

第二十二条　工会所属事业单位的预算支出包括：行政支出、事业支出、经营支出、上缴上级支出、对附属单位补助支出、投资支出、债务还本支出、其他支出。

第四章　预算编制与审批

第二十三条　根据国家财政预算管理要求和工会预算管理实际，全国总工会及时印发下一年度预算草案编制的通知。省、市、县级工会应根据全国总工会预算编制的有关要求，结合实际情况进行部署，编制本级预算，汇总下一级工会总预算，按规定时限报上一级工会。

第二十四条 各级工会、各预算单位应当围绕党和国家工作大局，紧扣工会中心工作，参照国务院财政部门制定的政府收支分类科目、预算支出标准和预算绩效管理的规定，根据跨年度预算平衡的原则，参考上一年预算执行情况、存量资产情况和有关支出绩效评价结果，编制预算草案。

前款所称政府收支分类科目，收入分为类、款、项、目；支出按其功能分类分为类、款、项，按其经济性质分类为类、款。

第二十五条 各级工会、各预算单位应当按照本办法规定的收支范围，依法、真实、完整、合理地编制年度收支预算。

第二十六条 根据《中华人民共和国工会法》等法律法规的规定，各级工会办公场所和工会活动设施等物质条件应由各级人民政府和单位行政提供。各级工会应积极争取同级政府或行政支持，将政府或行政补助纳入预算管理。在政府或行政补助不足的情况下，可以动用经费弥补不足，上级工会也可根据情况给予适当补助。

第二十七条 县级以上工会可根据所属事业单位分类情况，结合同级财政保障程度，对所属事业单位实行定额补助或定项补助。

第二十八条 各级工会支出预算的编制，应当贯彻勤俭节约的原则，优化经费支出结构，保障日常运行经费，从严控制"三公"经费和一般行政性支出，重点支持维护职工权益、为职工服务和工会活动等工会中心工作。

第二十九条 支出预算的编制按基本支出、项目支出进行分类。基本支出是预算单位为保障其正常运转、完成日常工作任务而编制的年度基本支出计划，按其性质分为人员经费和日常公用经费。基本支出之外为完成特定任务和事业发展目标所发生的支出为项目支出。

第三十条 县级以上工会的基本支出预算，应参照同级政府有关部门的有关规定、制度、费用标准以及核定的人员编制编列，当年未执行完毕的基本支出预算可在下年继续使用。

基层工会在单位行政不能足额保障的情况下，可根据需要从严编制基本支出预算。

第三十一条 各级工会上一年度未全部执行或未执行、下年需按原用途继续使用的项目资金，作为项目结转资金，纳入下一年度预算管理，用于结转项目的支出。

第三十二条 各级工会当年预算收入不足以安排当年预算支出的，可以动用以前年度结余资金弥补不足。各级工会一般不得对外举债，县级以上工会由于特殊原因确需向金融机构申请借款的，必须经过党组会议集体研究决定。

结转结余资金使用管理办法由全国总工会另行制定。

第三十三条 上级工会对下级工会的转移支付分为一般性转移支付和专项转移支付。

一般性转移支付是上级工会给下级工会未指定用途的补助，应当根据全国总工会的有关规定，结合下级工会的财力状况和工作需要编制。

专项转移支付是上级工会给下级工会用于专项工作的补助，应当根据工作需要，分项目编制。

县级以上工会应当将对下级工会的转移支付预计数提前下达下级工会。各级工会应当将上级工会提前下达的转移支付预计数编入本级预算。

第三十四条 县级以上工会应根据实际情况建立本级预算项目库。

第三十五条 县级以上工会应根据基本建设类项目立项批复确定的资金渠道编制年度支出预算。

第三十六条 各级工会、各预算单位编制预算时，应根据政府采购和工会资金采购的相关规定，编制年度采购预算。

第三十七条 县级以上工会可以按照本级预算支出额的百分之一至百分之三设置预备费，用于当年预算执行中因处理突发事件、政策性增支及其他难以预见的开支。

第三十八条 县级以上工会可以设置预算稳定调节基金，用于弥补以后年度预算资金的不足。

第三十九条 省级（含）以下总工会预算必须由党组集体审议决定，同级经费审查委员会履行相应审查职责，其他审查、审议的必要程序由各级工会确定。

第四十条 上一级工会认为下一级工会预算与法律法规、上级工会预算编制要求不符的，有权提出修订意见，下级工会应予调整。

第四十一条 各级工会本级预算经批准后，应当在二十日内批复所属预算单位。

第五章 预算执行与调整

第四十二条 各级工会预算由本级工会组织执行,具体工作由财务管理部门负责。

各级工会所属预算单位是本单位预算执行的主体,对本单位预算执行结果负责。

第四十三条 各级工会应按照年度预算积极组织收入。按照规定的比例及时、足额拨缴工会经费,不得截留、挪用。

第四十四条 预算批准前,上一年结转的项目支出和必要的基本支出可以提前使用。送温暖支出、突发事件支出和本级工会已确定年度重点工作支出等需提前使用的,必须经集体研究决定。预算批准后,按照批准的预算执行。

第四十五条 各级工会应根据年度支出预算和用款计划拨款。未经批准,不得办理超预算、超计划的拨款。

第四十六条 县级以上工会必须根据国家法律法规和全国总工会的相关规定,及时、足额拨付预算资金,加强对预算支出的管理和监督。各预算单位的支出必须按照预算执行,不得擅自扩大支出范围,提高开支标准,不得擅自改变预算资金用途,不得虚假列支。

第四十七条 当年预算执行中,县级以上工会因处理突发事件、政策性增支及其他难以预见的开支,需要增加预算支出的,可以由本级工会财务管理部门提出预备费的动用方案,报本级工会集体研究决定。

第四十八条 各级工会预算一经批准,原则上不作调整。

下列事项应当进行预算调整:

(一)需要增加或减少预算总支出的;

(二)动用预备费仍不足以安排支出的;

(三)需要调减预算安排的重点支出数额的;

(四)动用预算稳定调节基金的。

预算调整的程序按照预算编制的审批程序执行。

在预算执行中,各级工会因上级工会和同级财政增加不需要本级工会提供配套资金的补助而引起的预算收支变化,不属于预算调整。

第四十九条 各级工会、各预算单位的预算支出应当按照预算科目执行，严格控制不同预算科目、预算级次或项目间的预算资金调剂。确需调剂使用的，按照有关规定办理。

第五十条 县级以上工会在预算执行中有超收收入的，只能用于补充预算稳定调节基金。县级以上工会在预算年度中出现短收，应通过减少支出、调入预算稳定调节基金来解决。以上变化情况应在决算说明中进行反映。

第五十一条 县级以上工会和具备条件的基层工会应全面实施预算绩效管理。

第六章 决　　算

第五十二条 各级工会应在每一预算年度终了后，按照全国总工会的有关规定编制本级工会收支决算草案和汇总下一级工会收支决算。

第五十三条 编制决算草案，必须符合法律法规和相关制度规定，做到收支真实、数据准确、内容完整、报送及时。

第五十四条 全国总工会和省、市、县级工会决算编制的职权按照本办法有关规定执行。

基层工会决算草案经本级经费审查委员会审查后，由本级工会委员会审批，并报上级工会备案。

第五十五条 各级工会所属预算单位的决算草案，应在规定的期限内报本级财务管理部门审核汇总。本级财务管理部门审核决算草案发现有不符合法律法规和工会规定的，有权责令其纠正。

第五十六条 各级工会应当将经批准的本级决算及下一级工会的决算汇总，在规定时间内报上一级工会备案。

第五十七条 上一级工会认为下一级工会决算与法律法规、上级工会决算编制要求不符的，有权提出修订意见，下级工会应予调整。

第五十八条 各级工会本级决算批准后，应当在十五个工作日内批复所属预算单位。

第七章 监督及法律责任

第五十九条 各级工会财务管理部门按照相关规定，对本级所属单位及下一级工会预算（决）算进行财务监督。

第六十条　各级工会的预（决）算接受同级工会经费审查委员会的审查审计监督。预算执行情况同时接受上一级工会经费审查委员会的审计监督。

第六十一条　各级工会预算执行情况、决算依法接受政府审计部门的审计监督。

第六十二条　各级工会、各预算单位有下列行为之一的，责令改正，对负有直接责任的主管人员和其他直接责任人员追究行政责任。

（一）未按本办法规定编报本级预（决）算草案、预算调整方案和批复预（决）算的；

（二）虚列收入和支出的；

（三）截留、挪用、拖欠拨缴经费收入的；

（四）未经批准改变预算支出用途的。

第六十三条　各级工会、各预算单位及其工作人员存在下列行为之一的，责令改正，追回骗取、使用的资金，有违法所得的没收违法所得，对单位给予警告或者通报批评；对负有直接责任的主管人员和其他直接责任人员依法给予处分：

（一）虚报、冒领预算资金的；

（二）违反规定扩大开支范围、提高开支标准的。

第六十四条　县级以上工会预（决）算应在工会内部公开，经单位批准可向社会公开。

基层工会预（决）算应向全体工会会员公开。

涉密事项的预（决）算不得公开。

第八章　附　　则

第六十五条　本办法由全国总工会财务部负责解释。

第六十六条　省级工会应根据本办法，结合本地区本产业的实际，制定具体实施细则，并报全国总工会财务部备案。

第六十七条　本办法自 2020 年 6 月 1 日施行。2009 年 8 月 14 日颁发的《工会预算管理办法》同时废止。

工会经费呆账处理办法

(2002年10月9日 总工发〔2002〕20号)

为加强工会经费的管理,及时准确反映工会资产状况,妥善解决工会经费呆账问题,参照财政部印发的《财政周转金呆账处理规定》及《企业会计制度》,制定本办法。

一、呆账的确认

本办法仅适用于工会经费形成的由工会财务部门管理的呆账。凡下列情况之一,可确认为呆账:

(一)投资损失:以工会经费对外投资,由于接受投资的单位撤销、破产,经履行清算后确认不能收回的投资;遭受严重自然灾害导致经济活动停止,投资本金不能收回的部分。

(二)借出款:以工会经费借出的款项,借款合同期满后,逾期三年以上不能归还的欠款。

(三)暂付款:暂付三年以上的,由于债务人的原因尚未收回并按管理权限确认无法收回的暂付款。

二、呆账处理的原则

(一)根据"统一领导,分级管理"的财务管理体制,各级工会的呆账处理由本级工会决定,报上级工会财务部门备案。

(二)处理呆账要按照"分清责任,账销债留"的原则办理,保留备查账簿,对投资失误者要追查责任。

(三)对造成借款呆账损失的单位,一般应停止借款。

(四)对有弄虚作假、伪造呆账等行为,应责令纠正。对负有直接责任的主管人员和直接责任人要追究责任,对触犯法律的要依法追究其法律责任。

三、呆账处理审批程序

(一)各级工会财务部门对本级经费投资、借款、暂付款等形成的呆账进行清理,列出呆账事项。

(二)呆账事项的责任人应将呆账形成过程、原因以及鉴定意见、法律文书、证明材料、说明材料、函证材料等，以书面形式提交工会财务部门审核。

（三）由工会财务部门将呆账事项汇总，报本级工会主席办公会议研究确定。

（四）本级工会主席办公会议作出处理决定前，应征求同级经审会同意。必要时可由经审会办公室安排审计。

（五）工会财务部门依据主席办公会议决定进行账务处理。

四、呆账的账务处理

（一）工会财务部门根据主席办公会议作出的决定，进行账务调整。

（二）工会投资或借款核销的账务处理：

投资　　借：投资基金，贷：投资

借款或暂付款　借：其他支出，贷：借出款或暂付款。

（三）核销的呆账，以后又重新收回的，按照实际收回的金额入帐。其账务处理为：

（收回现金）借：银行存款，贷：其他收入（收回固定资产）借：固定资产，贷：固定基金

五、本办法自 2003 年 1 月 1 日起执行。各级工会可结合本地实际，根据本办法制定具体实施办法。

基层工会经费收支管理办法

（2017 年 12 月 15 日　总工办发〔2017〕32 号）

第一章　总　　则

第一条　为加强基层工会收支管理，规范基层工会经费使用，根据《中华人民共和国工会法》和《中国工会章程》《工会会计制度》《工会预算管理办法》的有关规定，结合中华全国总工会（以下简称"全国总工会"）贯彻落实中央有关规定的相关要求，制定本办法。

第二条　本办法适用于企业、事业单位、机关和其他经济社会组织单独或联合建立的基层工会委员会。

第三条　基层工会经费收支管理应遵循以下原则：

（一）遵纪守法原则。基层工会应依据《中华人民共和国工会法》的有关规定，依法组织各项收入，严格遵守国家法律法规，严格执行全国总工会有关制度规定，严肃财经纪律，严格工会经费使用，加强工会经费收支管理。

（二）经费独立原则。基层工会应依据全国总工会关于工会法人登记管理的有关规定取得工会法人资格，依法享有民事权利、承担民事义务，并根据财政部、中国人民银行的有关规定，设立工会经费银行账户，实行工会经费独立核算。

（三）预算管理原则。基层工会应按照《工会预算管理办法》的要求，将单位各项收支全部纳入预算管理。基层工会经费年度收支预算（含调整预算）需经同级工会委员会和工会经费审查委员会审查同意，并报上级主管工会批准。

（四）服务职工原则。基层工会应坚持工会经费正确的使用方向，优化工会经费支出结构，严格控制一般性支出，将更多的工会经费用于为职工服务和开展工会活动，维护职工的合法权益，增强工会组织服务职工的能力。

（五）勤俭节约原则。基层工会应按照党中央、国务院关于厉行勤俭节约反对奢侈浪费的有关规定，严格控制工会经费开支范围和开支标准，经费使用要精打细算，少花钱多办事，节约开支，提高工会经费使用效益。

（六）民主管理原则。基层工会应依靠会员管好用好工会经费。年度工会经费收支情况应定期向会员大会或会员代表大会报告，建立经费收支信息公开制度，主动接受会员监督。同时，接受上级工会监督，依法接受国家审计监督。

第二章　工会经费收入

第四条　基层工会经费收入范围包括：

（一）会费收入。会费收入是指工会会员依照全国总工会规定按本人工资收入的5‰向所在基层工会缴纳的会费。

（二）拨缴经费收入。拨缴经费收入是指建立工会组织的单位按全部职工工资总额2%依法向工会拨缴的经费中的留成部分。

（三）上级工会补助收入。上级工会补助收入是指基层工会收到的上级工会拨付的各类补助款项。

（四）行政补助收入。行政补助收入是指基层工会所在单位依法对工会组织给予的各项经费补助。

（五）事业收入。事业收入是指基层工会独立核算的所属事业单位上缴的收入和非独立核算的附属事业单位的各项事业收入。

（六）投资收益。投资收益是指基层工会依据相关规定对外投资取得的收益。

（七）其他收入。其他收入是指基层工会取得的资产盘盈、固定资产处置净收入、接受捐赠收入和利息收入等。

第五条　基层工会应加强对各项经费收入的管理。要按照会员工资收入和规定的比例，按时收取全部会员应交的会费。要严格按照国家统计局公布的职工工资总额口径和所在省级工会规定的分成比例，及时足额拨缴工会经费；实行财政划拨或委托税务代收部分工会经费的基层工会，应加强与本单位党政部门的沟通，依法足额落实基层工会按照省级工会确定的留成比例应当留成的经费。要统筹安排行政补助收入，按照预算确定的用途开支，不得将与工会无关的经费以行政补助名义纳入账户管理。

第三章　工会经费支出

第六条　基层工会经费主要用于为职工服务和开展工会活动。

第七条　基层工会经费支出范围包括：职工活动支出、维权支出、业务支出、资本性支出、事业支出和其他支出。

第八条　职工活动支出是指基层工会组织开展职工教育、文体、宣传等活动所发生的支出和工会组织的职工集体福利支出。包括：

（一）职工教育支出。用于基层工会举办政治、法律、科技、业务等专题培训和职工技能培训所需的教材资料、教学用品、场地租金等方面的支出，用于支付职工教育活动聘请授课人员的酬金，用于基层工会组织的职工素质提升补助和职工教育培训优秀学员的奖励。对优秀学员的奖励应以精神鼓励为主、物质激励为辅。授课人员酬金标准参照国家有关规定执行。

（二）文体活动支出。用于基层工会开展或参加上级工会组织的职工业余文体活动所需器材、服装、用品等购置、租赁与维修方面的支出以及活动场地、交通工具的租金支出等，用于文体活动优胜者的奖励支出，用于文体活动中必要的伙食补助费。

文体活动奖励应以精神鼓励为主、物质激励为辅。奖励范围不得超过参与人数的三分之二；不设置奖项的，可为参加人员发放少量纪念品。

文体活动中开支的伙食补助费，不得超过当地差旅费中的伙食补助标准。

基层工会可以用会员会费组织会员观看电影、文艺演出和体育比赛等，开展春游秋游，为会员购买当地公园年票。会费不足部分可以用工会经费弥补，弥补部分不超过基层工会当年会费收入的三倍。

基层工会组织会员春游秋游应当日往返，不得到有关部门明令禁止的风景名胜区开展春游秋游活动。

（三）宣传活动支出。用于基层工会开展重点工作、重大主题和重大节日宣传活动所需的材料消耗、场地租金、购买服务等方面的支出，用于培育和践行社会主义核心价值观，弘扬劳模精神和工匠精神等经常性宣传活动方面的支出，用于基层工会开展或参加上级工会举办的知识竞赛、宣讲、演讲比赛、展览等宣传活动支出。

（四）职工集体福利支出。用于基层工会逢年过节和会员生日、婚丧嫁娶、退休离岗的慰问支出等。

基层工会逢年过节可以向全体会员发放节日慰问品。逢年过节的年节是指国家规定的法定节日（即：新年、春节、清明节、劳动节、端午节、中秋节和国庆节）和经自治区以上人民政府批准设立的少数民族节日。节日慰问品原则上为符合中国传统节日习惯的用品和职工群众必需的生活用品等，基层工会可结合实际采取便捷灵活的发放方式。

工会会员生日慰问可以发放生日蛋糕等实物慰问品，也可以发放指定蛋糕店的蛋糕券。

工会会员结婚生育时，可以给予一定金额的慰问品。工会会员生病住院、工会会员或其直系亲属去世时，可以给予一定金额的慰问金。

工会会员退休离岗，可以发放一定金额的纪念品。

（五）其他活动支出。用于工会组织开展的劳动模范和先进职工疗休养补贴等其他活动支出。

第九条 维权支出是指基层工会用于维护职工权益的支出。包括：劳动关系协调费、劳动保护费、法律援助费、困难职工帮扶费、送温暖费和其他维权支出。

（一）劳动关系协调费。用于推进创建劳动关系和谐企业活动、加强劳动争议调解和队伍建设、开展劳动合同咨询活动、集体合同示范文本印制与推广等方面的支出。

（二）劳动保护费。用于基层工会开展群众性安全生产和职业病防治活动、加强群监员队伍建设、开展职工心理健康维护等促进安全健康生产、保护职工生命安全为宗旨开展职工劳动保护发生的支出等。

（三）法律援助费。用于基层工会向职工群众开展法治宣传、提供法律咨询、法律服务等发生的支出。

（四）困难职工帮扶费。用于基层工会对困难职工提供资金和物质帮助等发生的支出。

工会会员本人及家庭因大病、意外事故、子女就学等原因致困时，基层工会可给予一定金额的慰问。

（五）送温暖费。用于基层工会开展春送岗位、夏送清凉、金秋助学和冬送温暖等活动发生的支出。

（六）其他维权支出。用于基层工会补助职工和会员参加互助互济保障活动等其他方面的维权支出。

第十条 业务支出是指基层工会培训工会干部、加强自身建设以及开展业务工作发生的各项支出。包括：

（一）培训费。用于基层工会开展工会干部和积极分子培训发生的支出。开支范围和标准以有关部门制定的培训费管理办法为准。

（二）会议费。用于基层工会会员大会或会员代表大会、委员会、常委会、经费审查委员会以及其他专业工作会议的各项支出。开支范围和标准以有关部门制定的会议费管理办法为准。

（三）专项业务费。用于基层工会开展基层工会组织建设、建家活动、劳模和工匠人才创新工作室、职工创新工作室等创建活动发生的支出，用于基层工会开办的图书馆、阅览室和职工书屋等职工文体活动阵地所发生的支出，用于基层工会开展专题调研所发生的支出，用于基层工会开展女职工工作性支出，用于基层工会开展外事活动方面的支出，用于基层工会组织开展合理化建议、技术革新、发明创造、岗位练兵、技术比武、技术培训等劳动和技能竞赛活动支出及其奖励支出。

（四）其他业务支出。用于基层工会发放兼职工会干部和专职社会化工会工作者补贴，用于经上级批准评选表彰的优秀工会干部和积极分子的奖励支出，用于基层工会必要的办公费、差旅费，用于基层工会支付代理记账、中介机构审计等购买服务方面的支出。

基层工会兼职工会干部和专职社会化工会工作者发放补贴的管理办法由省级工会制定。

第十一条 资本性支出是指基层工会从事工会建设工程、设备工具购置、大型修缮和信息网络购建而发生的支出。

第十二条 事业支出是指基层工会对独立核算的附属事业单位的补助和非独立核算的附属事业单位的各项支出。

第十三条 其他支出是指基层工会除上述支出以外的其他各项支出。包括：资产盘亏、固定资产处置净损失、捐赠、赞助等。

第十四条 根据《中华人民共和国工会法》的有关规定，基层工会专职工作人员的工资、奖励、补贴由所在单位承担，基层工会办公和开展活动必要的设施和活动场所等物质条件由所在单位提供。所在单位保障不足且基层工会经费预算足以保证的前提下，可以用工会经费适当弥补。

第四章 财务管理

第十五条 基层工会主席对基层工会会计工作和会计资料的真实性、完整性负责。

第十六条 基层工会应根据国家和全国总工会的有关政策规定以及上级工会的要求，制定年度工会工作计划，依法、真实、完整、合理地编制工会经费年度预算，依法履行必要程序后报上级工会批准。严禁无预算、超预算使用工会经费。年度预算原则上一年调整一次，调整预算的编制审批程序与预算编制审批程序一致。

第十七条 基层工会应根据批准的年度预算，积极组织各项收入，合理安排各项支出，并严格按照《工会会计制度》的要求，科学设立和登记会计账簿，准确办理经费收支核算，定期向工会委员会和经费审查委员会报告预算执行情况。基层工会经费年度财务决算需报上级工会审批。

第十八条 基层工会应加强财务管理制度建设,健全完善财务报销、资产管理、资金使用等内部管理制度。基层工会应依法组织工会经费收入,严格控制工会经费支出,各项收支实行工会委员会集体领导下的主席负责制,重大收支须集体研究决定。

第十九条 基层工会应根据自身实际科学设置会计机构、合理配备会计人员,真实、完整、准确、及时反映工会经费收支情况和财务管理状况。具备条件的基层工会,应当设置会计机构或在有关机构中设置专职会计人员;不具备条件的,由设立工会财务结算中心的乡镇(街道)、开发区(工业园区)工会实行集中核算,分户管理,或者委托本单位财务部门或经批准设立从事会计代理记账业务的中介机构或聘请兼职会计人员代理记账。

第五章 监督检查

第二十条 全国总工会负责对全国工会系统工会经费的收入、支出和使用管理情况进行监督检查。按照"统一领导、分级管理"的管理体制,省以下各级工会应加强对本级和下一级工会经费收支与使用管理情况的监督检查,下一级工会应定期向本级工会委员会和上一级工会报告财务监督检查情况。

第二十一条 基层工会应加强对本单位工会经费使用情况的内部会计监督和工会预算执行情况的审查审计监督,依法接受并主动配合国家审计监督。内部会计监督主要对原始凭证的真实性合法性、会计账簿与财务报告的准确性及时性、财产物资的安全性完整性进行监督,以维护财经纪律的严肃性。审查审计监督主要对单位财务收支情况和预算执行情况进行审查监督。

第二十二条 基层工会应严格执行以下规定:
(一)不准使用工会经费请客送礼。
(二)不准违反工会经费使用规定,滥发奖金、津贴、补贴。
(三)不准使用工会经费从事高消费性娱乐和健身活动。
(四)不准单位行政利用工会账户,违规设立"小金库"。
(五)不准将工会账户并入单位行政账户,使工会经费开支失去控制。

（六）不准截留、挪用工会经费。

（七）不准用工会经费参与非法集资活动，或为非法集资活动提供经济担保。

（八）不准用工会经费报销与工会活动无关的费用。

第二十三条　各级工会对监督检查中发现违反基层工会经费收支管理办法的问题，要及时纠正。违规问题情节较轻的，要限期整改；涉及违纪的，由纪检监察部门依照有关规定，追究直接责任人和相关领导责任；构成犯罪的，依法移交司法机关处理。

第六章　附　　则

第二十四条　各省级工会应根据本办法的规定，结合本地区、本产业和本系统工作实际，制定具体实施细则，细化支出范围，明确开支标准，确定审批权限，规范活动开展。各省级工会制定的实施细则须报全国总工会备案。基层工会制定的相关办法须报上级工会备案。

第二十五条　本办法自印发之日起执行。《中华全国总工会办公厅关于加强基层工会经费收支管理的通知》（总工办发〔2014〕23号）和《全总财务部关于〈关于加强基层工会经费收支管理的通知〉的补充通知》（工财发〔2014〕69号）同时废止。

第二十六条　基层工会预算编制审批管理办法由全国总工会另行制定。

第二十七条　本办法由全国总工会负责解释。

基层工会预算管理办法

（2020年12月29日　总工办发〔2020〕29号）

第一章　总　　则

第一条　为规范基层工会收支行为，加强基层工会预算管理和监督，保障基层工会健康发展和职能有效发挥，不断提高基层工会经费使用效益，根据《工会预算管理办法》的有关规定，制定本办法。

第二条　基层工会是指企业、事业单位、机关和其他社会组织单独或联合建立的基层工会委员会。

第三条　基层工会预算是指经一定程序核定的年度收支计划。

第四条　基层工会应当根据统筹兼顾、勤俭节约、量力而行、讲求绩效和收支平衡的原则，统筹组织各项收入，合理安排各项支出，科学编制年度收支预算。

第五条　基层工会的预算年度自公历1月1日起至12月31日止。

第六条　基层工会的预算收入和预算支出以人民币元为计算单位。

第二章　预算收支范围

第七条　基层工会预算由预算收入和预算支出组成。基层工会的全部收入和支出都应当纳入预算。

第八条　预算收入包括：会费收入、拨缴经费收入、上级补助收入、行政补助收入、附属单位上缴收入、投资收益、其他收入。

（一）会费收入是指工会会员依照中华全国总工会规定按本人工资收入的5‰向所在基层工会缴纳的会费。

（二）拨缴经费收入是指建立工会组织的单位按全部职工工资总额2%依法向工会拨缴的经费中的留成部分。

基层工会的经费分成比例不低于单位全部职工工资总额2%中的60%。按照省级工会确定省以下各级工会经费分成比例的原则，具体比例由省级工会确定后报全国总工会备案。

（三）上级补助收入是指基层工会收到的上级工会拨付的各类补助款项。

（四）行政补助收入是指基层工会所在单位依法对工会组织给予的各项经费补助。

（五）附属单位上缴收入是指基层工会所属独立核算的企事业单位上缴的收入和所属非独立核算事业单位的各项事业收入。

（六）投资收益是指基层工会对外投资发生的损益。

（七）其他收入是指基层工会取得的资产盘盈、固定资产处置净收入、接受捐赠收入和利息收入等。

第九条　预算支出包括：职工活动支出、职工服务支出、维权支出、业务支出、资本性支出、对附属单位的支出、其他支出。

（一）职工活动支出是指基层工会开展职工教育活动、文体活动、宣传活动、劳模疗休养活动，会员活动等活动发生的支出。包括：

1. 职工教育支出。用于基层工会开展的政治、法律、科技、业务等专题培训和职工技能培训所需的教材资料、教学用品、场地租金等方面的支出，用于支付职工教育活动聘请授课人员的酬金，用于基层工会开展的职工素质提升补助和职工教育培训优秀学员的奖励。

2. 文体活动支出。用于基层工会开展或参加上级工会组织的职工业余文体活动所需器材、服装、用品等购置、租赁与维修方面的支出以及活动场地、交通工具的租金支出等，用于文体活动优胜者的奖励支出，用于文体活动中必要的伙食补助费。

3. 宣传活动支出。用于基层工会开展重点工作、重大主题和重大节日宣传活动所需的材料消耗、场地租金、购买服务等方面的支出，用于培育和践行社会主义核心价值观、弘扬劳模精神、劳动精神、工匠精神等经常性宣传活动方面的支出，用于基层工会开展或参加上级工会举办的知识竞赛、宣讲、演讲比赛、展览等宣传活动支出。

4. 劳模职工疗休养支出。用于基层工会组织和开展的劳动模范和先进职工疗休养活动的公杂费等补助。

5. 会员活动支出。用于基层工会组织会员观看电影、文艺演出、开展春游秋游，为会员购买当地公园年票等的支出。用于基层工会在重大节日（传统节日）和会员生日、婚丧嫁娶、退休离岗的慰问支出。

基层工会在重大节日（传统节日）可以向全体会员发放节日慰问品。重大节日（传统节日）是指国家规定的法定节日（新年、春节、清明节、劳动节、端午节、中秋节和国庆节）和经自治区以上人民政府批准设立的少数民族节日。节日慰问品原则上为符合中国传统节日习惯的用品和职工群众必需的生活用品等。

6. 其他活动支出。用于工会开展的其他活动的各项支出。

（二）职工服务支出是指基层工会开展职工劳动和技能竞赛活动、职工创新活动、建家活动、职工书屋、职工互助保障、心理咨询等工作发生的支出。

1. 劳动和技能竞赛活动支出。用于基层工会开展合理化建议、技术革新、发明创造、岗位练兵、技术比武、技术培训等劳动和技能竞赛活动支出及其奖励支出。

2. 建家活动支出。用于基层工会组织建设、建家活动方面的支出。

3. 职工创新活动支出。用于基层工会开展的劳模和工匠人才创新工作、职工创新工作活动发生的支出。

4. 职工书屋活动支出。用于基层工会为建设职工书屋而发生的图书购置以及维护的支出。

5. 其他服务支出。用于基层工会开展会员和职工普惠制服务、心理咨询、互助保障等其他方面的支出。

（三）维权支出是指基层工会用于维护职工权益的支出。包括：

1. 劳动关系协调支出。用于基层工会推进创建劳动关系和谐企业活动、加强劳动争议调解和队伍建设、开展劳动合同咨询活动、集体合同示范文本印制与推广等方面的支出。

2. 劳动保护支出。用于基层工会开展群众性安全生产和职业病防治活动、加强群众安全监督检查员队伍建设、开展职工心理健康维护等以促进安全健康生产、保护职工生命安全为宗旨开展的职工劳动保护发生的支出。

3. 法律援助支出。用于基层工会向职工群众提供法律咨询、法律服务等发生的支出。

4. 困难职工帮扶支出。用于基层工会对困难职工提供资金和物质帮助等发生的支出。

5. 送温暖支出。用于基层工会开展春送岗位、夏送清凉、金秋助学和送温暖等活动发生的支出。

6. 其他维权支出。用于基层工会补助职工等其他方面的维权支出。

（四）业务支出是指基层工会培训工会干部、加强自身建设以及开展业务工作发生的各项支出。包括：

1. 培训支出。用于基层工会开展工会干部和积极分子培训发生的支出。

2. 会议支出。用于基层工会代表大会、委员会、经审会以及其他专业工作会议的各项支出。

3. 专项业务支出。用于基层工会开展基层工会组织建设所发生的支出，用于基层工会开展专题调研所发生的支出，用于基层工会开展女职工工作性支出，用于基层工会开展外事活动方面的支出。

4. 其他业务支出。用于基层工会发放由省级工会制定标准的兼职工会干部和专职社会化工会工作者补贴，用于经上级批准评选表彰的优秀工会干部和积极分子的奖励支出，用于基层工会必要的办公费、差旅费，用于基层工会支付代理记账、中介机构审计等购买服务方面的支出。

（五）资本性支出是指基层工会从事工会建设工程、设备工具购置、大型修缮和信息网络购建而发生的支出。

（六）对附属单位的支出是指基层工会对独立核算的附属企事业单位的补助。

（七）其他支出是指基层工会除上述支出以外的其他各项支出。包括：资产盘亏、固定资产处置净损失、捐赠、赞助等。

第十条 根据《中华人民共和国工会法》的有关规定，基层工会专职工作人员的工资、奖励、补贴由所在单位承担。基层工会办公和开展活动必要的设施和活动场所等物质条件由所在单位提供，所在单位保障不足且基层工会能够承担的，可以工会经费适当补充。

第三章 预算编制与审批

第十一条 基层工会应根据上级工会的要求，结合本单位实际，制定年度工会工作计划。

第十二条 基层工会应按照上级工会规定的经费开支标准，科学测算完成工作计划的资金需求，统筹落实各项收入，准确编制工会经费年度预算。

第十三条 基层工会应根据本单位实有会员全年工资收入和全国总工会确定的缴交比例，计算会费收入，编列会费收入预算。

第十四条 基层工会应根据本单位全部职工工资总额的2%计算拨缴工会经费总额。其中：属于基层工会分成的拨缴经费列入本单位拨缴经费收入预算；属于应上缴上级工会的拨缴经费不纳入基层工会预算管理。

第十五条 基层工会应将对外投资收益、所属独立核算的企事业单位上缴的收入、非独立核算的企事业单位的各项收入和其他收入纳入预算管理。其中：对外投资收益和所属独立核算的企事业单位上缴的收入以双方协议约定金额为预算数。

第十六条 基层工会应根据上级工会确定的专项工作，参考上年经费补助标准，编列上级工会补助收入预算。

第十七条 基层工会在会费收入、拨缴经费收入、上级工会补助收入、附属单位上缴收入、投资收益和其他收入等当年预算收入不能满足完成全年工作任务资金需求的情况下，应优先动用以前年度结余资金进行弥补。结余资金不足的，可向单位申请行政补助，编列基层工会行政补助收入预算。

第十八条　基层工会不得编制赤字预算。

第十九条　基层工会年度收支预算经必要程序审查、批准后报上一级工会备案。

第二十条　上一级工会认为基层工会预算与法律法规、上级工会预算编制要求不符的，有权提出修订意见，基层工会应予调整。

第四章　预算执行与调整

第二十一条　经批准的预算是基层工会预算执行的依据。基层工会不得无预算、超预算列支各项支出。

第二十二条　基层工会应根据经批准的年度支出预算和年度工作任务安排，合理安排支出进度，严格预算资金使用。

基层工会各项支出实行工会委员会集体领导下的主席负责制，重大收支需集体研究决定。

第二十三条　基层工会预算一经批准，原则上不得随意调整。确因工作需要调整预算的，需详细说明调整原因、预算资金来源等，经必要程序审查、批准后报上级工会备案。

因上级工会增加不需要本工会配套资金的补助而引起的预算收支变化，不需要履行预算调整程序。

第二十四条　基层工会在预算执行过程中，对原实施方案进行调整优化，导致支出内容调整但不改变原预算总额的，不属于预算调整，不需要履行预算调整程序。

第二十五条　具备条件的基层工会应全面实施预算绩效管理。

第五章　决　　算

第二十六条　年度终了基层工会应按照真实、准确、完整、及时的原则，根据上级工会的要求，编制本单位年度收支决算。基层工会所属独立核算事业单位和独立核算企业年度收支决算（或会计报告）的编制，按照《工会决算报告制度》的有关规定执行。

第二十七条 基层工会决算经必要程序审查、批准后报上一级工会备案。

第二十八条 上一级工会认为基层工会决算与法律法规、上级工会决算编制要求不符的，有权提出修订意见，下级工会应予调整。基层工会应严格执行会计档案管理的有关规定，加强预算、决算的档案管理。

第六章 监督检查

第二十九条 省级工会负责本地区、本行业工会经费收支预（决）算的监督管理，督促省以下各级工会建立健全工作机制。

第三十条 基层工会经费收支预（决）算编制和预算执行情况应接受同级工会经费审查委员会审查审计监督，同时接受上级工会和上级工会经费审查委员会的审计监督，并依法接受国家审计监督。

第三十一条 基层工会预（决）算应向全体工会会员公开。

第七章 附 则

第三十二条 省级工会可根据本办法和基层工会经费收支管理的相关规定，并结合实际制定具体实施细则。

第三十三条 本办法由中华全国总工会财务部负责解释。

第三十四条 本办法自印发之日起施行。

工会送温暖资金使用管理办法（试行）

（2018年12月21日 总工发〔2018〕39号）

第一章 总 则

第一条 为加强工会联系广泛、服务职工功能，把党和政府的关心关怀与工会组织的温暖送到广大职工心坎上，进一步开展好工会送温暖活动，提高资金使用效益，实现送温暖常态化、经常化、日常化，依据财政部和全国总工会有关制度文件，制定本办法。

第二条 送温暖资金是各级工会认真履行维护职工合法权益、竭诚服务职工群众的基本职责，筹集社会各方面资源，对职工开展帮扶困难、走访慰问的资金。

第三条 送温暖资金坚持资金使用规范、精准、高效、安全原则，支出方向既体现物质帮扶、脱贫解困，又体现人文关怀、心灵引导。

第四条 加强送温暖资金与困难职工帮扶资金在对象、标准、管理等方面有效衔接，形成层次清晰、各有侧重的梯度帮扶格局。困难职工帮扶资金重点保障深度困难职工家庭生活、帮助建档困难职工家庭解困脱困；送温暖资金突出对职工走访慰问，体现工会组织对职工的关心关爱。

第二章　资金的来源、使用对象及标准

第五条 送温暖资金的主要来源是：

1. 各级财政拨款。是指各级财政拨付工会使用的用于送温暖活动的专项资金。

2. 上级工会经费补助。是指上级工会用工会经费安排给下级工会用于送温暖活动的专项资金。

3. 本级工会经费列支。是指各级工会在本级工会经费预算中安排的用于送温暖活动的专项资金。

4. 社会捐助资金。是指各级工会向社会募集的用于送温暖活动的资金。

5. 行政拨付。是指基层工会所在单位用行政经费、福利费等通过工会开展送温暖活动的资金。

6. 其他合法来源。

第六条 送温暖资金的使用对象：

1. 因非个人意愿下岗失业、家庭收入水平明显偏低、子女教育费用负担过重等原因造成家庭生活困难的职工。

2. 本人或家庭成员因患大病、遭受各类灾害或突发意外等情况造成生活困难的职工。

3. 关停并转等困难企业中，因停发、减发工资而导致生活相对困难的职工。

4. 工伤与职业病致残的职工和因公牺牲职工的家属；因重大疾病手术、住院的职工。

5. 长期在高（低）温、高空、有毒有害等环境中和苦脏累险艰苦行业岗位上工作的一线职工。

6. 重大灾害期间坚守抗灾一线的职工；春节期间坚守在生产一线和交通运输、电力、环卫以及直接面向群众服务的基层岗位干部职工；因组织需要长期异地工作或者服从组织需要赴外地、基层工作的派驻挂职干部职工；在重大项目和重大工程中做出突出贡献的职工；生产一线涌现出来的先进模范人物。

第七条 各级工会在对建档困难职工做好常态化帮扶、帮助其解困脱困的基础上，在职工发生困难时或重要时间节点对以上职工走访慰问。各级工会要根据实际情况确定走访慰问重点职工群体，并适当考虑关心关爱生活困难的离休、退休的会员。要结合当地居民生活水平和物价指数等因素，科学合理制定慰问标准。

第八条 走访慰问职工要坚持实名制发放，实名制表应包括慰问对象的工作单位、基本情况、联系方式、身份证号、慰问金额、经办人签字等有关信息。资金使用情况须录入工会帮扶工作管理系统送温暖管理模块备查。

第三章　资金的管理

第九条 送温暖资金按照本办法规定管理使用，其中财政专项帮扶资金使用于两节期间慰问困难职工的，应同时遵照帮扶资金管理相关规定执行。

第十条 工会权益保障部门会同财务部门提出资金的分配和使用方案，经同级工会领导集体研究通过后实施。

第十一条 送温暖资金纳入各级工会预算、决算统一管理。各级工会年度预算安排时以常态化送温暖为原则，切实保证经费投入。各级工会要拓宽资金筹集渠道，积极争取政府财政支持，探索与慈善组织合作方式，撬动更多的社会资源参与送温暖活动。

第十二条 送温暖资金按照《工会会计制度》设置会计科目、进行会计核算，严格执行资金审批和财务支付制度。

第十三条 送温暖资金实行绩效管理，省级工会应当运用好绩效评价结果，并将其作为改进送温暖工作和安排以后年度预算的重要依据。

第四章 监督检查

第十四条 各级工会权益保障、财务、经审部门要加大对资金使用管理情况的监督检查，及时发现和纠正存在的问题。经审部门要将送温暖资金纳入年度审计范围。接受政府有关部门审计、检查，接受职工群众和社会的监督。

第十五条 任何单位或个人不得使用送温暖资金购买明令禁止的物品，不得发放津补贴、奖金、福利，不得用于与规定用途无关的其他事项。不得截留、挪用、冒领，不得优亲厚友、人情帮扶。

第十六条 各级工会对监督检查中发现违反有关规定的问题，要及时处理。违规问题情节较轻的，要限期整改；涉及违纪的，由纪检监察部门依照有关规定，追究直接责任人和相关领导责任；构成犯罪的，依法移交司法机关处理。

第五章 附 则

第十七条 各省级工会应根据本办法的规定，结合本地区、本产业和本系统工作实际，制定具体实施细则，细化支出范围，明确开支标准，确定审批权限，规范活动开展。各省级工会制定的实施细则须报全国总工会备案。省以下各级工会制定的实施细则须报上一级工会备案。

第十八条 本办法自下发之日起执行，《中华全国总工会送温暖工程资金管理使用办法》（总工发〔2006〕54号）同时废止。

第十九条 本办法由全国总工会权益保障部、财务部负责解释。

中华全国总工会关于工会企事业单位资产监督管理的暂行规定

（2007年9月28日 总工发〔2007〕34号）

第一章 总 则

第一条 为加强工会企事业单位资产监督管理，实现工会资产保值增值,防止工会资产流失,依据《物权法》、《工会法》和《中国工会章程》,制定本规定。

第二条 本规定适用于各级地方工会、产业工会和基层工会所属登记注册的企业、事业单位以及职工互助、合作组织(以下简称工会企事业单位)中的工会资产的监督管理。

第三条 本规定所称工会资产,是指工会企事业单位依法占有和使用的资产,包括各级地方工会、产业工会、基层工会对工会企事业单位各种形式的投资、拨款所形成的资产和权益,政府拨付使用的不动产、专项补助资金以及社会各界对工会企事业单位捐赠形成的资产和权益。

第四条 工会资产是工会组织发展壮大的重要条件,是工会开展活动的物质基础。工会资产的使用应坚持为改革开放和发展社会生产力服务、为职工群众服务、为工运事业服务的原则。

第五条 工会资产是属于工会所有的社团财产,其不动产和动产受法律保护。中华全国总工会(以下简称全总)对各级地方工会、产业工会和基层工会(以下简称各级工会)的资产拥有终极所有权。

第六条 工会资产按照"工会统一所有,分级监督管理,单位占有使用"的原则,建立权利、义务和责任相统一的监督管理体制。

第七条 各级工会要严格执行国家有关法律、法规,对本级工会及其领导下的各级工会资产的安全完整和保值增值负责,采取有效措施,管好、用好、经营好工会资产,防止资产流失。

第二章 工会资产监督管理机构

第八条 全总设立全总工会资产监督管理委员会,负责研究指导全国工会企事业资产监督管理工作。

全总资产监督管理部是全总工会资产监督管理机构,承担全总工会资产监督管理委员会日常工作,负责对全国工会企事业资产进行监督管理,对全总本级企事业单位履行出资人职责,审批、审核各级工会和全总本级企事业单位重大的资产使用、经营和处置事项。

各级工会应加强工会资产监督管理机构的建设,设立或明确工会资产监督管理的责任部门,代表本级工会对所辖各级工会企事业资产进行监督管理,并在上级工会和本级工会授权范围内,对本级工会企事业单位履行出资人职责。

上级工会资产监督管理机构按照规定对下级工会资产监督管理机构的工作进行指导。

第九条 工会资产监督管理机构的主要职责是：

1. 贯彻执行国家有关政策法规，研究制定监管范围内的工会资产监督管理的有关规定及其实施办法并组织实施。

2. 组织清产核资、产权登记、资产评估、资产统计、资产处置等工会资产的基础管理和产权管理工作。

3. 按权限审批、审核工会资产产权及土地使用权转让置换，资产重组、招商引资、合资合作、资产抵押、承包经营、托管租赁、关闭清算等资产使用、经营和处置事项。

4. 审批、审核本级工会企事业单位的发展规划、经营方针、年度预算与决算方案、重大投资改造、资产处置等事项。

5. 对本级工会企事业单位资产的运营进行监督。建立和完善本级工会企事业单位工会资产保值增值指标体系，实施资产经营管理目标责任制，对资产收益进行考核，会同有关部门编制再投入预算建议计划。

6. 对本级工会企事业单位负责人的经营业绩进行考核与评价，提出相应的考核意见。对于文化宫、职工学校、工人报刊等文化事业单位的考核，应吸收业务指导部门参与，进行综合评价。

7. 指导和推进工会企事业单位优化产业结构，深化改革、加强管理和建立现代经营管理制度。协调工会企事业发展中的有关政策，总结推广经验，组织人员培训。

第十条 工会资产监督管理机构支持工会企事业单位依法自主经营。工会企事业单位接受工会资产监督管理机构的监督管理，努力提高社会效益和经济效益，对其经营和管理的工会资产承担保值增值的责任，不得损害所有者权益。

第十一条 工会资产监督管理机构可以对本级工会企事业单位中资产规模较大、法人治理结构完善、内部管理制度健全、经营状况良好的独资企业或实行企业化管理的事业单位实行授权经营。被授权的工会企业单位对其投资的全资、控股、参股企业中的工会资产应当承担经营管理和产权监督管理的责任。

第三章　工会资产的管理

第十二条　全总根据全国工会资产监督管理工作的需要，制订全国工会企事业单位资产监督管理的规章制度。各级工会应当认真执行全总的有关规章制度，并结合实际情况，制定各自相应的规章制度和实施办法。省级工会有关规定须报全总资产监督管理部备案。

第十三条　各级工会资产监督管理机构要在同级工会组织领导下，按照全总有关资产监督管理的规定，做好本地区和本级工会企事业单位资产的清产核资、产权界定、资产评估、资产统计、综合评价等基础管理工作，定期分析并向本级工会报告企事业单位工会资产状况。

第十四条　各级工会资产监督管理机构要按照本级工会和上级工会资产监督管理机构的要求，组织协调、监督检查工会企事业单位进行不动产产权登记，依法取得房屋所有权证和土地使用权证，并按照物权法的规定，进行不动产物权登记。

全总对各级工会依法占有和使用的房屋和土地资产进行工会资产产权登记，核发《中华全国总工会工会资产产权登记证》。

第十五条　工会资产监督管理机构应当建立健全对本级企事业单位及其负责人的资产经营管理业绩考核制度和激励约束机制，与企事业单位负责人签订年度和任期资产经营目标责任书，依据责任书对经营目标完成情况进行考核并提出考核意见。

第十六条　工会企事业单位在进行改制、重组、分立、合并、破产、解散，以非货币资产对外投资、招商引资，或进行资产转让、拍卖和置换时，必须委托具有相应资质的评估机构，对工会资产、相关资产以及合作方的资信情况进行评估，并由同级工会或上级工会资产监督管理机构对评估报告进行审核确认。

工会企事业单位在收购非工会资产、接受工会系统以外单位以实物形式偿还债务、与工会系统以外单位或自然人共同组建公司制企业时，应当对相关非工会资产（包括有形资产和无形资产）进行评估。

第十七条　工会资产监督管理机构应当规范和完善工会资产产权交易监督管理工作。逐步创造条件，使工会资产产权交易依法采取公开招标的方式，通过批准设立的产权交易机构公开进行。

第十八条　工会资产监督管理机构要根据工会资产监督管理工作的需要，组织好工会资产监督管理干部的培训工作，提高资产监督管理干部队伍素质和工作水平。

第四章　工会资产的监督

第十九条　上级工会资产监督管理机构应当对下级工会资产管理机构贯彻落实工会资产监督管理规章制度的情况进行检查，及时督查纠正工会资产监督管理和运营中的违规违纪行为。

第二十条　工会资产监督管理机构应对本级工会企事业单位的财务和资产情况进行检查和监督，可以根据需要，向本级工会独资企业和实行企业化管理的事业单位派出总会计师或财务总监。工会企事业单位应当按照规定，定期向本级工会资产监督管理机构报告财务和资产状况。

第二十一条　工会资产监督管理机构应定期向本级工会经费审查委员会报告资产监督管理工作和所监督管理的工会资产状况。

第二十二条　工会企事业单位应当接受同级工会经费审查委员会办公室的审计，并依照有关规定，建立健全企事业单位内部财务、审计和职工民主监督等制度。

第五章　企事业单位重大事项管理

第二十三条　全总对地方总工会、全国产业工会重大的资产使用、经营和处置事项实行审批制。地方总工会、全国产业工会须报全总审批的主要有两项：1. 所属企事业单位将占有和使用的土地与工会系统以外单位进行使用权转让（包括无偿划转）、开发利用及置换的全部事项；2. 所属企事业单位与工会系统以外单位进行资产重组、招商引资、合资合作、承包经营、租赁经营、委托经营等，涉及资产金额在 1000 万元以上或合作期限 10 年以上（含 10 年）的事项（涉及房屋及土地使用权的金额为评估金额）。

凡报送全总审批的事项，由省级工会、全国产业工会审核同意后上报全总资产监督管理部。全总资产监督管理部按照全总书记处授予的权限进行审批，或审核后上报全总书记处批准。

第二十四条　在第二十三条规定的全总审批权限之外的各级工会企事

业单位资产的使用、经营以及处置的权限及其规定,由各省级工会、全国产业工会依照本规定制定,并报全总资产监督管理部备案。

各级地方产业工会、基层工会属于第二十三条的事项,由省级工会审批。

第二十五条 各级工会及其资产监督管理机构要对本级企事业单位的下列重大事项实行审批管理。

(一)工会独资企业章程;

(二)企事业单位重大投融资计划,资产重组、股份制改造方案;

(三)企事业单位经营预算与决算方案、工资分配方案;

(四)企事业单位工会资产产权、土地使用权转让(包括无偿划转)、土地资源开发利用及置换事项;招商引资、合资合作、资产抵押、承包经营、托管租赁等事项;

(五)企事业单位的分立、合并、破产、解散;

(六)本级工会规定的其他重大事项。

上述事项中,凡属于第二十三条规定范围内资产使用、经营和处置的重大事项,逐级经地方总工会审核同意后,上报全总审批;其他事项涉及的本级工会与其资产监督管理机构的审批、审核权限的划分,由本级工会依据上级工会的有关规定确定。

第六章 行政责任

第二十六条 各级工会资产监督管理机构不认真履行工会资产监督管理职责,不维护工会资产安全和工会利益,造成工会资产损失或者其他严重后果的,对直接负责的主管人员和其他直接责任人员给予纪律处分,追究其行政责任。

第二十七条 工会企事业单位未按规定向同级工会资产监督管理机构报告财务状况、经营状况和资产保值增值状况的,予以批评并责令改正。

第二十八条 工会企事业单位负责人决策失误、违规经营、滥用职权、玩忽职守,造成工会资产重大损失的,应给予纪律处分,追究其行政责任。

第二十九条 下级工会未按规定向上级工会报批资产使用、经营和处置事项,工会企事业单位未按规定向本级工会资产监督管理机构报批重大事项，要予以通报批评。由此造成工会资产损失或者其他严重后果的，应对有关责任人员给予纪律处分，追究其行政责任。

第七章 附 则

第三十条 本规定由全总资产监督管理部负责解释。

第三十一条 本规定自公布之日起施行。

第三十二条 全总及其有关部门在本规定施行前制定的工会企事业单位资产监督管理的规章制度，与本规定不一致的，依照本规定执行。

工会新旧会计制度有关衔接问题的处理规定

（2021年6月30日 财会〔2021〕16号）

我部对《工会会计制度》（财会〔2009〕7号）（以下称原制度）进行了全面修订，于2021年4月14日印发了新《工会会计制度》（财会〔2021〕7号）（以下称新制度），自2022年1月1日起施行。为了确保新旧会计制度顺利过渡，现对各级工会执行新制度有关衔接问题规定如下：

一、新旧制度衔接总要求

（一）自2022年1月1日起，工会应当严格按照新制度进行会计核算、编报财务报表。

（二）工会应当按照本规定做好新旧会计制度衔接相关工作，主要包括以下几个方面：

1. 根据原账编制2021年12月31日的科目余额表。

2. 按照新制度设立2022年1月1日的新账。

3. 按照本规定要求，登记新账的科目余额，包括将原账科目余额转入新账会计科目（新旧制度会计科目对照表见附表）、将未入账事项登记新账科目、对相关新账科目余额进行调整、将基建账套相关数据并入新账等。原账科目是指按照原制度规定设置的会计科目。

4. 按照登记及调整后新账的各会计科目余额，编制2022年1月1日的科目余额表，作为新账各会计科目的期初余额。

5. 根据新账各会计科目期初余额，按照新制度编制 2022 年 1 月 1 日资产负债表。

（三）工会应当对资产进行清查盘点，进一步清理核实和归类统计固定资产、无形资产、库存物品等资产数据。按照相关规定依法确认为国有资产的，转账时应当将原账国有资产对应的科目余额转入新账相关资产科目的"国有资产"明细科目；依法确认为工会资产的，将原账工会资产对应的科目余额转入新账相关资产科目的"工会资产"明细科目。

（四）及时调整会计信息系统。工会应当按照新制度要求对原有会计信息系统进行及时更新和调试，实现数据准确转换，确保新旧账套的有序衔接。

二、将原账会计科目余额转入新账

（一）资产类。

1. "库存现金"、"银行存款"科目。

新制度设置了"库存现金"、"银行存款"科目。转账时，工会应当将原账的"库存现金"、"银行存款"科目余额转入新账的"库存现金"、"银行存款"科目。其中，存在代管经费的，还应当将原账"库存现金"、"银行存款"科目余额中属于代管经费的金额，转入新账"库存现金"、"银行存款"科目下的"代管经费"明细科目。

2. "财政应返还额度"、"投资"科目。

新制度设置了"财政应返还额度"、"投资"科目，其核算内容与原账的上述相应科目的核算内容基本相同。转账时，工会应当将原账的上述科目余额直接转入新账的相应科目。

3. "库存物品"科目。

新制度设置了"库存物品"科目，并规定库存物品取得时应当同时确认资产基金。转账时，工会应当将原账的"库存物品"科目余额直接转入新账的"库存物品"科目，同时，按照原账"库存物品"科目余额，将"结余"科目对应余额转入新账的"资产基金——库存物品"科目。

4. "应收上级经费"科目。

新制度设置了"应收上级经费"科目，该科目的核算内容包括工会应收未收的上级工会拨付或转拨的工会经费和专项补助。转账时，工会应当按照相关规定将原账的"应收上级经费"科目余额中的工会建会筹备金转入新账的"其他应收款"科目,将原账的"应收上级经费"科目余额减去建会筹备金后的差额转入新账的"应收上级经费"科目。

5. "应收下级经费"科目。

新制度设置了"应收下级经费"科目,该科目的核算内容包括工会应收未收的下级工会上缴的工会经费。转账时,工会应当按照相关规定将原账的"应收下级经费"科目余额中的工会建会筹备金转入新账的"其他应收款"科目,将原账的"应收下级经费"科目余额减去建会筹备金后的差额转入新账的"应收下级经费"科目。

6. "借出款"科目。

新制度未设置"借出款"科目,但设置了"其他应收款"科目。转账时,工会应当将原账的"借出款"科目余额,转入新账的"其他应收款"科目。

7. "其他应收款"科目。

新制度设置了"其他应收款"科目,该科目的核算内容包括原账"其他应收款"科目的核算内容。转账时,工会应当将原账的"其他应收款"科目余额,转入新账的"其他应收款"科目。

8. "在建工程"科目。

新制度设置了"在建工程"科目。转账时,对于在原账"在建工程"科目核算的建设项目,工会应当将原账的"在建工程"科目余额转入新账的"在建工程"各明细科目。对于未在原账"在建工程"科目核算的建设项目,按照新制度规定,不再通过基建账单独核算,工会应当将基建账相关数据并入新账,具体处理参见本规定第五部分。

9. "固定资产"科目。

新制度设置了"固定资产"科目。由于新制度中固定资产价值标准与原制度相比有所提高,原账中作为固定资产核算的实物资产,将有一部分要按照新制度转为库存物品。同时,新制度设置了"无形资产"科目,原在"固定资产"科目核算的无形资产,需转入新账的"无形资产"科目。

转账时,工会应当根据重新确定的固定资产目录,对原账中"固定资产"科目的余额进行分析:

(1)对于达不到新制度中固定资产确认标准的实物资产,应当将相应余额转入新账的"库存物品"科目，将相应的"固定基金"科目余额转入新账的"资产基金——库存物品"科目。

（2）对于原在"固定资产"科目核算的无形资产，应当将相应余额转入新账的"无形资产"科目，将相应的"固定基金"科目余额转入新账的"资产基金——无形资产"科目。

（3）对于符合新制度中固定资产确认标准的，应当将相应余额转入新账的"固定资产"科目，将相应的"固定基金"科目余额转入新账的"资产基金——固定资产"科目。

10. "零余额账户用款额度"科目。

新制度设置了"零余额账户用款额度"科目。由于原账的"零余额账户用款额度"科目年末无余额，该科目无需进行转账处理。

（二）负债类。

1. "应付工资（离退休费）"、"应付地方（部门）津贴补贴"、"应付其他个人收入"科目。

新制度设置了"应付职工薪酬"科目，该科目的核算内容包含了原账"应付工资（离退休费）"、"应付地方（部门）津贴补贴"、"应付其他个人收入"科目的核算内容。转账时，工会应当将原账的"应付工资（离退休费）"、"应付地方（部门）津贴补贴"、"应付其他个人收入"科目余额转入新账的"应付职工薪酬"科目。

2. "应付上级经费"科目。

新制度设置了"应付上级经费"科目，该科目的核算内容包括工会应上缴上级工会的工会拨缴经费。转账时，工会应当按照相关规定将原账的"应付上级经费"科目余额中的工会建会筹备金转入新账的"其他应付款"科目，将原账的"应付上级经费"科目余额减去建会筹备金后的差额转入新账的"应付上级经费"科目。

3. "应付下级经费"科目。

新制度设置了"应付下级经费"科目，该科目的核算内容包括工会应付下级工会的各项补助及应转拨下级工会的工会拨缴经费。转账时，工会应当按照相关规定将原账的"应付下级经费"科目余额中的工会建会筹备金转入新账的"其他应付款"科目，将原账的"应付下级经费"科目余额减去建会筹备金后的差额转入新账的"应付下级经费"科目。

4."借入款"科目。

新制度未设置"借入款"科目,但设置了"其他应付款"科目。转账时,工会应当将原账的"借入款"科目余额,转入新账的"其他应付款"科目。

5."其他应付款"科目。

新制度设置了"其他应付款"科目,该科目的核算内容包括原账"其他应付款"科目的核算内容。转账时,工会应当将原账的"其他应付款"科目余额,转入新账的"其他应付款"科目。

6."代管经费"科目。

新制度设置了"代管经费"科目。转账时,工会应当将原账的"代管经费"科目余额,转入新账的"代管经费"科目。

(三)净资产类。

1."固定基金"、"在建工程占用资金"、"投资基金"科目。

新制度设置了"资产基金"科目,该科目的核算内容包含了原账"固定基金"、"在建工程占用资金"、"投资基金"科目的核算内容。转账时,工会应当将"固定基金"、"在建工程占用资金"、"投资基金"科目余额对应转入新账的"资产基金"相关明细科目:

(1)工会应当对原账"固定基金"科目余额进行分析,将原账在"固定资产"科目核算的不再符合新制度固定资产确认标准的库存物品对应余额转入新账的"资产基金——库存物品"科目;将原账在"固定资产"科目核算的无形资产对应余额转入新账的"资产基金——无形资产"科目;将原账"固定基金"科目余额减去转入新账"资产基金——库存物品"和"资产基金——无形资产"科目金额后的余额转入新账的"资产基金——固定资产"科目。

(2)工会应当将原账的"投资基金"科目余额转入新账的"资产基金——投资"科目。

(3)工会应当将原账的"在建工程占用资金"科目余额转入新账的"资产基金——在建工程"科目。

2."专用基金"科目。

新制度设置了"专用基金"科目,该科目的核算内容不再包括增收留成基金和财务专用基金,新制度下不再设置"增收留成基金"、"财务专用基金"明细科目。转账时，工会应当将原账的"专用基金——权益保障金"科目余额转入新账的"专用基金"科目，将原账的"专用基金——增收留成基金、财务专用基金"科目余额转入新账的"工会资金结余"科目。

3."后备金"科目。

新制度未设置"后备金"科目。转账时，工会应当将原账的"后备金"科目余额转入新账的"工会资金结余"科目。

4."结余"科目。

新制度未设置"结余"科目，但设置了"工会资金结转"、"工会资金结余"、"财政拨款结转"、"财政拨款结余"科目。转账时，工会应当结合预算编制与执行情况进行分析，将原账的"结余"科目余额（扣除转入新账中"资产基金——库存物品"科目金额）转入新账相关会计科目：

（1）基层工会应当根据分析结果，将符合结转性质的资金余额转入新账的"工会资金结转"科目；将剩余的资金余额转入"工会资金结余"科目。

（2）县级以上工会应当根据分析结果，将符合财政拨款结转性质的资金余额转入"财政拨款结转"科目；将符合财政拨款结余性质的资金余额转入"财政拨款结余"科目；将符合工会资金结转性质的资金余额转入"工会资金结转"科目；将剩余的资金余额转入"工会资金结余"科目。

（四）收入类、支出类。

由于原账中收入类、支出类科目年末无余额，无需进行转账处理。自2022年1月1日起，应当按照新制度设置收入类、支出类科目并进行账务处理。

（五）其他要求。

工会存在其他本规定未列举的原账科目余额的，应当比照本规定转入新账的相应科目。新账的科目设有明细科目的，应将原账中对应科目的余额加以分析，分别转入新账中相应科目的相关明细科目。

工会在进行新旧衔接的转账时，应当编制转账工作底稿，并将转入新账的对应原科目余额及分拆原科目余额的依据作为原始凭证。

三、将原未入账事项登记新账

（一）资产类。

1. 无形资产。

工会在新旧制度转换时，应当将 2021 年 12 月 31 日前未入账的无形资产按照新制度规定记入新账。登记新账时，按照确定的无形资产成本，借记"无形资产"科目，贷记"资产基金——无形资产"科目。

2. 其他资产。

工会在新旧制度转换时，应当将 2021 年 12 月 31 日前未入账的其他资产按照新制度规定记入新账。登记新账时，按照确定的资产及其成本，分别借记相关资产科目，贷记相关净资产科目。

（二）负债类。

工会在新旧制度转换时，应当将 2021 年 12 月 31 日前未入账的负债按照新制度规定记入新账。登记新账时，按照确定的负债金额，借记"工会资金结余"科目，贷记相关负债科目。

（三）其他事项。

工会存在 2021 年 12 月 31 日前未入账的其他事项的，应当比照本规定登记新账的相应科目。

工会对新账的会计科目补记未入账事项时，应当编制记账凭证，并将补充登记事项的确认依据作为原始凭证。

四、对新账的相关会计科目余额进行调整

（一）转销已领用出库的库存物品对应余额。

工会应当对在原账"固定资产"科目核算的不符合新制度固定资产确认标准的库存物品进行分析，对于已领用出库的库存物品，应当将其成本一次性转销，按照确定的成本，借记"资产基金——库存物品"科目，贷记"库存物品"科目，同时做好相关实物资产的登记管理工作。

（二）补提折旧。

新制度设置了"累计折旧"科目，核算工会对固定资产计提的累计折旧。工会应当全面核查截至 2021 年 12 月 31 日符合新制度固定资产确认标准的固定资产的预计使用年限、已使用年限、尚可使用年限等，并于 2022 年 1 月 1 日对前期未计提折旧的固定资产补提折旧，按照应计提的折旧金额，借记"资产基金——固定资产"科目，贷记"累计折旧"科目。

（三）补提摊销。

新制度设置了"累计摊销"科目，核算工会对无形资产计提的累计摊销。工会应当全面核查截至 2021 年 12 月 31 日无形资产的预计使用年限、已使用年限、尚可使用年限等，并于 2022 年 1 月 1 日对前期未计提摊销的无形资产补提摊销，按照应计提的摊销金额，借记"资产基金——无形资产"科目，贷记"累计摊销"科目。

（四）转销不符合新制度规定的代管经费对应余额。

新制度"代管经费"科目的核算内容与原制度相比有所调整，对于不符合新制度规定的代管经费，工会应当对相应余额予以转销，按照确定的金额，借记"代管经费"科目，贷记"库存现金"、"银行存款"科目。

工会对新账的期初余额进行调整时，应当编制记账凭证，并将调整事项的确认依据作为原始凭证。

五、将基建账套相关数据并入新账

新制度执行后，工会的基本建设工程项目均通过新账的"在建工程"科目核算，不再执行《国有建设单位会计制度》（财会字〔1995〕45号）。新旧制度转换时，工会应当将基建账相关数据并入新账。工会将 2021 年 12 月 31 日原基建账中相关科目余额并入新账时：

按照基建账中"建筑安装工程投资"、"设备投资"、"待摊投资"、"预付工程款"等科目余额，借记新账中"在建工程"科目相关明细科目；按照基建账中"交付使用资产"等科目余额，借记新账中"固定资产"等科目；按照基建账中"现金"、"银行存款"、"零余额账户用款额度"、"财政应返还额度"、"其他应收款"等科目余额，分别借记新账中"库存现金"、"银行存款"、"零余额账户用款额度"、"财政应返还额度"、"其他应收款"等科目；按照基建账中"基建投资借款"、"应付工程款"、"其他应付款"等科目余额，贷记新账中"其他应付款"科目；对基建账中"基建拨款"科目余额进行分析：按照归属于财政拨款结转结余的部分，贷记新账中"财政拨款结转"、"财政拨款结余"科目，按照归属于工会资金结转的部分，贷记新账中"工会资金结转"科目；按照基建账中"建筑安装工程投资"、"设备投资"、"待摊投资"、"预付工程款"、"交付使用资产"等科目余额，贷记新账中"资产基金"科目相关明细科目；按照基建账中其他科目余额，分析调整新账中相应科目；按照上述借贷方差额，贷记或借记新账中"工会资金结余"科目。

基建并账后，工会可以通过在新账有关会计科目下设置与基本建设项目相关的明细科目或增加标记，或设置基建项目辅助账等方式，满足基本建设项目竣工决算报表编制的需要。

工会将基建账并入新账时，应当编制记账凭证，将基建账各科目余额转入新账相关科目的依据作为原始凭证。

六、财务报表新旧衔接

（一）编制2022年1月1日资产负债表和国有资产情况表。

工会应当根据2022年1月1日新账的会计科目余额，按照新制度编制2022年1月1日资产负债表和国有资产情况表（仅要求填列各项目"年初余额"）。

（二）2022年度财务报表的编制。

工会应当按照新制度编制2022年财务报表。在编制2022年度收入支出表、成本费用表时，不要求填列上年比较数。

工会应当根据2022年1月1日新账会计科目余额，填列2022年收入支出表的"年初资金结转结余"项目和财政拨款收入支出表的"年初财政拨款结转结余"项目。

附表： 新旧制度会计科目对照表（略）

全国总工会、国家工商行政管理局关于在企业登记中以工会资产投资设立企业出具资信证明有关问题的通知

（1996年12月25日　总工发〔1996〕23号）

各省、自治区、直辖市总工会、工商行政管理局，全国铁路、民航、金融工会，中直机关、中央国家机关工会联合会：

中华全国总工会、国家国有资产管理局联合发布的《关于工会资产界定与管理有关问题的通知》〔工总财字（1993）66号，见附件〕中明确"由工会经费（包括会员缴纳的会费、行政按国家规定拨缴的工会经费、政府及行政方面的补助、工会所属企事业收入、社会损赠、外国援助等其他收入）形成的资产，属于工会资产，不进行国有资产登记，由工会组织

进行财产清查登记和管理"。鉴于此，现就以工会资产投资设立企业出具资信证明的有关问题通知如下：

一、凡以工会资产投资设立的全民所有制企业，其设立或变更登记时需按规定提交资信证明的，由县以上工会资产管理部门或工会财务管理部门出具资信证明，可不再提交国有资产产权登记证明。

二、以工会资产出资设立的其它企业，其设立或变更登记时需按规定提交资信证明的，应按国家有关法规规定提交由法定验资机构出具的验资报告。

附件：关于工会资产界定与管理有关问题的通知

中华全国总工会、国家国有资产管理局关于工会资产界定与管理有关问题的通知

(1993年9月13日 工总财字〔1993〕66号)

各省、自治区、直辖市总工会，国有资产管理局（办、处）、全国铁路总工会、中国民航工会、中国金融工会、中央国家机关工会联合会、中直机关工会联合会：

据部分地方工会反映，在行政事业单位财产清查登记工作中，对县级以上工会及所属企事业单位资产的界定和管理仍然不够明确，执行起来有一定困难。经研究，现将有关问题通知如下：

一、各级总工会及其所属企、事业单位资产的界定，比照国家国有资产管理局、国务院清产核资领导小组办公室、财政部、中华全国总工会联合下发的国资法规发〔1993〕15号《关于清产核资中全民所有制企业中工会资产清查登记有关问题的通知》的规定办理。即，由工会经费（包括会员缴纳的会费、行政按国家规定拨缴的工会经费、政府及行政方面的补助、工会所属企事业收入、社会捐赠、外国援助等其他收入）形成的资产，属于工会资产，不进行国有资产登记，由工会组织进行财产清查登记和管理。工总财字〔1992〕27号文中与此规定相抵触的应停止执行。

二、各级总工会及其所属企、事业单位，要重视和加强对工会资产的管理。要设立专门机构或指定职能部门负责对工会资产和工会占有使用的国有资产的管理工作，并按照国务院清产核资领导小组的总体要求进行工

会资产的清产核资工作。

三、各级工会及其所属单位兴办工会企事业时，凡投入工会资金和财产的属于工会资产，按工总事字〔1992〕11号文（全总、国家工商局、国家税务局联合通知）和工总事字〔1992〕28号文（全总、国家工商局联合通知）及国家有关的规定，向所在地工商行政管理机关申请登记注册。

四、其他未尽事项，由各地总工会与同级国有资产管理局等有关部门协商解决，并上报上级工会备案。

中华全国总工会、财政部关于新《工会法》中有关工会经费问题的具体规定

（1992年8月29日　工总财字〔1992〕19号）

各省、自治区、直辖市和计划单列市财政厅（局）、总工会、国务院各有关部委、直属机关，总后勤部，全国铁路总工会、全国民航工会，中央国家机关工会联合会：

为贯彻落实好新《工会法》，现对其中与工会经费有关的几个问题，具体规定如下：

一、拨交工会经费问题

1. 凡建立工会组织的全民所有制和集体所有制企业、事业单位和机关，应于每月15日以前按照上月份全部职工工资总额的2%，向工会拨交当月份的工会经费。具体拨交手续，按照全国总工会和中国人民银行工总财字〔1989〕16号通知的规定办理。

2. 拨交工会经费的"全部职工工资总额"，按照国家统计局1990年1号令公布的《关于工资总额组成的规定》计算。工资总额组成范围内的各种津贴、补贴和奖金，均应计算在内。

3. 关于扣收滞纳金问题。经与中国人民银行会签同意，重申1980年12月31日报经国务院批准的全国总工会、中国人民银行、财政部《关于严格按照工会法规定拨缴工会经费的通知》的规定，对逾期未缴或少缴工会经费的单位，工会应及时进行催缴。经多次催缴无效的，通过银行进行扣缴，并按欠缴金额每日5‰扣收滞纳金。

二、工会脱产专职人员工资等列支问题。全民所有制和集体所有制企业、事业单位和机关支付工会委员会脱产专职人员的工资、奖励、补贴、劳动保险和其他福利待遇，与所在单位行政管理人员有关经费的列支渠道相同。

三、县以上工会离休、退休人员费用支付问题。实行社会统筹的地区由统筹基金中支付，没有实行统筹的地区，由同级财政负担。

1. 县以上各级工会的离休、退休人员包括：全国总工会和各级地方总工会在编的离休、退休人员；编制列在全国总工会和地方总工会的产业工会的离休、退休人员；县以上工会所办实行全额预算管理的工会干部学校（院），各类职工学校，财政拨款补贴的职工疗养院（所），工会经费补贴的文化宫（俱乐部）、体育场（馆）等文体事业单位的离休、退休人员。

2. 由同级财政支付的办法：以县以上总工会为单位，根据离休、退休人员实有人数，按照国家规定的有关费用标准，按年编制工会离退休费用专项预算，报送同级财政部门审批、拨款。年终向同级财政部门编报决算。此项财政拨款，实行专款专用，实报实销。

四、加强工会经费管理。各级工会在经费的使用上，必须遵守国家有关财政法规，严格执行全国总工会制定的财务管理制度，接受同级工会经费审查委员会的监督审查，提高经费使用效益，更好地为职工服务。

五、以上第一、二两条从文到之日起执行，第三条从1993年1月执行。本规定颁发前的有关规定与本规定相抵触的，以本规定为准。

审计机关对工会经费实行审计监督的通知

（1992年7月23日　审法发〔1992〕195号）

各省、自治区、直辖市审计局，各特派员办事处，驻国务院部门审计局、审计特派员办公室：

最近，云南、浙江、陕西等地审计机关先后反映，有些被审计单位对审计机关是否有权审计工会经费收支问题提出疑问，有的甚至不愿接受审计监督。现就这一问题答复如下：

根据《中华人民共和国审计条例》第二条和第十二条第四项的规定，

审计机关有权对有国家资产的单位和国家给予财政拨款或者补贴的单位的财政、财务收支的真实、合法、效益进行审计监督。《审计条例施行细则》第十一条解释这些单位"包括有关的机关、团体和部队等"。按照《工会法》的规定，工会的性质是工人阶级的群众组织，属于社会团体。工会经费的来源包括五个方面：（一）工会会员缴纳的会费；（二）建立工会组织的全民所有制和集体所有制企业事业单位、机关按每月全部职工工资总额的百分之二向工会拨交的经费；（三）工会所属的企业、事业单位上缴的收入；（四）人民政府的补助；（五）其他收入。因此，全民所有制企业和有国家资产的联营等企业工会的经费收支，均在审计机关的审计监督范围之内。

国家税务总局关于税务机关代收工会经费企业所得税税前扣除凭据问题的公告

(2011年5月11日 国家税务总局公告2011年第30号公布)

为进一步加强对工会经费企业所得税税前扣除的管理，现就税务机关代收工会经费税前扣除凭据问题公告如下：

自2010年1月1日起，在委托税务机关代收工会经费的地区，企业拨缴的工会经费，也可凭合法、有效的工会经费代收凭据依法在税前扣除。

特此公告。

国家税务总局关于工会经费企业所得税税前扣除凭据问题的公告

(2010年11月9日 国家税务总局公告2010年第24号公布)

根据《工会法》、《中国工会章程》和财政部颁布的《工会会计制度》，以及财政票据管理的有关规定，全国总工会决定从2010年7月1日起，启用财政部统一印制并套印财政部票据监制章的《工会经费收入专用收据》，同时废止《工会经费拨缴款专用收据》。为加强对工会经费企业所得税税前扣除的管理，现就工会经费税前扣除凭据问题公告如下：

一、自2010年7月1日起，企业拨缴的职工工会经费，不超过工资薪金总额2%的部分，凭工会组织开具的《工会经费收入专用收据》在企业所得税税前扣除。

二、《国家税务总局关于工会经费税前扣除问题的通知》（国税函〔2000〕678号）同时废止。

特此公告。

最高人民法院关于产业工会、基层工会是否具备社会团体法人资格和工会经费集中户可否冻结划拨问题的批复

（1997年5月16日 根据2020年12月23日最高人民法院审判委员会第1823次会议通过的《最高人民法院关于修改〈最高人民法院关于人民法院扣押铁路运输货物若干问题的规定〉等十八件执行类司法解释的决定》修正 2020年12月29日最高人民法院公告公布 自2021年1月1日起施行 法释〔2020〕21号）

各省、自治区、直辖市高级人民法院，解放军军事法院：

山东等省高级人民法院就审判工作中如何认定产业工会、基层工会的社会团体法人资格和对工会财产、经费查封、扣押、冻结、划拨的问题，向我院请示。经研究，批复如下：

一、根据《中华人民共和国工会法》（以下简称工会法）的规定，产业工会社会团体法人资格的取得是由工会法直接规定的，依法不需要办理法人登记。基层工会只要符合《中华人民共和国民法典》、工会法和《中国工会章程》规定的条件，报上一级工会批准成立，即具有社会团体法人资格。人民法院在审理案件中，应当严格按照法律规定的社会团体法人条件，审查基层工会社会团体法人的法律地位。产业工会、具有社会团体法

人资格的基层工会与建立工会的营利法人是各自独立的法人主体。企业或企业工会对外发生的经济纠纷，各自承担民事责任。上级工会对基层工会是否具备法律规定的社会团体法人的条件审查不严或不实，应当承担与其过错相应的民事责任。

二、确定产业工会或者基层工会兴办企业的法人资格，原则上以工商登记为准；其上级工会依据有关规定进行审批是必经程序，人民法院不应以此为由冻结、划拨上级工会的经费并替欠债企业清偿债务。产业工会或基层工会投资兴办的具备法人资格的企业，如果投资不足或者抽逃资金的，应当补足投资或者在注册资金不实的范围内承担责任；如果投资全部到位，又无抽逃资金的行为，当企业负债时，应当以企业所有的或者经营管理的财产承担有限责任。

三、根据工会法的规定，工会经费包括工会会员缴纳的会费，建立工会组织的企业事业单位、机关按每月全部职工工资总额的百分之二的比例向工会拨交的经费，以及工会所属的企业、事业单位上缴的收入和人民政府的补助等。工会经费要按比例逐月向地方各级总工会和全国总工会拨交。工会的经费一经拨交，所有权随之转移。在银行独立开列的"工会经费集中户"，与企业经营资金无关，专门用于工会经费的集中与分配，不能在此账户开支费用或挪用、转移资金。因此，人民法院在审理案件中，不应将工会经费视为所在企业的财产，在企业欠债的情况下，不应冻结、划拨工会经费及"工会经费集中户"的款项。

最高人民法院关于人民法院不得与所在地总工会就工会经费收缴问题联合签发文件的通知

（1997年8月4日　法发〔1997〕19号）

各省、自治区、直辖市高级人民法院：

据查，今年以来，有的高级人民法院与所在地的省、自治区总工会就工会经费收缴问题会签发文。我们认为，企事业、机关单位与其建立的工会组织之间拨交工会经费属其内部事务，不是平等主体之间的债权债务关系，不属于人民法院民事审判范围；人民法院与当事人一方或其上级组织会签发出有关审判工作的文件，不利于人民法院严肃执法，独立、公正行使审判权。为纠正上述作法，特做如下通知：

一、凡在本通知发布前已与当地总工会联合签发收缴工会经费通知的，应当尽快撤回；

二、各级人民法院今后不得与所在地总工会联合签发收缴工会经费的通知；

此外，各高级人民法院今后都不得与当地公安、司法机关以外的行政机关、事业单位、社会团体等就审判工作联合签发文件。

五、劳动保护

中华人民共和国劳动法

（1994年7月5日第八届全国人民代表大会常务委员会第八次会议通过 根据2009年8月27日第十一届全国人民代表大会常务委员会第十次会议《关于修改部分法律的决定》第一次修正 根据2018年12月29日第十三届全国人民代表大会常务委员会第七次会议《关于修改〈中华人民共和国劳动法〉等七部法律的决定》第二次修正）

目　录

第一章　总　　则
第二章　促进就业
第三章　劳动合同和集体合同
第四章　工作时间和休息休假
第五章　工　　资
第六章　劳动安全卫生
第七章　女职工和未成年工特殊保护
第八章　职业培训
第九章　社会保险和福利
第十章　劳动争议
第十一章　监督检查
第十二章　法律责任
第十三章　附　　则

第一章 总　　则

第一条　为了保护劳动者的合法权益，调整劳动关系，建立和维护适应社会主义市场经济的劳动制度，促进经济发展和社会进步，根据宪法，制定本法。

第二条　在中华人民共和国境内的企业、个体经济组织（以下统称用人单位）和与之形成劳动关系的劳动者，适用本法。

国家机关、事业组织、社会团体和与之建立劳动合同关系的劳动者，依照本法执行。

第三条　劳动者享有平等就业和选择职业的权利、取得劳动报酬的权利、休息休假的权利、获得劳动安全卫生保护的权利、接受职业技能培训的权利、享受社会保险和福利的权利、提请劳动争议处理的权利以及法律规定的其他劳动权利。

劳动者应当完成劳动任务，提高职业技能，执行劳动安全卫生规程，遵守劳动纪律和职业道德。

第四条　用人单位应当依法建立和完善规章制度，保障劳动者享有劳动权利和履行劳动义务。

第五条　国家采取各种措施，促进劳动就业，发展职业教育，制定劳动标准，调节社会收入，完善社会保险，协调劳动关系，逐步提高劳动者的生活水平。

第六条　国家提倡劳动者参加社会义务劳动，开展劳动竞赛和合理化建议活动，鼓励和保护劳动者进行科学研究、技术革新和发明创造，表彰和奖励劳动模范和先进工作者。

第七条　劳动者有权依法参加和组织工会。

工会代表和维护劳动者的合法权益，依法独立自主地开展活动。

第八条　劳动者依照法律规定，通过职工大会、职工代表大会或者其他形式，参与民主管理或者就保护劳动者合法权益与用人单位进行平等协商。

第九条　国务院劳动行政部门主管全国劳动工作。

县级以上地方人民政府劳动行政部门主管本行政区域内的劳动工作。

第二章　促进就业

第十条　国家通过促进经济和社会发展，创造就业条件，扩大就业机会。

国家鼓励企业、事业组织、社会团体在法律、行政法规规定的范围内兴办产业或者拓展经营，增加就业。

国家支持劳动者自愿组织起来就业和从事个体经营实现就业。

第十一条　地方各级人民政府应当采取措施，发展多种类型的职业介绍机构，提供就业服务。

第十二条　劳动者就业，不因民族、种族、性别、宗教信仰不同而受歧视。

第十三条　妇女享有与男子平等的就业权利。在录用职工时，除国家规定的不适合妇女的工种或者岗位外，不得以性别为由拒绝录用妇女或者提高对妇女的录用标准。

第十四条　残疾人、少数民族人员、退出现役的军人的就业，法律、法规有特别规定的，从其规定。

第十五条　禁止用人单位招用未满十六周岁的未成年人。

文艺、体育和特种工艺单位招用未满十六周岁的未成年人，必须遵守国家有关规定，并保障其接受义务教育的权利。

第三章　劳动合同和集体合同

第十六条　劳动合同是劳动者与用人单位确立劳动关系、明确双方权利和义务的协议。

建立劳动关系应当订立劳动合同。

第十七条　订立和变更劳动合同，应当遵循平等自愿、协商一致的原则，不得违反法律、行政法规的规定。

劳动合同依法订立即具有法律约束力，当事人必须履行劳动合同规定的义务。

第十八条　下列劳动合同无效：

（一）违反法律、行政法规的劳动合同；

（二）采取欺诈、威胁等手段订立的劳动合同。

无效的劳动合同，从订立的时候起，就没有法律约束力。确认劳动合同部分无效的，如果不影响其余部分的效力，其余部分仍然有效。

劳动合同的无效，由劳动争议仲裁委员会或者人民法院确认。

第十九条 劳动合同应当以书面形式订立，并具备以下条款：

（一）劳动合同期限；

（二）工作内容；

（三）劳动保护和劳动条件；

（四）劳动报酬；

（五）劳动纪律；

（六）劳动合同终止的条件；

（七）违反劳动合同的责任。

劳动合同除前款规定的必备条款外，当事人可以协商约定其他内容。

第二十条 劳动合同的期限分为有固定期限、无固定期限和以完成一定的工作为期限。

劳动者在同一用人单位连续工作满十年以上，当事人双方同意续延劳动合同的，如果劳动者提出订立无固定期限的劳动合同，应当订立无固定期限的劳动合同。

第二十一条 劳动合同可以约定试用期。试用期最长不得超过六个月。

第二十二条 劳动合同当事人可以在劳动合同中约定保守用人单位商业秘密的有关事项。

第二十三条 劳动合同期满或者当事人约定的劳动合同终止条件出现，劳动合同即行终止。

第二十四条 经劳动合同当事人协商一致，劳动合同可以解除。

第二十五条 劳动者有下列情形之一的，用人单位可以解除劳动合同：

（一）在试用期间被证明不符合录用条件的；

（二）严重违反劳动纪律或者用人单位规章制度的；

（三）严重失职，营私舞弊，对用人单位利益造成重大损害的；

（四）被依法追究刑事责任的。

第二十六条 有下列情形之一的，用人单位可以解除劳动合同，但是应当提前三十日以书面形式通知劳动者本人：

（一）劳动者患病或者非因工负伤，医疗期满后，不能从事原工作也不能从事由用人单位另行安排的工作的；

（二）劳动者不能胜任工作，经过培训或者调整工作岗位，仍不能胜任工作的；

（三）劳动合同订立时所依据的客观情况发生重大变化，致使原劳动合同无法履行，经当事人协商不能就变更劳动合同达成协议的。

第二十七条 用人单位濒临破产进行法定整顿期间或者生产经营状况发生严重困难，确需裁减人员的，应当提前三十日向工会或者全体职工说明情况，听取工会或者职工的意见，经向劳动行政部门报告后，可以裁减人员。

用人单位依据本条规定裁减人员，在六个月内录用人员的，应当优先录用被裁减的人员。

第二十八条 用人单位依据本法第二十四条、第二十六条、第二十七条的规定解除劳动合同的，应当依照国家有关规定给予经济补偿。

第二十九条 劳动者有下列情形之一的，用人单位不得依据本法第二十六条、第二十七条的规定解除劳动合同：

（一）患职业病或者因工负伤并被确认丧失或者部分丧失劳动能力的；

（二）患病或者负伤，在规定的医疗期内的；

（三）女职工在孕期、产期、哺乳期内的；

（四）法律、行政法规规定的其他情形。

第三十条 用人单位解除劳动合同，工会认为不适当的，有权提出意见。如果用人单位违反法律、法规或者劳动合同，工会有权要求重新处理；劳动者申请仲裁或者提起诉讼的，工会应当依法给予支持和帮助。

第三十一条 劳动者解除劳动合同，应当提前三十日以书面形式通知用人单位。

第三十二条 有下列情形之一的，劳动者可以随时通知用人单位解除劳动合同：

（一）在试用期内的；

（二）用人单位以暴力、威胁或者非法限制人身自由的手段强迫劳动的；

（三）用人单位未按照劳动合同约定支付劳动报酬或者提供劳动条件的。

第三十三条 企业职工一方与企业可以就劳动报酬、工作时间、休息休假、劳动安全卫生、保险福利等事项，签订集体合同。集体合同草案应当提交职工代表大会或者全体职工讨论通过。

集体合同由工会代表职工与企业签订；没有建立工会的企业，由职工推举的代表与企业签订。

第三十四条　集体合同签订后应当报送劳动行政部门；劳动行政部门自收到集体合同文本之日起十五日内未提出异议的，集体合同即行生效。

第三十五条　依法签订的集体合同对企业和企业全体职工具有约束力。职工个人与企业订立的劳动合同中劳动条件和劳动报酬等标准不得低于集体合同的规定。

第四章　工作时间和休息休假

第三十六条　国家实行劳动者每日工作时间不超过八小时、平均每周工作时间不超过四十四小时的工时制度。

第三十七条　对实行计件工作的劳动者，用人单位应当根据本法第三十六条规定的工时制度合理确定其劳动定额和计件报酬标准。

第三十八条　用人单位应当保证劳动者每周至少休息一日。

第三十九条　企业因生产特点不能实行本法第三十六条、第三十八条规定的，经劳动行政部门批准，可以实行其他工作和休息办法。

第四十条　用人单位在下列节日期间应当依法安排劳动者休假：

（一）元旦；

（二）春节；

（三）国际劳动节；

（四）国庆节；

（五）法律、法规规定的其他休假节日。

第四十一条　用人单位由于生产经营需要，经与工会和劳动者协商后可以延长工作时间，一般每日不得超过一小时；因特殊原因需要延长工作时间的，在保障劳动者身体健康的条件下延长工作时间每日不得超过三小时，但是每月不得超过三十六小时。

第四十二条　有下列情形之一的，延长工作时间不受本法第四十一条规定的限制：

（一）发生自然灾害、事故或者因其他原因，威胁劳动者生命健康和财产安全，需要紧急处理的；

（二）生产设备、交通运输线路、公共设施发生故障，影响生产和公众利益，必须及时抢修的；

（三）法律、行政法规规定的其他情形。

第四十三条 用人单位不得违反本法规定延长劳动者的工作时间。

第四十四条 有下列情形之一的，用人单位应当按照下列标准支付高于劳动者正常工作时间工资的工资报酬：

（一）安排劳动者延长工作时间的，支付不低于工资的百分之一百五十的工资报酬；

（二）休息日安排劳动者工作又不能安排补休的，支付不低于工资的百分之二百的工资报酬；

（三）法定休假日安排劳动者工作的，支付不低于工资的百分之三百的工资报酬。

第四十五条 国家实行带薪年休假制度。

劳动者连续工作一年以上的，享受带薪年休假。具体办法由国务院规定。

第五章 工　　资

第四十六条 工资分配应当遵循按劳分配原则，实行同工同酬。

工资水平在经济发展的基础上逐步提高。国家对工资总量实行宏观调控。

第四十七条 用人单位根据本单位的生产经营特点和经济效益，依法自主确定本单位的工资分配方式和工资水平。

第四十八条 国家实行最低工资保障制度。最低工资的具体标准由省、自治区、直辖市人民政府规定，报国务院备案。

用人单位支付劳动者的工资不得低于当地最低工资标准。

第四十九条 确定和调整最低工资标准应当综合参考下列因素：

（一）劳动者本人及平均赡养人口的最低生活费用；

（二）社会平均工资水平；

（三）劳动生产率；

（四）就业状况；

（五）地区之间经济发展水平的差异。

第五十条 工资应当以货币形式按月支付给劳动者本人。不得克扣或者无故拖欠劳动者的工资。

第五十一条　劳动者在法定休假日和婚丧假期间以及依法参加社会活动期间，用人单位应当依法支付工资。

第六章　劳动安全卫生

第五十二条　用人单位必须建立、健全劳动安全卫生制度，严格执行国家劳动安全卫生规程和标准，对劳动者进行劳动安全卫生教育，防止劳动过程中的事故，减少职业危害。

第五十三条　劳动安全卫生设施必须符合国家规定的标准。

新建、改建、扩建工程的劳动安全卫生设施必须与主体工程同时设计、同时施工、同时投入生产和使用。

第五十四条　用人单位必须为劳动者提供符合国家规定的劳动安全卫生条件和必要的劳动防护用品，对从事有职业危害作业的劳动者应当定期进行健康检查。

第五十五条　从事特种作业的劳动者必须经过专门培训并取得特种作业资格。

第五十六条　劳动者在劳动过程中必须严格遵守安全操作规程。

劳动者对用人单位管理人员违章指挥、强令冒险作业，有权拒绝执行；对危害生命安全和身体健康的行为，有权提出批评、检举和控告。

第五十七条　国家建立伤亡事故和职业病统计报告和处理制度。县级以上各级人民政府劳动行政部门、有关部门和用人单位应当依法对劳动者在劳动过程中发生的伤亡事故和劳动者的职业病状况，进行统计、报告和处理。

第七章　女职工和未成年工特殊保护

第五十八条　国家对女职工和未成年工实行特殊劳动保护。

未成年工是指年满十六周岁未满十八周岁的劳动者。

第五十九条　禁止安排女职工从事矿山井下、国家规定的第四级体力劳动强度的劳动和其他禁忌从事的劳动。

第六十条　不得安排女职工在经期从事高处、低温、冷水作业和国家规定的第三级体力劳动强度的劳动。

第六十一条　不得安排女职工在怀孕期间从事国家规定的第三级体力

劳动强度的劳动和孕期禁忌从事的劳动。对怀孕七个月以上的女职工，不得安排其延长工作时间和夜班劳动。

第六十二条 女职工生育享受不少于九十天的产假。

第六十三条 不得安排女职工在哺乳未满一周岁的婴儿期间从事国家规定的第三级体力劳动强度的劳动和哺乳期禁忌从事的其他劳动，不得安排其延长工作时间和夜班劳动。

第六十四条 不得安排未成年工从事矿山井下、有毒有害、国家规定的第四级体力劳动强度的劳动和其他禁忌从事的劳动。

第六十五条 用人单位应当对未成年工定期进行健康检查。

第八章 职业培训

第六十六条 国家通过各种途径，采取各种措施，发展职业培训事业，开发劳动者的职业技能，提高劳动者素质，增强劳动者的就业能力和工作能力。

第六十七条 各级人民政府应当把发展职业培训纳入社会经济发展的规划，鼓励和支持有条件的企业、事业组织、社会团体和个人进行各种形式的职业培训。

第六十八条 用人单位应当建立职业培训制度，按照国家规定提取和使用职业培训经费，根据本单位实际，有计划地对劳动者进行职业培训。

从事技术工种的劳动者，上岗前必须经过培训。

第六十九条 国家确定职业分类，对规定的职业制定职业技能标准，实行职业资格证书制度，由经备案的考核鉴定机构负责对劳动者实施职业技能考核鉴定。

第九章 社会保险和福利

第七十条 国家发展社会保险事业，建立社会保险制度，设立社会保险基金，使劳动者在年老、患病、工伤、失业、生育等情况下获得帮助和补偿。

第七十一条 社会保险水平应当与社会经济发展水平和社会承受能力相适应。

第七十二条 社会保险基金按照保险类型确定资金来源，逐步实行社会统筹。用人单位和劳动者必须依法参加社会保险，缴纳社会保险费。

第七十三条　劳动者在下列情形下，依法享受社会保险待遇：

（一）退休；

（二）患病、负伤；

（三）因工伤残或者患职业病；

（四）失业；

（五）生育。

劳动者死亡后，其遗属依法享受遗属津贴。

劳动者享受社会保险待遇的条件和标准由法律、法规规定。

劳动者享受的社会保险金必须按时足额支付。

第七十四条　社会保险基金经办机构依照法律规定收支、管理和运营社会保险基金，并负有使社会保险基金保值增值的责任。

社会保险基金监督机构依照法律规定，对社会保险基金的收支、管理和运营实施监督。

社会保险基金经办机构和社会保险基金监督机构的设立和职能由法律规定。

任何组织和个人不得挪用社会保险基金。

第七十五条　国家鼓励用人单位根据本单位实际情况为劳动者建立补充保险。

国家提倡劳动者个人进行储蓄性保险。

第七十六条　国家发展社会福利事业，兴建公共福利设施，为劳动者休息、休养和疗养提供条件。

用人单位应当创造条件，改善集体福利，提高劳动者的福利待遇。

第十章　劳动争议

第七十七条　用人单位与劳动者发生劳动争议，当事人可以依法申请调解、仲裁、提起诉讼，也可以协商解决。

调解原则适用于仲裁和诉讼程序。

第七十八条　解决劳动争议，应当根据合法、公正、及时处理的原则，依法维护劳动争议当事人的合法权益。

第七十九条　劳动争议发生后，当事人可以向本单位劳动争议调解委员会申请调解；调解不成，当事人一方要求仲裁的，可以向劳动争议仲裁委员会申请仲裁。当事人一方也可以直接向劳动争议仲裁委员会申请仲裁。对仲裁裁决不服的，可以向人民法院提起诉讼。

第八十条　在用人单位内，可以设立劳动争议调解委员会。劳动争议调解委员会由职工代表、用人单位代表和工会代表组成。劳动争议调解委员会主任由工会代表担任。

劳动争议经调解达成协议的，当事人应当履行。

第八十一条　劳动争议仲裁委员会由劳动行政部门代表、同级工会代表、用人单位方面的代表组成。劳动争议仲裁委员会主任由劳动行政部门代表担任。

第八十二条　提出仲裁要求的一方应当自劳动争议发生之日起六十日内向劳动争议仲裁委员会提出书面申请。仲裁裁决一般应在收到仲裁申请的六十日内作出。对仲裁裁决无异议的，当事人必须履行。

第八十三条　劳动争议当事人对仲裁裁决不服的，可以自收到仲裁裁决书之日起十五日内向人民法院提起诉讼。一方当事人在法定期限内不起诉又不履行仲裁裁决的，另一方当事人可以申请人民法院强制执行。

第八十四条　因签订集体合同发生争议，当事人协商解决不成的，当地人民政府劳动行政部门可以组织有关各方协调处理。

因履行集体合同发生争议，当事人协商解决不成的，可以向劳动争议仲裁委员会申请仲裁；对仲裁裁决不服的，可以自收到仲裁裁决书之日起十五日内向人民法院提起诉讼。

第十一章　监督检查

第八十五条　县级以上各级人民政府劳动行政部门依法对用人单位遵守劳动法律、法规的情况进行监督检查，对违反劳动法律、法规的行为有权制止，并责令改正。

第八十六条　县级以上各级人民政府劳动行政部门监督检查人员执行公务，有权进入用人单位了解执行劳动法律、法规的情况，查阅必要的资料，并对劳动场所进行检查。

县级以上各级人民政府劳动行政部门监督检查人员执行公务，必须出示证件，秉公执法并遵守有关规定。

第八十七条　县级以上各级人民政府有关部门在各自职责范围内，对用人单位遵守劳动法律、法规的情况进行监督。

第八十八条　各级工会依法维护劳动者的合法权益，对用人单位遵守劳动法律、法规的情况进行监督。

任何组织和个人对于违反劳动法律、法规的行为有权检举和控告。

第十二章　法律责任

第八十九条　用人单位制定的劳动规章制度违反法律、法规规定的，由劳动行政部门给予警告，责令改正；对劳动者造成损害的，应当承担赔偿责任。

第九十条　用人单位违反本法规定，延长劳动者工作时间的，由劳动行政部门给予警告，责令改正，并可以处以罚款。

第九十一条　用人单位有下列侵害劳动者合法权益情形之一的，由劳动行政部门责令支付劳动者的工资报酬、经济补偿，并可以责令支付赔偿金：

（一）克扣或者无故拖欠劳动者工资的；

（二）拒不支付劳动者延长工作时间工资报酬的；

（三）低于当地最低工资标准支付劳动者工资的；

（四）解除劳动合同后，未依照本法规定给予劳动者经济补偿的。

第九十二条　用人单位的劳动安全设施和劳动卫生条件不符合国家规定或者未向劳动者提供必要的劳动防护用品和劳动保护设施的，由劳动行政部门或者有关部门责令改正，可以处以罚款；情节严重的，提请县级以上人民政府决定责令停产整顿；对事故隐患不采取措施，致使发生重大事故，造成劳动者生命和财产损失的，对责任人员依照刑法有关规定追究刑事责任。

第九十三条　用人单位强令劳动者违章冒险作业，发生重大伤亡事故，造成严重后果的，对责任人员依法追究刑事责任。

第九十四条　用人单位非法招用未满十六周岁的未成年人的，由劳动行政部门责令改正，处以罚款；情节严重的，由市场监督管理部门吊销营业执照。

第九十五条　用人单位违反本法对女职工和未成年工的保护规定，侵害其合法权益的，由劳动行政部门责令改正，处以罚款；对女职工或者未成年工造成损害的,应当承担赔偿责任。

第九十六条 用人单位有下列行为之一,由公安机关对责任人员处以十五日以下拘留、罚款或者警告;构成犯罪的,对责任人员依法追究刑事责任:

(一)以暴力、威胁或者非法限制人身自由的手段强迫劳动的;

(二)侮辱、体罚、殴打、非法搜查和拘禁劳动者的。

第九十七条 由于用人单位的原因订立的无效合同,对劳动者造成损害的,应当承担赔偿责任。

第九十八条 用人单位违反本法规定的条件解除劳动合同或者故意拖延不订立劳动合同的,由劳动行政部门责令改正;对劳动者造成损害的,应当承担赔偿责任。

第九十九条 用人单位招用尚未解除劳动合同的劳动者,对原用人单位造成经济损失的,该用人单位应当依法承担连带赔偿责任。

第一百条 用人单位无故不缴纳社会保险费的,由劳动行政部门责令其限期缴纳;逾期不缴的,可以加收滞纳金。

第一百零一条 用人单位无理阻挠劳动行政部门、有关部门及其工作人员行使监督检查权,打击报复举报人员的,由劳动行政部门或者有关部门处以罚款;构成犯罪的,对责任人员依法追究刑事责任。

第一百零二条 劳动者违反本法规定的条件解除劳动合同或者违反劳动合同中约定的保密事项,对用人单位造成经济损失的,应当依法承担赔偿责任。

第一百零三条 劳动行政部门或者有关部门的工作人员滥用职权、玩忽职守、徇私舞弊,构成犯罪的,依法追究刑事责任;不构成犯罪的,给予行政处分。

第一百零四条 国家工作人员和社会保险基金经办机构的工作人员挪用社会保险基金,构成犯罪的,依法追究刑事责任。

第一百零五条 违反本法规定侵害劳动者合法权益,其他法律、行政法规已规定处罚的,依照该法律、行政法规的规定处罚。

第十三章 附 则

第一百零六条 省、自治区、直辖市人民政府根据本法和本地区的实际情况，规定劳动合同制度的实施步骤，报国务院备案。

第一百零七条 本法自 1995 年 1 月 1 日起施行。

中华人民共和国劳动合同法

（2007 年 6 月 29 日第十届全国人民代表大会常务委员会第二十八次会议通过 根据 2012 年 12 月 28 日第十一届全国人民代表大会常务委员会第三十次会议《关于修改〈中华人民共和国劳动合同法〉的决定》修正）

目 录

第一章 总 则
第二章 劳动合同的订立
第三章 劳动合同的履行和变更
第四章 劳动合同的解除和终止
第五章 特别规定
　第一节 集体合同
　第二节 劳务派遣
　第三节 非全日制用工
第六章 监督检查
第七章 法律责任
第八章 附 则

第一章 总 则

第一条 为了完善劳动合同制度，明确劳动合同双方当事人的权利和义务，保护劳动者的合法权益，构建和发展和谐稳定的劳动关系，制定本法。

第二条 中华人民共和国境内的企业、个体经济组织、民办非企业单位等组织（以下称用人单位）与劳动者建立劳动关系，订立、履行、变更、解除或者终止劳动合同，适用本法。

国家机关、事业单位、社会团体和与其建立劳动关系的劳动者，订立、履行、变更、解除或者终止劳动合同，依照本法执行。

第三条 订立劳动合同，应当遵循合法、公平、平等自愿、协商一致、诚实信用的原则。

依法订立的劳动合同具有约束力，用人单位与劳动者应当履行劳动合同约定的义务。

第四条 用人单位应当依法建立和完善劳动规章制度，保障劳动者享有劳动权利、履行劳动义务。

用人单位在制定、修改或者决定有关劳动报酬、工作时间、休息休假、劳动安全卫生、保险福利、职工培训、劳动纪律以及劳动定额管理等直接涉及劳动者切身利益的规章制度或者重大事项时，应当经职工代表大会或者全体职工讨论，提出方案和意见，与工会或者职工代表平等协商确定。

在规章制度和重大事项决定实施过程中，工会或者职工认为不适当的，有权向用人单位提出，通过协商予以修改完善。

用人单位应当将直接涉及劳动者切身利益的规章制度和重大事项决定公示，或者告知劳动者。

第五条 县级以上人民政府劳动行政部门会同工会和企业方面代表，建立健全协调劳动关系三方机制，共同研究解决有关劳动关系的重大问题。

第六条 工会应当帮助、指导劳动者与用人单位依法订立和履行劳动合同，并与用人单位建立集体协商机制，维护劳动者的合法权益。

第二章 劳动合同的订立

第七条 用人单位自用工之日起即与劳动者建立劳动关系。用人单位应当建立职工名册备查。

第八条 用人单位招用劳动者时，应当如实告知劳动者工作内容、工作条件、工作地点、职业危害、安全生产状况、劳动报酬，以及劳动者要求了解的其他情况；用人单位有权了解劳动者与劳动合同直接相关的基本情况，劳动者应当如实说明。

第九条 用人单位招用劳动者，不得扣押劳动者的居民身份证和其他证件，不得要求劳动者提供担保或者以其他名义向劳动者收取财物。

第十条 建立劳动关系，应当订立书面劳动合同。

已建立劳动关系，未同时订立书面劳动合同的，应当自用工之日起一个月内订立书面劳动合同。

用人单位与劳动者在用工前订立劳动合同的，劳动关系自用工之日起建立。

第十一条 用人单位未在用工的同时订立书面劳动合同，与劳动者约定的劳动报酬不明确的，新招用的劳动者的劳动报酬按照集体合同规定的标准执行；没有集体合同或者集体合同未规定的，实行同工同酬。

第十二条 劳动合同分为固定期限劳动合同、无固定期限劳动合同和以完成一定工作任务为期限的劳动合同。

第十三条 固定期限劳动合同，是指用人单位与劳动者约定合同终止时间的劳动合同。

用人单位与劳动者协商一致，可以订立固定期限劳动合同。

第十四条 无固定期限劳动合同，是指用人单位与劳动者约定无确定终止时间的劳动合同。

用人单位与劳动者协商一致，可以订立无固定期限劳动合同。有下列情形之一，劳动者提出或者同意续订、订立劳动合同的，除劳动者提出订立固定期限劳动合同外，应当订立无固定期限劳动合同：

（一）劳动者在该用人单位连续工作满十年的；

（二）用人单位初次实行劳动合同制度或者国有企业改制重新订立劳动合同时，劳动者在该用人单位连续工作满十年且距法定退休年龄不足十年的；

（三）连续订立二次固定期限劳动合同，且劳动者没有本法第三十九条和第四十条第一项、第二项规定的情形，续订劳动合同的。

用人单位自用工之日起满一年不与劳动者订立书面劳动合同的，视为用人单位与劳动者已订立无固定期限劳动合同。

第十五条 以完成一定工作任务为期限的劳动合同，是指用人单位与劳动者约定以某项工作的完成为合同期限的劳动合同。

用人单位与劳动者协商一致，可以订立以完成一定工作任务为期限的劳动合同。

第十六条　劳动合同由用人单位与劳动者协商一致，并经用人单位与劳动者在劳动合同文本上签字或者盖章生效。

劳动合同文本由用人单位和劳动者各执一份。

第十七条　劳动合同应当具备以下条款：

（一）用人单位的名称、住所和法定代表人或者主要负责人；

（二）劳动者的姓名、住址和居民身份证或者其他有效身份证件号码；

（三）劳动合同期限；

（四）工作内容和工作地点；

（五）工作时间和休息休假；

（六）劳动报酬；

（七）社会保险；

（八）劳动保护、劳动条件和职业危害防护；

（九）法律、法规规定应当纳入劳动合同的其他事项。

劳动合同除前款规定的必备条款外，用人单位与劳动者可以约定试用期、培训、保守秘密、补充保险和福利待遇等其他事项。

第十八条　劳动合同对劳动报酬和劳动条件等标准约定不明确，引发争议的，用人单位与劳动者可以重新协商；协商不成的，适用集体合同规定；没有集体合同或者集体合同未规定劳动报酬的，实行同工同酬；没有集体合同或者集体合同未规定劳动条件等标准的，适用国家有关规定。

第十九条　劳动合同期限三个月以上不满一年的，试用期不得超过一个月；劳动合同期限一年以上不满三年的，试用期不得超过二个月；三年以上固定期限和无固定期限的劳动合同，试用期不得超过六个月。

同一用人单位与同一劳动者只能约定一次试用期。

以完成一定工作任务为期限的劳动合同或者劳动合同期限不满三个月的，不得约定试用期。

试用期包含在劳动合同期限内。劳动合同仅约定试用期的，试用期不成立，该期限为劳动合同期限。

第二十条　劳动者在试用期的工资不得低于本单位相同岗位最低档工资或者劳动合同约定工资的百分之八十，并不得低于用人单位所在地的最低工资标准。

第二十一条　在试用期中，除劳动者有本法第三十九条和第四十条第一项、第二项规定的情形外，用人单位不得解除劳动合同。用人单位在试用期解除劳动合同的，应当向劳动者说明理由。

第二十二条　用人单位为劳动者提供专项培训费用，对其进行专业技术培训的，可以与该劳动者订立协议，约定服务期。

劳动者违反服务期约定的，应当按照约定向用人单位支付违约金。违约金的数额不得超过用人单位提供的培训费用。用人单位要求劳动者支付的违约金不得超过服务期尚未履行部分所应分摊的培训费用。

用人单位与劳动者约定服务期的，不影响按照正常的工资调整机制提高劳动者在服务期期间的劳动报酬。

第二十三条　用人单位与劳动者可以在劳动合同中约定保守用人单位的商业秘密和与知识产权相关的保密事项。

对负有保密义务的劳动者，用人单位可以在劳动合同或者保密协议中与劳动者约定竞业限制条款，并约定在解除或者终止劳动合同后，在竞业限制期限内按月给予劳动者经济补偿。劳动者违反竞业限制约定的，应当按照约定向用人单位支付违约金。

第二十四条　竞业限制的人员限于用人单位的高级管理人员、高级技术人员和其他负有保密义务的人员。竞业限制的范围、地域、期限由用人单位与劳动者约定，竞业限制的约定不得违反法律、法规的规定。

在解除或者终止劳动合同后，前款规定的人员到与本单位生产或者经营同类产品、从事同类业务的有竞争关系的其他用人单位，或者自己开业生产或者经营同类产品、从事同类业务的竞业限制期限，不得超过二年。

第二十五条　除本法第二十二条和第二十三条规定的情形外，用人单位不得与劳动者约定由劳动者承担违约金。

第二十六条　下列劳动合同无效或者部分无效：

（一）以欺诈、胁迫的手段或者乘人之危，使对方在违背真实意思的情况下订立或者变更劳动合同的；

（二）用人单位免除自己的法定责任、排除劳动者权利的；

（三）违反法律、行政法规强制性规定的。

对劳动合同的无效或者部分无效有争议的，由劳动争议仲裁机构或者人民法院确认。

第二十七条　劳动合同部分无效，不影响其他部分效力的，其他部分仍然有效。

第二十八条　劳动合同被确认无效，劳动者已付出劳动的，用人单位应当向劳动者支付劳动报酬。劳动报酬的数额，参照本单位相同或者相近岗位劳动者的劳动报酬确定。

第三章　劳动合同的履行和变更

第二十九条　用人单位与劳动者应当按照劳动合同的约定，全面履行各自的义务。

第三十条　用人单位应当按照劳动合同约定和国家规定，向劳动者及时足额支付劳动报酬。

用人单位拖欠或者未足额支付劳动报酬的，劳动者可以依法向当地人民法院申请支付令，人民法院应当依法发出支付令。

第三十一条　用人单位应当严格执行劳动定额标准，不得强迫或者变相强迫劳动者加班。用人单位安排加班的，应当按照国家有关规定向劳动者支付加班费。

第三十二条　劳动者拒绝用人单位管理人员违章指挥、强令冒险作业的，不视为违反劳动合同。

劳动者对危害生命安全和身体健康的劳动条件，有权对用人单位提出批评、检举和控告。

第三十三条　用人单位变更名称、法定代表人、主要负责人或者投资人等事项，不影响劳动合同的履行。

第三十四条　用人单位发生合并或者分立等情况，原劳动合同继续有效，劳动合同由承继其权利和义务的用人单位继续履行。

第三十五条　用人单位与劳动者协商一致，可以变更劳动合同约定的内容。变更劳动合同，应当采用书面形式。

变更后的劳动合同文本由用人单位和劳动者各执一份。

第四章　劳动合同的解除和终止

第三十六条　用人单位与劳动者协商一致，可以解除劳动合同。

第三十七条　劳动者提前三十日以书面形式通知用人单位，可以解除劳动合同。劳动者在试用期内提前三日通知用人单位，可以解除劳动合同。

　　第三十八条　用人单位有下列情形之一的，劳动者可以解除劳动合同：
　　（一）未按照劳动合同约定提供劳动保护或者劳动条件的；
　　（二）未及时足额支付劳动报酬的；
　　（三）未依法为劳动者缴纳社会保险费的；
　　（四）用人单位的规章制度违反法律、法规的规定，损害劳动者权益的；
　　（五）因本法第二十六条第一款规定的情形致使劳动合同无效的；
　　（六）法律、行政法规规定劳动者可以解除劳动合同的其他情形。
　　用人单位以暴力、威胁或者非法限制人身自由的手段强迫劳动者劳动的，或者用人单位违章指挥、强令冒险作业危及劳动者人身安全的，劳动者可以立即解除劳动合同，不需事先告知用人单位。

　　第三十九条　劳动者有下列情形之一的，用人单位可以解除劳动合同：
　　（一）在试用期间被证明不符合录用条件的；
　　（二）严重违反用人单位的规章制度的；
　　（三）严重失职，营私舞弊，给用人单位造成重大损害的；
　　（四）劳动者同时与其他用人单位建立劳动关系，对完成本单位的工作任务造成严重影响，或者经用人单位提出，拒不改正的；
　　（五）因本法第二十六条第一款第一项规定的情形致使劳动合同无效的；
　　（六）被依法追究刑事责任的。

　　第四十条　有下列情形之一的，用人单位提前三十日以书面形式通知劳动者本人或者额外支付劳动者一个月工资后，可以解除劳动合同：
　　（一）劳动者患病或者非因工负伤，在规定的医疗期满后不能从事原工作，也不能从事由用人单位另行安排的工作的；
　　（二）劳动者不能胜任工作，经过培训或者调整工作岗位，仍不能胜任工作的；
　　（三）劳动合同订立时所依据的客观情况发生重大变化，致使劳动合同无法履行，经用人单位与劳动者协商，未能就变更劳动合同内容达成协议的。

第四十一条 有下列情形之一，需要裁减人员二十人以上或者裁减不足二十人但占企业职工总数百分之十以上的，用人单位提前三十日向工会或者全体职工说明情况，听取工会或者职工的意见后，裁减人员方案经向劳动行政部门报告，可以裁减人员：

（一）依照企业破产法规定进行重整的；

（二）生产经营发生严重困难的；

（三）企业转产、重大技术革新或者经营方式调整，经变更劳动合同后，仍需裁减人员的；

（四）其他因劳动合同订立时所依据的客观经济情况发生重大变化，致使劳动合同无法履行的。

裁减人员时，应当优先留用下列人员：

（一）与本单位订立较长期限的固定期限劳动合同的；

（二）与本单位订立无固定期限劳动合同的；

（三）家庭无其他就业人员，有需要扶养的老人或者未成年人的。

用人单位依照本条第一款规定裁减人员，在六个月内重新招用人员的，应当通知被裁减的人员，并在同等条件下优先招用被裁减的人员。

第四十二条 劳动者有下列情形之一的，用人单位不得依照本法第四十条、第四十一条的规定解除劳动合同：

（一）从事接触职业病危害作业的劳动者未进行离岗前职业健康检查，或者疑似职业病病人在诊断或者医学观察期间的；

（二）在本单位患职业病或者因工负伤并被确认丧失或者部分丧失劳动能力的；

（三）患病或者非因工负伤，在规定的医疗期内的；

（四）女职工在孕期、产期、哺乳期的；

（五）在本单位连续工作满十五年，且距法定退休年龄不足五年的；

（六）法律、行政法规规定的其他情形。

第四十三条 用人单位单方解除劳动合同，应当事先将理由通知工会。用人单位违反法律、行政法规规定或者劳动合同约定的，工会有权要求用人单位纠正。用人单位应当研究工会的意见，并将处理结果书面通知工会。

第四十四条　有下列情形之一的，劳动合同终止：
（一）劳动合同期满的；
（二）劳动者开始依法享受基本养老保险待遇的；
（三）劳动者死亡，或者被人民法院宣告死亡或者宣告失踪的；
（四）用人单位被依法宣告破产的；
（五）用人单位被吊销营业执照、责令关闭、撤销或者用人单位决定提前解散的；
（六）法律、行政法规规定的其他情形。

第四十五条　劳动合同期满，有本法第四十二条规定情形之一的，劳动合同应当续延至相应的情形消失时终止。但是，本法第四十二条第二项规定丧失或者部分丧失劳动能力劳动者的劳动合同的终止，按照国家有关工伤保险的规定执行。

第四十六条　有下列情形之一的，用人单位应当向劳动者支付经济补偿：
（一）劳动者依照本法第三十八条规定解除劳动合同的；
（二）用人单位依照本法第三十六条规定向劳动者提出解除劳动合同并与劳动者协商一致解除劳动合同的；
（三）用人单位依照本法第四十条规定解除劳动合同的；
（四）用人单位依照本法第四十一条第一款规定解除劳动合同的；
（五）除用人单位维持或者提高劳动合同约定条件续订劳动合同，劳动者不同意续订的情形外，依照本法第四十四条第一项规定终止固定期限劳动合同的；
（六）依照本法第四十四条第四项、第五项规定终止劳动合同的；
（七）法律、行政法规规定的其他情形。

第四十七条　经济补偿按劳动者在本单位工作的年限，每满一年支付一个月工资的标准向劳动者支付。六个月以上不满一年的，按一年计算；不满六个月的，向劳动者支付半个月工资的经济补偿。

劳动者月工资高于用人单位所在直辖市、设区的市级人民政府公布的本地区上年度职工月平均工资三倍的，向其支付经济补偿的标准按职工月平均工资三倍的数额支付，向其支付经济补偿的年限最高不超过十二年。

本条所称月工资是指劳动者在劳动合同解除或者终止前十二个月的平

均工资。

第四十八条 用人单位违反本法规定解除或者终止劳动合同,劳动者要求继续履行劳动合同的,用人单位应当继续履行;劳动者不要求继续履行劳动合同或者劳动合同已经不能继续履行的,用人单位应当依照本法第八十七条规定支付赔偿金。

第四十九条 国家采取措施,建立健全劳动者社会保险关系跨地区转移接续制度。

第五十条 用人单位应当在解除或者终止劳动合同时出具解除或者终止劳动合同的证明,并在十五日内为劳动者办理档案和社会保险关系转移手续。

劳动者应当按照双方约定,办理工作交接。用人单位依照本法有关规定应当向劳动者支付经济补偿的,在办结工作交接时支付。

用人单位对已经解除或者终止的劳动合同的文本,至少保存二年备查。

第五章 特别规定

第一节 集体合同

第五十一条 企业职工一方与用人单位通过平等协商,可以就劳动报酬、工作时间、休息休假、劳动安全卫生、保险福利等事项订立集体合同。集体合同草案应当提交职工代表大会或者全体职工讨论通过。

集体合同由工会代表企业职工一方与用人单位订立;尚未建立工会的用人单位,由上级工会指导劳动者推举的代表与用人单位订立。

第五十二条 企业职工一方与用人单位可以订立劳动安全卫生、女职工权益保护、工资调整机制等专项集体合同。

第五十三条 在县级以下区域内,建筑业、采矿业、餐饮服务业等行业可以由工会与企业方面代表订立行业性集体合同,或者订立区域性集体合同。

第五十四条 集体合同订立后,应当报送劳动行政部门;劳动行政部门自收到集体合同文本之日起十五日内未提出异议的,集体合同即行生效。

依法订立的集体合同对用人单位和劳动者具有约束力。行业性、区域性集体合同对当地本行业、本区域的用人单位和劳动者具有约束力。

第五十五条 集体合同中劳动报酬和劳动条件等标准不得低于当地人

民政府规定的最低标准；用人单位与劳动者订立的劳动合同中劳动报酬和劳动条件等标准不得低于集体合同规定的标准。

第五十六条　用人单位违反集体合同，侵犯职工劳动权益的，工会可以依法要求用人单位承担责任；因履行集体合同发生争议，经协商解决不成的，工会可以依法申请仲裁、提起诉讼。

第二节　劳务派遣

第五十七条　经营劳务派遣业务应当具备下列条件：
（一）注册资本不得少于人民币二百万元；
（二）有与开展业务相适应的固定的经营场所和设施；
（三）有符合法律、行政法规规定的劳务派遣管理制度；
（四）法律、行政法规规定的其他条件。

经营劳务派遣业务，应当向劳动行政部门依法申请行政许可；经许可的，依法办理相应的公司登记。未经许可，任何单位和个人不得经营劳务派遣业务。

第五十八条　劳务派遣单位是本法所称用人单位，应当履行用人单位对劳动者的义务。劳务派遣单位与被派遣劳动者订立的劳动合同，除应当载明本法第十七条规定的事项外，还应当载明被派遣劳动者的用工单位以及派遣期限、工作岗位等情况。

劳务派遣单位应当与被派遣劳动者订立二年以上的固定期限劳动合同，按月支付劳动报酬；被派遣劳动者在无工作期间，劳务派遣单位应当按照所在地人民政府规定的最低工资标准，向其按月支付报酬。

第五十九条　劳务派遣单位派遣劳动者应当与接受以劳务派遣形式用工的单位（以下称用工单位）订立劳务派遣协议。劳务派遣协议应当约定派遣岗位和人员数量、派遣期限、劳动报酬和社会保险费的数额与支付方式以及违反协议的责任。

用工单位应当根据工作岗位的实际需要与劳务派遣单位确定派遣期限，不得将连续用工期限分割订立数个短期劳务派遣协议。

第六十条　劳务派遣单位应当将劳务派遣协议的内容告知被派遣劳动者。

劳务派遣单位不得克扣用工单位按照劳务派遣协议支付给被派遣劳动

者的劳动报酬。

劳务派遣单位和用工单位不得向被派遣劳动者收取费用。

第六十一条 劳务派遣单位跨地区派遣劳动者的，被派遣劳动者享有的劳动报酬和劳动条件，按照用工单位所在地的标准执行。

第六十二条 用工单位应当履行下列义务：

（一）执行国家劳动标准，提供相应的劳动条件和劳动保护；

（二）告知被派遣劳动者的工作要求和劳动报酬；

（三）支付加班费、绩效奖金，提供与工作岗位相关的福利待遇；

（四）对在岗被派遣劳动者进行工作岗位所必需的培训；

（五）连续用工的，实行正常的工资调整机制。

用工单位不得将被派遣劳动者再派遣到其他用人单位。

第六十三条 被派遣劳动者享有与用工单位的劳动者同工同酬的权利。用工单位应当按照同工同酬原则，对被派遣劳动者与本单位同类岗位的劳动者实行相同的劳动报酬分配办法。用工单位无同类岗位劳动者的，参照用工单位所在地相同或者相近岗位劳动者的劳动报酬确定。

劳务派遣单位与被派遣劳动者订立的劳动合同和与用工单位订立的劳务派遣协议，载明或者约定的向被派遣劳动者支付的劳动报酬应当符合前款规定。

第六十四条 被派遣劳动者有权在劳务派遣单位或者用工单位依法参加或者组织工会，维护自身的合法权益。

第六十五条 被派遣劳动者可以依照本法第三十六条、第三十八条的规定与劳务派遣单位解除劳动合同。

被派遣劳动者有本法第三十九条和第四十条第一项、第二项规定情形的，用工单位可以将劳动者退回劳务派遣单位，劳务派遣单位依照本法有关规定，可以与劳动者解除劳动合同。

第六十六条 劳动合同用工是我国的企业基本用工形式。劳务派遣用工是补充形式，只能在临时性、辅助性或者替代性的工作岗位上实施。

前款规定的临时性工作岗位是指存续时间不超过六个月的岗位；辅助性工作岗位是指为主营业务岗位提供服务的非主营业务岗位；替代性工作岗位是指用工单位的劳动者因脱产学习、休假等原因无法工作的一定期间内，可以由其他劳动者替代工作的岗位。

用工单位应当严格控制劳务派遣用工数量，不得超过其用工总量的一定比例，具体比例由国务院劳动行政部门规定。

第六十七条 用人单位不得设立劳务派遣单位向本单位或者所属单位派遣劳动者。

第三节 非全日制用工

第六十八条 非全日制用工，是指以小时计酬为主，劳动者在同一用人单位一般平均每日工作时间不超过四小时，每周工作时间累计不超过二十四小时的用工形式。

第六十九条 非全日制用工双方当事人可以订立口头协议。

从事非全日制用工的劳动者可以与一个或者一个以上用人单位订立劳动合同；但是，后订立的劳动合同不得影响先订立的劳动合同的履行。

第七十条 非全日制用工双方当事人不得约定试用期。

第七十一条 非全日制用工双方当事人任何一方都可以随时通知对方终止用工。终止用工，用人单位不向劳动者支付经济补偿。

第七十二条 非全日制用工小时计酬标准不得低于用人单位所在地人民政府规定的最低小时工资标准。

非全日制用工劳动报酬结算支付周期最长不得超过十五日。

第六章 监督检查

第七十三条 国务院劳动行政部门负责全国劳动合同制度实施的监督管理。

县级以上地方人民政府劳动行政部门负责本行政区域内劳动合同制度实施的监督管理。

县级以上各级人民政府劳动行政部门在劳动合同制度实施的监督管理工作中，应当听取工会、企业方面代表以及有关行业主管部门的意见。

第七十四条 县级以上地方人民政府劳动行政部门依法对下列实施劳动合同制度的情况进行监督检查：

（一）用人单位制定直接涉及劳动者切身利益的规章制度及其执行的情况；

（二）用人单位与劳动者订立和解除劳动合同的情况；

（三）劳务派遣单位和用工单位遵守劳务派遣有关规定的情况；

（四）用人单位遵守国家关于劳动者工作时间和休息休假规定的情况；

（五）用人单位支付劳动合同约定的劳动报酬和执行最低工资标准的情况；

（六）用人单位参加各项社会保险和缴纳社会保险费的情况；

（七）法律、法规规定的其他劳动监察事项。

第七十五条 县级以上地方人民政府劳动行政部门实施监督检查时，有权查阅与劳动合同、集体合同有关的材料，有权对劳动场所进行实地检查，用人单位和劳动者都应当如实提供有关情况和材料。

劳动行政部门的工作人员进行监督检查，应当出示证件，依法行使职权，文明执法。

第七十六条 县级以上人民政府建设、卫生、安全生产监督管理等有关主管部门在各自职责范围内，对用人单位执行劳动合同制度的情况进行监督管理。

第七十七条 劳动者合法权益受到侵害的，有权要求有关部门依法处理，或者依法申请仲裁、提起诉讼。

第七十八条 工会依法维护劳动者的合法权益，对用人单位履行劳动合同、集体合同的情况进行监督。用人单位违反劳动法律、法规和劳动合同、集体合同的，工会有权提出意见或者要求纠正；劳动者申请仲裁、提起诉讼的，工会依法给予支持和帮助。

第七十九条 任何组织或者个人对违反本法的行为都有权举报，县级以上人民政府劳动行政部门应当及时核实、处理，并对举报有功人员给予奖励。

第七章 法律责任

第八十条 用人单位直接涉及劳动者切身利益的规章制度违反法律、法规规定的，由劳动行政部门责令改正，给予警告；给劳动者造成损害的，应当承担赔偿责任。

第八十一条 用人单位提供的劳动合同文本未载明本法规定的劳动合同必备条款或者用人单位未将劳动合同文本交付劳动者的，由劳动行政部门责令改正；给劳动者造成损害的，应当承担赔偿责任。

第八十二条 用人单位自用工之日起超过一个月不满一年未与劳动者

订立书面劳动合同的,应当向劳动者每月支付二倍的工资。

用人单位违反本法规定不与劳动者订立无固定期限劳动合同的,自应当订立无固定期限劳动合同之日起向劳动者每月支付二倍的工资。

第八十三条 用人单位违反本法规定与劳动者约定试用期的,由劳动行政部门责令改正;违法约定的试用期已经履行的,由用人单位以劳动者试用期满月工资为标准,按已经履行的超过法定试用期的期间向劳动者支付赔偿金。

第八十四条 用人单位违反本法规定,扣押劳动者居民身份证等证件的,由劳动行政部门责令限期退还劳动者本人,并依照有关法律规定给予处罚。

用人单位违反本法规定,以担保或者其他名义向劳动者收取财物的,由劳动行政部门责令限期退还劳动者本人,并以每人五百元以上二千元以下的标准处以罚款;给劳动者造成损害的,应当承担赔偿责任。

劳动者依法解除或者终止劳动合同,用人单位扣押劳动者档案或者其他物品的,依照前款规定处罚。

第八十五条 用人单位有下列情形之一的,由劳动行政部门责令限期支付劳动报酬、加班费或者经济补偿;劳动报酬低于当地最低工资标准的,应当支付其差额部分;逾期不支付的,责令用人单位按应付金额百分之五十以上百分之一百以下的标准向劳动者加付赔偿金:

(一)未按照劳动合同的约定或者国家规定及时足额支付劳动者劳动报酬的;

(二)低于当地最低工资标准支付劳动者工资的;

(三)安排加班不支付加班费的;

(四)解除或者终止劳动合同,未依照本法规定向劳动者支付经济补偿的。

第八十六条 劳动合同依照本法第二十六条规定被确认无效,给对方造成损害的,有过错的一方应当承担赔偿责任。

第八十七条 用人单位违反本法规定解除或者终止劳动合同的,应当依照本法第四十七条规定的经济补偿标准的二倍向劳动者支付赔偿金。

第八十八条 用人单位有下列情形之一的,依法给予行政处罚;构成犯罪的,依法追究刑事责任;给劳动者造成损害的,应当承担赔偿责任:

（一）以暴力、威胁或者非法限制人身自由的手段强迫劳动的；

（二）违章指挥或者强令冒险作业危及劳动者人身安全的；

（三）侮辱、体罚、殴打、非法搜查或者拘禁劳动者的；

（四）劳动条件恶劣、环境污染严重，给劳动者身心健康造成严重损害的。

第八十九条 用人单位违反本法规定未向劳动者出具解除或者终止劳动合同的书面证明，由劳动行政部门责令改正；给劳动者造成损害的，应当承担赔偿责任。

第九十条 劳动者违反本法规定解除劳动合同，或者违反劳动合同中约定的保密义务或者竞业限制，给用人单位造成损失的，应当承担赔偿责任。

第九十一条 用人单位招用与其他用人单位尚未解除或者终止劳动合同的劳动者，给其他用人单位造成损失的，应当承担连带赔偿责任。

第九十二条 违反本法规定，未经许可，擅自经营劳务派遣业务的，由劳动行政部门责令停止违法行为，没收违法所得，并处违法所得一倍以上五倍以下的罚款；没有违法所得的，可以处五万元以下的罚款。

劳务派遣单位、用工单位违反本法有关劳务派遣规定的，由劳动行政部门责令限期改正；逾期不改正的，以每人五千元以上一万元以下的标准处以罚款，对劳务派遣单位，吊销其劳务派遣业务经营许可证。用工单位给被派遣劳动者造成损害的，劳务派遣单位与用工单位承担连带赔偿责任。

第九十三条 对不具备合法经营资格的用人单位的违法犯罪行为，依法追究法律责任；劳动者已经付出劳动的，该单位或者其出资人应当依照本法有关规定向劳动者支付劳动报酬、经济补偿、赔偿金；给劳动者造成损害的，应当承担赔偿责任。

第九十四条 个人承包经营违反本法规定招用劳动者，给劳动者造成损害的，发包的组织与个人承包经营者承担连带赔偿责任。

第九十五条 劳动行政部门和其他有关主管部门及其工作人员玩忽职守、不履行法定职责，或者违法行使职权，给劳动者或者用人单位造成损害的，应当承担赔偿责任；对直接负责的主管人员和其他直接责任人员，依法给予行政处分；构成犯罪的，依法追究刑事责任。

第八章 附 则

第九十六条 事业单位与实行聘用制的工作人员订立、履行、变更、解除或者终止劳动合同，法律、行政法规或者国务院另有规定的，依照其规定；未作规定的，依照本法有关规定执行。

第九十七条 本法施行前已依法订立且在本法施行之日存续的劳动合同，继续履行；本法第十四条第二款第三项规定连续订立固定期限劳动合同的次数，自本法施行后续订固定期限劳动合同时开始计算。

本法施行前已建立劳动关系，尚未订立书面劳动合同的，应当自本法施行之日起一个月内订立。

本法施行之日存续的劳动合同在本法施行后解除或者终止，依照本法第四十六条规定应当支付经济补偿的，经济补偿年限自本法施行之日起计算；本法施行前按照当时有关规定，用人单位应当向劳动者支付经济补偿的，按照当时有关规定执行。

第九十八条 本法自 2008 年 1 月 1 日起施行。

中华人民共和国安全生产法（节录）

（2002 年 6 月 29 日第九届全国人民代表大会常务委员会第二十八次会议通过 根据 2009 年 8 月 27 日第十一届全国人民代表大会常务委员会第十次会议《关于修改部分法律的决定》第一次修正 根据 2014 年 8 月 31 日第十二届全国人民代表大会常务委员会第十次会议《关于修改〈中华人民共和国安全生产法〉的决定》第二次修正 根据 2021 年 6 月 10 日第十三届全国人民代表大会常务委员会第二十九次会议《关于修改〈中华人民共和国安全生产法〉的决定》第三次修正）

……

第三条 【工作方针】安全生产工作坚持中国共产党的领导。

安全生产工作应当以人为本，坚持人民至上、生命至上，把保护人民生命安全摆在首位，树牢安全发展理念，坚持安全第一、预防为主、综合治理的方针，从源头上防范化解重大安全风险。

安全生产工作实行管行业必须管安全、管业务必须管安全、管生产经营必须管安全，强化和落实生产经营单位主体责任与政府监管责任，建立生产经营单位负责、职工参与、政府监管、行业自律和社会监督的机制。

第四条 【生产经营单位基本义务】生产经营单位必须遵守本法和其他有关安全生产的法律、法规，加强安全生产管理，建立健全全员安全生产责任制和安全生产规章制度，加大对安全生产资金、物资、技术、人员的投入保障力度，改善安全生产条件，加强安全生产标准化、信息化建设，构建安全风险分级管控和隐患排查治理双重预防机制，健全风险防范化解机制，提高安全生产水平，确保安全生产。

平台经济等新兴行业、领域的生产经营单位应当根据本行业、领域的特点，建立健全并落实全员安全生产责任制，加强从业人员安全生产教育和培训，履行本法和其他法律、法规规定的有关安全生产义务。

第五条 【单位主要负责人主体责任】生产经营单位的主要负责人是本单位安全生产第一责任人，对本单位的安全生产工作全面负责。其他负责人对职责范围内的安全生产工作负责。

第六条 【从业人员安全生产权利义务】生产经营单位的从业人员有依法获得安全生产保障的权利，并应当依法履行安全生产方面的义务。

第七条 【工会职责】工会依法对安全生产工作进行监督。

生产经营单位的工会依法组织职工参加本单位安全生产工作的民主管理和民主监督，维护职工在安全生产方面的合法权益。生产经营单位制定或者修改有关安全生产的规章制度，应当听取工会的意见。

……

第二章 生产经营单位的安全生产保障

第二十条 【安全生产条件】生产经营单位应当具备本法和有关法律、行政法规和国家标准或者行业标准规定的安全生产条件；不具备安全生产条件的，不得从事生产经营活动。

第二十一条 【单位主要负责人安全生产职责】生产经营单位的主要负责人对本单位安全生产工作负有下列职责：

（一）建立健全并落实本单位全员安全生产责任制，加强安全生产标准化建设；

（二）组织制定并实施本单位安全生产规章制度和操作规程；

（三）组织制定并实施本单位安全生产教育和培训计划；

（四）保证本单位安全生产投入的有效实施；

（五）组织建立并落实安全风险分级管控和隐患排查治理双重预防工作机制，督促、检查本单位的安全生产工作，及时消除生产安全事故隐患；

（六）组织制定并实施本单位的生产安全事故应急救援预案；

（七）及时、如实报告生产安全事故。

第二十二条　【全员安全生产责任制】生产经营单位的全员安全生产责任制应当明确各岗位的责任人员、责任范围和考核标准等内容。

生产经营单位应当建立相应的机制，加强对全员安全生产责任制落实情况的监督考核，保证全员安全生产责任制的落实。

第二十三条　【保证安全生产资金投入】生产经营单位应当具备的安全生产条件所必需的资金投入，由生产经营单位的决策机构、主要负责人或者个人经营的投资人予以保证，并对由于安全生产所必需的资金投入不足导致的后果承担责任。

有关生产经营单位应当按照规定提取和使用安全生产费用，专门用于改善安全生产条件。安全生产费用在成本中据实列支。安全生产费用提取、使用和监督管理的具体办法由国务院财政部门会同国务院应急管理部门征求国务院有关部门意见后制定。

第二十四条　【安全生产管理机构及人员】矿山、金属冶炼、建筑施工、运输单位和危险物品的生产、经营、储存、装卸单位，应当设置安全生产管理机构或者配备专职安全生产管理人员。

前款规定以外的其他生产经营单位，从业人员超过一百人的，应当设置安全生产管理机构或者配备专职安全生产管理人员；从业人员在一百人以下的，应当配备专职或者兼职的安全生产管理人员。

第二十五条　【安全生产管理机构及人员的职责】生产经营单位的安全生产管理机构以及安全生产管理人员履行下列职责：

（一）组织或者参与拟订本单位安全生产规章制度、操作规程和生产安全事故应急救援预案；

(二)组织或者参与本单位安全生产教育和培训,如实记录安全生产教育和培训情况;

(三)组织开展危险源辨识和评估,督促落实本单位重大危险源的安全管理措施;

(四)组织或者参与本单位应急救援演练;

(五)检查本单位的安全生产状况,及时排查生产安全事故隐患,提出改进安全生产管理的建议;

(六)制止和纠正违章指挥、强令冒险作业、违反操作规程的行为;

(七)督促落实本单位安全生产整改措施。

生产经营单位可以设置专职安全生产分管负责人,协助本单位主要负责人履行安全生产管理职责。

第二十六条 【履职要求与履职保障】生产经营单位的安全生产管理机构以及安全生产管理人员应当恪尽职守,依法履行职责。

生产经营单位作出涉及安全生产的经营决策,应当听取安全生产管理机构以及安全生产管理人员的意见。

生产经营单位不得因安全生产管理人员依法履行职责而降低其工资、福利等待遇或者解除与其订立的劳动合同。

危险物品的生产、储存单位以及矿山、金属冶炼单位的安全生产管理人员的任免,应当告知主管的负有安全生产监督管理职责的部门。

第二十七条 【安全生产知识与管理能力】生产经营单位的主要负责人和安全生产管理人员必须具备与本单位所从事的生产经营活动相应的安全生产知识和管理能力。

危险物品的生产、经营、储存、装卸单位以及矿山、金属冶炼、建筑施工、运输单位的主要负责人和安全生产管理人员,应当由主管的负有安全生产监督管理职责的部门对其安全生产知识和管理能力考核合格。考核不得收费。

危险物品的生产、储存、装卸单位以及矿山、金属冶炼单位应当有注册安全工程师从事安全生产管理工作。鼓励其他生产经营单位聘用注册安全工程师从事安全生产管理工作。注册安全工程师按专业分类管理,具体办法由国务院人力资源和社会保障部门、国务院应急管理部门会同国务院有关部门制定。

第二十八条 【安全生产教育和培训】生产经营单位应当对从业人员进行安全生产教育和培训，保证从业人员具备必要的安全生产知识，熟悉有关的安全生产规章制度和安全操作规程，掌握本岗位的安全操作技能，了解事故应急处理措施，知悉自身在安全生产方面的权利和义务。未经安全生产教育和培训合格的从业人员，不得上岗作业。

生产经营单位使用被派遣劳动者的，应当将被派遣劳动者纳入本单位从业人员统一管理，对被派遣劳动者进行岗位安全操作规程和安全操作技能的教育和培训。劳务派遣单位应当对被派遣劳动者进行必要的安全生产教育和培训。

生产经营单位接收中等职业学校、高等学校学生实习的，应当对实习学生进行相应的安全生产教育和培训，提供必要的劳动防护用品。学校应当协助生产经营单位对实习学生进行安全生产教育和培训。

生产经营单位应当建立安全生产教育和培训档案，如实记录安全生产教育和培训的时间、内容、参加人员以及考核结果等情况。

第二十九条 【技术更新的教育和培训】生产经营单位采用新工艺、新技术、新材料或者使用新设备，必须了解、掌握其安全技术特性，采取有效的安全防护措施，并对从业人员进行专门的安全生产教育和培训。

第三十条 【特种作业人员从业资格】生产经营单位的特种作业人员必须按照国家有关规定经专门的安全作业培训，取得相应资格，方可上岗作业。

特种作业人员的范围由国务院应急管理部门会同国务院有关部门确定。

第三十一条 【建设项目安全设施"三同时"】生产经营单位新建、改建、扩建工程项目（以下统称建设项目）的安全设施，必须与主体工程同时设计、同时施工、同时投入生产和使用。安全设施投资应当纳入建设项目概算。

第三十二条 【特殊建设项目安全评价】矿山、金属冶炼建设项目和用于生产、储存、装卸危险物品的建设项目，应当按照国家有关规定进行安全评价。

第三十三条 【特殊建设项目安全设计审查】建设项目安全设施的设计人、设计单位应当对安全设施设计负责。

矿山、金属冶炼建设项目和用于生产、储存、装卸危险物品的建设项目的安全设施设计应当按照国家有关规定报经有关部门审查,审查部门及其负责审查的人员对审查结果负责。

第三十四条 【特殊建设项目安全设施验收】矿山、金属冶炼建设项目和用于生产、储存、装卸危险物品的建设项目的施工单位必须按照批准的安全设施设计施工,并对安全设施的工程质量负责。

矿山、金属冶炼建设项目和用于生产、储存、装卸危险物品的建设项目竣工投入生产或者使用前,应当由建设单位负责组织对安全设施进行验收;验收合格后,方可投入生产和使用。负有安全生产监督管理职责的部门应当加强对建设单位验收活动和验收结果的监督核查。

第三十五条 【安全警示标志】生产经营单位应当在有较大危险因素的生产经营场所和有关设施、设备上,设置明显的安全警示标志。

第三十六条 【安全设备管理】安全设备的设计、制造、安装、使用、检测、维修、改造和报废,应当符合国家标准或者行业标准。

生产经营单位必须对安全设备进行经常性维护、保养,并定期检测,保证正常运转。维护、保养、检测应当作好记录,并由有关人员签字。

生产经营单位不得关闭、破坏直接关系生产安全的监控、报警、防护、救生设备、设施,或者篡改、隐瞒、销毁其相关数据、信息。

餐饮等行业的生产经营单位使用燃气的,应当安装可燃气体报警装置,并保障其正常使用。

第三十七条 【特殊特种设备的管理】生产经营单位使用的危险物品的容器、运输工具,以及涉及人身安全、危险性较大的海洋石油开采特种设备和矿山井下特种设备,必须按照国家有关规定,由专业生产单位生产,并经具有专业资质的检测、检验机构检测、检验合格,取得安全使用证或者安全标志,方可投入使用。检测、检验机构对检测、检验结果负责。

第三十八条 【淘汰制度】国家对严重危及生产安全的工艺、设备实行淘汰制度,具体目录由国务院应急管理部门会同国务院有关部门制定并公布。法律、行政法规对目录的制定另有规定的,适用其规定。

省、自治区、直辖市人民政府可以根据本地区实际情况制定并公布具体目录,对前款规定以外的危及生产安全的工艺、设备予以淘汰。

生产经营单位不得使用应当淘汰的危及生产安全的工艺、设备。

第三十九条 【危险物品的监管】 生产、经营、运输、储存、使用危险物品或者处置废弃危险物品的，由有关主管部门依照有关法律、法规的规定和国家标准或者行业标准审批并实施监督管理。

生产经营单位生产、经营、运输、储存、使用危险物品或者处置废弃危险物品，必须执行有关法律、法规和国家标准或者行业标准，建立专门的安全管理制度，采取可靠的安全措施，接受有关主管部门依法实施的监督管理。

第四十条 【重大危险源的管理和备案】 生产经营单位对重大危险源应当登记建档，进行定期检测、评估、监控，并制定应急预案，告知从业人员和相关人员在紧急情况下应当采取的应急措施。

生产经营单位应当按照国家有关规定将本单位重大危险源及有关安全措施、应急措施报有关地方人民政府应急管理部门和有关部门备案。有关地方人民政府应急管理部门和有关部门应当通过相关信息系统实现信息共享。

第四十一条 【安全风险管控制度和事故隐患治理制度】 生产经营单位应当建立安全风险分级管控制度，按照安全风险分级采取相应的管控措施。

生产经营单位应当建立健全并落实生产安全事故隐患排查治理制度，采取技术、管理措施，及时发现并消除事故隐患。事故隐患排查治理情况应当如实记录，并通过职工大会或者职工代表大会、信息公示栏等方式向从业人员通报。其中，重大事故隐患排查治理情况应当及时向负有安全生产监督管理职责的部门和职工大会或者职工代表大会报告。

县级以上地方各级人民政府负有安全生产监督管理职责的部门应当将重大事故隐患纳入相关信息系统，建立健全重大事故隐患治理督办制度，督促生产经营单位消除重大事故隐患。

第四十二条 【生产经营场所和员工宿舍安全要求】 生产、经营、储存、使用危险物品的车间、商店、仓库不得与员工宿舍在同一座建筑物内，并应当与员工宿舍保持安全距离。

生产经营场所和员工宿舍应当设有符合紧急疏散要求、标志明显、保持畅通的出口、疏散通道。禁止占用、锁闭、封堵生产经营场所或者员工宿舍的出口、疏散通道。

第四十三条 【危险作业的现场安全管理】生产经营单位进行爆破、吊装、动火、临时用电以及国务院应急管理部门会同国务院有关部门规定的其他危险作业,应当安排专门人员进行现场安全管理,确保操作规程的遵守和安全措施的落实。

第四十四条 【从业人员的安全管理】生产经营单位应当教育和督促从业人员严格执行本单位的安全生产规章制度和安全操作规程;并向从业人员如实告知作业场所和工作岗位存在的危险因素、防范措施以及事故应急措施。

生产经营单位应当关注从业人员的身体、心理状况和行为习惯,加强对从业人员的心理疏导、精神慰藉,严格落实岗位安全生产责任,防范从业人员行为异常导致事故发生。

第四十五条 【劳动防护用品】生产经营单位必须为从业人员提供符合国家标准或者行业标准的劳动防护用品,并监督、教育从业人员按照使用规则佩戴、使用。

第四十六条 【安全检查和报告义务】生产经营单位的安全生产管理人员应当根据本单位的生产经营特点,对安全生产状况进行经常性检查;对检查中发现的安全问题,应当立即处理;不能处理的,应当及时报告本单位有关负责人,有关负责人应当及时处理。检查及处理情况应当如实记录在案。

生产经营单位的安全生产管理人员在检查中发现重大事故隐患,依照前款规定向本单位有关负责人报告,有关负责人不及时处理的,安全生产管理人员可以向主管的负有安全生产监督管理职责的部门报告,接到报告的部门应当依法及时处理。

第四十七条 【安全生产经费保障】生产经营单位应当安排用于配备劳动防护用品、进行安全生产培训的经费。

第四十八条 【安全生产协作】两个以上生产经营单位在同一作业区域内进行生产经营活动,可能危及对方生产安全的,应当签订安全生产管理协议,明确各自的安全生产管理职责和应当采取的安全措施,并指定专职安全生产管理人员进行安全检查与协调。

第四十九条 【生产经营项目、施工项目的安全管理】生产经营单位不得将生产经营项目、场所、设备发包或者出租给不具备安全生产条件或者相应资质的单位或者个人。

生产经营项目、场所发包或者出租给其他单位的,生产经营单位应当与承包单位、承租单位签订专门的安全生产管理协议,或者在承包合同、租赁合同中约定各自的安全生产管理职责;生产经营单位对承包单位、承租单位的安全生产工作统一协调、管理,定期进行安全检查,发现安全问题的,应当及时督促整改。

矿山、金属冶炼建设项目和用于生产、储存、装卸危险物品的建设项目的施工单位应当加强对施工项目的安全管理,不得倒卖、出租、出借、挂靠或者以其他形式非法转让施工资质,不得将其承包的全部建设工程转包给第三人或者将其承包的全部建设工程支解以后以分包的名义分别转包给第三人,不得将工程分包给不具备相应资质条件的单位。

第五十条 【单位主要负责人组织事故抢救职责】生产经营单位发生生产安全事故时,单位的主要负责人应当立即组织抢救,并不得在事故调查处理期间擅离职守。

第五十一条 【工伤保险和安全生产责任保险】生产经营单位必须依法参加工伤保险,为从业人员缴纳保险费。

国家鼓励生产经营单位投保安全生产责任保险;属于国家规定的高危行业、领域的生产经营单位,应当投保安全生产责任保险。具体范围和实施办法由国务院应急管理部门会同国务院财政部门、国务院保险监督管理机构和相关行业主管部门制定。

第三章 从业人员的安全生产权利义务

第五十二条 【劳动合同的安全条款】生产经营单位与从业人员订立的劳动合同,应当载明有关保障从业人员劳动安全、防止职业危害的事项,以及依法为从业人员办理工伤保险的事项。

生产经营单位不得以任何形式与从业人员订立协议,免除或者减轻其对从业人员因生产安全事故伤亡依法应承担的责任。

第五十三条 【知情权和建议权】生产经营单位的从业人员有权了解其作业场所和工作岗位存在的危险因素、防范措施及事故应急措施,有权对本单位的安全生产工作提出建议。

第五十四条 【批评、检举、控告、拒绝权】从业人员有权对本单位安全生产工作中存在的问题提出批评、检举、控告；有权拒绝违章指挥和强令冒险作业。

生产经营单位不得因从业人员对本单位安全生产工作提出批评、检举、控告或者拒绝违章指挥、强令冒险作业而降低其工资、福利等待遇或者解除与其订立的劳动合同。

第五十五条　【紧急处置权】从业人员发现直接危及人身安全的紧急情况时，有权停止作业或者在采取可能的应急措施后撤离作业场所。

生产经营单位不得因从业人员在前款紧急情况下停止作业或者采取紧急撤离措施而降低其工资、福利等待遇或者解除与其订立的劳动合同。

第五十六条　【事故后的人员救治和赔偿】生产经营单位发生生产安全事故后，应当及时采取措施救治有关人员。

因生产安全事故受到损害的从业人员，除依法享有工伤保险外，依照有关民事法律尚有获得赔偿的权利的，有权提出赔偿要求。

第五十七条　【落实岗位安全责任和服从安全管理】从业人员在作业过程中，应当严格落实岗位安全责任，遵守本单位的安全生产规章制度和操作规程，服从管理，正确佩戴和使用劳动防护用品。

第五十八条　【接受安全生产教育和培训义务】从业人员应当接受安全生产教育和培训，掌握本职工作所需的安全生产知识，提高安全生产技能，增强事故预防和应急处理能力。

第五十九条　【事故隐患和不安全因素的报告义务】从业人员发现事故隐患或者其他不安全因素，应当立即向现场安全生产管理人员或者本单位负责人报告；接到报告的人员应当及时予以处理。

第六十条　【工会监督】工会有权对建设项目的安全设施与主体工程同时设计、同时施工、同时投入生产和使用进行监督，提出意见。

工会对生产经营单位违反安全生产法律、法规，侵犯从业人员合法权益的行为，有权要求纠正；发现生产经营单位违章指挥、强令冒险作业或者发现事故隐患时，有权提出解决的建议，生产经营单位应当及时研究答复；发现危及从业人员生命安全的情况时，有权向生产经营单位建议组织从业人员撤离危险场所，生产经营单位必须立即作出处理。

工会有权依法参加事故调查，向有关部门提出处理意见，并要求追究有关人员的责任。

第六十一条 【被派遣劳动者的权利义务】生产经营单位使用被派遣劳动者的,被派遣劳动者享有本法规定的从业人员的权利,并应当履行本法规定的从业人员的义务。

……

中华人民共和国职业病防治法(节录)

(2001年10月27日第九届全国人民代表大会常务委员会第二十四次会议通过 根据2011年12月31日第十一届全国人民代表大会常务委员会第二十四次会议《关于修改〈中华人民共和国职业病防治法〉的决定》第一次修正 根据2016年7月2日第十二届全国人民代表大会常务委员会第二十一次会议《关于修改〈中华人民共和国节约能源法〉等六部法律的决定》第二次修正 根据2017年11月4日第十二届全国人民代表大会常务委员会第三十次会议《关于修改〈中华人民共和国会计法〉等十一部法律的决定》第三次修正 根据2018年12月29日第十三届全国人民代表大会常务委员会第七次会议《关于修改〈中华人民共和国劳动法〉等七部法律的决定》第四次修正)

……

第四条 劳动者依法享有职业卫生保护的权利。

用人单位应当为劳动者创造符合国家职业卫生标准和卫生要求的工作环境和条件,并采取措施保障劳动者获得职业卫生保护。

工会组织依法对职业病防治工作进行监督,维护劳动者的合法权益。用人单位制定或者修改有关职业病防治的规章制度,应当听取工会组织的意见。

……

第三章 劳动过程中的防护与管理

第二十条 用人单位应当采取下列职业病防治管理措施:

（一）设置或者指定职业卫生管理机构或者组织，配备专职或者兼职的职业卫生管理人员，负责本单位的职业病防治工作；

（二）制定职业病防治计划和实施方案；

（三）建立、健全职业卫生管理制度和操作规程；

（四）建立、健全职业卫生档案和劳动者健康监护档案；

（五）建立、健全工作场所职业病危害因素监测及评价制度；

（六）建立、健全职业病危害事故应急救援预案。

第二十一条 用人单位应当保障职业病防治所需的资金投入，不得挤占、挪用，并对因资金投入不足导致的后果承担责任。

第二十二条 用人单位必须采用有效的职业病防护设施，并为劳动者提供个人使用的职业病防护用品。

用人单位为劳动者个人提供的职业病防护用品必须符合防治职业病的要求；不符合要求的，不得使用。

第二十三条 用人单位应当优先采用有利于防治职业病和保护劳动者健康的新技术、新工艺、新设备、新材料，逐步替代职业病危害严重的技术、工艺、设备、材料。

第二十四条 产生职业病危害的用人单位，应当在醒目位置设置公告栏，公布有关职业病防治的规章制度、操作规程、职业病危害事故应急救援措施和工作场所职业病危害因素检测结果。

对产生严重职业病危害的作业岗位，应当在其醒目位置，设置警示标识和中文警示说明。警示说明应当载明产生职业病危害的种类、后果、预防以及应急救治措施等内容。

第二十五条 对可能发生急性职业损伤的有毒、有害工作场所，用人单位应当设置报警装置，配置现场急救用品、冲洗设备、应急撤离通道和必要的泄险区。

对放射工作场所和放射性同位素的运输、贮存，用人单位必须配置防护设备和报警装置，保证接触放射线的工作人员佩戴个人剂量计。

对职业病防护设备、应急救援设施和个人使用的职业病防护用品，用人单位应当进行经常性的维护、检修，定期检测其性能和效果，确保其处于正常状态，不得擅自拆除或者停止使用。

第二十六条 用人单位应当实施由专人负责的职业病危害因素日常监

测,并确保监测系统处于正常运行状态。

用人单位应当按照国务院卫生行政部门的规定,定期对工作场所进行职业病危害因素检测、评价。检测、评价结果存入用人单位职业卫生档案,定期向所在地卫生行政部门报告并向劳动者公布。

职业病危害因素检测、评价由依法设立的取得国务院卫生行政部门或者设区的市级以上地方人民政府卫生行政部门按照职责分工给予资质认可的职业卫生技术服务机构进行。职业卫生技术服务机构所作检测、评价应当客观、真实。

发现工作场所职业病危害因素不符合国家职业卫生标准和卫生要求时,用人单位应当立即采取相应治理措施,仍然达不到国家职业卫生标准和卫生要求的,必须停止存在职业病危害因素的作业;职业病危害因素经治理后,符合国家职业卫生标准和卫生要求的,方可重新作业。

第二十七条 职业卫生技术服务机构依法从事职业病危害因素检测、评价工作,接受卫生行政部门的监督检查。卫生行政部门应当依法履行监督职责。

第二十八条 向用人单位提供可能产生职业病危害的设备的,应当提供中文说明书,并在设备的醒目位置设置警示标识和中文警示说明。警示说明应当载明设备性能、可能产生的职业病危害、安全操作和维护注意事项、职业病防护以及应急救治措施等内容。

第二十九条 向用人单位提供可能产生职业病危害的化学品、放射性同位素和含有放射性物质的材料的,应当提供中文说明书。说明书应当载明产品特性、主要成份、存在的有害因素、可能产生的危害后果、安全使用注意事项、职业病防护以及应急救治措施等内容。产品包装应当有醒目的警示标识和中文警示说明。贮存上述材料的场所应当在规定的部位设置危险物品标识或者放射性警示标识。

国内首次使用或者首次进口与职业病危害有关的化学材料,使用单位或者进口单位按照国家规定经国务院有关部门批准后,应当向国务院卫生行政部门报送该化学材料的毒性鉴定以及经有关部门登记注册或者批准进口的文件等资料。

进口放射性同位素、射线装置和含有放射性物质的物品的,按照国家有关规定办理。

第三十条　任何单位和个人不得生产、经营、进口和使用国家明令禁止使用的可能产生职业病危害的设备或者材料。

第三十一条　任何单位和个人不得将产生职业病危害的作业转移给不具备职业病防护条件的单位和个人。不具备职业病防护条件的单位和个人不得接受产生职业病危害的作业。

第三十二条　用人单位对采用的技术、工艺、设备、材料，应当知悉其产生的职业病危害，对有职业病危害的技术、工艺、设备、材料隐瞒其危害而采用的，对所造成的职业病危害后果承担责任。

第三十三条　用人单位与劳动者订立劳动合同（含聘用合同，下同）时，应当将工作过程中可能产生的职业病危害及其后果、职业病防护措施和待遇等如实告知劳动者，并在劳动合同中写明，不得隐瞒或者欺骗。

劳动者在已订立劳动合同期间因工作岗位或者工作内容变更，从事与所订立劳动合同中未告知的存在职业病危害的作业时，用人单位应当依照前款规定，向劳动者履行如实告知的义务，并协商变更原劳动合同相关条款。

用人单位违反前两款规定的，劳动者有权拒绝从事存在职业病危害的作业，用人单位不得因此解除与劳动者所订立的劳动合同。

第三十四条　用人单位的主要负责人和职业卫生管理人员应当接受职业卫生培训，遵守职业病防治法律、法规，依法组织本单位的职业病防治工作。

用人单位应当对劳动者进行上岗前的职业卫生培训和在岗期间的定期职业卫生培训，普及职业卫生知识，督促劳动者遵守职业病防治法律、法规、规章和操作规程，指导劳动者正确使用职业病防护设备和个人使用的职业病防护用品。

劳动者应当学习和掌握相关的职业卫生知识，增强职业病防范意识，遵守职业病防治法律、法规、规章和操作规程，正确使用、维护职业病防护设备和个人使用的职业病防护用品，发现职业病危害事故隐患应当及时报告。

劳动者不履行前款规定义务的，用人单位应当对其进行教育。

第三十五条　对从事接触职业病危害的作业的劳动者，用人单位应当按照国务院卫生行政部门的规定组织上岗前、在岗期间和离岗时的职业健康检查，并将检查结果书面告知劳动者。职业健康检查费用由用人单位承担。

用人单位不得安排未经上岗前职业健康检查的劳动者从事接触职业病危害的作业；不得安排有职业禁忌的劳动者从事其所禁忌的作业；对在职业健康检查中发现有与所从事的职业相关的健康损害的劳动者，应当调离原工作岗位，并妥善安置；对未进行离岗前职业健康检查的劳动者不得解除或者终止与其订立的劳动合同。

职业健康检查应当由取得《医疗机构执业许可证》的医疗卫生机构承担。卫生行政部门应当加强对职业健康检查工作的规范管理，具体管理办法由国务院卫生行政部门制定。

第三十六条 用人单位应当为劳动者建立职业健康监护档案，并按照规定的期限妥善保存。

职业健康监护档案应当包括劳动者的职业史、职业病危害接触史、职业健康检查结果和职业病诊疗等有关个人健康资料。

劳动者离开用人单位时，有权索取本人职业健康监护档案复印件，用人单位应当如实、无偿提供，并在所提供的复印件上签章。

第三十七条 发生或者可能发生急性职业病危害事故时，用人单位应当立即采取应急救援和控制措施，并及时报告所在地卫生行政部门和有关部门。卫生行政部门接到报告后，应当及时会同有关部门组织调查处理；必要时，可以采取临时控制措施。卫生行政部门应当组织做好医疗救治工作。

对遭受或者可能遭受急性职业病危害的劳动者，用人单位应当及时组织救治、进行健康检查和医学观察，所需费用由用人单位承担。

第三十八条 用人单位不得安排未成年工从事接触职业病危害的作业；不得安排孕期、哺乳期的女职工从事对本人和胎儿、婴儿有危害的作业。

第三十九条 劳动者享有下列职业卫生保护权利：

（一）获得职业卫生教育、培训；

（二）获得职业健康检查、职业病诊疗、康复等职业病防治服务；

（三）了解工作场所产生或者可能产生的职业病危害因素、危害后果和应当采取的职业病防护措施；

（四）要求用人单位提供符合防治职业病要求的职业病防护设施和个人使用的职业病防护用品，改善工作条件；

（五）对违反职业病防治法律、法规以及危及生命健康的行为提出批评、检举和控告；

（六）拒绝违章指挥和强令进行没有职业病防护措施的作业；

（七）参与用人单位职业卫生工作的民主管理，对职业病防治工作提出意见和建议。

用人单位应当保障劳动者行使前款所列权利。因劳动者依法行使正当权利而降低其工资、福利等待遇或者解除、终止与其订立的劳动合同的，其行为无效。

第四十条 工会组织应当督促并协助用人单位开展职业卫生宣传教育和培训，有权对用人单位的职业病防治工作提出意见和建议，依法代表劳动者与用人单位签订劳动安全卫生专项集体合同，与用人单位就劳动者反映的有关职业病防治的问题进行协商并督促解决。

工会组织对用人单位违反职业病防治法律、法规，侵犯劳动者合法权益的行为，有权要求纠正；产生严重职业病危害时，有权要求采取防护措施，或者向政府有关部门建议采取强制性措施；发生职业病危害事故时，有权参与事故调查处理；发现危及劳动者生命健康的情形时，有权向用人单位建议组织劳动者撤离危险现场，用人单位应当立即作出处理。

第四十一条 用人单位按照职业病防治要求，用于预防和治理职业病危害、工作场所卫生检测、健康监护和职业卫生培训等费用，按照国家有关规定，在生产成本中据实列支。

第四十二条 职业卫生监督管理部门应当按照职责分工，加强对用人单位落实职业病防护管理措施情况的监督检查，依法行使职权，承担责任。

……

禁止使用童工规定

(2002年9月18日国务院第63次常务会议通过 2002年10月1日中华人民共和国国务院令第364号公布 自2002年12月1日起施行)

第一条 为保护未成年人的身心健康，促进义务教育制度的实施，维护未成年人的合法权益，根据宪法和劳动法、未成年人保护法，制定本规定。

第二条 国家机关、社会团体、企业事业单位、民办非企业单位或者个体工商户（以下统称用人单位）均不得招用不满16周岁的未成年人（招用不满16周岁的未成年人，以下统称使用童工）。

禁止任何单位或者个人为不满16周岁的未成年人介绍就业。

禁止不满16周岁的未成年人开业从事个体经营活动。

第三条 不满16周岁的未成年人的父母或者其他监护人应当保护其身心健康，保障其接受义务教育的权利，不得允许其被用人单位非法招用。

不满16周岁的未成年人的父母或者其他监护人允许其被用人单位非法招用的，所在地的乡（镇）人民政府、城市街道办事处以及村民委员会、居民委员会应当给予批评教育。

第四条 用人单位招用人员时，必须核查被招用人员的身份证；对不满16周岁的未成年人，一律不得录用。用人单位录用人员的录用登记、核查材料应当妥善保管。

第五条 县级以上各级人民政府劳动保障行政部门负责本规定执行情况的监督检查。

县级以上各级人民政府公安、工商行政管理、教育、卫生等行政部门在各自职责范围内对本规定的执行情况进行监督检查，并对劳动保障行政部门的监督检查给予配合。

工会、共青团、妇联等群众组织应当依法维护未成年人的合法权益。

任何单位或者个人发现使用童工的，均有权向县级以上人民政府劳动保障行政部门举报。

第六条 用人单位使用童工的，由劳动保障行政部门按照每使用一名童工每月处 5000 元罚款的标准给予处罚；在使用有毒物品的作业场所使用童工的，按照《使用有毒物品作业场所劳动保护条例》规定的罚款幅度，或者按照每使用一名童工每月处 5000 元罚款的标准，从重处罚。劳动保障行政部门并应当责令用人单位限期将童工送回原居住地交其父母或者其他监护人，所需交通和食宿费用全部由用人单位承担。

用人单位经劳动保障行政部门依照前款规定责令限期改正，逾期仍不将童工送交其父母或者其他监护人的，从责令限期改正之日起，由劳动保障行政部门按照每使用一名童工每月处 1 万元罚款的标准处罚，并由工商行政管理部门吊销其营业执照或者由民政部门撤销民办非企业单位登记；用人单位是国家机关、事业单位的，由有关单位依法对直接负责的主管人员和其他直接责任人员给予降级或者撤职的行政处分或者纪律处分。

第七条 单位或者个人为不满 16 周岁的未成年人介绍就业的，由劳动保障行政部门按照每介绍一人处 5000 元罚款的标准给予处罚；职业中介机构为不满 16 周岁的未成年人介绍就业的，并由劳动保障行政部门吊销其职业介绍许可证。

第八条 用人单位未按照本规定第四条的规定保存录用登记材料，或者伪造录用登记材料的，由劳动保障行政部门处 1 万元的罚款。

第九条 无营业执照、被依法吊销营业执照的单位以及未依法登记、备案的单位使用童工或者介绍童工就业的，依照本规定第六条、第七条、第八条规定的标准加一倍罚款，该非法单位由有关的行政主管部门予以取缔。

第十条 童工患病或者受伤的，用人单位应当负责送到医疗机构治疗，并负担治疗期间的全部医疗和生活费用。

童工伤残或者死亡的，用人单位由工商行政管理部门吊销营业执照或者由民政部门撤销民办非企业单位登记；用人单位是国家机关、事业单位的，由有关单位依法对直接负责的主管人员和其他直接责任人员给予降级或者撤职的行政处分或者纪律处分；用人单位还应当一次性地对伤残的童工、死亡童工的直系亲属给予赔偿，赔偿金额按照国家工伤保险的有关规定计算。

第十一条 拐骗童工，强迫童工劳动，使用童工从事高空、井下、放射性、高毒、易燃易爆以及国家规定的第四级体力劳动强度的劳动，使用不满 14 周岁的童工，或者造成童工死亡或者严重伤残的，依照刑法关于拐卖儿童罪、强迫劳动罪或者其他罪的规定，依法追究刑事责任。

第十二条 国家行政机关工作人员有下列行为之一的，依法给予记大过或者降级的行政处分；情节严重的，依法给予撤职或者开除的行政处分；构成犯罪的，依照刑法关于滥用职权罪、玩忽职守罪或者其他罪的规定，依法追究刑事责任：

（一）劳动保障等有关部门工作人员在禁止使用童工的监督检查工作中发现使用童工的情况，不予制止、纠正、查处的；

（二）公安机关的人民警察违反规定发放身份证或者在身份证上登录虚假出生年月的；

（三）工商行政管理部门工作人员发现申请人是不满 16 周岁的未成年人，仍然为其从事个体经营发放营业执照的。

第十三条 文艺、体育单位经未成年人的父母或者其他监护人同意，可以招用不满 16 周岁的专业文艺工作者、运动员。用人单位应当保障被招用的不满 16 周岁的未成年人的身心健康，保障其接受义务教育的权利。文艺、体育单位招用不满 16 周岁的专业文艺工作者、运动员的办法，由国务院劳动保障行政部门会同国务院文化、体育行政部门制定。

学校、其他教育机构以及职业培训机构按照国家有关规定组织不满 16 周岁的未成年人进行不影响其人身安全和身心健康的教育实践劳动、职业技能培训劳动，不属于使用童工。

第十四条 本规定自 2002 年 12 月 1 日起施行。1991 年 4 月 15 日国务院发布的《禁止使用童工规定》同时废止。

工会劳动保护监督检查员工作条例

（2001 年 12 月 31 日）

第一条 为履行工会劳动保护监督检查的职责，维护职工在劳动过程中的安全与健康，根据《中华人民共和国工会法》、《中华人民共和国劳动法》和国家有关劳动安全卫生法律法规的规定，制定本条例。

第二条 工会组织依法履行劳动保护监督检查职责，建立劳动保护监督检查制度，对安全生产工作实行群众监督，维护职工的合法权益。

第三条 在县（含）以上总工会、产业工会中设立工会劳动保护监督检查员。可聘请有关方面熟悉劳动保护业务的人员担任兼职工会劳动保护监督检查员。

第四条 中华全国总工会，省、自治区、直辖市总工会，全国产业工会，省辖市总工会对工会劳动保护监督检查员有审批权。

省、自治区、直辖市总工会，全国产业工会和中华全国总工会有关部门的工会劳动保护监督检查员由中华全国总工会审批任命。

省辖市总工会、省产业工会的工会劳动保护监督检查员由省、自治区、直辖市总工会、全国产业工会审批任命，报中华全国总工会备案。

县级总工会的劳动保护监督检查员由省辖市总工会审批任命，报省、自治区、直辖市总工会备案。

工会劳动保护监督检查员由其所隶属的工会组织考核、申报。

工会劳动保护监督检查员证件由中华全国总工会统一印制。

第五条 工会劳动保护监督检查员在其所隶属的工会组织领导下工作，代表工会组织依法实施劳动保护监督检查；也可受任命机关委托，代表任命机关执行监督检查任务。

第六条 工会劳动保护监督检查员应具有大专以上文化程度、具有一定的生产实践经验，并从事工会劳动保护工作一年以上，应有较高的政治、业务水平，熟悉和掌握有关劳动安全卫生法律法规和劳动保护业务；科级以上、从事五年以上劳动保护工作的工会干部也可以担任工会劳动保护监督检查员。工会劳动保护监督检查员任命前必须经过劳动保护岗位培训，考核合格。

第七条 工会劳动保护监督检查员代表工会组织行使下列职权：

（一）参与劳动安全卫生法律、法规和重大决策、措施的制定，监督劳动安全卫生法律法规和政策的贯彻执行。

（二）监督检查本地区、行业和企事业的劳动安全卫生工作，对劳动安全卫生状况进行分析，对危害职工劳动安全与健康的问题进行调查，向政府及有关部门、企事业单位反映需要解决的问题，提出整改治理的建议。

（三）制止违章指挥、违章作业。在监督检查时，发现存在事故隐患、职业危害和违反国家劳动安全卫生法律法规的问题，有权要求企事业进行整改，监督企事业采取防范事故和职业危害的措施；发现存在严重事故隐患或职业危害的提请所隶属的工会组织向企事业单位发出书面整改建议，并督促企事业单位解决；对拒不整改的，提请政府有关部门采取强制性措施。

（四）在生产过程中发现明显重大事故隐患和严重职业危害，并危及职工生命安全的紧急情况时，有权向企事业行政或现场指挥人员要求采取紧急措施，包括立即从危险区内撤出作业人员。同时支持或组织职工采取必要的避险措施并立即报告。

（五）依法参加职工伤亡事故的调查和处理，监督企事业单位采取防范措施，对造成伤亡事故和经济损失的责任者，提出处理意见。对触犯刑律的责任者，建议其追究法律责任。

（六）参加新建、扩建和技术改造工程项目劳动安全卫生设施的设计审查和竣工验收，对劳动条件和安全卫生设施存在的问题提出意见和建议。

（七）监督和协助企事业单位严格执行国家劳动安全卫生规程和标准，建立、健全劳动安全卫生制度；监督检查劳动安全卫生设施；监督检查技术措施计划的执行及经费投入、使用的情况；监督检查企事业单位的安全生产状况。

（八）支持基层工会劳动保护监督检查委员会和工会小组劳动保护检查员开展工作，在劳动保护业务上给予指导。

第八条 工会劳动保护监督检查员履行下列义务：

（一）严格执行国家法律法规和政策，实事求是，坚持原则，联系群众，依法监督。

（二）宣传国家劳动安全卫生法律法规和政策，教育职工遵守国家有关劳动安全卫生的各项法律法规和企事业单位的规章制度，推广先进的安全管理方法、预防事故和职业危害技术。

（三）与政府有关部门密切合作。

（四）学习相关知识，提高自身素质，适应工会劳动保护监督检查工作的要求。

第九条　工会劳动保护监督检查员执行任务时，应出示《工会劳动保护监督检查员证》。实施监督检查时，企事业单位应予以配合，提供方便。对拒绝或阻挠监督检查员工作的单位和个人，提请有关部门严肃处理。

第十条　工会劳动保护监督检查员应定期向其所隶属的工会汇报工作。受任命机关委托执行监督检查任务时应向任命机关提交专题报告。

第十一条　工会组织对工会劳动保护监督检查员进行管理、业务指导和定期培训。

第十二条　任命机关定期考核工会劳动保护监督检查员的工作。对成绩显著者给予表彰奖励，对失职者取消其监督检查员资格。

第十三条　工会劳动保护监督检查员所隶属的工会组织为其开展工作提供交通、通讯等工作条件和必要的工作经费。工会劳动保护监督检查员按规定享受个人防护用品、保健津贴等待遇。

第十四条　各省、自治区、直辖市总工会和全国产业工会根据本地区、本行业具体情况，制订实施细则。

第十五条　本条例解释权属中华全国总工会。

第十六条　本条例自颁布之日起实施。

工会劳动保护工作责任制（试行）

（2005 年 6 月 22 日）

为了履行工会在国家安全生产工作格局中的"群众监督参与"职责，进一步规范和推动工会劳动保护工作，维护职工的安全健康合法权益，根据《工会法》、《安全生产法》、《职业病防治法》等法律法规，制订本责任制。

一、职工在生产过程中的安全健康是职工合法权益的重要内容。各级工会组织必须贯彻"安全第一，预防为主"的方针，坚持"预防为主，群防群治，群专结合，依法监督"的原则，依据国家有关法律法规的规定，履行法律赋予工会组织的权利与义务，独立自主、认真负责地开展群众性劳动保护监督检查活动，切实维护职工安全健康合法权益。

二、各级地方总工会主席对本地区工会劳动保护工作负全面领导责任；

分管副主席负直接领导责任；劳动保护部门负直接责任，履行以下职责：

1. 监督和协助政府有关部门以及企业贯彻执行国家有关劳动安全卫生政策、法律法规和标准。

2. 开展调查研究，听取职工群众的意见建议和工会劳动保护工作汇报，研究安全生产方面存在的重大问题，提出解决问题的意见或建议。

3. 独立或会同有关部门进行安全生产检查，促进企业不断改善劳动条件。对于重大事故隐患和严重职业危害应当实行建档备查，发放隐患整改通知书，并跟踪督促企业整改；对拒绝整改的，应及时报告上级工会及有关部门进行处理。

4. 参加生产性建设工程项目"三同时"的审查验收工作，对不符合"三同时"规定的，向有关方面提出存在问题及解决的建议。对劳动条件和安全卫生设施不符合国家标准或行业标准的，不予签字。

5. 按照国家伤亡事故和严重职业危害调查处理的有关规定，相应的地方总工会派员参加伤亡事故和严重职业危害的调查处理。

6. 指导企业工会开展"安康杯"竞赛等群众性劳动保护活动，总结推广群众性劳动保护监督检查的先进经验。

7. 在评选先进和劳动模范中，对发生重特大死亡事故或存在严重职业危害的企业和负有责任的个人，提出意见，落实一票否决权。

三、各级地方总工会应建立负责劳动保护的工作机构，配备劳动保护专兼职干部，为劳动保护部门提供必要的经费、设备、交通和通讯工具。

四、企业工会主席对企业工会劳动保护工作负全面领导责任；分管副主席负直接领导责任；劳动保护部门（或专兼职人员）负直接责任，履行以下职责：

1. 建立健全群众性劳动保护监督检查组织网络。

2. 听取工会劳动保护工作汇报和职工群众的意见，研究解决工会劳动保护工作的重大问题，指导工会劳动保护工作的开展。

3. 监督和协助企业贯彻落实国家有关劳动安全卫生法律法规和标准。参与企业安全生产责任制、劳动安全卫生规章制度、生产安全事故应急救援预案的制定和修改工作。

4. 参与集体合同中有关劳动安全卫生条款的协商与制定，督促合同相关内容的落实。

5. 参加本企业生产性建设工程项目"三同时"审查验收工作和伤亡事故的调查处理，按规定上报伤亡事故。

6. 独立或会同企业行政开展安全检查。对查出的问题要及时督促企业整改；对重大事故隐患和职业危害要建立档案，并跟踪监督整改；对本企业无法解决的重大隐患向上一级工会反映。

7. 组织职工开展"安康杯"竞赛等群众性安全生产活动。

8. 宣传职工在劳动安全卫生方面享有的权利与义务，教育职工遵章守纪，协助企业行政搞好安全教育培训，提高职工的安全意识和自我保护能力。

9. 密切关注生产过程中危及职工安全健康的问题。坚决制止违章指挥、强令工人冒险作业，遇到明显重大事故隐患或职业危害，危及职工生命安全时，应代表职工立即向企业行政或现场指挥人员提出停产解决的建议。

五、企业工会在履行维护职工安全健康合法权益遇到障碍、阻力，以至影响正常开展工作时，应当及时向上一级工会反映，上一级工会应给予支持和帮助。

六、上级工会在参加重特大伤亡事故和严重职业病危害事故调查时，发现下级工会有关人员没有履行工会劳动保护职责并导致严重后果的，应进行调查，提出处理建议。

七、上级工会应对下级工会执行本责任制的情况进行监督检查。对认真履行职责，做出突出成绩的给予表彰奖励；对未能履行职责的，给予批评教育，并督促其改正。

八、乡镇、街道基层工会联合会，可以参照地方总工会的责任执行。

工会劳动法律监督办法

（2021 年 3 月 31 日　总工办发〔2021〕9 号）

第一章　总　　则

第一条　为保障和规范工会劳动法律监督工作，维护职工合法权益，推动构建和谐劳动关系，根据《中华人民共和国宪法》和《中华人民共和国工会法》、《中华人民共和国劳动法》及《中国工会章程》等有关规定，制定本办法。

第二条　工会劳动法律监督，是工会依法对劳动法律法规执行情况进行的有组织的群众监督，是我国劳动法律监督体系的重要组成部分。

第三条　工会劳动法律监督工作应当遵循依法规范、客观公正、依靠职工、协调配合的原则。

第四条　全国总工会负责全国的工会劳动法律监督工作。

县级以上地方总工会负责本行政区域内的工会劳动法律监督工作。

乡镇（街道）工会、开发区（工业园区）工会、区域性、行业性工会联合会等负责本区域或本行业的工会劳动法律监督工作。

用人单位工会负责本单位的工会劳动法律监督工作。

第五条　上级工会应当加强对下级工会劳动法律监督工作的指导和督促检查。

涉及工会劳动法律监督的重大事项，下级工会应当及时向上级工会报告，上级工会应当及时给予指导帮助。对上级工会交办的劳动法律监督事项，下级工会应当及时办理并报告。

第六条　工会应当积极配合有关部门，对政府部门贯彻实施劳动法律法规的情况进行监督。

第七条　有关劳动安全卫生、社会保险等各类专业监督检查，已有相关规定的，按规定执行。

第二章　监督职责

第八条　工会开展劳动法律监督，依法享有下列权利：

（一）监督用人单位遵守劳动法律法规的情况；

（二）参与调查处理；

（三）提出意见要求依法改正；

（四）提请政府有关主管部门依法处理；

（五）支持和帮助职工依法行使劳动法律监督权利；

（六）法律法规规定的其他劳动法律监督权利。

第九条　工会对用人单位的下列情况实施监督：

（一）执行国家有关就业规定的情况；

（二）执行国家有关订立、履行、变更、解除劳动合同规定的情况；

（三）开展集体协商，签订和履行集体合同的情况；

（四）执行国家有关工作时间、休息、休假规定的情况；

（五）执行国家有关工资报酬规定的情况；

（六）执行国家有关各项劳动安全卫生及伤亡事故和职业病处理规定的情况；

（七）执行国家有关女职工和未成年工特殊保护规定的情况；

（八）执行国家有关职业培训和职业技能考核规定的情况；

（九）执行国家有关职工保险、福利待遇规定的情况；

（十）制定内部劳动规章制度的情况；

（十一）法律法规规定的其他劳动法律监督事项。

第十条 工会重点监督用人单位恶意欠薪、违法超时加班、违法裁员、未缴纳或未足额缴纳社会保险费、侮辱体罚、强迫劳动、就业歧视、使用童工、损害职工健康等问题。对发现的有关问题线索，应当调查核实，督促整改，并及时向上级工会报告；对职工申请仲裁、提起诉讼的，工会应当依法给予支持和帮助。

第十一条 工会应当加强法治宣传，引导用人单位依法用工，教育职工依法理性表达合理诉求。

第十二条 工会建立隐患排查、风险研判和预警发布等制度机制，加强劳动关系矛盾预防预警、信息报送和多方沟通协商，把劳动关系矛盾风险隐患化解在基层、消除在萌芽状态。

第十三条 县级以上工会经同级人大、政协同意，可以参加其组织的劳动法律法规执法检查、视察。

第三章 监督组织

第十四条 县级以上总工会设立工会劳动法律监督委员会，在同级工会领导下开展工会劳动法律监督工作。工会劳动法律监督委员会的日常工作由工会有关部门负责。

基层工会或职工代表大会设立劳动法律监督委员会或监督小组。工会劳动法律监督委员会受同级工会委员会领导。职工代表大会设立的劳动法律监督委员会对职工代表大会负责。

工会劳动法律监督委员会任期与本级工会任期相同。

第十五条 县级以上工会劳动法律监督委员会委员由相关业务部门的人员组成，也可以聘请社会有关人士参加。

基层工会劳动法律监督委员会委员或监督小组成员从工会工作者和职工群众中推选产生。

第十六条 工会劳动法律监督委员会可以聘任若干劳动法律监督员。工会劳动法律监督委员会成员同时为本级工会劳动法律监督员。

第十七条 工会劳动法律监督员应当具备以下条件：

（一）具有较高的政治觉悟，热爱工会工作；

（二）熟悉劳动法律法规，具备履职能力；

（三）公道正派，热心为职工群众说话办事；

（四）奉公守法，清正廉洁。

第十八条 工会劳动法律监督员实行先培训合格、后持证上岗制度。工会劳动法律监督员由县级以上总工会负责培训，对考核合格的，颁发《工会劳动法律监督员证书》。证书样式由中华全国总工会统一制定。

第十九条 各级工会应当建立有关制度和信息档案，对工会劳动法律监督员进行实名制管理，具体工作由工会有关部门负责。

第二十条 工会可以聘请人大代表、政协委员、专家学者、社会人士等作为本级工会劳动法律监督委员会顾问，也可以通过聘请律师、购买服务等方式为工会劳动法律监督委员会提供法律服务。

第四章 监督实施

第二十一条 基层工会对本单位遵守劳动法律法规的情况实行监督，对劳动过程中发生的违反劳动法律法规的问题，应当及时向生产管理人员提出改进意见；对于严重损害劳动者合法权益的行为，基层工会在向单位行政提出意见的同时，可以向上级工会和当地政府有关主管部门报告，提出查处建议。

第二十二条 职工代表大会设立的劳动法律监督委员会，对本单位执行劳动法律法规的情况进行监督检查，定期向职工代表大会报告工作，针对存在的问题提出意见或议案，经职工代表大会作出决议，督促行政方面执行。

第二十三条　工会建立健全劳动法律监督投诉制度，对实名投诉人个人信息应当予以保密。

第二十四条　上级工会收到对用人单位违反劳动法律法规行为投诉的，应当及时转交所在用人单位工会受理，所在用人单位工会应当开展调查，于三十个工作日内将结果反馈职工与上级工会。对不属于监督范围或者已经由行政机关、仲裁机构、人民法院受理的投诉事项，所在用人单位工会应当告知实名投诉人。

用人单位工会开展劳动法律监督工作有困难的，上级工会应当及时给予指导帮助。

第二十五条　工会在处理投诉或者日常监督工作中发现用人单位存在违反劳动法律法规、侵害职工合法权益行为的，可以进行现场调查，向有关人员了解情况，查阅、复制有关资料，核查事实。

第二十六条　工会劳动法律监督员对用人单位进行调查时，应当不少于 2 人，必要时上级工会可以派员参与调查。

工会劳动法律监督员执行任务时，应当将调查情况在现场如实记录，经用人单位核阅后，由调查人员和用人单位的有关人员共同签名或盖章。用人单位拒绝签名或盖章的，应当在记录上注明。

工会劳动法律监督员调查中应当尊重和保护个人信息，保守用人单位商业秘密。

第二十七条　工会主动监督中发现违反劳动法律法规、侵害职工合法权益行为的，应当及时代表职工与用人单位协商，要求整改。对于职工的投诉事项，经调查认为用人单位不存在违反劳动法律法规、侵害职工合法权益行为的，应当向职工说明；认为用人单位存在违反劳动法律法规、侵害职工合法权益行为的，应当代表职工协商解决。

第二十八条　工会对用人单位违反劳动法律法规、侵害职工合法权益的行为，经协商沟通解决不成或要求整改无效的，向上一级工会报告，由本级或者上一级工会根据实际情况向用人单位发出工会劳动法律监督书面意见。

用人单位收到工会劳动法律监督书面意见后，未在规定期限内答复，或者无正当理由拒不改正的，基层工会可以提请地方工会向同级人民政府有关主管部门发出书面建议，并移交相关材料。

第五章 监督保障

第二十九条 工会开展劳动法律监督活动所需经费纳入本级工会预算。

第三十条 地方工会可以结合实际,建立非公有制企业工会劳动法律监督员配套补助制度。

第三十一条 各级工会应当为工会劳动法律监督员履职创造必要条件。工会劳动法律监督员因依法履职受到打击报复的,有权向本级或上级工会反映,上级工会应当及时给予支持和帮助,依法维护其合法权益。

第六章 附 则

第三十二条 本办法由中华全国总工会负责解释。

第三十三条 本办法自印发之日起施行。1995年8月17日中华全国总工会印发的《工会劳动法律监督试行办法》同时废止。

工会法律援助办法

(2008年8月11日 总工发〔2008〕52号)

第一章 总 则

第一条 为履行维护职工合法权益基本职责,规范工会法律援助工作,发展和谐劳动关系,根据《中华人民共和国工会法》、《中华人民共和国劳动法》、《法律援助条例》和《中国工会章程》,制定本办法。

第二条 工会建立法律援助制度,为合法权益受到侵害的职工、工会工作者和工会组织提供无偿法律服务。

工会法律援助是政府法律援助的必要补充。

第三条 工会建立法律援助异地协作制度,省际、城际间工会组织及其法律援助机构可以互相委托,协助办理相关法律援助事项。

第四条 全国总工会法律工作部指导、协调全国工会法律援助工作。县级以上地方工会法律工作部门指导、协调本地区工会法律援助工作。

工会法律援助工作接受司法行政机关的业务指导。

第五条 对在工会法律援助工作中作出突出贡献的工会法律援助组织和人员,县级以上总工会和产业工会应在工会系统内部或会同司法行政等部门予以表彰、奖励。

第二章 机构和人员

第六条 县级以上地方工会和具备条件的地方产业工会设立法律援助机构,在同级工会领导下开展工作。

地方工会可以与司法行政部门协作成立工会(职工)法律援助工作站,也可以与律师事务所等机构合作,签订职工法律援助服务协议。

工会设立法律援助机构应当符合有关法律、法规的规定。

第七条 工会法律援助机构可以单独设立也可以与困难职工帮扶中心合署办公,法律援助机构负责人及相关管理人员由同级工会委派或者聘任。

法律援助工作人员可以从下列人员中聘请:

(一)工会公职律师、专兼职劳动争议调解员、劳动保障法律监督员等工会法律工作者。

(二)法律专家、学者、律师等社会法律工作者。

第三章 范围和条件

第八条 工会法律援助的范围:

(一)劳动争议案件;

(二)因劳动权益涉及的职工人身权、民主权、财产权受到侵犯的案件;

(三)工会工作者因履行职责合法权益受到侵犯的案件;

(四)工会组织合法权益受到侵犯的案件;

(五)工会认为需要提供法律援助的其他事项。

第九条 工会法律援助的形式:

(一)普及法律知识;

(二)提供法律咨询;

(三)代写法律文书;

(四)参与协商、调解;

（五）仲裁、诉讼代理；

（六）其他法律援助形式。

第十条 职工符合下列条件之一的，可以向工会法律援助机构申请委托代理法律援助：

（一）为保障自身合法权益需要工会法律援助，且本人及其家庭经济状况符合当地工会提供法律援助的经济困难标准。

（二）未达到工会提供法律援助的经济困难标准，但有证据证明本人合法权益被严重侵害，需要工会提供法律援助的。

农民工因请求支付劳动报酬或者工伤赔偿申请法律援助的，不受本办法规定的经济困难条件的限制。

第四章 申请和承办

第十一条 职工申请法律援助应当向劳动合同履行地或者用人单位所在地的工会法律援助机构提出。

工会工作者和工会组织申请工会法律援助应当向侵权行为地或者用人单位所在地的工会法律援助机构提出。

第十二条 职工申请工会法律援助机构代理劳动争议仲裁、诉讼等法律服务，应当以书面形式提出，并提交下列材料：

（一）身份证、工作证或者有关身份证明；

（二）所在单位工会或者地方工会（含乡镇、街道、开发区等工会）出具的申请人经济困难状况的证明；

（三）与法律援助事项相关的材料；

（四）工会法律援助机构认为需要提供的其他材料。

提交书面申请确有困难的，可以口头申请。工会法律援助机构应当当场记录申请人基本情况、申请事项、理由和时间，并经本人签字。

第十三条 工会工作者、工会组织申请工会法律援助机构参与协商、调解，代理仲裁、诉讼等法律服务，应当以书面形式提出，并分别提交下列材料：

（一）工会工作者所在单位工会或者工会组织所在地方工会出具的情况证明或说明；

（二）与法律援助事项相关的材料；

（三）工会法律援助机构认为需要提供的其他材料。

第十四条 工会法律援助机构自收到申请之日起7日内按规定的条件进行审查。对符合条件的，由工会法律援助机构负责人签署意见，作出同意提供法律援助的书面决定，指派法律援助承办人员，并通知申请人。

对申请人提交的证件、证明材料不齐全的，应当要求申请人作出必要的补充或者说明，申请人未按要求作出补充或者说明的，视为撤销申请。

对不符合条件的，作出不予提供法律援助的决定，以口头或者书面形式通知申请人。

第十五条 工会法律援助机构对法律咨询、代写法律文书等法律服务事项，应当即时办理；复杂疑难的可以预约择时办理。

第十六条 法律援助承办人员接受工会法律援助机构的管理和监督，依法承办法律援助机构指定的援助事项，维护受援人合法权益。

第十七条 法律援助承办人员在援助事项结案后，应当向工会法律援助机构提交结案报告。

第十八条 法律援助事项结案后，工会法律援助机构应当按规定向承办人员支付法律援助办案补贴。补贴标准由县级以上地方工会根据本地实际情况确定。

第十九条 法律援助承办人员接受指派后，无正当理由不得拒绝、延迟或者中止、终止办理指定事项。

第二十条 法律援助承办人员未按规定程序批准，不得以工会法律援助机构名义承办案件。

第二十一条 法律援助承办人员应当遵守职业道德和执业纪律，不得收取受援人任何财物。

第五章 资金来源和管理

第二十二条 工会法律援助工作经费主要用于工会法律援助机构的办公、办案经费。县级以上地方工会应当将工会法律援助工作经费列入本级工会经费预算，并依据国家和工会财务制度的有关规定，制定相应管理办法。

第二十三条 对困难职工的法律援助补助资金，从工会困难职工帮扶中心专项资金中列支，管理和使用应当遵守《困难职工帮扶中心专项资金管理办法》的有关规定。

第二十四条 工会法律援助工作经费、对困难职工法律援助的补助资金,接受上级和本级工会财务、经审、法律、保障部门的监督检查。

第六章 附 则

第二十五条 各省、自治区、直辖市总工会可以根据本办法,结合本地实际,制定具体规定。

铁路、金融、民航、新疆生产建设兵团工会可以参照本办法执行。

第二十六条 本办法由全国总工会负责解释。

第二十七条 本办法自发布之日起执行。

工会劳动保护监督检查员管理办法

(2011年5月24日 总工发〔2011〕46号)

第一章 总 则

第一条 为加强工会劳动保护监督检查员的管理,切实发挥工会劳动保护监督检查员在安全生产、职业病防治工作中的监督作用,根据国家劳动安全卫生法律法规有关规定和中华全国总工会颁发的《工会劳动保护监督检查员工作条例》,制定本办法。

第二条 工会劳动保护监督检查员是指具有较高的政策、业务水平,熟练掌握劳动安全卫生法律法规,经过劳动保护业务培训和考核,经由上级工会任命的从事工会劳动保护工作的人员。

第三条 工会劳动保护监督检查员依照国家劳动安全卫生法律法规和中华全国总工会的有关规定行使监督检查权利,通过各种途径和形式,组织开展群众性劳动安全卫生工作,反映职工群众在劳动安全卫生方面的意愿,履行维护职工生命安全和身体健康权益的基本职责。

第二章 职 责

第四条 学习党和国家的劳动安全卫生方针、政策,掌握劳动安全卫生法律、法规和技术标准、规范,钻研业务知识,研究、分析和掌握本地区、行业、企业的劳动安全卫生情况。

第五条 了解和掌握本地区或本行业内的企业劳动安全卫生技术措施制定、实施以及经费提取、使用情况。掌握重大安全隐患和严重职业危害情况,跟踪监督检查,督促其整改。特别重大隐患问题,应及时写出专题报告,报送本级政府及有关部门,督促落实。

第六条 为企业开展劳动安全卫生工作提供指导和服务。指导企业工会签订劳动安全卫生专项集体合同,并监督落实。

第七条 参加生产性建设工程项目职业安全卫生设施"三同时"的监督审查工作,对发现的问题,依照法律法规和标准规范提出改进意见。对于参加审查验收的工程项目,应整理专项材料归档,并对审查验收项目负责。

第八条 参加职工伤亡事故和其他严重危害职工健康事件的抢险救援和调查处理工作,对抢险救援、善后处理、调查处理等工作全过程进行监督,向有关部门提出处理意见和建议,并要求追究有关人员的责任。监督企事业单位落实防范和整改措施,整理事故调查材料并归档。

遵守伤亡事故调查处理工作纪律,严格执行廉洁自律的规定。

第九条 宣传职工在劳动安全卫生方面享有的权利与义务,教育职工遵章守纪,提高劳动者的职业安全卫生意识和自我保护能力。

第十条 加强对劳动保护工作相关信息、资料的收集和整理,及时向所在工会组织和任命机关报送。

第十一条 执行监督检查任务,应主动出示工会劳动保护监督检查员证件。对阻挠监督检查工作的单位和个人,有权要求有关部门严肃处理。

第三章 组织管理

第十二条 工会劳动保护监督检查员的任职条件和任命程序,按中华全国总工会颁发的《工会劳动保护监督检查员工作条例》执行。

省(区、市)总工会、全国产业工会劳动保护监督检查员由中华全国总工会审批任命。

地(市)总工会、省属产业工会的工会劳动保护监督检查员由省(区、市)总工会审批任命,报中华全国总工会备案。

县（区）总工会、地（市）产业工会的工会劳动保护监督检查员由地（市）总工会审批任命，报省（区、市）总工会备案。

乡镇（街道）工会、县（区）所属产业（系统）工会的工会劳动保护监督检查员，由县（区）总工会审批任命，报地（市）总工会备案。

第十三条 工会劳动保护监督检查员对所在工会组织和任命机关负责。根据工作需要，任命机关可选调工会劳动保护监督检查员代表上级工会参加安全检查、"三同时"审查验收和职工伤亡事故、职业病危害事件的调查处理等工作，其所在工会组织应给予支持。

第十四条 工会劳动保护监督检查员参加职工伤亡事故、职业病危害事件的抢险救援时，所代表的工会组织应为其配备必要的通讯、音像设备，提供及时赶赴现场的交通工具和工作经费。

第十五条 工会劳动保护监督检查员参加有毒有害、矿山井下等危险场所检查，以及企业伤亡事故、职业危害事件抢险救援和调查处理享受特殊津贴。津贴标准参照同级政府有关监管部门或纪检监察办案人员补贴标准执行，津贴由同级工会列支。

第十六条 工会劳动保护监督检查员队伍应保持相对稳定。确因工作需要调离岗位、退休、退职及新增的人员，需在每年12月前上报任命机关予以备案。

第十七条 工会劳动保护监督检查员的任命、考核等工作由任命机关负责，日常工作由所在工会组织负责。

任命机关每年对工会劳动保护监督检查员的工作实绩进行年度考核。年度考核表每年12月中旬上报任命机关。任命机关将考核结果于次年1月上旬反馈所在工会组织，供所在工会组织干部考核参考，记入任命机关管理档案。

对于做出优异成绩的工会劳动保护监督检查员，由任命机关予以通报表扬。

工会劳动保护监督检查员证件由中华全国总工会统一印制。

第十八条 对于不履行监督检查职责或不称职的工会劳动保护监督检查员，由任命机关免去其资格并收回证件。

第十九条 工会劳动保护监督检查员业务培训由任命机关负责。

第二十条 工会劳动保护监督检查员必须取得相应专业资格。专业资格的培训由任命机关或委托有关院校承办。

第二十一条 工会劳动保护监督检查员依照有关法律、法规规定行使监督检查职权受到不公正待遇的，任命机关应维护其合法权益。

第四章 附 则

第二十二条 县（区）以上总工会参照本办法制定本级工会劳动保护监督检查员管理办法实施细则。

第二十三条 本办法自颁发之日起执行，解释权属中华全国总工会。

防暑降温措施管理办法

（2012年6月29日 安监总安健〔2012〕89号）

第一条 为了加强高温作业、高温天气作业劳动保护工作，维护劳动者健康及其相关权益，根据《中华人民共和国职业病防治法》、《中华人民共和国安全生产法》、《中华人民共和国劳动法》、《中华人民共和国工会法》等有关法律、行政法规的规定，制定本办法。

第二条 本办法适用于存在高温作业及在高温天气期间安排劳动者作业的企业、事业单位和个体经济组织等用人单位。

第三条 高温作业是指有高气温、或有强烈的热辐射、或伴有高气湿（相对湿度≥80%RH）相结合的异常作业条件、湿球黑球温度指数（WBGT指数）超过规定限值的作业。

高温天气是指地市级以上气象主管部门所属气象台站向公众发布的日最高气温35℃以上的天气。

高温天气作业是指用人单位在高温天气期间安排劳动者在高温自然气象环境下进行的作业。

工作场所高温作业WBGT指数测量依照《工作场所物理因素测量 第7部分：高温》（GBZ/T189.7）执行；高温作业职业接触限值依照《工作场所有害因素职业接触限值第2部分：物理因素》（GBZ2.2）执行；高温作业分级依照《工作场所职业病危害作业分级第3部分：高温》（GBZ/

T229.3）执行。

第四条 国务院安全生产监督管理部门、卫生行政部门、人力资源社会保障行政部门依照相关法律、行政法规和国务院确定的职责，负责全国高温作业、高温天气作业劳动保护的监督管理工作。

县级以上地方人民政府安全生产监督管理部门、卫生行政部门、人力资源社会保障行政部门依据法律、行政法规和各自职责，负责本行政区域内高温作业、高温天气作业劳动保护的监督管理工作。

第五条 用人单位应当建立、健全防暑降温工作制度，采取有效措施，加强高温作业、高温天气作业劳动保护工作，确保劳动者身体健康和生命安全。

用人单位的主要负责人对本单位的防暑降温工作全面负责。

第六条 用人单位应当根据国家有关规定，合理布局生产现场，改进生产工艺和操作流程，采用良好的隔热、通风、降温措施，保证工作场所符合国家职业卫生标准要求。

第七条 用人单位应当落实以下高温作业劳动保护措施：

（一）优先采用有利于控制高温的新技术、新工艺、新材料、新设备，从源头上降低或者消除高温危害。对于生产过程中不能完全消除的高温危害，应当采取综合控制措施，使其符合国家职业卫生标准要求。

（二）存在高温职业病危害的建设项目，应当保证其设计符合国家职业卫生相关标准和卫生要求，高温防护设施应当与主体工程同时设计，同时施工，同时投入生产和使用。

（三）存在高温职业病危害的用人单位，应当实施由专人负责的高温日常监测，并按照有关规定进行职业病危害因素检测、评价。

（四）用人单位应当依照有关规定对从事接触高温危害作业劳动者组织上岗前、在岗期间和离岗时的职业健康检查，将检查结果存入职业健康监护档案并书面告知劳动者。职业健康检查费用由用人单位承担。

（五）用人单位不得安排怀孕女职工和未成年工从事《工作场所职业病危害作业分级第3部分：高温》（GBZ/T229.3）中第三级以上的高温工作场所作业。

第八条 在高温天气期间，用人单位应当按照下列规定，根据生产特点和具体条件，采取合理安排工作时间、轮换作业、适当增加高温工作环境下劳动者的休息时间和减轻劳动强度、减少高温时段室外作业等措施：

（一）用人单位应当根据地市级以上气象主管部门所属气象台当日发布的预报气温，调整作业时间，但因人身财产安全和公众利益需要紧急处理的除外：

1. 日最高气温达到40℃以上，应当停止当日室外露天作业；

2. 日最高气温达到37℃以上、40℃以下时，用人单位全天安排劳动者室外露天作业时间累计不得超过6小时，连续作业时间不得超过国家规定，且在气温最高时段3小时内不得安排室外露天作业；

3. 日最高气温达到35℃以上、37℃以下时，用人单位应当采取换班轮休等方式，缩短劳动者连续作业时间，并且不得安排室外露天作业劳动者加班。

（二）在高温天气来临之前，用人单位应当对高温天气作业的劳动者进行健康检查，对患有心、肺、脑血管性疾病、肺结核、中枢神经系统疾病及其他身体状况不适合高温作业环境的劳动者，应当调整作业岗位。职业健康检查费用由用人单位承担。

（三）用人单位不得安排怀孕女职工和未成年工在35℃以上的高温天气期间从事室外露天作业及温度在33℃以上的工作场所作业。

（四）因高温天气停止工作、缩短工作时间的，用人单位不得扣除或降低劳动者工资。

第九条 用人单位应当向劳动者提供符合要求的个人防护用品，并督促和指导劳动者正确使用。

第十条 用人单位应当对劳动者进行上岗前职业卫生培训和在岗期间的定期职业卫生培训，普及高温防护、中暑急救等职业卫生知识。

第十一条 用人单位应当为高温作业、高温天气作业的劳动者供给足够的、符合卫生标准的防暑降温饮料及必需的药品。

不得以发放钱物替代提供防暑降温饮料。防暑降温饮料不得充抵高温津贴。

第十二条 用人单位应当在高温工作环境设立休息场所。休息场所应当设有座椅，保持通风良好或者配有空调等防暑降温设施。

第十三条 用人单位应当制定高温中暑应急预案，定期进行应急救援的演习，并根据从事高温作业和高温天气作业的劳动者数量及作业条件等情况，配备应急救援人员和足量的急救药品。

第十四条 劳动者出现中暑症状时，用人单位应当立即采取救助措施，使其迅速脱离高温环境，到通风阴凉处休息，供给防暑降温饮料，并采取必要的对症处理措施；病情严重者，用人单位应当及时送医疗卫生机构治疗。

第十五条 劳动者应当服从用人单位合理调整高温天气作息时间或者对有关工作地点、工作岗位的调整安排。

第十六条 工会组织代表劳动者就高温作业和高温天气劳动保护事项与用人单位进行平等协商，签订集体合同或者高温作业和高温天气劳动保护专项集体合同。

第十七条 劳动者从事高温作业的，依法享受岗位津贴。

用人单位安排劳动者在35℃以上高温天气从事室外露天作业以及不能采取有效措施将工作场所温度降低到33℃以下的，应当向劳动者发放高温津贴，并纳入工资总额。高温津贴标准由省级人力资源社会保障行政部门会同有关部门制定，并根据社会经济发展状况适时调整。

第十八条 承担职业性中暑诊断的医疗卫生机构，应当经省级人民政府卫生行政部门批准。

第十九条 劳动者因高温作业或者高温天气作业引起中暑，经诊断为职业病的，享受工伤保险待遇。

第二十条 工会组织依法对用人单位的高温作业、高温天气劳动保护措施实行监督。发现违法行为，工会组织有权向用人单位提出，用人单位应当及时改正。用人单位拒不改正的，工会组织应当提请有关部门依法处理，并对处理结果进行监督。

第二十一条 用人单位违反职业病防治与安全生产法律、行政法规，危害劳动者身体健康的，由县级以上人民政府相关部门依据各自职责责令用人单位整改或者停止作业；情节严重的，按照国家有关法律法规追究用人单位及其负责人的相应责任；构成犯罪的，依法追究刑事责任。

用人单位违反国家劳动保障法律、行政法规有关工作时间、工资津贴规定，侵害劳动者劳动保障权益的，由县级以上人力资源社会保障行政部门依法责令改正。

第二十二条 各省级人民政府安全生产监督管理部门、卫生行政部门、人力资源社会保障行政部门和工会组织可以根据本办法,制定实施细则。

第二十三条 本办法由国家安全生产监督管理总局会同卫生部、人力资源和社会保障部、全国总工会负责解释。

第二十四条 本办法所称"以上"摄氏度（℃）含本数,"以下"摄氏度（℃）不含本数。

第二十五条 本办法自发布之日起施行。1960年7月1日卫生部、劳动部、全国总工会联合公布的《防暑降温措施暂行办法》同时废止。

煤矿班组安全建设规定（试行）

（2012年6月26日　安监总煤行〔2012〕86号）

第一章　总　　则

第一条　为进一步规范和加强煤矿班组安全建设,提高煤矿现场管理水平,促进煤矿安全生产,依据《安全生产法》、《煤炭法》、《工会法》等法律法规,制定本规定。

第二条　全国煤矿开展班组安全建设适用本规定。

第三条　地方各级人民政府煤炭行业管理部门是煤矿班组安全建设的主管部门,负责督促煤矿企业建立班组安全建设制度、落实班组安全建设规定。

各地工会要组织协调、督促煤矿企业开展煤矿班组安全建设工作,指导煤矿企业建立工会基层组织,维护职工合法权益。

第四条　煤矿企业应当建立健全从企业、矿井、区队到班组的班组安全建设体系,把班组安全建设作为加强煤矿安全生产基层和基础管理的重要环节,明确分管负责人和主管部门,制定班组建设总体规划、目标和保障措施。

煤矿企业工会要加强宣传和指导,积极参与煤矿班组安全建设。要建立健全区队工会和班组工会小组,强化班组民主管理,维护职工合法权益。

第五条　煤矿（井）是班组安全建设的责任主体,要围绕班组安建设建立各项制度,落实建设资金和各项保障措施,保证职工福利补贴,完善职工收入与企业效益同步增长机制。

区队(车间)是班组安全建设的直接管理层,负责班组日常管理、业务培训等工作。

第六条 煤矿班组安全建设以"作风优良,技能过硬,管理严格,生产安全,团结和谐"为总要求,着力加强现场安全管理、班组安全教育培训、班组安全文化建设,筑牢煤矿安全生产第一道防线。

第二章 组织建设

第七条 煤矿企业必须建立区队、班组建制,制定班组定员标准,确保班组基本配置。班组长应当发挥带头表率作用,加强班组作业现场管理,确保安全生产。

第八条 煤矿企业班组工会小组要设群众安全监督员,且不得由班组长兼任。中华全国总工会和国家煤矿安全监察局按规定程序在煤矿井下生产一线班组中聘任煤矿特聘群众安全监督员。

第九条 煤矿企业应当建立完善以下班组安全管理规章制度:

(一)班前、班后会和交接班制度;
(二)安全质量标准化和文明生产管理制度;
(三)隐患排查治理报告制度;
(四)事故报告和处置制度;
(五)学习培训制度;
(六)安全承诺制度;
(七)民主管理制度;
(八)安全绩效考核制度;
(九)煤矿企业认为需要制定的其他制度。

煤矿企业在制定、修改班组安全管理规章制度时,应当经职工代表大会或者全体职工讨论,与工会或者职工代表平等协商确定。

第十条 煤矿企业应当加强班组信息管理,班组要有质量验收、交接、隐患排查治理等记录,并做到字迹清晰、内容完整、妥善保存。

第十一条 煤矿企业应当指导班组建立健全从班组长到每个岗位人员的安全生产责任制。

第十二条 煤矿企业必须全面推行安全生产目标管理,将安全生产目标层层分解落实到班组,完善安全、生产、效益结构工资制,区队每月进行考核兑现。

第十三条 煤矿企业必须依据国家标准要求,改善作业环境,完善安全防护设施,按标准为职工配备合格的劳动防护用品,按规定对职工进行职业健康检查,建立职工个人健康档案,对接触有职业危害作业的职工,按有关规定落实相应待遇。

第十四条 煤矿企业应当制定班组作业现场应急处置方案,明确班组长应急处置指挥权和职工紧急避险逃生权。

第十五条 煤矿企业应当建立班组民主管理机构,组织开展班组民主活动,认真执行班务公开制度,赋予职工在班组安全生产管理、规章制度制定、安全奖罚、班组长民主评议等方面的知情权、参与权、表达权、监督权。

第三章 班组长管理

第十六条 煤矿企业必须建立班组长选聘、使用、培养制度和机制,积极从优秀班组长中选拔人才,把班组长纳入科(区)管理人才培养计划,区队安全生产管理人员原则上要有班组长经历。

第十七条 班组长应当具备以下任职条件:

(一)热爱煤炭事业,关心企业发展,思想政治素质好、责任意识强,具有良好的道德品质;

(二)认真贯彻执行党的安全生产方针,模范遵守安全生产法律法规、企业规章制度和规程措施;

(三)熟悉本班组生产工艺流程,掌握矿井相关专业灾害预防知识,具备现场急救技能;

(四)服从组织领导,坚持原则,公道正派,有较强的组织管理能力、创新能力和团队协作精神,在职工中具有较高威信;

(五)一般应当具有高中(技校)及以上文化程度、3年及以上现场工作经验,具有较好的身体素质。

第十八条 班组长应当履行以下职责:

(一)班组长是本班组安全生产的第一责任人,对管辖范围内的现场安全管理全面负责,严格落实各项安全生产责任制,执行安全生产法律、法规、规程和技术措施，实行对本班组全员、全过程、全方位的动态安全生产管理；

（二）负责分解落实生产任务，严格按照《煤矿安全规程》、作业规程和煤矿安全技术操作规程组织生产，科学合理安排劳动组织、配置生产要素，强化以岗位为核心的现场管理，提高生产效率；

（三）负责加强班组安全质量标准化建设，推行作业现场精细化管理；

（四）负责班组团队、安全文化建设和规范化管理等其他职责。

第十九条　班组长享有以下权利：

（一）有权按规定组织落实安全规程措施，检查现场安全生产环境和职工安全作业情况，制止和处理职工违章作业，抵制违章指挥，在不具备安全生产条件且自身无力解决时有权拒绝开工、停止作业，遇到险情时有在第一时间下达停产撤人命令的直接决策权和指挥权，并组织班组人员安全有序撤离；煤矿企业不得因此降低从业人员工资、福利等待遇或者解除与其订立的劳动合同；

（二）有权根据区队生产作业计划和本班组的实际情况，合理安排劳动组织，调配人员、设备、材料等；

（三）有权核算班组安全、质量、生产等指标完成情况，根据有关规定，对班组成员的工作绩效进行考核；

（四）企业赋予的其他权利。

第二十条　班组长任用应当遵循以下原则：

（一）采取组织推荐、公开竞聘或民主选举等方式选拔班组长；

（二）经选拔的班组长，要按规定履行正式聘任手续，不得随意更换班组长；

（三）撤免班组长应当由区队提出撤免理由和建议，严格按相应程序办理。

第二十一条　煤矿企业必须建立班组长考核激励约束机制，明确班组长岗位津贴，制定班组长绩效考核制度，定期进行严格考核，并将考核结果作为班组长提拔、奖励、推优评先以及解聘、处罚的重要依据。

第四章　现场安全管理

第二十二条　煤矿企业应当依据《煤矿安全规程》、作业规程和煤矿安全技术操作规程等规定，制定班组安全工作标准、操作标准，规范工作流程。

第二十三条 班组必须严格落实班前会制度，结合上一班作业现场情况，合理布置当班安全生产任务，分析可能遇到的事故隐患并采取相应的安全防范措施，严格班前安全确认。

第二十四条 班组必须严格执行交接班制度，重点交接清楚现场安全状况、存在隐患及整改情况、生产条件和应当注意的安全事项等。

第二十五条 班组要坚持正规循环作业和正规操作，实现合理均衡生产，严禁两班交叉作业。

第二十六条 班组必须严格执行隐患排查治理制度，对作业环境、安全设施及生产系统进行巡回检查，及时排查治理现场动态隐患，隐患未消除前不得组织生产。

第二十七条 班组必须认真开展安全质量标准化工作，加强作业现场精细化管理，确保设备设施完好，各类材料、备品配件、工器具等排放整齐有序，清洁文明生产，做到岗位达标、工程质量达标，实现动态达标。

第二十八条 班组应当加强作业现场安全监测监控系统、安全监测仪器仪表、工器具和其他安全生产设施的保护和管理，确保正确正常使用、安全有效。

第五章 班组安全培训

第二十九条 煤矿企业应当重视和发挥班组在职工安全教育培训中的主阵地作用，开展安全警示教育，强化班组成员安全风险意识、责任意识，增强职工遵章作业的自觉性；加强班组职工安全知识、操作技能、规程措施和新工艺、新设备、新技术安全培训，提高职工遵章作业的能力。

第三十条 煤矿企业应当强化危险源辨识和风险评估培训，提高职工对生产作业过程中各类隐患的辨识和防范能力。

煤矿企业应当加强班组应急救援知识培训和模拟演练，班组成员应当牢固掌握防灾、避灾路线，增强自救互救和现场处置能力。

煤矿企业应当加强班组现场急救知识和处置技能培训，班组成员应当具有正确使用安全防护设备、及时果断进行现场急救的能力。

第三十一条 煤矿企业应当确保班组教育培训投入，建立实训基地，建立学习活动室，配备教学所需的设施、多媒体器材、书籍和资料等。

第三十二条 煤矿企业每年必须对班组长及班组成员进行专题安全培训，培训时间不得少于20学时。

第六章 班组安全文化建设

第三十三条 煤矿企业应当把班组安全文化建设作为矿井整体安全文化建设的重要组成部分，切实加强组织领导，加大安全文化建设投入，为班组安全文化建设提供必要的条件和支持，培育独具特色的班组安全文化。

第三十四条 煤矿班组应当落实"安全第一、预防为主、综合治理"的安全生产方针，牢固树立"以人为本"、"事故可防可控"和"班组安全生产，企业安全发展"等安全生产理念。

第三十五条 煤矿企业应当以提高职工责任意识、法制意识、安全意识和防范技能为重点，加强正面舆论引导和法制宣传，发挥群众安全监督组织、家属协管的作用，培养正确的安全生产价值观，增强班组安全生产的内在动力。

第三十六条 煤矿企业应当建立安全诚信考核机制，建立职工安全诚信档案，并将安全诚信与安全生产抵押金、工资分配挂钩。

第三十七条 班组长应当加强人文关怀、情感交流和心理疏导，提高班组凝聚力，强化班组团队建设。

第三十八条 煤矿企业应当建立班组合理化建议与创新激励机制，鼓励班组开展岗位创新、质量管理（QC）小组等活动，培育团队创新精神。

第七章 表彰奖励

第三十九条 煤矿企业应当积极开展班组建设创先争优活动，每年组织优秀班组和优秀班组长评选，对班组安全建设工作开展情况进行总结考核，对在安全生产工作中作出突出贡献的班组及班组长给予表彰奖励。

煤矿企业在组织职工休（疗）养、外出学习考察活动时，优先选派优秀班组长参加。

第四十条 各省（区、市）人民政府煤炭行业管理部门会同本级总工会，定期对在安全生产工作中作出突出贡献的班组、班组长进行表彰奖励。

第四十一条 国家安全生产监督管理总局、国家煤矿安全监察局和中华全国总工会结合煤矿开展争创优秀安全班组、优秀班组长、优秀群监员活动，对在安全生产工作中作出突出贡献的班组、班组长进行表彰与奖励。

第八章 附 则

第四十二条 各级人民政府煤炭行业管理部门、煤矿安全监督管理部门以及各级煤矿安全监察机构、工会组织依照本规定对煤矿班组安全建设实施监督检查和指导。

第四十三条 地方各级人民政府有关部门和煤矿企业可依据本规定，制定具体的实施办法或实施细则。

第四十四条 本规定自 2012 年 10 月 1 日起施行，由国家安全生产监督管理总局、国家煤矿安全监察局、中华全国总工会负责解释。

集体合同规定[①]

（2004 年 1 月 20 日劳动和社会保障部令第 22 号公布 自 2004 年 5 月 1 日起施行）

第一章 总 则

第一条 为规范集体协商和签订集体合同行为，依法维护劳动者和用人单位的合法权益，根据《中华人民共和国劳动法》和《中华人民共和国工会法》，制定本规定。

第二条 中华人民共和国境内的企业和实行企业化管理的事业单位（以下统称用人单位）与本单位职工之间进行集体协商，签订集体合同，适用本规定。

第三条 本规定所称集体合同，是指用人单位与本单位职工根据法律、法规、规章的规定，就劳动报酬、工作时间、休息休假、劳动安全卫生、职业培训、保险福利等事项，通过集体协商签订的书面协议；所称专项集体合同，是指用人单位与本单位职工根据法律、法规、规章的规定，

---

① 本规定因与《劳动合同法》不一致，已列入拟修订的劳动社会保障规章目录。

就集体协商的某项内容签订的专项书面协议。

第四条 用人单位与本单位职工签订集体合同或专项集体合同，以及确定相关事宜，应当采取集体协商的方式。集体协商主要采取协商会议的形式。

第五条 进行集体协商，签订集体合同或专项集体合同，应当遵循下列原则：

（一）遵守法律、法规、规章及国家有关规定；

（二）相互尊重，平等协商；

（三）诚实守信，公平合作；

（四）兼顾双方合法权益；

（五）不得采取过激行为。

第六条 符合本规定的集体合同或专项集体合同，对用人单位和本单位的全体职工具有法律约束力。

用人单位与职工个人签订的劳动合同约定的劳动条件和劳动报酬等标准，不得低于集体合同或专项集体合同的规定。

第七条 县级以上劳动保障行政部门对本行政区域内用人单位与本单位职工开展集体协商、签订、履行集体合同的情况进行监督，并负责审查集体合同或专项集体合同。

第二章 集体协商内容

第八条 集体协商双方可以就下列多项或某项内容进行集体协商，签订集体合同或专项集体合同：

（一）劳动报酬；

（二）工作时间；

（三）休息休假；

（四）劳动安全与卫生；

（五）补充保险和福利；

（六）女职工和未成年工特殊保护；

（七）职业技能培训；

（八）劳动合同管理；

（九）奖惩；

（十）裁员；

（十一）集体合同期限；

（十二）变更、解除集体合同的程序；

（十三）履行集体合同发生争议时的协商处理办法；

（十四）违反集体合同的责任；

（十五）双方认为应当协商的其他内容。

第九条 劳动报酬主要包括：

（一）用人单位工资水平、工资分配制度、工资标准和工资分配形式；

（二）工资支付办法；

（三）加班、加点工资及津贴、补贴标准和奖金分配办法；

（四）工资调整办法；

（五）试用期及病、事假等期间的工资待遇；

（六）特殊情况下职工工资（生活费）支付办法；

（七）其他劳动报酬分配办法。

第十条 工作时间主要包括：

（一）工时制度；

（二）加班加点办法；

（三）特殊工种的工作时间；

（四）劳动定额标准。

第十一条 休息休假主要包括：

（一）日休息时间、周休息日安排、年休假办法；

（二）不能实行标准工时职工的休息休假；

（三）其他假期。

第十二条 劳动安全卫生主要包括：

（一）劳动安全卫生责任制；

（二）劳动条件和安全技术措施；

（三）安全操作规程；

（四）劳保用品发放标准；

（五）定期健康检查和职业健康体检。

第十三条 补充保险和福利主要包括：

（一）补充保险的种类、范围；

（二）基本福利制度和福利设施；

（三）医疗期延长及其待遇；

（四）职工亲属福利制度。

第十四条 女职工和未成年工的特殊保护主要包括：

（一）女职工和未成年工禁忌从事的劳动；

（二）女职工的经期、孕期、产期和哺乳期的劳动保护；

（三）女职工、未成年工定期健康检查；

（四）未成年工的使用和登记制度。

第十五条 职业技能培训主要包括：

（一）职业技能培训项目规划及年度计划；

（二）职业技能培训费用的提取和使用；

（三）保障和改善职业技能培训的措施。

第十六条 劳动合同管理主要包括：

（一）劳动合同签订时间；

（二）确定劳动合同期限的条件；

（三）劳动合同变更、解除、续订的一般原则及无固定期限劳动合同的终止条件；

（四）试用期的条件和期限。

第十七条 奖惩主要包括：

（一）劳动纪律；

（二）考核奖惩制度；

（三）奖惩程序。

第十八条 裁员主要包括：

（一）裁员的方案；

（二）裁员的程序；

（三）裁员的实施办法和补偿标准。

第三章 集体协商代表

第十九条 本规定所称集体协商代表（以下统称协商代表），是指按照法定程序产生并有权代表本方利益进行集体协商的人员。

集体协商双方的代表人数应当对等，每方至少3人，并各确定1名首席代表。

第二十条 职工一方的协商代表由本单位工会选派。未建立工会的，由本单位职工民主推荐，并经本单位半数以上职工同意。

职工一方的首席代表由本单位工会主席担任。工会主席可以书面委托其他协商代表代理首席代表。工会主席空缺的，首席代表由工会主要负责人担任。未建立工会的，职工一方的首席代表从协商代表中民主推举产生。

第二十一条 用人单位一方的协商代表，由用人单位法定代表人指派，首席代表由单位法定代表人担任或由其书面委托的其他管理人员担任。

第二十二条 协商代表履行职责的期限由被代表方确定。

第二十三条 集体协商双方首席代表可以书面委托本单位以外的专业人员作为本方协商代表。委托人数不得超过本方代表的三分之一。

首席代表不得由非本单位人员代理。

第二十四条 用人单位协商代表与职工协商代表不得相互兼任。

第二十五条 协商代表应履行下列职责：

（一）参加集体协商；

（二）接受本方人员质询，及时向本方人员公布协商情况并征求意见；

（三）提供与集体协商有关的情况和资料；

（四）代表本方参加集体协商争议的处理；

（五）监督集体合同或专项集体合同的履行；

（六）法律、法规和规章规定的其他职责。

第二十六条 协商代表应当维护本单位正常的生产、工作秩序，不得采取威胁、收买、欺骗等行为。

协商代表应当保守在集体协商过程中知悉的用人单位的商业秘密。

第二十七条 企业内部的协商代表参加集体协商视为提供了正常劳动。

第二十八条 职工一方协商代表在其履行协商代表职责期间劳动合同期满的，劳动合同期限自动延长至完成履行协商代表职责之时，除出现下列情形之一的，用人单位不得与其解除劳动合同：

（一）严重违反劳动纪律或用人单位依法制定的规章制度的；

（二）严重失职、营私舞弊，对用人单位利益造成重大损害的；

（三）被依法追究刑事责任的。

职工一方协商代表履行协商代表职责期间，用人单位无正当理由不得调整其工作岗位。

第二十九条　职工一方协商代表就本规定第二十七条、第二十八条的规定与用人单位发生争议的，可以向当地劳动争议仲裁委员会申请仲裁。

第三十条　工会可以更换职工一方协商代表；未建立工会的，经本单位半数以上职工同意可以更换职工一方协商代表。

用人单位法定代表人可以更换用人单位一方协商代表。

第三十一条　协商代表因更换、辞任或遇有不可抗力等情形造成空缺的，应在空缺之日起15日内按照本规定产生新的代表。

第四章　集体协商程序

第三十二条　集体协商任何一方均可就签订集体合同或专项集体合同以及相关事宜，以书面形式向对方提出进行集体协商的要求。

一方提出进行集体协商要求的，另一方应当在收到集体协商要求之日起20日内以书面形式给以回应，无正当理由不得拒绝进行集体协商。

第三十三条　协商代表在协商前应进行下列准备工作：

（一）熟悉与集体协商内容有关的法律、法规、规章和制度；

（二）了解与集体协商内容有关的情况和资料，收集用人单位和职工对协商意向所持的意见；

（三）拟定集体协商议题，集体协商议题可由提出协商一方起草，也可由双方指派代表共同起草；

（四）确定集体协商的时间、地点等事项；

（五）共同确定一名非协商代表担任集体协商记录员。记录员应保持中立、公正，并为集体协商双方保密。

第三十四条　集体协商会议由双方首席代表轮流主持，并按下列程序进行：

（一）宣布议程和会议纪律；

（二）一方首席代表提出协商的具体内容和要求，另一方首席代表就对方的要求作出回应；

（三）协商双方就商谈事项发表各自意见，开展充分讨论；

（四）双方首席代表归纳意见。达成一致的，应当形成集体合同草案或专项集体合同草案，由双方首席代表签字。

第三十五条　集体协商未达成一致意见或出现事先未预料的问题时，经双方协商，可以中止协商。中止期限及下次协商时间、地点、内容由双方商定。

第五章　集体合同的订立、变更、解除和终止

第三十六条　经双方协商代表协商一致的集体合同草案或专项集体合同草案应当提交职工代表大会或者全体职工讨论。

职工代表大会或者全体职工讨论集体合同草案或专项集体合同草案，应当有三分之二以上职工代表或者职工出席，且须经全体职工代表半数以上或者全体职工半数以上同意，集体合同草案或专项集体合同草案方获通过。

第三十七条　集体合同草案或专项集体合同草案经职工代表大会或者职工大会通过后，由集体协商双方首席代表签字。

第三十八条　集体合同或专项集体合同期限一般为1至3年，期满或双方约定的终止条件出现，即行终止。

集体合同或专项集体合同期满前3个月内，任何一方均可向对方提出重新签订或续订的要求。

第三十九条　双方协商代表协商一致，可以变更或解除集体合同或专项集体合同。

第四十条　有下列情形之一的，可以变更或解除集体合同或专项集体合同：

（一）用人单位因被兼并、解散、破产等原因，致使集体合同或专项集体合同无法履行的；

（二）因不可抗力等原因致使集体合同或专项集体合同无法履行或部分无法履行的；

（三）集体合同或专项集体合同约定的变更或解除条件出现的；

（四）法律、法规、规章规定的其他情形。

第四十一条　变更或解除集体合同或专项集体合同适用本规定的集体协商程序。

第六章　集体合同审查

第四十二条　集体合同或专项集体合同签订或变更后，应当自双方首席代表签字之日起 10 日内，由用人单位一方将文本一式三份报送劳动保障行政部门审查。

劳动保障行政部门对报送的集体合同或专项集体合同应当办理登记手续。

第四十三条　集体合同或专项集体合同审查实行属地管辖，具体管辖范围由省级劳动保障行政部门规定。

中央管辖的企业以及跨省、自治区、直辖市的用人单位的集体合同应当报送劳动保障部或劳动保障部指定的省级劳动保障行政部门。

第四十四条　劳动保障行政部门应当对报送的集体合同或专项集体合同的下列事项进行合法性审查：

（一）集体协商双方的主体资格是否符合法律、法规和规章规定；

（二）集体协商程序是否违反法律、法规、规章规定；

（三）集体合同或专项集体合同内容是否与国家规定相抵触。

第四十五条　劳动保障行政部门对集体合同或专项集体合同有异议的，应当自收到文本之日起 15 日内将《审查意见书》送达双方协商代表。《审查意见书》应当载明以下内容：

（一）集体合同或专项集体合同当事人双方的名称、地址；

（二）劳动保障行政部门收到集体合同或专项集体合同的时间；

（三）审查意见；

（四）作出审查意见的时间。

《审查意见书》应当加盖劳动保障行政部门印章。

第四十六条　用人单位与本单位职工就劳动保障行政部门提出异议的事项经集体协商重新签订集体合同或专项集体合同的，用人单位一方应当根据本规定第四十二条的规定将文本报送劳动保障行政部门审查。

第四十七条　劳动保障行政部门自收到文本之日起 15 日内未提出异议的，集体合同或专项集体合同即行生效。

第四十八条　生效的集体合同或专项集体合同，应当自其生效之日起由协商代表及时以适当的形式向本方全体人员公布。

第七章　集体协商争议的协调处理

第四十九条　集体协商过程中发生争议，双方当事人不能协商解决的，当事人一方或双方可以书面向劳动保障行政部门提出协调处理申请；未提出申请的，劳动保障行政部门认为必要时也可以进行协调处理。

第五十条　劳动保障行政部门应当组织同级工会和企业组织等三方面的人员，共同协调处理集体协商争议。

第五十一条　集体协商争议处理实行属地管辖，具体管辖范围由省级劳动保障行政部门规定。

中央管辖的企业以及跨省、自治区、直辖市用人单位因集体协商发生的争议，由劳动保障部指定的省级劳动保障行政部门组织同级工会和企业组织等三方面的人员协调处理，必要时，劳动保障部也可以组织有关方面协调处理。

第五十二条　协调处理集体协商争议，应当自受理协调处理申请之日起 30 日内结束协调处理工作。期满未结束的，可以适当延长协调期限，但延长期限不得超过 15 日。

第五十三条　协调处理集体协商争议应当按照以下程序进行：

（一）受理协调处理申请；

（二）调查了解争议的情况；

（三）研究制定协调处理争议的方案；

（四）对争议进行协调处理；

（五）制作《协调处理协议书》。

第五十四条　《协调处理协议书》应当载明协调处理申请、争议的事实和协调结果，双方当事人就某些协商事项不能达成一致的，应将继续协商的有关事项予以载明。《协调处理协议书》由集体协商争议协调处理人员和争议双方首席代表签字盖章后生效。争议双方均应遵守生效后的《协调处理协议书》。

第八章　附　　则

第五十五条　因履行集体合同发生的争议，当事人协商解决不成的，可以依法向劳动争议仲裁委员会申请仲裁。

第五十六条 用人单位无正当理由拒绝工会或职工代表提出的集体协商要求的，按照《工会法》及有关法律、法规的规定处理。

第五十七条 本规定于 2004 年 5 月 1 日起实施。原劳动部 1994 年 12 月 5 日颁布的《集体合同规定》同时废止。

工会参加平等协商和签订集体合同试行办法

（1995 年 8 月 17 日　总工发〔1995〕12 号）

第一章　总　　则

第一条 为了规范和指导工会代表职工依法与企业进行平等协商和签订集体合同，维护职工的合法权益，建立稳定和谐的劳动关系，促进企业发展，根据《中华人民共和国劳动法》和《中华人民共和国工会法》，制定本办法。

第二条 本办法适用于各类企业工会。上级工会依照本办法对企业工会与企业平等协商和签订集体合同的工作进行帮助、指导和监督检查。

第三条 平等协商是指企业工会代表职工与企业就涉及职工合法权益等事项进行商谈的行为。

企业工会应当与企业建立平等协商制度，定期或不定期就涉及职工合法权益等事项进行平等协商。

第四条 集体合同是企业工会代表职工与企业就劳动报酬、工作时间、休息休假、劳动安全卫生、保险福利等事项通过平等协商订立的书面协议。

第五条 工会与企业平等协商订立集体合同应当遵循下列原则：

（一）合法；

（二）平等合作；

（三）协商一致；

（四）兼顾国家、企业和职工利益；

（五）维护正常的生产、工作秩序。

第六条 劳动合同规定的劳动标准不得低于集体合同的规定。

第二章 平 等 协 商

第七条 企业工会应当就下列涉及职工合法权益的事项与企业进行平等协商：

（一）集体合同和劳动合同的订立、变更、续订、解除，已订立的集体合同和劳动合同的履行监督检查；

（二）企业涉及职工利益的规章制度的制定和修改；

（三）企业职工的劳动报酬、工作时间和休息休假、保险、福利、劳动安全卫生、女职工和未成年工的特殊保护、职业培训及职工文化体育生活；

（四）劳动争议的预防和处理；

（五）职工民主管理；

（六）双方认为需要协商的其他事项。

第八条 参加平等协商的工会一方首席代表为工会主席；工会主席可以书面委托工会其他负责人为首席代表。

工会一方的其他代表可以由工会各工作委员会主任、女职工组织的代表和职工代表大会议定的职工代表组成。

工会可以聘请有关专业人员作为顾问参加平等协商。

第九条 工会代表一经产生，无特殊情况必须履行其义务。因特殊情况造成空缺的，应当由工会重新指派代表。

第十条 工会代表在劳动合同期内自担任代表之日起五年内除个人严重过失外，企业不得与其解除劳动合同。

个人严重过失包括严重违反劳动纪律或用人单位规章制度和严重失职、营私舞弊，对用人单位造成重大损害以及被依法追究刑事责任等。

第十一条 工会应当按照以下程序与企业进行平等协商：

（一）建立定期协商机制的企业，双方首席代表应当在协商前一周，将拟定协商的事项通知对方，属不定期协商的事项，提议方应当与对方共同商定平等协商的内容、时间和地点；

（二）协商开始时，由提议方将协商事项按双方议定的程序，逐一提交协商会议讨论；

（三）一般问题，经双方代表协商一致，协议即可成立，重大问题的协议草案，应当提交职工代表大会或全体职工审议通过；

（四）协商中如有临时提议，应当在各项议程讨论完毕后始得提出，取得对方同意后方可列入协商程序；

（五）经协商形成一致意见，由双方代表分别在有关人员及职工中传达或共同召集会议传达；

（六）平等协商未达成一致或出现事先未预料的问题时，经双方同意，可以暂时中止协商，协商中止期限最长不超过60天，具体中止期限及下次协商的具体时间、地点、内容由双方共同商定。

第十二条 在不违反法律、法规规定的情况下，工会有权要求企业提供与平等协商有关的情况和资料。

第十三条 平等协商意见一致，应当订立单项协议或集体合同。

第三章 集体合同的内容

第十四条 集体合同主要规定当事人的义务和履行义务的措施。

第十五条 集体合同包括以下内容：

（一）企业劳动标准；

（二）集体合同的期限，变更、解除与终止，监督、检查；

（三）争议处理；

（四）违约责任；

（五）双方约定的其他事项。

第十六条 集体合同所规定的企业劳动标准包括：

（一）劳动报酬：包括工资分配方式，工资支付办法，工资增减幅度，最低工资，计件工资标准，延长工作时间付酬标准，特殊情况下工资标准等；

（二）工作时间：包括日工作时间，周工作时间，延长工作时间和夜班工作时间，劳动定额的确定，轮班岗位的轮班形式及时间等；

（三）休息休假：包括日休息时间，周休息日安排，法定休假日，年休假标准，不能实行标准工时的职工休息休假等；

（四）保险：包括职工工伤、医疗、养老、失业、生育等依法参加社会保险，企业补充保险的设立项目、资金来源及享受的条件和标准，职工死亡后遗属的待遇和企业补贴或救济等；

（五）福利待遇：包括企业集体福利设施的修建，职工文化和体育活动的经费来源，职工生活条件和住房条件的改善，职工补贴和津贴标准，困难职工救济，职工疗养、休养等；

（六）职业培训：包括职工上岗前和工作中的培训，转岗培训，培训的周期和时间及培训期间的工资及福利待遇等；

（七）劳动安全卫生：包括劳动安全卫生的目标，劳动保护的具体措施，劳动条件和作业环境改善的具体标准和实施项目，新建、改建、扩建工程的设计、施工中的劳动安全卫生设施与主体工程配套的内容，有职业危害作业劳动者的健康检查，劳动保护用品发放，特殊作业的抢险救护办法，以及劳动安全卫生监督检查等；

（八）企业富余职工的安置办法；

（九）女职工和未成年工特殊保护；

（十）其他经双方商定的事项。

第十七条　集体合同规定的企业劳动标准，不得低于劳动法律、法规和当地政府规定的最低标准。

第四章　集体合同的签订程序

第十八条　签订集体合同之前工会应当收集职工和企业有关部门的意见，单独或与企业共同拟定集体合同草案。

第十九条　工会拟定集体合同草案，可以参照下列资料：

（一）有关法律、法规和政策；

（二）与本企业有关的国家宏观调控的政策措施；

（三）同行业和具有可比性企业的劳动标准；

（四）企业生产经营情况及有关的计划、指标；

（五）政府部门公布的有关物价指数等数据资料；

（六）本地区就业状况资料；

（七）集体合同范本；

（八）其他与签订集体合同有关的资料。

第二十条　工会根据拟定的集体合同草案按照本办法第二章的有关规定与企业进行平等协商。

第二十一条　经协商达成一致的集体合同草案文本应当提交职工代表

大会或全体职工审议，工会代表应当就草案的产生过程、主要劳动标准条件的确定依据及各自承担的主要义务作出说明。

第二十二条 集体合同草案经职工代表大会或全体职工审议通过后，由企业法定代表人与企业工会主席签字。

集体合同草案经审议未获通过的，由双方重新协商，进行修改。

第二十三条 集体合同签字后，在报送劳动行政部门的同时，企业工会应当将集体合同文本、附件及说明报送上一级工会。

第二十四条 集体合同生效后，应依法向全体职工公布。

第五章　集体合同的变更、解除和终止

第二十五条 在集体合同有效期内，由于环境和条件发生变化，致使集体合同难以履行时，双方均有权要求就变更或解除集体合同进行协商。

当一方就集体合同的变更或解除提出协商要求时，双方应当在7日内进行协商。

第二十六条 变更或解除集体合同，应当经双方协商一致，并制作《变更（解除）集体合同说明书》。

第二十七条 发生下列情况之一，集体合同的相应条款可以变更或解除：

（一）订立集体合同所依据的法律、法规和政策被修改或废止；

（二）订立集体合同所依据的国家宏观调控的政策措施被修改或取消；

（三）因不可抗力的原因使集体合同全部不能履行或部分不能履行；

（四）企业破产、停产、兼并、转产，使集体合同全部不能履行或部分不能履行；

（五）双方约定的变更或解除集体合同的条件出现；

（六）其他需要变更或解除集体合同的情况出现。

第二十八条 变更或解除集体合同的程序：

（一）一方提出建议，向对方说明需要变更或解除的集体合同的条款和理由；

（二）双方就变更或解除的集体合同条款经协商一致，达成书面协议；

（三）协议书应当提交职工代表大会或全体职工审议通过，并报送集体合同管理机关登记备案，审议未获通过，由双方重新协商；

（四）变更或解除集体合同的协议书，在报送劳动行政部门的同时，企业工会报送上一级工会。

第二十九条　集体合同期限届满或双方约定的终止条件出现，集体合同即行终止。

集体合同期满前，企业工会应当会同企业商定续订下期集体合同事项。

第六章　集体合同的监督检查

第三十条　企业工会应当定期组织有关人员对集体合同的履行情况进行监督检查，发现问题后，及时与企业协商解决。

第三十一条　企业工会可以与企业协商，建立集体合同履行的联合监督检查制度，定期或不定期对履行集体合同的情况进行监督检查。

第三十二条　工会小组和车间工会应当及时向企业工会报告集体合同在本班组和车间的履行情况。

第三十三条　职工代表大会有权对集体合同的履行实行民主监督。

企业工会应当定期向职工代表大会或全体职工通报集体合同的履行情况，组织职工代表对集体合同的履行进行监督检查。

第七章　上级工会的职责

第三十四条　上级工会对企业工会与企业进行平等协商和签订集体合同负有帮助、指导和监督检查的责任。

上级工会根据企业工会的要求，可以派工作人员作为顾问参与平等协商，帮助企业工会签订集体合同。

第三十五条　上级工会收到企业工会报送的集体合同文本，应当进行审查、登记、备案。

第三十六条　上级工会在审查集体合同时，如发现问题，应当及时通知企业工会，并协同同级劳动行政部门协调解决。

第三十七条　上级工会应当参与处理平等协商和签订集体合同中出现的争议。

第三十八条　对尚未建立工会的企业，上级工会在组织职工依法组建工会的同时，帮助、指导职工与企业进行平等协商、签订集体合同。

第八章 集体合同争议处理

第三十九条 工会与企业因签订集体合同发生争议,应当协商解决。协商解决不成的,提请上级工会和当地政府劳动行政部门协调处理。

第四十条 县级以上工会参加同级集体合同争议协调处理机构,及时、公正地解决争议,并监督《协调处理协议书》的执行。

第四十一条 因履行集体合同发生争议,工会代表应当与企业协商解决,协商解决不成的,可以向当地劳动争议仲裁委员会申请仲裁。对仲裁委员会的裁决不服,可以自收到仲裁裁决书之日起15日内向人民法院提起诉讼。

第九章 附 则

第四十二条 事业单位工会与行政进行平等协商签订集体合同以及因签订和履行集体合同发生争议,依照本办法执行。

工资集体协商试行办法

(2000年11月8日劳动和社会保障部令第9号发布 自发布之日起施行)

第一章 总 则

第一条 为规范工资集体协商和签订工资集体协议(以下简称工资协议)的行为,保障劳动关系双方的合法权益,促进劳动关系的和谐稳定,依据《中华人民共和国劳动法》和国家有关规定,制定本办法。

第二条 中华人民共和国境内的企业依法开展工资集体协商,签订工资协议,适用本办法。

第三条 本办法所称工资集体协商,是指职工代表与企业代表依法就企业内部工资分配制度、工资分配形式、工资收入水平等事项进行平等协商,在协商一致的基础上签订工资协议的行为。

本办法所称工资协议,是指专门就工资事项签订的专项集体合同。已订立集体合同的,工资协议作为集体合同的附件,并与集体合同具有同等效力。

第四条 依法订立的工资协议对企业和职工双方具有同等约束力。双方必须全面履行工资协议规定的义务,任何一方不得擅自变更或解除工资协议。

第五条 职工个人与企业订立的劳动合同中关于工资报酬的标准,不得低于工资协议规定的最低标准。

第六条 县级以上劳动保障行政部门依法对工资协议进行审查,对协议的履行情况进行监督检查。

第二章 工资集体协商内容

第七条 工资集体协商一般包括以下内容:

(一) 工资协议的期限;

(二) 工资分配制度、工资标准和工资分配形式;

(三) 职工年度平均工资水平及其调整幅度;

(四) 奖金、津贴、补贴等分配办法;

(五) 工资支付办法;

(六) 变更、解除工资协议的程序;

(七) 工资协议的终止条件;

(八) 工资协议的违约责任;

(九) 双方认为应当协商约定的其他事项。

第八条 协商确定职工年度工资水平应符合国家有关工资分配的宏观调控政策,并综合参考下列因素:

(一) 地区、行业、企业的人工成本水平;

(二) 地区、行业的职工平均工资水平;

(三) 当地政府发布的工资指导线、劳动力市场工资指导价位;

(四) 本地区城镇居民消费价格指数;

(五) 企业劳动生产率和经济效益;

(六) 国有资产保值增值;

(七) 上年度企业职工工资总额和职工平均工资水平;

(八) 其他与工资集体协商有关的情况。

第三章　工资集体协商代表

第九条　工资集体协商代表应依照法定程序产生。职工一方由工会代表。未建工会的企业由职工民主推举代表,并得到半数以上职工的同意。企业代表由法定代表人和法定代表人指定的其他人员担任。

第十条　协商双方各确定一名首席代表。职工首席代表应当由工会主席担任,工会主席可以书面委托其他人员作为自己的代理人;未成立工会的,由职工集体协商代表推举。企业首席代表应当由法定代表人担任,法定代表人可以书面委托其他管理人员作为自己的代理人。

第十一条　协商双方的首席代表在工资集体协商期间轮流担任协商会议执行主席。协商会议执行主席的主要职责是负责工资集体协商有关组织协调工作,并对协商过程中发生的问题提出处理建议。

第十二条　协商双方可书面委托本企业以外的专业人士作为本方协商代表。委托人数不得超过本方代表的1/3。

第十三条　协商双方享有平等的建议权、否决权和陈述权。

第十四条　由企业内部产生的协商代表参加工资集体协商的活动应视为提供正常劳动,享受的工资、奖金、津贴、补贴、保险福利待遇不变。其中,职工协商代表的合法权益受法律保护。企业不得对职工协商代表采取歧视性行为,不得违法解除或变更其劳动合同。

第十五条　协商代表应遵守双方确定的协商规则,履行代表职责,并负有保守企业商业秘密的责任。协商代表任何一方不得采取过激、威胁、收买、欺骗等行为。

第十六条　协商代表应了解和掌握工资分配的有关情况,广泛征求各方面的意见,接受本方人员对工资集体协商有关问题的质询。

第四章　工资集体协商程序

第十七条　职工和企业任何一方均可提出进行工资集体协商的要求。工资集体协商的提出方应向另一方提出书面的协商意向书,明确协商的时间、地点、内容等。另一方接到协商意向书后,应于20日内予以书面答复,并与提出方共同进行工资集体协商。

第十八条　在不违反有关法律、法规的前提下,协商双方有义务按照对方要求,在协商开始前5日内,提供与工资集体协商有关的真实情况和资料。

第十九条　工资协议草案应提交职工代表大会或职工大会讨论审议。

第二十条　工资集体协商双方达成一致意见后,由企业行政方制作工资协议文本。工资协议经双方首席代表签字盖章后成立。

第五章　工资协议审查

第二十一条　工资协议签订后,应于7日内由企业将工资协议一式三份及说明,报送劳动保障行政部门审查。

第二十二条　劳动保障行政部门应在收到工资协议15日内,对工资集体协商双方代表资格、工资协议的条款内容和签订程序等进行审查。劳动保障行政部门经审查对工资协议无异议,应及时向协商双方送达《工资协议审查意见书》,工资协议即行生效。

劳动保障行政部门对工资协议有修改意见,应将修改意见在《工资协议审查意见书》中通知协商双方。双方应就修改意见及时协商,修改工资协议,并重新报送劳动保障行政部门。

工资协议向劳动保障行政部门报送经过15日后,协议双方未收到劳动保障行政部门的《工资协议审查意见书》,视为已经劳动保障行政部门同意,该工资协议即行生效。

第二十三条　协商双方应于5日内将已经生效的工资协议以适当形式向本方全体人员公布。

第二十四条　工资集体协商一般情况下一年进行一次。职工和企业双方均可在原工资协议期满前60日内,向对方书面提出协商意向书,进行下一轮的工资集体协商,做好新旧工资协议的相互衔接。

第六章　附　　则

第二十五条　本办法对工资集体协商和工资协议的有关内容未做规定的,按《集体合同规定》的有关规定执行。

第二十六条　本办法自发布之日起施行。

劳动和社会保障部、中华全国总工会关于加强劳动保障监察与工会劳动保障法律监督相互协调配合工作的通知

(2001年11月13日 劳社部发〔2001〕18号)

各省、自治区、直辖市劳动和社会保障厅(局)、总工会:

《中华人民共和国劳动法》(以下简称《劳动法》)公布实施以来,各地、各有关部门和多数用人单位认真贯彻落实,劳动者的合法权益基本得到保障。但在一些地区和部分企业仍然存在着违反《劳动法》规定,侵害劳动者合法权益的现象。为加大劳动保障监察执法和工会劳动保障法律监督的力度,切实维护劳动者的合法权益,根据《劳动法》、《中华人民共和国工会法》,现就加强劳动保障监察与工会劳动保障法律监督协调配合工作,推进劳动保障法律监督制度建设的有关问题通知如下:

一、进一步加强劳动保障监察与工会劳动保障法律监督的协调配合工作。劳动保障监察是国家赋予劳动保障行政部门依法对用人单位遵守劳动保障法律法规情况进行监督检查,并对违法行为进行行政处理或行政处罚的行政执法活动。工会劳动保障法律监督是工会依法组织职工对劳动保障法律法规的贯彻实施情况进行的监督活动。这两者都是我国劳动保障法律监督体系的重要组成部分。在贯彻实施劳动保障法律法规的工作中,劳动保障行政部门和工会组织要认真履行各自的职责,同时要按照相互支持、相互协调、密切配合的原则,逐步建立相关的工作制度,形成优势互补的工作格局,推进劳动保障法律监督制度建设和工作开展。

二、建立情况通报制度和工作例会制度。县级以上劳动保障监察机构和工会劳动保障法律监督组织应定期召开联席会议或工作例会,通报工作情况,分析研究劳动保障法律法规贯彻实施中存在的问题,提出加强劳动保障法律监督工作的意见和具体措施。要做好信息的收集、分析和统计工作,加强信息交流,尤其要做好重大事件和重要信息的通报工作。

三、开展对职工合法权益重大问题的监督和调查研究。工会依法维护职工合法权益,对用人单位遵守劳动保障法律法规情况进行监督。劳动保障行政部门与工会组织可就贯彻实施劳动保障法律法规,维护职工合法权

益问题共同开展调查研究,针对侵犯职工合法权益和影响社会稳定的问题,提出解决措施和建议。

四、建立案件处理反馈制度。县级以上工会劳动保障法律监督组织在开展劳动保障法律法规监督活动中,对用人单位违反劳动保障法律法规的行为,可提请有管辖权的劳动保障行政部门处理。劳动保障行政部门的监察机构应及时对工会反映的情况进行调查,并将处理结果反馈给工会劳动保障法律监督组织。

五、建立工会劳动保障法律监督员制度。地方各级劳动保障行政部门可以在同级工会组织中聘请劳动保障法律监督员。工会组织中被聘请的劳动保障法律监督员由县级以上劳动保障行政部门和工会组织培训,经考核合格后,由县级以上劳动保障行政部门、工会组织统一颁发证件。劳动保障法律监督员发现用人单位违反劳动保障法律法规的行为,应及时向其提出整改意见或建议,如用人单位拒不整改,劳动保障法律监督员应当向劳动保障监察机构和工会劳动保障法律监督组织报告。劳动保障行政部门对工会劳动保障法律监督员反映的违法问题应及时进行调查处理。

六、发挥企业工会劳动保障法律监督组织对本单位遵守劳动保障法律法规情况的监督作用。县级以上各级工会劳动保障法律监督委员会要加强对企业工会劳动保障法律监督委员会的工作指导,督促其对本企业遵守劳动保障法律法规情况进行经常性的监督。企业工会在工作中发现的问题,应及时向用人单位提出整改意见;对重大问题,应通过平等协商提出议案,经职工代表大会做出决议,并监督用人单位执行。企业分厂、车间和班组的工会劳动保障法律监督员应搞好日常监督,对在生产劳动过程中发现的违反劳动保障法律法规的现象和行为,应及时向企业工会劳动保障法律监督委员会报告。对重大问题,企业工会劳动保障法律监督组织应及时向上级工会和当地劳动保障行政部门报告,劳动保障行政部门应当认真查处。

七、各级劳动保障行政部门要进一步加大劳动保障监察执法力度。要继续加强劳动保障监察机构建设,充实人员,保证执法力量。劳动保障行政部门要严格执法,对侵犯劳动者合法权益的行为和责任者,必须严肃查处,把维护劳动者合法权益的工作落到实处。劳动保障行政部门在作出重大行政处罚决定前,应认真执行听证制度,充分听取当事人的意见,并根据案件审查需要，征求工会组织等有关方面的意见，确保劳动保障行政部门行政处罚决定的公正性。

八、各级劳动保障行政部门和工会组织要结合实际情况制定具体的措施和办法，建立和完善劳动保障法律监督体系，不断探索劳动保障监察与工会劳动保障法律监督协调配合开展工作的形式和途径，共同推进劳动保障法律法规的全面贯彻执行。

劳动和社会保障部、建设部、全国总工会关于加强建设等行业农民工劳动合同管理的通知

（2005年4月18日　劳社部发〔2005〕9号）

各省、自治区、直辖市劳动和社会保障厅（局）、建设厅（建委）、总工会：

为贯彻落实《国务院办公厅关于进一步做好改善农民进城就业环境工作的通知》（国办发〔2004〕92号）精神，加强建设等行业农民工劳动合同管理，维护农民工的合法权益，现就有关问题通知如下：

一、高度重视农民工劳动合同管理工作

通过劳动合同确立用人单位与农民工的劳动关系，是维护农民工合法权益的重要措施。各级劳动保障部门要以使用农民工较集中的建筑、餐饮、加工等行业为重点，明确农民工劳动合同管理工作职责，切实把农民工劳动合同管理工作摆到重要日程。建设等行业行政主管部门和工会组织要协助劳动保障部门采取有力措施推进劳动合同制度的落实，不断完善劳动合同管理政策，推动各类用人单位依法与农民工签订劳动合同，提高劳动合同签订率。要指导和督促用人单位加强内部劳动合同管理，依据国家有关法律法规，建立健全劳动合同管理制度，实现劳动合同动态管理。

二、规范签订劳动合同行为

用人单位使用农民工，应当依法与农民工签订书面劳动合同，并向劳动保障行政部门进行用工备案。签订劳动合同应当遵循平等自愿、协商一致的原则，用人单位不得采取欺骗、威胁等手段与农民工签订劳动合同，不得在签订劳动合同时收取抵押金、风险金。

劳动合同必须由具备用工主体资格的用人单位与农民工本人直接签订，不得由他人代签。建筑领域工程项目部、项目经理、施工作业班组、包工头等不具备用工主体资格，不能作为用工主体与农民工签订劳动合同。

三、完善劳动合同内容

用人单位与农民工签订劳动合同，应当包括以下条款。

（一）劳动合同期限。经双方协商一致，可以采取有固定期限、无固定期限或以完成一定的工作任务为期限三种形式。无固定期限劳动合同要明确劳动合同的终止条件。有固定期限的劳动合同，应当明确起始和终止时间。双方在劳动合同中可以约定试用期。劳动合同期限半年以内的，一般不约定试用期；劳动合同期限半年以上 1 年以内的，试用期不得超过 30 日；劳动合同期限 1 至 2 年的，试用期不得超过 60 日；劳动合同期限 2 年以上的，试用期最多不得超过 6 个月。

（二）工作内容和工作时间。劳动合同中要明确农民工的工种、岗位和所从事工作的内容。工作时间要按照国家规定执行，法定节日应安排农民工休息。如需安排农民工加班或延长工作时间的，必须按规定支付加班工资。建筑业企业根据生产特点，按规定报劳动保障行政部门批准后，可对部分工种岗位实行综合计算工时工作制。

（三）劳动保护和劳动条件。用人单位要按照安全生产有关规定，为农民工提供必要的劳动安全保护及劳动条件。在农民工上岗前要对其进行安全生产教育。施工现场必须按国家建筑施工安全生产的规定，采取必要的安全措施。用人单位为农民工提供的宿舍、食堂、饮用水、洗浴、公厕等基本生活条件应达到安全、卫生要求，其中建筑施工现场要符合《建筑施工现场环境与卫生标准》（JGJ146—2004）。

（四）劳动报酬。在劳动合同中要明确工资以货币形式按月支付，并约定支付的时间、标准和支付方式。用人单位根据行业特点，经过民主程序确定具体工资支付办法的，应在劳动合同中予以明确，但按月支付的工资不得低于当地政府规定的最低工资标准。已建立集体合同制度的单位，工资标准不得低于集体合同规定的工资标准。

（五）劳动纪律。在劳动合同中明确要求农民工遵守的用人单位有关规章制度，应当依法制定。用人单位应当在签订劳动合同前告知农民工。

（六）违反劳动合同的责任。劳动合同中应当约定违约责任，一方违反劳动合同给对方造成经济损失的，要按《劳动法》等有关法律规定承担赔偿责任。

根据不同岗位的特点，用人单位与农民工协商一致，还可以在劳动合同中约定其他条款。

四、指导用人单位建立健全劳动合同管理制度

各级劳动保障部门要会同建设等行业行政主管部门和工会组织，积极指导用人单位依法建立健全内部劳动合同管理制度。用人单位要对劳动合同签订、续订、变更、终止和解除等各个环节制定具体管理规定，经职代会或职工大会讨论通过后执行。要指定专职或兼职人员负责劳动合同管理工作，建立劳动合同管理台帐，实行动态管理。对履行劳动合同情况，特别是工资支付、保险福利、加班加点等有关情况要有书面记录。对终止解除劳动合同的农民工，用人单位应当结清工资，并出具终止解除劳动合同证明。

五、加大劳动保障监察执法和劳动争议处理工作力度

各级劳动保障部门要加强劳动保障监察执法工作，充实劳动保障监察人员，加大对用人单位招用农民工签订劳动合同情况的监督检查力度。要公布举报投诉电话，及时处理举报投诉案件。对不按规定与农民工签订劳动合同的用人单位，要依法责令其纠正。

要加强劳动争议仲裁机构和仲裁员队伍建设，切实解决用人单位与农民工因履行劳动合同发生的争议。要加强劳动争议调解工作，及时化解纠纷。对申诉到劳动争议仲裁机构的劳动争议，要在条件允许的情况下依法采取简易程序，做到快立案、快审案、快结案。对涉及用人单位拖欠工资、工伤待遇的争议要优先受理、裁决。对生活困难的农民工，减免应由农民工本人负担的仲裁费用，切实解决农民工申诉难的问题。

六、加强对农民工劳动合同管理的组织领导

各级劳动保障部门、建设等行业行政主管部门和工会组织，要认真贯彻落实国办发〔2004〕92号文件精神，各司其职，各负其责，加强配合，建立健全工作目标责任制，完善工作协调机制，共同做好农民工劳动合同签订和管理的组织领导工作。要加强劳动保障法律、法规的宣传，增强用人单位和农民工的劳动合同意识，促进劳动合同制度全面实施。省级劳动保障行政部门要会同建设等行业行政主管部门制订适合不同行业特点的农民工劳动合同范本，指导督促用人单位与农民工签订劳动合同，切实提高劳动合同签订率。各级工会组织要积极指导、帮助农民工与用人单位签订劳动合同，加强对劳动合同履行情况的监督；要推进使用农民工的企业开展平等协商签订集体合同，切实维护广大农民工的合法权益。

六、女职工工作

中华人民共和国妇女权益保障法（节录）

（1992年4月3日第七届全国人民代表大会第五次会议通过 根据2005年8月28日第十届全国人民代表大会常务委员会第十七次会议《关于修改〈中华人民共和国妇女权益保障法〉的决定》第一次修正 根据2018年10月26日第十三届全国人民代表大会常务委员会第六次会议《关于修改〈中华人民共和国野生动物保护法〉等十五部法律的决定》第二次修正 2022年10月30日第十三届全国人民代表大会常务委员会第三十七次会议修订 2022年10月30日中华人民共和国主席令第122号公布 自2023年1月1日起施行）

……

第五章 劳动和社会保障权益

第四十一条 国家保障妇女享有与男子平等的劳动权利和社会保障权利。

第四十二条 各级人民政府和有关部门应当完善就业保障政策措施，防止和纠正就业性别歧视，为妇女创造公平的就业创业环境，为就业困难的妇女提供必要的扶持和援助。

第四十三条 用人单位在招录（聘）过程中，除国家另有规定外，不得实施下列行为：

（一）限定为男性或者规定男性优先；

（二）除个人基本信息外，进一步询问或者调查女性求职者的婚育情况；

（三）将妊娠测试作为入职体检项目；

（四）将限制结婚、生育或者婚姻、生育状况作为录（聘）用条件；

(五) 其他以性别为由拒绝录（聘）用妇女或者差别化地提高对妇女录（聘）用标准的行为。

第四十四条 用人单位在录（聘）用女职工时，应当依法与其签订劳动（聘用）合同或者服务协议，劳动（聘用）合同或者服务协议中应当具备女职工特殊保护条款，并不得规定限制女职工结婚、生育等内容。

职工一方与用人单位订立的集体合同中应当包含男女平等和女职工权益保护相关内容，也可以就相关内容制定专章、附件或者单独订立女职工权益保护专项集体合同。

第四十五条 实行男女同工同酬。妇女在享受福利待遇方面享有与男子平等的权利。

第四十六条 在晋职、晋级、评聘专业技术职称和职务、培训等方面，应当坚持男女平等的原则，不得歧视妇女。

第四十七条 用人单位应当根据妇女的特点，依法保护妇女在工作和劳动时的安全、健康以及休息的权利。

妇女在经期、孕期、产期、哺乳期受特殊保护。

第四十八条 用人单位不得因结婚、怀孕、产假、哺乳等情形，降低女职工的工资和福利待遇，限制女职工晋职、晋级、评聘专业技术职称和职务，辞退女职工，单方解除劳动（聘用）合同或者服务协议。

女职工在怀孕以及依法享受产假期间，劳动（聘用）合同或者服务协议期满的，劳动（聘用）合同或者服务协议期限自动延续至产假结束。但是，用人单位依法解除、终止劳动（聘用）合同、服务协议，或者女职工依法要求解除、终止劳动（聘用）合同、服务协议的除外。

用人单位在执行国家退休制度时，不得以性别为由歧视妇女。

第四十九条 人力资源和社会保障部门应当将招聘、录取、晋职、晋级、评聘专业技术职称和职务、培训、辞退等过程中的性别歧视行为纳入劳动保障监察范围。

第五十条 国家发展社会保障事业，保障妇女享有社会保险、社会救助和社会福利等权益。

国家提倡和鼓励为帮助妇女而开展的社会公益活动。

第五十一条 国家实行生育保险制度，建立健全婴幼儿托育服务等与生育相关的其他保障制度。

国家建立健全职工生育休假制度，保障孕产期女职工依法享有休息休假权益。

地方各级人民政府和有关部门应当按照国家有关规定，为符合条件的困难妇女提供必要的生育救助。

第五十二条 各级人民政府和有关部门应当采取必要措施，加强贫困妇女、老龄妇女、残疾妇女等困难妇女的权益保障，按照有关规定为其提供生活帮扶、就业创业支持等关爱服务。

……

第八章 救济措施

……

第七十四条 用人单位侵害妇女劳动和社会保障权益的，人力资源和社会保障部门可以联合工会、妇女联合会约谈用人单位，依法进行监督并要求其限期纠正。

……

第九章 法律责任

……

第八十三条 用人单位违反本法第四十三条和第四十八条规定的，由人力资源和社会保障部门责令改正；拒不改正或者情节严重的，处一万元以上五万元以下罚款。

……

工会女职工委员会工作条例

（2019年3月20日　总工发〔2019〕11号）

第一章 总 则

第一条 为加强工会女职工委员会组织建设和工会女职工工作，根据《中华人民共和国工会法》和《中国工会章程》的有关规定，制定本条例。

第二条 工会女职工委员会是在同级工会委员会领导下和上一级工会女职工委员会指导下的女职工组织,根据女职工的特点和意愿开展工作。

第三条 工会女职工委员会以马克思列宁主义、毛泽东思想、邓小平理论、"三个代表"重要思想、科学发展观、习近平新时代中国特色社会主义思想为指导,坚持自觉接受党的领导,保持和增强政治性、先进性、群众性,坚定不移走中国特色社会主义工会发展道路,推动男女平等基本国策的贯彻落实,依法表达和维护女职工的合法权益和特殊利益、竭诚服务女职工。

第二章 基本任务

第四条 加强思想政治引领,组织女职工认真学习习近平新时代中国特色社会主义思想,开展理想信念教育,承担团结引导女职工听党话、跟党走的政治责任。教育女职工践行社会主义核心价值观,树立自尊、自信、自立、自强精神,不断提高思想道德素质、科学文化素质、技术技能素质和身心健康素质,建设有理想、有道德、有文化、有纪律的女职工队伍。

第五条 按照"五位一体"总体布局和"四个全面"战略布局要求,践行新发展理念,把握为实现中华民族伟大复兴的中国梦而奋斗的工人运动时代主题,弘扬劳模精神、劳动精神、工匠精神,动员和组织广大女职工在改革发展稳定第一线建功立业。

第六条 依法维护女职工在政治、经济、文化、社会和家庭等方面的合法权益和特殊利益,同一切歧视、虐待、摧残、迫害女职工的行为作斗争。

第七条 参与有关保护女职工权益的法律、法规、规章、政策的制定和完善,监督、协助有关部门贯彻实施。代表和组织女职工依法依规参加本单位的民主管理和民主监督。参与平等协商、签订集体合同和女职工权益保护等专项集体合同工作,并参与监督执行。指导和帮助女职工与用人单位签订并履行劳动合同。参与涉及女职工特殊利益的劳动关系协调和劳动争议调解,及时反映侵害女职工权益问题,督促和参与侵权案件的调查处理。做好对女职工的关爱服务,加强对困难女职工的帮扶救助。

第八条 开展家庭文明建设工作，围绕尊老爱幼、男女平等、夫妻和睦、勤俭持家、邻里团结等内容，充分发挥女职工在弘扬中华民族家庭美德、树立良好家风方面的独特作用。

第九条 推动营造有利于女职工全面发展的社会环境，发现、培养、宣传和推荐优秀女性人才，组织开展五一巾帼奖等评选表彰。

第十条 会同工会有关部门和社会有关方面共同做好女职工工作。在有关方面研究决定涉及女职工利益问题时，积极提出意见建议。

第十一条 与国际组织开展交流活动，为促进妇女事业发展作出贡献。

第三章 组织制度

第十二条 各级工会建立女职工委员会。女职工委员会与工会委员会同时建立。企业、事业单位、机关和其他社会组织等工会基层委员会有女会员十人以上的建立女职工委员会，不足十人的设女职工委员。基层工会女职工委员会主任、副主任与工会委员会同时报上级工会审批。

第十三条 省、自治区、直辖市、地（市、州）总工会女职工委员会，实行垂直领导的产业工会女职工委员会，大型企业、事业单位、机关和其他社会组织等工会女职工委员会应设立办公室（女职工部），负责女职工委员会的日常工作；县级、乡镇（街道）、村（社区）工会和中、小企事业单位、机关等工会女职工委员会根据工作需要设专职或兼职工作人员，也可以设立办公室（女职工部）。

第十四条 女职工委员会委员由同级工会委员会提名，在充分协商的基础上产生，也可召开女职工大会或女职工代表大会选举产生。注重提高女劳动模范、一线女职工和基层工会女职工工作者在工会女职工委员会委员中的比例。县以上工会女职工委员会根据工作需要可聘请顾问若干人。

第十五条 县以上工会女职工委员会常务委员会由主任一人、副主任若干人、常委若干人组成。

第十六条 在工会代表大会、职工代表大会、教职工代表大会中，女职工代表的比例应与女职工占职工总数的比例相适应。

第十七条 工会女职工委员会是县以上妇联的团体会员，通过县以上地方工会接受妇联的业务指导。

第四章 干 部

第十八条 女职工委员会主任由同级工会女主席或女副主席担任，也可经民主协商，按照相应条件配备，享受同级工会副主席待遇。女职工委员会主任应提名为同级工会委员会或常务委员会委员候选人。

第十九条 女职工200人以上的企业、事业单位工会女职工委员会，应配备专职女职工工作干部。

第二十条 女职工委员会委员任期与同级工会委员会委员任期相同。在任期内，由于委员的工作变动等原因需要调整时，由工会女职工委员会提出相应的替补、增补人选，经同级工会委员会审议通过予以替补、增补，并报上级工会女职工委员会备案。

第二十一条 各级工会女职工委员会要按照革命化、年轻化、知识化、专业化的要求和德才兼备、以德为先、任人唯贤的原则，努力建设一支政治坚定、业务扎实、作风过硬、廉洁自律、热爱女职工工作，深受女职工信赖的干部队伍。

第二十二条 各级工会女职工委员会要加强对女干部的培养，重视培训工作，提高女干部队伍的整体素质。

第五章 工 作 制 度

第二十三条 女职工委员会实行民主集中制。凡属重大问题，要广泛听取女职工意见，由委员会或常务委员会进行充分的民主讨论后作出决定。

第二十四条 女职工委员会根据工作需要制定有关制度。每年召开一至二次常务委员会和委员会会议，也可临时召开会议。

第二十五条 工会女职工委员会要定期向同级工会委员会和上级工会女职工委员会报告工作。

第二十六条 县以上各级工会女职工委员会要把工作重心放在基层，增强基层女职工组织的活力，为广大女职工服务。

第六章 经 费

第二十七条 各级工会要为工会女职工委员会开展工作与活动提供必要的经费，所需经费应列入同级工会的经费预算。

第七章　附　则

第二十八条　各地方工会女职工委员会可根据本条例制定实施细则。

第二十九条　本条例由中华全国总工会女职工委员会负责解释。

女职工劳动保护特别规定

（2012 年 4 月 18 日国务院第 200 次常务会议通过　2012 年 4 月 28 日中华人民共和国国务院令第 619 号公布　自公布之日起施行）

第一条　为了减少和解决女职工在劳动中因生理特点造成的特殊困难，保护女职工健康，制定本规定。

第二条　中华人民共和国境内的国家机关、企业、事业单位、社会团体、个体经济组织以及其他社会组织等用人单位及其女职工，适用本规定。

第三条　用人单位应当加强女职工劳动保护，采取措施改善女职工劳动安全卫生条件，对女职工进行劳动安全卫生知识培训。

第四条　用人单位应当遵守女职工禁忌从事的劳动范围的规定。用人单位应当将本单位属于女职工禁忌从事的劳动范围的岗位书面告知女职工。

女职工禁忌从事的劳动范围由本规定附录列示。国务院安全生产监督管理部门会同国务院人力资源社会保障行政部门、国务院卫生行政部门根据经济社会发展情况，对女职工禁忌从事的劳动范围进行调整。

第五条　用人单位不得因女职工怀孕、生育、哺乳降低其工资、予以辞退、与其解除劳动或者聘用合同。

第六条　女职工在孕期不能适应原劳动的，用人单位应当根据医疗机构的证明，予以减轻劳动量或者安排其他能够适应的劳动。

对怀孕 7 个月以上的女职工，用人单位不得延长劳动时间或者安排夜班劳动，并应当在劳动时间内安排一定的休息时间。

怀孕女职工在劳动时间内进行产前检查，所需时间计入劳动时间。

第七条　女职工生育享受 98 天产假，其中产前可以休假 15 天；难产的，增加产假 15 天；生育多胞胎的，每多生育 1 个婴儿，增加产假 15 天。

女职工怀孕未满4个月流产的,享受15天产假;怀孕满4个月流产的,享受42天产假。

第八条 女职工产假期间的生育津贴,对已经参加生育保险的,按照用人单位上年度职工月平均工资的标准由生育保险基金支付;对未参加生育保险的,按照女职工产假前工资的标准由用人单位支付。

女职工生育或者流产的医疗费用,按照生育保险规定的项目和标准,对已经参加生育保险的,由生育保险基金支付;对未参加生育保险的,由用人单位支付。

第九条 对哺乳未满1周岁婴儿的女职工,用人单位不得延长劳动时间或者安排夜班劳动。

用人单位应当在每天的劳动时间内为哺乳期女职工安排1小时哺乳时间;女职工生育多胞胎的,每多哺乳1个婴儿每天增加1小时哺乳时间。

第十条 女职工比较多的用人单位应当根据女职工的需要,建立女职工卫生室、孕妇休息室、哺乳室等设施,妥善解决女职工在生理卫生、哺乳方面的困难。

第十一条 在劳动场所,用人单位应当预防和制止对女职工的性骚扰。

第十二条 县级以上人民政府人力资源社会保障行政部门、安全生产监督管理部门按照各自职责负责对用人单位遵守本规定的情况进行监督检查。

工会、妇女组织依法对用人单位遵守本规定的情况进行监督。

第十三条 用人单位违反本规定第六条第二款、第七条、第九条第一款规定的,由县级以上人民政府人力资源社会保障行政部门责令限期改正,按照受侵害女职工每人1000元以上5000元以下的标准计算,处以罚款。

用人单位违反本规定附录第一条、第二条规定的,由县级以上人民政府安全生产监督管理部门责令限期改正,按照受侵害女职工每人1000元以上5000元以下的标准计算,处以罚款。用人单位违反本规定附录第三条、第四条规定的,由县级以上人民政府安全生产监督管理部门责令限期治理,处5万元以上30万元以下的罚款;情节严重的,责令停止有关作业,或者提请有关人民政府按照国务院规定的权限责令关闭。

第十四条 用人单位违反本规定,侵害女职工合法权益的,女职工可以依法投诉、举报、申诉,依法向劳动人事争议调解仲裁机构申请调解仲裁，对仲裁裁决不服的，依法向人民法院提起诉讼。

第十五条　用人单位违反本规定，侵害女职工合法权益，造成女职工损害的，依法给予赔偿；用人单位及其直接负责的主管人员和其他直接责任人员构成犯罪的，依法追究刑事责任。

第十六条　本规定自公布之日起施行。1988年7月21日国务院发布的《女职工劳动保护规定》同时废止。

附录：

女职工禁忌从事的劳动范围

一、女职工禁忌从事的劳动范围：

（一）矿山井下作业；

（二）体力劳动强度分级标准中规定的第四级体力劳动强度的作业；

（三）每小时负重6次以上、每次负重超过20公斤的作业，或者间断负重、每次负重超过25公斤的作业。

二、女职工在经期禁忌从事的劳动范围：

（一）冷水作业分级标准中规定的第二级、第三级、第四级冷水作业；

（二）低温作业分级标准中规定的第二级、第三级、第四级低温作业；

（三）体力劳动强度分级标准中规定的第三级、第四级体力劳动强度的作业；

（四）高处作业分级标准中规定的第三级、第四级高处作业。

三、女职工在孕期禁忌从事的劳动范围：

（一）作业场所空气中铅及其化合物、汞及其化合物、苯、镉、铍、砷、氰化物、氮氧化物、一氧化碳、二硫化碳、氯、己内酰胺、氯丁二烯、氯乙烯、环氧乙烷、苯胺、甲醛等有毒物质浓度超过国家职业卫生标准的作业；

（二）从事抗癌药物、己烯雌酚生产，接触麻醉剂气体等的作业；

（三）非密封源放射性物质的操作，核事故与放射事故的应急处置；

（四）高处作业分级标准中规定的高处作业；

（五）冷水作业分级标准中规定的冷水作业；

（六）低温作业分级标准中规定的低温作业；

（七）高温作业分级标准中规定的第三级、第四级的作业；

（八）噪声作业分级标准中规定的第三级、第四级的作业；

（九）体力劳动强度分级标准中规定的第三级、第四级体力劳动强度的作业；

（十）在密闭空间、高压室作业或者潜水作业，伴有强烈振动的作业，或者需要频繁弯腰、攀高、下蹲的作业。

四、女职工在哺乳期禁忌从事的劳动范围：

（一）孕期禁忌从事的劳动范围的第一项、第三项、第九项；

（二）作业场所空气中锰、氟、溴、甲醇、有机磷化合物、有机氯化合物等有毒物质浓度超过国家职业卫生标准的作业。

女职工保健工作规定

（1993年11月26日　卫妇发（1993）第11号）

第一章 总 则

第一条 为保护女职工的身心健康及其子女的健康发育和成长，提高民族素质，根据《中华人民共和国妇女权益保障法》和《女职工劳动保护规定》，特制定本规定。

第二条 女职工保健工作必须贯彻预防为主的方针，注意女性生理和职业特点，认真执行国家有关保护女职工的各项政策和法规。

第三条 本规定适用于中华人民共和国境内的一切党政机关、人民团体和企业、事业单位。

第二章 组 织 措 施

第四条 本规定由各单位分管女职工保健工作的行政领导负责组织本单位医疗卫生、劳动、人事部门和工会、妇联组织及有关人员共同实施。

第五条 县（含城市区）以上的各级妇幼保健机构，负责对管辖范围内的各单位实施本规定进行业务指导。

第六条 各单位的医疗卫生部门应负责本单位女职工保健工作。女职工人数在 1000 人以下的厂矿应设兼职妇女保健人员；女职工人数在 1000 人以上的厂矿，在职工医院的妇产科或妇幼保健站中应有专人负责女职工保健工作。

第三章　保 健 措 施

第七条　月经期保健

1. 宣传普及月经期卫生知识。

2. 女职工在 100 人以上的单位，应逐步建立女职工卫生室，健全相应的制度并设专人管理，对卫生室管理人员应进行专业培训。女职工每班在 100 人以下的单位，应设置简易的温水箱及冲洗器。对流动、分散工作单位的女职工应发放单人自用冲洗器。

3. 女职工在月经期间不得从事《女职工禁忌劳动范围的规定》中第四条所规定的作业。

4. 患有重度痛经及月经过多的女职工，经医疗或妇幼保健机构确诊后，月经期间可适当给予 1 至 2 天的休假。

第八条　婚前保健

对欲婚女职工必须进行婚前卫生知识的宣传教育及咨询，并进行婚前健康检查及指导。

第九条　孕前保健

1. 已婚待孕女职工禁忌从事铅、汞、苯、镉等作业场所属于《有毒作业分级》标准中第Ⅲ-Ⅳ级的作业。

2. 积极开展优生宣传和咨询。

3. 对女职工应进行妊娠知识的健康教育，使她们在月经超期时主动接受检查。

4. 患有射线病、慢性职业中毒、近期内有过急性中毒史及其它有碍于母体和胎儿健康疾病者，暂时不宜妊娠。

5. 对有过两次以上自然流产史，现又无子女的女职工，应暂时调离有可能直接或间接导致流产的作业岗位。

第十条　孕期保健

1. 自确立妊娠之日起，应建立孕产妇保健卡（册），进行血压、体重、血、尿常规等基础检查。对接触铅、汞的孕妇，应进行尿中铅、汞含量的测定。

2. 定期进行产前检查、孕期保健和营养指导。

3. 推广孕妇家庭自我监护，系统观察胎动、胎心、宫底高度及体重等。

4. 实行高危孕妇专案管理，无诊疗条件的单位应及时转院就诊，并配合上级医疗和保健机构严密观察和监护。

5. 女职工较多的单位应建立孕妇休息室。妊娠满7个月应给予工间休息或适当减轻工作。

6. 妊娠女职工不应加班加点，妊娠7个月以上（含7个月）一般不得上夜班。

7. 女职工妊娠期间不得从事劳动部颁布的《女职工禁忌劳动范围的规定》第六条所规定的作业。

8. 从事立位作业的女职工，妊娠满7个月后，其工作场所应设立工间休息座位。

9. 有关女职工产前、产后、流产的假期及待遇按1988年国务院颁发的《女职工劳动保护规定》（国务院令第9号）和1988年劳动部《关于女职工生育待遇若干问题的通知》（劳险字〈1988〉2号）执行。

第十一条 产后保健

1. 进行产后访视及母乳喂养指导。

2. 产后42天对母子进行健康检查。

3. 产假期满恢复工作时，应允许有1至2周时间逐渐恢复原工作量。

第十二条 哺乳期保健

1. 宣传科学育儿知识，提倡4个月内纯母乳喂养。

2. 对有未满1周岁婴儿的女工，应保证其授乳时间。

3. 婴儿满周岁时，经县（区）以上（含县、区）医疗或保健机构确诊为体弱儿，可适当延长授乳时间，但不得超过6个月。

4. 有未满1周岁婴儿的女职工，一般不得安排上夜班及加班、加点。

5. 有哺乳婴儿5名以上的单位，应逐步建立哺乳室。

6. 不得安排哺乳女职工从事《女职工劳动保护规定》和《女职工禁忌劳动范围的规定》所指出的作业。

第十三条 更年期保健

1. 宣传更年期生理卫生知识，使进入更年期的女职工得到社会广泛的关怀。

2. 经县（区）以上（含县、区）的医疗或妇幼保健机构诊断为更年期综合症者，经治疗效果仍不显著，且不适应原工作的，应暂时安排适宜的工作。

3. 进入更年期的女职工应每 1 至 2 年进行一次妇科疾病的查治。

第十四条 对女职工定期进行妇科疾病及乳腺疾病的查治。

第十五条 女职工浴室要淋浴化。厕所要求蹲位。

第十六条 建立健全女职工保健工作统计制度。

第四章 监督管理

第十七条 各级卫生行政部门会同同级劳动、人事部门，工会及妇联组织对本规定的实施情况进行监督。

第十八条 凡违反本规定第七条第 3 款第（1）、（2）、（3）项、第十条第 7、9 款、第十二条第 2、6 款的单位负责人或直接责任者，可依据《女职工劳动保护规定》第十三条规定进行处理。

第十九条 凡违反本规定其它条款的单位或直接责任者，各级卫生行政部门可根据情节给予警告、通报批评、限期改进的处罚。

第二十条 女职工违反国家有关计划生育规定的，其女职工的保健应当按照国家有关计划生育规定办理。

第五章 附 则

第二十一条 本规定中所称企业，系指全民、城镇集体企业，中外合资、合作、独资企业，乡镇企业，农村联户企业、私人企业等。

第二十二条 女职工包括单位固定女职工、合同制女职工、临时女职工。

第二十三条 本规定由中华人民共和国卫生部负责解释。

第二十四条 本规定由颁发之日起实施。

中华全国总工会关于加强
新时代工会女职工工作的意见

(2022年4月25日 总工发〔2022〕5号)

工会女职工工作是工会工作、妇女工作的重要组成部分。为更好地传承发扬党的工运事业和妇女事业光荣传统，主动适应新形势新任务，积极回应女职工新需求新期盼，推动新时代工会女职工工作高质量发展，现提出如下意见。

一、把握总体要求

（一）指导思想。坚持以习近平新时代中国特色社会主义思想为指导，全面贯彻党的十九大和十九届历次全会精神，深入学习贯彻习近平总书记关于工人阶级和工会工作、关于妇女工作的重要论述，坚持以人民为中心的发展思想，坚定不移走中国特色社会主义工会发展道路，贯彻落实男女平等基本国策，牢牢把握为实现中华民族伟大复兴的中国梦而奋斗的工人运动时代主题，推动实施《中国妇女发展纲要（2021—2030年）》，切实履行维权服务基本职责，团结引领广大女职工奋进新征程、建功新时代，为全面建设社会主义现代化国家、实现第二个百年奋斗目标贡献智慧和力量。

（二）基本原则。

——坚持党的领导。切实把党的意志和主张贯彻到工会女职工工作的全过程、各方面，牢牢把握工会女职工工作正确政治方向。

——坚持服务大局。把握新发展阶段，贯彻新发展理念，构建新发展格局，在全面建设社会主义现代化国家新征程中充分发挥"半边天"作用。

——坚持需求导向。坚持以职工为本，适应职工队伍深刻变化和劳动关系深刻调整，聚焦广大女职工急难愁盼问题，增强维权服务工作的针对性和实效性。

——坚持大抓基层。树立落实到基层、落实靠基层理念，加强基层工会女职工组织建设，强化上级工会与基层工会女职工组织的联系和工作指导，使基层工会女职工组织建起来、转起来、活起来。

——坚持改革创新。紧紧围绕保持和增强政治性、先进性、群众性，着力健全推动工会女职工工作创新发展的制度机制，激发工会女职工组织的内生动力。

——坚持系统观念。加强统筹谋划，广泛汇聚资源，强化保障落实，努力构建全会重视、上下联动、各方支持、合力推进的工会女职工工作格局。

二、聚焦基本职责，实现工会女职工工作水平新提升

（三）加强思想政治引领。坚持用习近平新时代中国特色社会主义思想武装女职工，不断增进广大女职工对新时代党的创新理论的政治认同、思想认同、情感认同。强化理想信念教育，深化中国特色社会主义和中国梦宣传教育，引导女职工坚定不移听党话、矢志不渝跟党走。大力弘扬劳模精神、劳动精神、工匠精神，组织开展巾帼劳模工匠论坛、宣讲等活动，进一步发挥先进典型示范引领作用。加强新时代家庭家教家风建设，倡导开展"培育好家风——女职工在行动"主题实践活动，推动社会主义核心价值观在家庭落地生根。

（四）深化提升素质建功立业工程。贯彻落实产业工人队伍建设改革各项部署，充分发挥技能强国——全国产业工人学习社区、工匠学院等阵地作用，落实科技创新巾帼行动，加强女职工数字技能培训，培育女职工创新工作室，助力女职工成长成才。引导女职工积极参与"建功'十四五'、奋进新征程"主题劳动和技能竞赛，广泛深入持久开展具有女职工特色的区域性、行业性劳动和技能竞赛，推动竞赛向新产业新业态新组织拓展。开展女职工先进集体和个人表彰或表扬，规范完善"五一巾帼奖"评选管理工作；在全国五一劳动奖章等评选表彰中重视并保障女职工比例。

（五）维护女职工合法权益和特殊利益。参与国家和地方有关女职工权益保护法律法规政策的研究和制定修订，推动地方出台《女职工劳动保护特别规定》实施办法。充分发挥女职工权益保护专项集体合同作用，突出民主管理、生育保护、女职工卫生费、帮助职工平衡工作和家庭责任等重点，提升协商质量和履约实效。定期开展普法宣传活动，常态化做好维权典型案例评选、联合专项执法检查、工会劳动法律监督，及时推动侵犯女职工权益案件调查处理,促进劳动关系和谐稳定,维护劳动领域政治安全。依法维护新就业形态女性劳动者劳动报酬、休息休假、劳动保护、社会保险等权益。

(六)提升女职工生活品质。落实国家生育政策及配套支持措施,支持有条件的用人单位为职工提供托育服务,推动将托育服务纳入职工之家建设和企业提升职工生活品质试点工作,推进工会爱心托管服务,加强女职工休息哺乳室建设,做好职工子女关爱服务,创建家庭友好型工作场所。高度关注女职工劳动保护和身心健康,加大女职工劳动安全卫生知识教育培训力度,推动特定行业、企业等开展女职工职业病检查;扩大宫颈癌、乳腺癌筛查受益人群和覆盖范围,加强女职工人文关怀和心理疏导工作。深化工会婚恋交友服务,教育引导职工树立正确婚恋观,开展更加符合职工需求及特点的婚恋交友活动。

三、夯实组织基础,激发工会女职工组织新活力

(七)扩大工会女职工组织覆盖。坚持以工会组织建设带动工会女职工组织建设,女职工组织与工会组织同时筹备、同时产生(或换届)、同时报批,努力实现在已建工会组织单位中女职工组织的全覆盖。着力加强产业工会、区域(行业)工会联合会以及乡镇(街道)、村(社区)、工业园区工会女职工委员会建设,建立健全工会女职工组织体系。将工会女职工组织建设工作纳入模范职工之家、劳动关系和谐企业创建以及会员评议职工之家活动等各项评比内容。

(八)加强工会女职工组织机构建设。省、自治区、直辖市,设区的市和自治州总工会,实行垂直领导的产业工会,机关、事业单位工会,根据工作需要,按照机构编制管理权限,经机构编制部门同意,设立女职工委员会办公室(女职工部)或明确女职工工作责任部门,安排专人负责女职工委员会的日常工作。县(旗)、自治县、不设区的市、乡镇(街道)、村(社区)、企业和其他社会组织等工会,根据工作需要安排专人负责女职工工作。企业工会女职工委员会是县或者县以上妇联的团体会员,通过县以上地方工会接受妇联的业务指导。

(九)推动工会女职工组织运行制度化规范化。落实女职工委员会向同级工会委员会和上级工会女职工委员会报告工作制度,完善工会女职工委员会委员发挥作用制度。发挥女职工工作联系点、女职工工作信息员、社会化工会工作者、工会积极分子、工会工作志愿者以及社会组织作用。完善女职工工作培训制度，将女职工工作作为工会干部教育培训的重要内容，引导工会领导干部增强重视和支持女职工工作的意识；通过定期举办工会女职工工作干部培训班，逐步实现教育培训对专兼挂工会女职工工作干部的全覆盖。注重培育不同层面工会女职工组织先进典型，以点带面推进工会女职工工作。

四、创新工作方式，拓宽工会女职工工作新路径

（十）构建统筹协调机制。做好对内统筹，各级工会相关部门、产业工会和直属单位结合工作职能，将女职工工作纳入工作规划、年度安排、重点工作中研究部署、统筹考虑，汇聚资源力量，合力推动女职工工作。做好对外协调，积极争取人社、卫健等政府部门的支持，发挥专家智库作用，整合社会资源，延长工会女职工工作手臂；在现有体制机制不变的前提下，密切与妇联等群团组织的联系合作，凝聚强大合力，共同做好党的群众工作。

（十一）加强调查研究工作。深化对党领导下的工运事业和妇女事业重大成就及历史经验的学习研究，把握工会女职工工作规律性认识，推进理论创新和实践创新。聚焦党中央决策部署和工会重点工作，立足新时代职工队伍和劳动关系发展变化，定期开展女职工队伍状况调查和专题调研。加强调研设计，提高调研质量，及时通报、交流调研成果，加大优秀调研成果宣传力度，推动形成工作性意见、转化为政策制度。

（十二）注重品牌塑造创新。强化品牌意识，推动工会女职工工作传统特色品牌的巩固拓展和发展提升，持之以恒做优做强女职工普法宣传、女职工权益保护专项集体合同、玫瑰书香、会聚良缘、爱心托管、托育服务、女职工休息哺乳室等特色品牌，不断赋予品牌新内涵、新亮点，发挥品牌示范引领效应。结合实际及时发现培育、总结提炼基层典型经验，努力创建更多体现时代特色和地域特点的工作品牌，增强工会女职工工作的社会影响力。

（十三）用好网上工作平台。顺应数字化、信息化、智能化时代发展趋势，依托各级网上工会、智慧工会平台，探索设置符合女职工特点和需求的女职工工作专区，打造快捷高效的女职工工作网上矩阵，提高活动参与度和服务覆盖面，使广大女职工网上网下都能找到娘家人。发挥工会网上舆论阵地和主流网络媒体作用,加强女职工网上引领和女职工工作网上宣传,营造尊重关心女职工、关注支持工会女职工工作的社会氛围。

五、强化组织实施

(十四)加强组织领导。各级工会要高度重视女职工工作,加强对女职工工作的领导,将女职工工作列入重要议事日程,纳入工会工作整体部署。每年至少召开1次党组(党委)会议专题听取女职工工作情况汇报,及时研究解决女职工工作发展中的重大问题。

(十五)加大支持保障。各级工会要赋予女职工工作更多资源手段。选优配强工会女职工工作干部。加大对工会女职工工作的经费支持和保障力度,落实《基层工会经费收支管理办法》,基层工会开展职工子女托管、托育以及"六一"儿童节慰问活动等职工子女关爱服务所需经费,可从工会经费中列支。加强正向激励,将女职工工作情况作为评优评先的重要参考。

(十六)狠抓责任落实。各级工会要强化责任担当,明确思路举措和具体分工,做到层层有责任、事事有人抓,落细落实目标任务。加强指导协调和跟踪问效,坚持一级抓一级、逐级抓落实,及时跟进工作、解决问题,推动工会女职工工作各项部署要求落地见效。

中华全国总工会关于加强企业工会女职工工作的意见

(2009年7月17日 总工发〔2009〕32号)

为深入贯彻党的十七大精神,认真落实中国工会十五大提出的目标和任务,更好地发挥企业工会女职工组织的作用,切实维护女职工的合法权益和特殊利益,依据《工会法》、《中国工会章程》、《企业工会工作条例》、《工会女职工委员会工作条例》等有关规定,现就加强企业工会女职工工作提出以下意见。

一、加强企业工会女职工工作的重要意义、指导思想和总体要求

(一)充分认识企业工会女职工工作的重要意义。企业工会女职工组织是企业女职工合法权益和特殊利益的代表者和维护者。切实加强企业工会女职工工作,对于维护女职工的合法权益,更好地调动女职工参与改革和建设的积极性、主动性和创造性,建立和谐稳定的劳动关系,推动和谐企业建设具有十分重要的意义。各级工会要充分认识加强新形势下企业工会女职工工作的重要性和必要性,努力推动企业工会女职工工作的创新和发展。

(二)切实明确企业工会女职工工作的指导思想。坚持高举中国特色社会主义伟大旗帜,以邓小平理论和"三个代表"重要思想为指导,深入贯彻落实科学发展观,坚定不移地走中国特色社会主义工会发展道路,努力建设服务科学发展、服务女职工的企业工会女职工组织,充分发挥企业工会女职工组织的作用,团结和动员广大女职工为促进企业发展,夺取全面建设小康社会新胜利而努力奋斗。

(三)认真把握加强企业工会女职工工作的总体要求。坚持促进企业发展、维护职工权益的原则,认真贯彻"组织起来、切实维权"的工作方针,最大限度地把女职工吸收到工会组织中来,不断增强女职工组织的吸引力和凝聚力,通过开展各种活动,提高女职工素质,调动女职工参与企业发展的积极性和创造性。坚持以职工为本,进一步建立和完善女职工维权工作机制,及时反映女职工的愿望和诉求,推动解决女职工最关心、最直接、最现实的利益问题,主动依法科学维权,切实代表和维护女职工的合法权益和特殊利益,努力创建劳动关系和谐企业。

二、大力推进企业工会女职工组织建设

(四)努力实现在已建工会组织企业中女职工组织的全覆盖。坚持哪里建工会、哪里有女职工,哪里就要建立工会女职工组织的原则。凡是企业工会中有10名以上女会员的,都应建立工会女职工委员会;不足10名的,设女职工委员。大力推进非公有制企业工会女职工组织的建立与完善,积极探索创新组建形式。建立县以下区域性、行业性工会联合会的同时建立工会女职工组织。

(五)加强企业工会女职工委员会规范化建设。女职工委员会与工会委员会同时建立。企业在筹备组建工会或工会换届时,同时提名女职工委员会主任、副主任人选。工会女职工委员会主任、副主任与工会委员会同时报上级工会审批。女职工委员会主任由企业工会女主席或女副主席担任,也可按照相应条件配备女职工委员会主任。有条件的企业可直接选举产生女职工委员会主任,享受同级工会副主席待遇。大型企业工会设立女

职工委员会办公室（女职工部），女职工 200 人以上的企业工会女职工委员会配备专职女职工工作干部。中小企业工会女职工委员会可根据工作需要设专兼职工作人员和办公室。建立健全女职工委员会向同级工会委员会和上级工会女职工委员会报告工作制度、定期研究工作制度等。企业工会应保障女职工委员会开展工作与活动的必要经费。

企业不建立妇联组织，企业工会女职工委员会通过县以上地方工会接受妇联的业务指导。

三、组织动员女职工充分发挥主力军作用，为推动企业发展作贡献

（六）充分调动女职工立足岗位建功立业的积极性、主动性和创造性。适应全面建设小康社会的新要求，结合企业实际和女职工特点，组织女职工积极参与争创"工人先锋号"、社会主义劳动竞赛和女职工提升素质建功立业等活动，不断探索创新活动方式，务求活动实效。通过岗位练兵、技能比赛、技术培训、技术交流等形式，不断提高女职工的学习能力、创新能力、竞争能力，为建设创新型企业做贡献。广泛开展富有女职工特色的女职工建功立业标兵（岗）、五一巾帼奖创建等活动，充分发挥女劳模的示范带动作用。

（七）切实把提高女职工队伍整体素质作为一项战略任务抓紧抓好。充分发挥工会"大学校"作用，深入开展社会主义核心价值体系主题教育活动和"创建学习型组织、争做知识型职工"以及女职工素质教育活动，引导女职工不断提高思想道德、科学文化、业务技能等综合素质和树立自尊、自信、自立、自强精神；组织和帮助女职工逐步成长为学习型、知识型、技能型、专家型的复合人才。充分发挥女职工在构建和谐企业、和谐家庭等各项文明建设中的作用。督促企业根据实际情况和女职工需求，为女职工提供多渠道多层次培训和受教育机会。

四、切实维护女职工的合法权益和特殊利益

（八）推动和促进国家保护女职工权益法律法规的贯彻落实。宣传国家保护女职工权益的法律法规，帮助女职工提高法律意识和自我保护能力，促进企业经营者提高遵纪守法的自觉性。指导和帮助女职工签订劳动合同。加强对女职工劳动保护的监督检查，督促《女职工劳动保护规定》、《女职工禁忌劳动范围的规定》等法规的贯彻落实。反映女职工的呼声与诉求，配合有关部门处理侵犯女职工权益的案件，参与劳动争议调解和仲裁工作，在女职工人数较多的企业，劳动争议调解委员会应有女职工组织的代表。

（九）切实做好女职工权益保护专项集体合同工作。围绕女职工的劳动就业、工资分配、休息休假、保险福利待遇、教育发展等内容，特别是女职工经期、孕期、产期和哺乳期保护，禁忌从事的劳动范围，有毒有害工种防护，生育保险，妇科疾病普查等，与企业签订女职工权益保护专项集体合同。凡建立工会女职工组织的企业都应签订女职工权益保护专项集体合同，也可将女职工权益保护专项内容作为集体合同的附件或在集体合同中设立专门章节。中小型非公有制企业工会应根据具体情况，单独签订或参加区域性、行业性女职工权益保护专项集体合同的签订。建立女职工权益保护专项集体合同监督检查机制，确保企业女职工权益保护专项集体合同的有效实施。

（十）加强和完善企业女职工民主管理工作。组织女职工通过职工代表大会、厂务公开等民主管理方式参与企业民主决策、民主管理和民主监督，行使好职工代表大会及工会会员代表大会代表的各项职权。职工代表大会、工会会员代表大会中女代表比例应与本企业女职工比例相适应。

五、进一步做好对困难女职工的帮扶工作

（十一）积极为困难女职工办实事、做好事、解难事。建立困难女职工档案，做到对困难女职工家庭情况清、致困原因清、经济收入清、救助愿望清，努力实现对困难女职工帮扶工作的经常化、制度化、规范化。配合有关部门积极推进将符合低保条件的女职工家庭纳入低保范围。对低保边缘、零就业、单亲、遭受重大灾害和患重大疾病等特殊困难的女职工家庭以及困难女劳模给予重点帮扶。不断拓展帮扶范围，完善帮扶方式，提高帮扶水平，切实帮助女职工解决生产生活中的实际困难。大力开展结对帮扶、金秋助学等活动，努力为困难女职工特别是单亲困难女职工、女农民工提供多方位的服务和帮助。

（十二）切实维护女职工的劳动就业权益。推动国家有关促进就业法律法规政策的贯彻落实，推进女职工充分就业，稳定就业岗位，改善就业环境，实现体面劳动。配合有关部门积极为下岗失业女职工自谋职业和自主创业提供就业培训、政策咨询、信息交流等各项服务，不断提高女职工的就业技能和创业能力，为其实现就业再就业创造有利条件。

六、强化对企业工会女职工工作的领导和服务

（十三）各级工会要切实加强对企业工会女职工工作的领导和服务。关心和支持企业工会女职工工作，为女职工工作创造良好环境。加强理论政策研究，深入调查、认真研究解决企业工会女职工工作中面临的新情况和新问题。把女职工工作纳入工会整体工作同步部署、检查和考核，列入企业"模范职工之家"、创建"劳动和谐企业"等活动评比内容。坚持分类指导，总结和推广企业工会女职工工作经验，注意培育和选树企业工会女职工工作先进典型，以点带面推动工作。产业工会应发挥自身优势，推动本系统企业工会女职工组织建设，创造性地开展工作。

（十四）各级工会要高度重视企业工会女职工工作干部队伍建设。注重培养、选拔、使用女职工工作干部，维护企业工会女职工工作干部的合法权益，保障其依法履行工作职责，真正做到在政治上关心、生活上关爱、工作上支持女职工工作干部。研究探索企业工会女职工工作干部配备和待遇落实的有效途径，更好地调动女职工工作干部的积极性。加大对企业工会女职工工作干部的培训力度，不断提高女职工工作干部的理论水平和业务能力，努力建设一支素质高、能力强、业务精的工会女职工工作干部队伍。

七、劳动争议处理

中华人民共和国劳动争议调解仲裁法

(2007年12月29日第十届全国人民代表大会常务委员会第三十一次会议通过 2007年12月29日中华人民共和国主席令第80号公布 自2008年5月1日起施行)

目 录

第一章 总 则
第二章 调 解
第三章 仲 裁
　第一节 一般规定
　第二节 申请和受理
　第三节 开庭和裁决
第四章 附 则

第一章 总 则

第一条 为了公正及时解决劳动争议,保护当事人合法权益,促进劳动关系和谐稳定,制定本法。

第二条 中华人民共和国境内的用人单位与劳动者发生的下列劳动争议,适用本法:

(一)因确认劳动关系发生的争议;

(二)因订立、履行、变更、解除和终止劳动合同发生的争议;

(三)因除名、辞退和辞职、离职发生的争议;

(四)因工作时间、休息休假、社会保险、福利、培训以及劳动保护发生的争议;

（五）因劳动报酬、工伤医疗费、经济补偿或者赔偿金等发生的争议；

（六）法律、法规规定的其他劳动争议。

第三条 解决劳动争议，应当根据事实，遵循合法、公正、及时、着重调解的原则，依法保护当事人的合法权益。

第四条 发生劳动争议，劳动者可以与用人单位协商，也可以请工会或者第三方共同与用人单位协商，达成和解协议。

第五条 发生劳动争议，当事人不愿协商、协商不成或者达成和解协议后不履行的，可以向调解组织申请调解；不愿调解、调解不成或者达成调解协议后不履行的，可以向劳动争议仲裁委员会申请仲裁；对仲裁裁决不服的，除本法另有规定的外，可以向人民法院提起诉讼。

第六条 发生劳动争议，当事人对自己提出的主张，有责任提供证据。与争议事项有关的证据属于用人单位掌握管理的，用人单位应当提供；用人单位不提供的，应当承担不利后果。

第七条 发生劳动争议的劳动者一方在十人以上，并有共同请求的，可以推举代表参加调解、仲裁或者诉讼活动。

第八条 县级以上人民政府劳动行政部门会同工会和企业方面代表建立协调劳动关系三方机制，共同研究解决劳动争议的重大问题。

第九条 用人单位违反国家规定，拖欠或者未足额支付劳动报酬，或者拖欠工伤医疗费、经济补偿或者赔偿金的，劳动者可以向劳动行政部门投诉，劳动行政部门应当依法处理。

第二章 调 解

第十条 发生劳动争议，当事人可以到下列调解组织申请调解：

（一）企业劳动争议调解委员会；

（二）依法设立的基层人民调解组织；

（三）在乡镇、街道设立的具有劳动争议调解职能的组织。

企业劳动争议调解委员会由职工代表和企业代表组成。职工代表由工会成员担任或者由全体职工推举产生，企业代表由企业负责人指定。企业劳动争议调解委员会主任由工会成员或者双方推举的人员担任。

第十一条 劳动争议调解组织的调解员应当由公道正派、联系群众、热心调解工作，并具有一定法律知识、政策水平和文化水平的成年公民担任。

第十二条　当事人申请劳动争议调解可以书面申请，也可以口头申请。口头申请的，调解组织应当当场记录申请人基本情况、申请调解的争议事项、理由和时间。

第十三条　调解劳动争议，应当充分听取双方当事人对事实和理由的陈述，耐心疏导，帮助其达成协议。

第十四条　经调解达成协议的，应当制作调解协议书。

调解协议书由双方当事人签名或者盖章，经调解员签名并加盖调解组织印章后生效，对双方当事人具有约束力，当事人应当履行。

自劳动争议调解组织收到调解申请之日起十五日内未达成调解协议的，当事人可以依法申请仲裁。

第十五条　达成调解协议后，一方当事人在协议约定期限内不履行调解协议的，另一方当事人可以依法申请仲裁。

第十六条　因支付拖欠劳动报酬、工伤医疗费、经济补偿或者赔偿金事项达成调解协议，用人单位在协议约定期限内不履行的，劳动者可以持调解协议书依法向人民法院申请支付令。人民法院应当依法发出支付令。

第三章　仲　　裁

第一节　一　般　规　定

第十七条　劳动争议仲裁委员会按照统筹规划、合理布局和适应实际需要的原则设立。省、自治区人民政府可以决定在市、县设立；直辖市人民政府可以决定在区、县设立。直辖市、设区的市也可以设立一个或者若干个劳动争议仲裁委员会。劳动争议仲裁委员会不按行政区划层层设立。

第十八条　国务院劳动行政部门依照本法有关规定制定仲裁规则。省、自治区、直辖市人民政府劳动行政部门对本行政区域的劳动争议仲裁工作进行指导。

第十九条　劳动争议仲裁委员会由劳动行政部门代表、工会代表和企业方面代表组成。劳动争议仲裁委员会组成人员应当是单数。

劳动争议仲裁委员会依法履行下列职责：

（一）聘任、解聘专职或者兼职仲裁员；

（二）受理劳动争议案件；

（三）讨论重大或者疑难的劳动争议案件；

（四）对仲裁活动进行监督。

劳动争议仲裁委员会下设办事机构，负责办理劳动争议仲裁委员会的日常工作。

第二十条 劳动争议仲裁委员会应当设仲裁员名册。

仲裁员应当公道正派并符合下列条件之一：

（一）曾任审判员的；

（二）从事法律研究、教学工作并具有中级以上职称的；

（三）具有法律知识、从事人力资源管理或者工会等专业工作满五年的；

（四）律师执业满三年的。

第二十一条 劳动争议仲裁委员会负责管辖本区域内发生的劳动争议。

劳动争议由劳动合同履行地或者用人单位所在地的劳动争议仲裁委员会管辖。双方当事人分别向劳动合同履行地和用人单位所在地的劳动争议仲裁委员会申请仲裁的，由劳动合同履行地的劳动争议仲裁委员会管辖。

第二十二条 发生劳动争议的劳动者和用人单位为劳动争议仲裁案件的双方当事人。

劳务派遣单位或者用工单位与劳动者发生劳动争议的，劳务派遣单位和用工单位为共同当事人。

第二十三条 与劳动争议案件的处理结果有利害关系的第三人，可以申请参加仲裁活动或者由劳动争议仲裁委员会通知其参加仲裁活动。

第二十四条 当事人可以委托代理人参加仲裁活动。委托他人参加仲裁活动，应当向劳动争议仲裁委员会提交有委托人签名或者盖章的委托书，委托书应当载明委托事项和权限。

第二十五条 丧失或者部分丧失民事行为能力的劳动者，由其法定代理人代为参加仲裁活动；无法定代理人的，由劳动争议仲裁委员会为其指定代理人。劳动者死亡的，由其近亲属或者代理人参加仲裁活动。

第二十六条 劳动争议仲裁公开进行，但当事人协议不公开进行或者涉及国家秘密、商业秘密和个人隐私的除外。

第二节 申请和受理

第二十七条 劳动争议申请仲裁的时效期间为一年。仲裁时效期间从当事人知道或者应当知道其权利被侵害之日起计算。

前款规定的仲裁时效,因当事人一方向对方当事人主张权利,或者向有关部门请求权利救济,或者对方当事人同意履行义务而中断。从中断时起,仲裁时效期间重新计算。

因不可抗力或者有其他正当理由,当事人不能在本条第一款规定的仲裁时效期间申请仲裁的,仲裁时效中止。从中止时效的原因消除之日起,仲裁时效期间继续计算。

劳动关系存续期间因拖欠劳动报酬发生争议的,劳动者申请仲裁不受本条第一款规定的仲裁时效期间的限制;但是,劳动关系终止的,应当自劳动关系终止之日起一年内提出。

第二十八条 申请人申请仲裁应当提交书面仲裁申请,并按照被申请人人数提交副本。

仲裁申请书应当载明下列事项:

(一)劳动者的姓名、性别、年龄、职业、工作单位和住所,用人单位的名称、住所和法定代表人或者主要负责人的姓名、职务;

(二)仲裁请求和所根据的事实、理由;

(三)证据和证据来源、证人姓名和住所。

书写仲裁申请确有困难的,可以口头申请,由劳动争议仲裁委员会记入笔录,并告知对方当事人。

第二十九条 劳动争议仲裁委员会收到仲裁申请之日起五日内,认为符合受理条件的,应当受理,并通知申请人;认为不符合受理条件的,应当书面通知申请人不予受理,并说明理由。对劳动争议仲裁委员会不予受理或者逾期未作出决定的,申请人可以就该劳动争议事项向人民法院提起诉讼。

第三十条 劳动争议仲裁委员会受理仲裁申请后,应当在五日内将仲裁申请书副本送达被申请人。

被申请人收到仲裁申请书副本后,应当在十日内向劳动争议仲裁委员会提交答辩书。劳动争议仲裁委员会收到答辩书后,应当在五日内将答辩书副本送达申请人。被申请人未提交答辩书的,不影响仲裁程序的进行。

第三节 开庭和裁决

第三十一条 劳动争议仲裁委员会裁决劳动争议案件实行仲裁庭制。

仲裁庭由三名仲裁员组成,设首席仲裁员。简单劳动争议案件可以由一名仲裁员独任仲裁。

第三十二条 劳动争议仲裁委员会应当在受理仲裁申请之日起五日内将仲裁庭的组成情况书面通知当事人。

第三十三条 仲裁员有下列情形之一,应当回避,当事人也有权以口头或者书面方式提出回避申请:

(一)是本案当事人或者当事人、代理人的近亲属的;

(二)与本案有利害关系的;

(三)与本案当事人、代理人有其他关系,可能影响公正裁决的;

(四)私自会见当事人、代理人,或者接受当事人、代理人的请客送礼的。

劳动争议仲裁委员会对回避申请应当及时作出决定,并以口头或者书面方式通知当事人。

第三十四条 仲裁员有本法第三十三条第四项规定情形,或者有索贿受贿、徇私舞弊、枉法裁决行为的,应当依法承担法律责任。劳动争议仲裁委员会应当将其解聘。

第三十五条 仲裁庭应当在开庭五日前,将开庭日期、地点书面通知双方当事人。当事人有正当理由的,可以在开庭三日前请求延期开庭。是否延期,由劳动争议仲裁委员会决定。

第三十六条 申请人收到书面通知,无正当理由拒不到庭或者未经仲裁庭同意中途退庭的,可以视为撤回仲裁申请。

被申请人收到书面通知,无正当理由拒不到庭或者未经仲裁庭同意中途退庭的,可以缺席裁决。

第三十七条 仲裁庭对专门性问题认为需要鉴定的,可以交由当事人约定的鉴定机构鉴定;当事人没有约定或者无法达成约定的,由仲裁庭指定的鉴定机构鉴定。

根据当事人的请求或者仲裁庭的要求,鉴定机构应当派鉴定人参加开庭。当事人经仲裁庭许可,可以向鉴定人提问。

第三十八条 当事人在仲裁过程中有权进行质证和辩论。质证和辩论终结时,首席仲裁员或者独任仲裁员应当征询当事人的最后意见。

第三十九条 当事人提供的证据经查证属实的,仲裁庭应当将其作为认定事实的根据。

劳动者无法提供由用人单位掌握管理的与仲裁请求有关的证据,仲裁庭可以要求用人单位在指定期限内提供。用人单位在指定期限内不提供的,应当承担不利后果。

第四十条 仲裁庭应当将开庭情况记入笔录。当事人和其他仲裁参加人认为对自己陈述的记录有遗漏或者差错的,有权申请补正。如果不予补正,应当记录该申请。

笔录由仲裁员、记录人员、当事人和其他仲裁参加人签名或者盖章。

第四十一条 当事人申请劳动争议仲裁后,可以自行和解。达成和解协议的,可以撤回仲裁申请。

第四十二条 仲裁庭在作出裁决前,应当先行调解。

调解达成协议的,仲裁庭应当制作调解书。

调解书应当写明仲裁请求和当事人协议的结果。调解书由仲裁员签名,加盖劳动争议仲裁委员会印章,送达双方当事人。调解书经双方当事人签收后,发生法律效力。

调解不成或者调解书送达前,一方当事人反悔的,仲裁庭应当及时作出裁决。

第四十三条 仲裁庭裁决劳动争议案件,应当自劳动争议仲裁委员会受理仲裁申请之日起四十五日内结束。案情复杂需要延期的,经劳动争议仲裁委员会主任批准,可以延期并书面通知当事人,但是延长期限不得超过十五日。逾期未作出仲裁裁决的,当事人可以就该劳动争议事项向人民法院提起诉讼。

仲裁庭裁决劳动争议案件时,其中一部分事实已经清楚,可以就该部分先行裁决。

第四十四条 仲裁庭对追索劳动报酬、工伤医疗费、经济补偿或者赔偿金的案件,根据当事人的申请,可以裁决先予执行,移送人民法院执行。

仲裁庭裁决先予执行的,应当符合下列条件:

(一)当事人之间权利义务关系明确;

(二)不先予执行将严重影响申请人的生活。

劳动者申请先予执行的,可以不提供担保。

第四十五条 裁决应当按照多数仲裁员的意见作出,少数仲裁员的不同意见应当记入笔录。仲裁庭不能形成多数意见时,裁决应当按照首席仲裁员的意见作出。

第四十六条 裁决书应当载明仲裁请求、争议事实、裁决理由、裁决结果和裁决日期。裁决书由仲裁员签名,加盖劳动争议仲裁委员会印章。对裁决持不同意见的仲裁员,可以签名,也可以不签名。

第四十七条 下列劳动争议,除本法另有规定的外,仲裁裁决为终局裁决,裁决书自作出之日起发生法律效力:

(一)追索劳动报酬、工伤医疗费、经济补偿或者赔偿金,不超过当地月最低工资标准十二个月金额的争议;

(二)因执行国家的劳动标准在工作时间、休息休假、社会保险等方面发生的争议。

第四十八条 劳动者对本法第四十七条规定的仲裁裁决不服的,可以自收到仲裁裁决书之日起十五日内向人民法院提起诉讼。

第四十九条 用人单位有证据证明本法第四十七条规定的仲裁裁决有下列情形之一,可以自收到仲裁裁决书之日起三十日内向劳动争议仲裁委员会所在地的中级人民法院申请撤销裁决:

(一)适用法律、法规确有错误的;

(二)劳动争议仲裁委员会无管辖权的;

(三)违反法定程序的;

(四)裁决所根据的证据是伪造的;

(五)对方当事人隐瞒了足以影响公正裁决的证据的;

(六)仲裁员在仲裁该案时有索贿受贿、徇私舞弊、枉法裁决行为的。

人民法院经组成合议庭审查核实裁决有前款规定情形之一的,应当裁定撤销。

仲裁裁决被人民法院裁定撤销的,当事人可以自收到裁定书之日起十五日内就该劳动争议事项向人民法院提起诉讼。

第五十条 当事人对本法第四十七条规定以外的其他劳动争议案件的仲裁裁决不服的,可以自收到仲裁裁决书之日起十五日内向人民法院提起诉讼;期满不起诉的,裁决书发生法律效力。

第五十一条 当事人对发生法律效力的调解书、裁决书,应当依照规定的期限履行。一方当事人逾期不履行的,另一方当事人可以依照民事诉讼法的有关规定向人民法院申请执行。受理申请的人民法院应当依法执行。

第四章 附 则

第五十二条 事业单位实行聘用制的工作人员与本单位发生劳动争议的，依照本法执行；法律、行政法规或者国务院另有规定的，依照其规定。

第五十三条 劳动争议仲裁不收费。劳动争议仲裁委员会的经费由财政予以保障。

第五十四条 本法自 2008 年 5 月 1 日起施行。

工会参与劳动争议处理试行办法

（1995 年 8 月 17 日 总工发〔1995〕12 号）

第一章 总 则

第一条 为指导工会参与处理劳动争议，维护劳动者合法权益，协调劳动关系，促进企业发展，根据《中华人民共和国工会法》、《中华人民共和国劳动法》和《中华人民共和国企业劳动争议处理条例》，制定本办法。

第二条 本办法适用于工会参与处理下列劳动争议：

（一）因用人单位开除、除名、辞退职工和职工辞职、自动离职发生的争议；

（二）因履行、变更、解除劳动合同发生的争议；

（三）因签订或履行集体合同发生的争议；

（四）因执行国家有关工作时间和休息休假、工资、劳动安全卫生、女职工和未成年工特殊保护、职业培训、社会保险和福利的规定发生的争议；

（五）法律、法规规定的其他劳动争议。

第三条 工会参与处理劳动争议应当遵循下列原则：

（一）依据事实和法律，及时公正处理；

(二)当事人在适用法律上一律平等;
(三)预防为主、基层为主、调解为主;
(四)尊重当事人申请仲裁和诉讼的权利;
(五)坚持劳动争议处理的三方原则。

第四条 工会依法参加劳动争议协商、调解、仲裁工作。

职工因劳动权益受到侵犯向人民法院起诉的,工会应当给予支持和帮助。

第五条 参加劳动争议调解、仲裁工作的工会代表应当遵纪守法、公正廉洁,不得滥用职权、徇私舞弊、收受贿赂、泄露秘密和个人隐私。

第二章 参与劳动争议协商

第六条 劳动争议协商是指劳动争议双方当事人就协调劳动关系、解决劳动争议进行商谈的行为。

第七条 发生劳动争议,工会可以接受职工及用人单位请求参与协商,促进争议解决。

第八条 工会发现劳动争议,应主动参与协商,及时化解矛盾。

第九条 劳动争议双方当事人经协商达成协议的,工会应当督促其自觉履行。

第十条 劳动争议双方当事人不愿协商或协商不成的,工会可以告知当事人依法申请调解或仲裁。

第三章 主持劳动争议调解

第十一条 工会应当督促、帮助用人单位依法建立劳动争议调解委员会。

劳动争议调解委员会由职工代表、用人单位代表和工会代表组成。职工代表和工会代表的人数不得少于调解委员会成员总数的2/3;女职工人数较多的单位,调解委员会成员中应当有女职工代表。

工会代表担任劳动争议调解委员会主任,主持劳动争议调解委员会工作。

劳动争议调解委员会的办事机构设在用人单位工会。

第十二条 调解委员会主任的职责:

(一)对劳动争议调解委员会无法决定是否受理的调解申请,决定是否受理；

（二）决定调解委员的回避；

（三）及时指派调解委员调解简单劳动争议；

（四）主持调解委员会会议，确定调解方案；

（五）召集有调解委员、劳动争议双方当事人参加的调解会议，依法主持调解。

第十三条　工会代表担任劳动争议调解委员的职责：

（一）依法调解本单位劳动争议；

（二）保证当事人实现自愿调解、申请回避和申请仲裁的权利；

（三）自争议发生之日起30日内结束调解，到期未结束的视为调解不成，告知当事人可以申请仲裁；

（四）督促劳动争议双方当事人履行调解协议；

（五）及时做好调解文书及案卷的整理归档工作；

（六）做好劳动争议预防工作。

第十四条　工会应当做好劳动争议调解委员、劳动争议调解员的培训工作，提高劳动争议调解委员会调解的法律水平和工作能力。

第十五条　劳动争议调解委员调离本单位或需要调整时，由原推选单位或组织在30日内依法推举或指定人员补齐。调解委员调离或调整超过半数以上的，应按规定程序重新组建。

第十六条　上级工会指导下级工会的劳动争议调解工作。

劳动争议调解委员会接受劳动争议仲裁委员会的业务指导。

第十七条　工会可以在城镇和乡镇企业集中的地方设立区域性劳动争议调解指导委员会。区域性劳动争议调解指导委员会可以邀请劳动行政部门的代表和社会有关人士参加。

区域性劳动争议调解指导委员会名单报上级地方总工会和劳动争议仲裁委员会备案。

第十八条　区域性劳动争议调解指导委员会指导本区域内劳动争议调解委员会的调解工作，并调解未设调解组织的用人单位的劳动争议。

第四章　参加劳动争议仲裁

第十九条　劳动争议仲裁委员会中工会代表的职责：

（一）担任劳动争议仲裁委员会副主任和委员，参与处理本委员会管辖范围内的劳动争议案件；

（二）按时参加仲裁委员会会议，遇特殊情况不能到会的，应出具委托书，委托本组织其他人员出席会议；

（三）对仲裁裁决意见依法行使表决权；

（四）参与研究处理有重大影响的案件和仲裁庭提交的重大疑难案件，参与审查、批准案情复杂，需要延期处理的案件；

（五）对应当受理未予受理的案件，有权提请仲裁委员会依法受理；

（六）对已经发生法律效力的仲裁裁决发现确有错误、需要重新处理的，应当要求仲裁委员会主任提交仲裁委员会重新处理；

（七）对受理的集体劳动争议及本地区有影响的个人劳动争议案件，及时向本级及上级工会书面报告。

第二十条　工会工作者依法取得仲裁员资格，由劳动争议仲裁委员会聘为兼职仲裁员的，所在单位应支持其参加劳动争议仲裁活动。

第二十一条　工会工作者担任兼职仲裁员，在执行仲裁公务时与专职仲裁员享有同等权利。

第二十二条　工会工作者担任兼职仲裁员，应当认真履行《劳动争议仲裁委员会组织规则》规定的仲裁员职责。

第五章　代理职工参与诉讼

第二十三条　县和县以上各级工会组织可以建立法律咨询服务机构，为保护职工和工会组织的合法权益提供服务。

第二十四条　工会法律服务机构可以接受职工当事人的委托，代理职工参与劳动争议诉讼。

工会法律服务机构接受职工当事人的代理申请后，应当指派代理人，指派的代理人应征得委托人同意。

第二十五条　工会法律服务机构代理职工参与诉讼，应当由委托人向仲裁委员会或人民法院提交由委托人签名或盖章的授权委托书。

第六章　参与处理集体劳动争议

第二十六条　发生集体劳动争议，用人单位工会应当及时向上级工会报告，依法参与处理。

工会参与处理集体劳动争议，应积极反映职工的正当要求，维护职工合法权益。

第二十七条 因集体劳动争议导致停工、怠工的，工会应当及时与有关方面协商解决，协商不成的，按集体劳动争议处理程序解决。

第二十八条 因签订和履行集体合同发生争议，用人单位工会可以就解决争议问题与用人单位平等协商。

第二十九条 因签订集体合同发生争议，当事人双方协商解决不成的，用人单位工会应当提请上级工会协同政府劳动行政部门协调处理。

第三十条 因履行集体合同发生争议，当事人双方协商解决不成的，可以向劳动争议仲裁委员会申请仲裁；对仲裁裁决不服的，可以自收到仲裁裁决书之日起15日内向人民法院提起诉讼。上级工会依法律法规的规定及本办法参与处理。

人力资源和社会保障部、司法部、中华全国总工会、中国企业联合会/中国企业家协会关于加强劳动人事争议调解工作的意见

（2009年10月30日 人社部发〔2009〕124号）

各省、自治区、直辖市人力资源社会保障（人事、劳动保障）厅（局）、司法厅（局）、总工会、企业联合会/企业家协会，新疆生产建设兵团人事局、劳动保障局、司法局、工会、企业联合会/企业家协会，国务院有关部委、直属机构人事部门：

为进一步贯彻落实劳动争议调解仲裁法，切实发挥调解在促进劳动人事关系和谐和社会稳定中的重要作用，现就加强劳动人事争议调解工作提出如下意见。

一、充分认识新形势下加强劳动人事争议调解工作的重要性

当前，随着劳动人事制度改革的深化以及劳动者维权意识增强，劳动人事争议案件呈上升态势，集体劳动争议增多，处理难度加大，迫切需要

进一步完善劳动人事争议处理工作机制，加大调解工作力度。中央明确提出，要完善矛盾纠纷排查调处机制，建立党和政府主导的维护群众权益机制，更多采用调解方法，把矛盾化解在基层，解决在萌芽状态。劳动争议调解仲裁法针对劳动人事争议处理中的一些突出矛盾和问题，从构建和谐社会的需要出发，将调解作为劳动人事争议处理的基本原则和重要程序，拓展了调解组织的范围，强化了调解在争议处理过程中的地位和作用。因此，要充分认识调解在妥善处理社会矛盾、实现社会公平正义、构建和谐社会中不可替代的作用，充分认识加强劳动人事争议调解工作的重要性和紧迫性，以科学发展观为统领，贯彻"预防为主、基层为主、调解为主"的工作方针，把调解作为促进和谐社会建设的重要基础性工作，摆在争议处理工作更加突出的位置，逐步建立和完善企事业单位调解、乡镇街道调解、行业调解、人民调解、行政调解等多渠道的争议调解体系，推动和促进具有调解职能的其他社会组织及律师、专家学者开展调解工作，形成开放式的社会化调解网络，最大限度地将争议通过调解快捷、平稳化解，维护劳动人事关系和谐和社会稳定。

二、建立完善企业劳动争议调解组织，提高企业自主解决争议的能力

建立健全企业劳动争议调解委员会，是加强劳动争议调解工作的重要基础。要根据劳动争议调解仲裁法的要求，推动企业依法设立劳动争议调解委员会。已成立工会的企业一般应设立调解委员会，尚未成立工会的企业要将工会组建与调解组织建设同步推进。要充分发挥国有企业劳动争议调解委员会的作用，积极探索调解组织制度化建设的有效途径。在大中型企业，要加强集团公司和分公司、子公司调解组织建设，设立办事机构、配备得力人员、保障工作经费、发挥调解作用。在车间、工段、班组设立调解小组，形成企业内部调解工作网络，及时化解劳动争议。尚未建立劳动争议调解委员会的小型企业，可推举企业和职工共同认可的职工代表负责与企业经营者、职工以及乡镇街道劳动争议调解组织的沟通协调，预防和解决劳动争议。企业调解组织要与当地人力资源社会保障行政部门、工会、企业代表组织建立工作联系机制，及时报送调解委员会的组成、工作进展等情况。

企业劳动争议调解委员会要加强争议预防工作，宣传劳动法律法规和企业规章制度，主动参与协调履行劳动合同、集体合同、执行规章制度等

方面出现的矛盾和问题，健全劳动争议预防和预警机制，做到超前防范，提高企业自主解决争议的能力，将争议化解在源头。

三、大力推进乡镇街道调解组织建设，夯实基层化解纠纷的工作基础

劳动争议调解仲裁法规定，在乡镇、街道设立具有劳动争议调解职能的组织，是强化基层调解，就近就地化解劳动争议的重要体现。要在个体经济、私营经济比较集中的地区，在地方党委、政府的统一领导下，大力推动乡镇、街道劳动保障服务所（站）和工会、企业代表组织设立的劳动争议调解组织建设，不断完善工作机制，落实工作经费，将调解职能向企业比较集中的村和社区延伸。没有明确调解职能的劳动保障服务所（站）要尽快加载调解职能，通过各种方式充实调解员，积极开展劳动争议调解工作。乡镇、街道等基层调解组织，要积极探索劳动争议和解建议书试点，引导劳动争议双方当事人在平等自愿基础上，充分协商达成和解，妥善化解劳动争议。

要建立健全由行业（产业）工会和行业协会双方代表组成的行业性劳动争议调解组织，根据行业特点有效开展劳动争议预防和调解工作，当前要在劳动争议多发的出租车、餐饮服务、建筑业等行业建立行业性劳动争议调解组织。

四、充分发挥人民调解委员会调解劳动争议的作用，拓宽劳动争议调解的渠道

人民调解委员会要依法将劳动争议纳入调解范围，发挥人民调解组织遍布城乡、网络健全、贴近群众的优势，积极开展劳动争议调解工作。劳动争议多发的乡镇、街道人民调解委员会可以设立专门的服务窗口，及时受理并调解劳动争议。要充分发挥司法所指导人民调解委员会开展劳动争议调解的职能作用，有针对性地开展法律咨询和法制宣传工作，预防和减少劳动争议。要加强对人民调解员调解劳动争议的业务培训，使人民调解员了解和掌握劳动保障法律法规及政策规定，掌握劳动争议调解的基本方法和技巧，提高调解劳动争议的能力和水平。要认真研究、摸索和总结人民调解组织处理劳动争议的特点、规律，加强人民调解委员会与其他劳动争议调解组织的沟通、协调与配合，加强与劳动争议仲裁、审判程序的有机衔接，及时有效化解劳动争议。

五、推动事业单位人事争议调解工作，为深化事业单位人事制度改革提供保障

加强人事争议调解是规范事业单位人事管理，维护事业单位和工作人员合法权益的重要环节。事业单位要积极建立由人事部门代表、职工代表、工会代表、法律专家等组成的人事争议调解组织。加强主管部门对所属事业单位人事争议调解工作的指导，做到简单争议由事业单位内部调解解决，复杂争议由单位主管部门调解解决。积极创造条件，推动在教育、科技、文化、卫生等事业单位及其主管部门建立人事争议调解组织。切实发挥调解组织预防争议的作用，规范事业单位人事管理，探索有效化解人事争议的长效机制。

六、建立政府主导、各方参与的应急调解协调机制，及时处置重大集体劳动人事争议

人力资源社会保障行政部门要会同工会和企业代表组织，通过协调劳动关系三方机制等形式，共同研究解决劳动争议的重大问题。建立健全人力资源社会保障行政部门主导，工会、企业代表组织及主管部门共同参与的对突发性、集体性劳动人事争议应急调解协调机制，落实重大集体劳动人事争议信息报告制度。明确职责分工，排查争议隐患，深入研究重大集体劳动人事争议特点，发现重大纠纷苗头，及时研究对策，有针对性地制订应急方案，妥善处理争议案件。

七、加强劳动人事争议调解与仲裁的相互衔接，共同做好争议处理工作

调解和仲裁衔接是解决争议的有效工作机制。调解组织和仲裁机构要加强协调配合，共同做好争议处理工作，提高争议处理的质量和效率。对未经调解组织调解，当事人直接申请仲裁的劳动争议案件，仲裁委员会可向当事人发出调解建议书，引导其在乡镇、街道、企业以及人民调解委员会等调解组织进行调解，就近就地解决争议。仲裁委员会认为可以委托调解组织调解的劳动人事争议案件，经当事人同意，可以委托调解组织进行调解。对当事人双方提出的确认调解协议的申请，仲裁委员会应及时受理，对合法的调解协议，可以出具仲裁调解书。

八、加强调解员队伍建设，不断提高调解质量和效能

加强调解员队伍建设是做好劳动人事争议调解工作的重要保障。要拓宽调解员来源，积极吸纳律师、专家学者、法律工作者等参与劳动人事争议调解工作。要通过劳动人事法律知识培训、调解方法和技巧培训、典型案例评析研讨等形式，不断提高调解员的调解能力和法律素养。要加强对调解员的考核和管理，不断健全激励保障措施。努力建设一支公道正派、联系群众、热心调解工作，具有劳动人事法律知识、政策水平和实际工作能力的高素质调解员队伍。

九、明确职责分工，形成推动调解工作合力

人力资源社会保障行政部门、司法行政部门、工会、企业代表组织要加强对劳动人事争议调解工作的指导，充分发挥各自职能优势，落实责任，加大投入，整合资源，形成协调配合、通力合作的劳动人事争议调解工作新格局。

人力资源社会保障行政部门要统筹规划，会同司法行政部门、工会、企业代表组织及有关部门指导推动劳动人事争议调解和预防工作；做好与立法机构制定法律、司法审判机关法律适用等方面的协调；建立人力资源社会保障行政部门牵头，工会、企业代表组织及主管部门共同参与的集体性劳动人事争议应急调解协调机制；推动乡镇街道劳动保障服务所（站）开展劳动争议调解工作。司法行政部门要对人民调解委员会开展劳动争议调解工作进行指导，健全劳动争议法律援助制度，规范律师在劳动争议调解代理中的执业行为。工会、企业代表组织要共同推进企业建立健全劳动争议调解委员会，完善争议预防和调解制度，引导争议双方通过协商解决争议，提高企业自主解决劳动争议的能力。推动乡镇、街道工会和企业代表组织设立的劳动争议调解组织以及行业工会与行业协会设立的行业性劳动争议调解组织建设，有效开展调解工作。

各地区、各有关部门要不断提高认识，改进工作方法，转变工作作风，总结、探索劳动人事争议调解工作的新思路、新机制、新方法，为促进劳动人事关系和谐稳定，构建社会主义和谐社会作出新的贡献。

人力资源社会保障部、中央政法委、最高人民法院、工业和信息化部、司法部、财政部、中华全国总工会、中华全国工商业联合会、中国企业联合会/中国企业家协会关于进一步加强劳动人事争议协商调解工作的意见

（2022年10月13日　人社部发〔2022〕71号）

各省、自治区、直辖市人力资源社会保障厅（局）、党委政法委、高级人民法院、中小企业主管部门、司法厅（局）、财政厅（局）、总工会、工商联、企业联合会/企业家协会，新疆生产建设兵团人力资源社会保障局、党委政法委、新疆维吾尔自治区高级人民法院生产建设兵团分院、工业和信息化局、司法局、财政局、总工会、工商联、企业联合会/企业家协会：

劳动人事争议协商调解是社会矛盾纠纷多元预防调处化解综合机制的重要组成部分。通过协商调解等方式柔性化解劳动人事争议，对于防范化解劳动关系风险、维护劳动者合法权益、构建和谐劳动关系、维护社会稳定具有重要意义。为深入贯彻党的二十大精神，落实党中央、国务院关于"防范化解重大风险""坚持把非诉讼纠纷解决机制挺在前面"的重要决策部署，进一步强化劳动人事争议源头治理，现就加强劳动人事争议协商调解工作，提出如下意见：

一、总体要求

（一）指导思想。以习近平新时代中国特色社会主义思想为指导，深入贯彻习近平法治思想，坚持系统观念、目标导向和问题导向，着力强化风险防控，加强源头治理，健全多元处理机制，提升协商调解能力，促进中国特色和谐劳动关系高质量发展。

（二）基本原则

1. 坚持人民至上，把为民服务理念贯穿协商调解工作全过程，拓展服务领域，优化服务方式，提升服务能力，打造协商调解服务优质品牌。

2. 坚持源头治理，充分发挥协商调解的前端性、基础性作用，做到关

口前移、重心下沉，最大限度地把劳动人事争议解决在基层和萌芽状态。

3. 坚持创新发展，尊重基层首创精神，积极探索新理念、新机制、新举措，促进各类调解联动融合，推动社会协同共治，形成体现中国特色、符合劳动人事争议多元处理规律、满足时代需求的协商调解工作格局。

4. 坚持灵活高效，充分发挥协商调解柔性高效、灵活便捷的优势，运用法治思维和法治方式，推动案结事了人和，促进劳动关系和谐与社会稳定。

（三）目标任务。从 2022 年 10 月开始，持续加强协商调解制度机制和能力建设，力争用 5 年左右时间，基本实现组织机构进一步健全、队伍建设进一步强化、制度建设进一步完善、基础保障进一步夯实，党委领导、政府负责、人力资源社会保障部门牵头和有关部门参与、司法保障、科技支撑的劳动人事争议多元处理机制更加健全，部门联动质效明显提升，协商调解解决的劳动人事争议案件数量在案件总量中的比重显著提高，劳动人事争议诉讼案件稳步下降至合理区间，协商调解工作的规范化、标准化、专业化、智能化水平显著提高。

二、加强源头治理

（四）强化劳动人事争议预防指导。充分发挥用人单位基层党组织在劳动关系治理、协商调解工作中的重要作用，以党建引领劳动关系和谐发展。完善民主管理制度，保障劳动者对用人单位重大决策和重大事项的知情权、参与权、表达权、监督权。推行典型案例发布、工会劳动法律监督提示函和意见书、调解建议书、仲裁建议书、司法建议书、信用承诺书等制度，引导用人单位依法合规用工、劳动者依法理性表达诉求。发挥中小企业服务机构作用，通过培训、咨询等服务，推动中小企业完善劳动管理制度、加强劳动人事争议预防，具备相应资质的服务机构可开展劳动关系事务托管服务。把用人单位建立劳动人事争议调解组织、开展协商调解工作情况作为和谐劳动关系创建等评选表彰示范创建的重要考虑因素。发挥律师、法律顾问职能作用，推进依法治企，强化劳动用工领域合规管理，减少劳动人事争议。

（五）健全劳动人事争议风险监测预警机制。建立健全劳动人事争议风险监测机制，通过税费缴纳、社保欠费、案件受理、投诉举报、信访处理、社会舆情等反映劳动关系运行的重要指标变化情况，准确研判劳动人事争议态势。完善重大劳动人事争议风险预警机制,聚焦重要时间节点,突出农民工和劳务派遣、新就业形态劳动者等重点群体,围绕确认劳动关系、追索劳动报酬、工作时间、解除和终止劳动合同等主要劳动人事争议类型,强化监测预警,建立风险台账,制定应对预案。

(六)加强劳动人事争议隐患排查化解工作。建立重点区域、重点行业、重点企业联系点制度,以工业园区和互联网、建筑施工、劳动密集型加工制造行业以及受客观经济情况发生重大变化、突发事件等影响导致生产经营困难的企业为重点,全面开展排查,及时发现苗头性、倾向性问题,妥善化解因欠薪、不规范用工等引发的风险隐患。加强劳动人事争议隐患协同治理,完善调解仲裁机构与劳动关系、劳动保障监察机构以及工会劳动法律监督组织信息共享、协调联动,共同加强劳动用工指导,履行好"抓前端、治未病"的预防功能。

三、强化协商和解

(七)指导建立内部劳动人事争议协商机制。培育用人单位和劳动者的劳动人事争议协商意识,推动用人单位以设立负责人接待日、召开劳资恳谈会、开通热线电话或者电子邮箱、设立意见箱、组建网络通讯群组等方式,建立健全沟通对话机制,畅通劳动者诉求表达渠道。指导用人单位完善内部申诉、协商回应制度,优化劳动人事争议协商流程,认真研究制定解决方案,及时回应劳动者协商诉求。

(八)协助开展劳动人事争议协商。工会组织统筹劳动法律监督委员会和集体协商指导员、法律援助志愿者队伍等资源力量,推动健全劳动者申诉渠道和争议协商平台,帮助劳动者与用人单位开展劳动人事争议协商,做好咨询解答、释法说理、劝解疏导、促成和解等工作。各级地方工会可设立劳动人事争议协商室,做好劳动人事争议协商工作。企业代表组织指导企业加强协商能力建设,完善企业内部劳动争议协商程序。鼓励、支持社会力量开展劳动人事争议协商咨询、代理服务工作。

(九)强化和解协议履行和效力。劳动者与用人单位就劳动人事争议协商达成一致的,工会组织要主动引导签订和解协议,并推动和解协议履行。劳动者或者用人单位未按期履行和解协议的,工会组织要主动做好引导申请调解等工作。经劳动人事争议仲裁委员会审查,和解协议程序和内容合法有效的,可在仲裁办案中作为证据使用;但劳动者或者用人单位为达成和解目的作出的妥协认可的事实,不得在后续的仲裁、诉讼中作为对其不利的根据,但法律另有规定或者劳动者、用人单位均同意的除外。

四、做实多元调解

(十)推进基层劳动人事争议调解组织建设。人力资源社会保障部门会同司法行政、工会、企业代表组织和企事业单位、社会团体,推动用人单位加大调解组织建设力度。推动大中型企业普遍建立劳动争议调解委员会,建立健全以乡镇(街道)、工会、行业商(协)会、区域性等调解组织为支撑、调解员(信息员)为落点的小微型企业劳动争议协商调解机制。推动事业单位、社会团体加强调解组织建设,规范劳动人事管理和用工行为。

(十一)建设市、县级劳动人事争议仲裁院调解中心和工会法律服务工作站。推动在有条件的市、县级劳动人事争议仲裁院(以下简称仲裁院)内设劳动人事争议调解中心(以下简称调解中心),通过配备工作人员或者购买服务等方式提供劳动人事争议调解服务。调解中心负责办理仲裁院、人民法院委派委托调解的案件,协助人力资源社会保障部门指导辖区内的乡镇(街道)、工会、行业商(协)会、区域性等调解组织做好工作。探索推进工会组织在劳动人事争议案件较多、劳动者诉求反映集中的仲裁院、人民法院设立工会法律服务工作站,具备条件的地方工会可安排专人入驻开展争议协商、调解和法律服务工作,建立常态化调解与仲裁、诉讼对接机制。

(十二)加强调解工作规范化建设。人力资源社会保障部门会同司法行政、工会、企业代表组织等部门,落实调解组织和调解员名册制度,指导各类劳动人事争议调解组织建立健全调解受理登记、调解办理、告知引导、回访反馈、档案管理、统计报告等制度,提升调解工作规范化水平。加大督促调解协议履行力度,加强对当事人履约能力评估,达成调解协议后向当事人发放履行告知书。总结、推广调解组织在实践中形成的成熟经验和特色做法,发挥典型引领作用。

(十三)发挥各类调解组织特色优势。企业劳动争议调解委员会发挥熟悉内部运营规则和劳动者情况的优势,引导当事人优先通过调解方式解决劳动争议。人民调解组织发挥扎根基层、贴近群众、熟悉社情民意的优势,加大劳动人事争议调处工作力度。乡镇(街道)劳动人事争议调解组织发挥专业性优势，积极推进标准化、规范化、智能化建设，帮助辖区内用人单位做好劳动人事争议预防化解工作。行业性、区域性劳动人事争议调解组织发挥具有行业影响力、区域带动力的优势，帮助企业培养调解人员、开展调解工作。商（协）会调解组织发挥贴近企业的优势，积极化解劳动争议、协同社会治理。人力资源社会保障部门、司法行政部门、工会、企业代表组织引导和规范有意向的社会组织及律师、专家学者等社会力量，积极有序参与调解工作，进一步增加调解服务供给。

五、健全联动工作体系

（十四）健全劳动人事争议调解与人民调解、行政调解、司法调解联动工作体系。人力资源社会保障部门在党委政法委的统筹协调下，加强与司法行政、法院、工会、企业代表组织等部门的工作沟通，形成矛盾联调、力量联动、信息联通的工作格局，建立健全重大劳动人事争议应急联合调处机制。有条件的地区，可建立"一窗式"劳动人事争议受理和流转办理机制，通过联通各类网上调解平台、设立实体化联调中心等方式，强化各类调解资源整合。可根据实际情况建立调解员、专家库共享机制，灵活调配人员，提高案件办理专业性。

（十五）参与社会矛盾纠纷调处中心建设。各相关部门主动融入地方党委、政府主导的社会矛盾纠纷多元预防调处化解综合机制，发挥职能优势，向社会矛盾纠纷调处中心派驻调解仲裁工作人员，办理劳动人事争议案件、参与联动化解、提供业务支持，做好人员、经费、场所、设备等保障工作。

（十六）强化调解与仲裁、诉讼衔接。完善调解与仲裁的衔接，建立仲裁员分片联系调解组织制度。双方当事人经调解达成一致的，调解组织引导双方提起仲裁审查申请或者司法确认申请，及时巩固调解成果。仲裁机构通过建议调解、委托调解等方式，积极引导未经调解的当事人到调解组织先行调解。加强调解与诉讼的衔接，对追索劳动报酬、经济补偿等适宜调解的纠纷，先行通过诉前调解等非诉讼方式解决。推进劳动人事争议"总对总"在线诉调对接，开展全流程在线委派委托调解、音视频调解、申请调解协议司法确认等工作。建立省级劳动人事争议调解专家库，并将符合条件的调解组织和人员纳入特邀调解名册，参与调解化解重大疑难复杂劳动人事争议。依法落实支付令制度。

六、提升服务能力

（十七）加强调解员队伍建设。通过政府购买服务等方式提升劳动人事争议协商调解能力。扩大兼职调解员来源渠道，广泛吸纳法学专家、仲裁员、律师、劳动关系协调员（师）、退休法官、退休检察官等专业力量参与调解。加强对调解员的培训指导，开发国家职业技能标准，切实提高调解员职业道德、增强服务意识，提升办案能力。

（十八）加强智慧协商调解建设。推动信息化技术与协商调解深度融合，建立部门间数据信息互通共享机制，整合运用各类大数据开展劳动人事争议情况分析研判。完善网络平台和手机APP、微信小程序、微信公众号等平台的调解功能，推进"网上办""掌上办"，实现协商调解向智能化不断迈进。

（十九）保障工作经费。人力资源社会保障部门将协商调解纳入政府购买服务指导性目录。地方财政部门结合当地实际和财力可能，合理安排经费，对协商调解工作经费给予必要的支持和保障，加强硬件保障，为调解组织提供必要的办公办案设施设备。

（二十）落实工作责任。构建和谐劳动关系，是增强党的执政基础、巩固党的执政地位的必然要求，是加强和创新社会治理、保障和改善民生的重要内容，是促进经济高质量发展、社会和谐稳定的重要基础。各地要把做好协商调解工作作为构建和谐劳动关系的一项重要任务，切实增强责任感、使命感、紧迫感，积极争取党委、政府支持，将这项工作纳入当地经济社会发展总体规划和政府目标责任考核体系，推动工作扎实有效开展。各级党委政法委要将劳动人事争议多元处理机制建设工作纳入平安建设考核，推动相关部门细化考评标准，完善督导检查、考评推动等工作。人力资源社会保障部门要发挥在劳动人事争议多元处理中的牵头作用，会同有关部门统筹推进调解组织、制度和队伍建设，完善调解成效考核评价机制。人民法院要发挥司法引领、推动和保障作用，加强调解与诉讼有机衔接。司法行政部门要指导调解组织积极开展劳动人事争议调解工作，加强对调解员的劳动法律政策知识培训，鼓励、引导律师参与法律援助和社会化调解。财政部门要保障协商调解工作经费，督促有关部门加强资金管理，发挥资金使用效益。中小企业主管部门要进一步健全服务体系，指导中小企业服务机构帮助企业依法合规用工，降低用工风险，构建和谐劳动关系。工会要积极参与劳动人事争议多元化解，引导劳动者依法理性表达利益诉求，帮助劳动者协商化解劳动人事争议，依法为劳动者提供法律服务，切实维护劳动者合法权益，竭诚服务劳动者。工商联、企业联合会等要发挥代表作用，引导和支持企业守法诚信经营、履行社会责任，建立健全内部劳动人事争议解决机制。

各省级人力资源社会保障部门要会同有关部门，按照本意见精神，制定切实可行的实施方案，明确任务、明确措施、明确责任、明确要求，定期对本意见落实情况进行督促检查，及时向人力资源社会保障部报送工作进展情况。

最高人民法院、中华全国总工会关于在部分地区开展劳动争议多元化解试点工作的意见

（2020年2月20日 法〔2020〕55号）

内蒙古、吉林、上海、浙江、江西、山东、湖北、广东、广西、四川、陕西省（自治区、直辖市）高级人民法院、总工会：

为全面贯彻党的十九大和十九届二中、三中、四中全会精神，积极落实完善社会矛盾纠纷多元预防调处化解综合机制新要求，深入推进劳动争议多元化解机制建设，构建和谐劳动关系，促进广大劳动者实现体面劳动、全面发展，根据《中华人民共和国工会法》《中华人民共和国劳动法》《中华人民共和国劳动争议调解仲裁法》，以及中共中央办公厅、国务院办公厅《关于完善矛盾纠纷多元化解机制的意见》（中办发〔2015〕60号）和最高人民法院《关于人民法院进一步深化多元化纠纷解决机制改革的意见》（法发〔2016〕14号），最高人民法院和中华全国总工会决定在内蒙古、吉林、上海、江西、山东、湖北、广东、四川等省（自治区、直辖市），以及陕西省西安市、浙江省宁波市和广西壮族自治区北海市开展劳动争议多元化解试点工作。现提出如下意见：

1. 试点工作意义。开展劳动争议多元化解试点工作，是坚持和完善共建共治共享的社会治理制度，充分发挥工会参与劳动争议协商调解职能作用，发挥人民法院在多元化纠纷解决机制改革中的引领、推动、保障作

用，切实将非诉讼纠纷解决机制挺在前面的务实举措，有利于依法维护广大职工合法权益，积极预防和妥善化解劳动关系领域重大风险，优化法治营商环境，维护劳动关系和谐与社会稳定。

2. 推进劳动争议多元化解。各级人民法院和总工会要加强工作协同，积极推动建立完善党委领导、政府主导、各部门和组织共同参与的劳动争议预防化解机制。鼓励和引导争议双方当事人通过协商、调解、仲裁等非诉讼方式解决纠纷，加强工会参与劳动争议调解工作与仲裁调解、人民调解、司法调解的联动，逐步实现程序衔接、资源整合、信息共享，推动形成劳动争议多元化解新格局。

3. 加强调解组织建设。各级总工会要依法积极履行维护职工合法权益、竭诚服务职工群众的基本职责，推动完善劳动争议调解组织机构，协调企业与劳动者妥善解决劳动争议。推动企业劳动争议调解组织和行业性、区域性劳动争议调解组织建设。依托工会职工服务平台、地方社会治理综合服务平台建立健全劳动争议调解中心（工作室），鼓励建立以调解员命名的工作室。推动调解组织在人民法院诉讼服务中心设立工作室，派驻调解员。

4. 加强调解员队伍建设。各级总工会要积极推动建立劳动争议调解员名册制度，广泛吸纳法学专家、退休法官检察官、劳动争议调解员仲裁员、劳动关系协调员（师）、人民调解员及其他领域专业人才等社会力量加入名册。建立和完善名册管理制度，加强调解员培训，建立调解员职业道德规范体系，完善调解员惩戒和退出机制，不断提高调解员队伍的专业化、职业化水平，提升劳动争议调解公信力。

5. 规范律师参与。各级总工会要积极从职工维权律师团、职工法律服务团和工会法律顾问中遴选政治立场坚定、业务素质过硬、执业经验丰富的律师参与调解工作。积极通过购买服务方式甄选优质律师事务所选派律师参与劳动争议调解工作。探索建立劳动争议专职调解律师制度。

6. 依法履行审判职能。各级人民法院要健全完善审判机构和工作机制，依法受理劳动争议案件。有条件的人民法院可以推动设立劳动争议专业审判庭、合议庭，在地方总工会和职工服务中心设立劳动争议巡回法庭，积极推荐和确定符合条件的工会法律工作者担任人民陪审员，依法公正高效审理劳动争议案件，不断提升审判质量和效率。

7. 落实特邀调解制度。人民法院要积极吸纳符合条件的劳动争议调解组织和调解员加入特邀调解名册。探索人民法院特邀调解名册与劳动争议调解名册的衔接机制,会同工会加强对名册的管理。人民法院要加强诉前委派、诉中委托调解工作,强化调解业务指导,依法进行司法确认,不断促进劳动争议调解组织提升预防和化解劳动争议的能力。

8. 完善诉调对接工作机制。各级人民法院和总工会要健全劳动争议多元化解工作沟通机制,明确诉调对接工作部门,在名册管理,调解员培训、考核、奖励、惩戒,调审平台建设和程序对接,以及重大风险预防化解等方面加强信息交流反馈,切实提升工作协同水平。

9. 完善调解协议履行机制。纠纷经调解达成协议的,劳动争议调解组织和调解员应当积极引导和督促当事人主动、及时、充分履行调解协议约定的内容。当事人申请人民法院确认调解协议效力的,人民法院应当依法办理。用人单位未按照调解协议约定支付拖欠的劳动报酬、工伤医疗费、经济补偿或者赔偿金的,劳动者可以依法申请先予执行或者支付令,人民法院应当依法办理。

10. 充分应用信息化平台。各级人民法院和总工会要善于将大数据、人工智能等现代科技手段与劳动争议预防化解深度融合,提升工作的信息化、智能化水平。各级总工会要大力推动开展在线调解,建设劳动争议调解信息化平台,推动与人民法院调解平台的对接,调解组织和调解员信息全部线上汇聚,调解过程与诉讼程序的"无缝式"衔接,实现调解员菜单式选择和在线调解、在线司法确认,方便当事人参与纠纷解决。积极运用司法大数据,共同对典型性、苗头性、普遍性劳动争议案件进行分析研判,提前防控化解重大矛盾风险。

11. 完善经费保障。各级人民法院和总工会要紧紧依靠党委领导,主动争取政府支持,协调和推动财政部门将劳动争议调解经费纳入政府财政预算,积极争取将劳动争议调解服务纳入政府购买服务指导目录。地方各级总工会要结合实际情况,将劳动争议诉调对接工作经费纳入专项预算,为开展劳动争议调解提供必要的经费保障,细化完善"以案定补"和各项考核激励机制,健全上下级工会劳动争议调解经费支持机制。

12. 巩固制度保障。各级人民法院和总工会要加强政策沟通,充分听取对方对促进劳动关系和谐和维护职工权益工作的意见建议。及时总结本地区推进诉调对接工作的成熟经验，积极推动有关部门制定或者修订完善相关地方性法规、规章，确保工作依法有序推进。

13. 加强理论研究和宣传引导。各级人民法院和总工会要与高等院校、科研机构加强合作，通过普法宣传、教育培训、课题调研等多种形式，推进劳动争议多元化解理论研究。充分运用各种传媒手段，在遵循调解保密原则的前提下，以发布白皮书、典型案例等多种方式指导企业依法规范用工。积极宣传多元化纠纷解决机制优势，提高劳动争议协商、调解、仲裁等非诉讼纠纷解决方式的社会接受度，把矛盾纠纷化解在萌芽状态。

14. 加强组织领导。省（自治区、直辖市）高级人民法院和省级总工会要共同研究制定试点工作方案，加强对劳动争议多元化解机制建设的组织、指导和监督，特别是加强业务和技术层面的沟通、协调和对接。地方各级人民法院和总工会要认真研究新情况、新问题，及时将工作进展、遇到的问题、意见建议等层报最高人民法院、中华全国总工会。最高人民法院、中华全国总工会将定期总结评估试点工作推进情况。待条件成熟时，视情扩大试点、推广经验，确保改革试点不断深化。

最高人民法院办公厅、中华全国总工会办公厅 关于加快推进劳动争议纠纷在线诉调对接工作的通知

（2021年6月1日 法办〔2021〕215号）

各省、自治区、直辖市高级人民法院、总工会，解放军军事法院，新疆维吾尔自治区高级人民法院生产建设兵团分院，新疆生产建设兵团总工会：

为进一步落实最高人民法院、中华全国总工会2020年2月20日联合印发的《关于在部分地区开展劳动争议多元化解试点工作的意见》（法〔2020〕55号）精神和工作要求，巩固已建立的劳动争议多元化解机制，推进劳动争议诉调对接工作，最高人民法院、中华全国总工会决定建立"总对总"在线诉调对接机制，现将有关事项通知如下：

一、建立"总对总"在线诉调对接机制

最高人民法院与中华全国总工会协调推进在线诉调对接机制建设，畅

通线上线下调解与诉讼对接渠道。中华全国总工会指导各级工会同本级人民法院建立协调对接机制，指导各级工会劳动争议调解服务资源入驻人民法院调解平台，开展全流程在线调解、在线申请司法确认或出具调解书等诉调对接工作，全面提升劳动争议调解工作的质量和效率。

二、职责分工

最高人民法院立案庭负责在线诉调对接工作的统筹推进、宣传引导当事人运用调解平台化解劳动争议、调解平台的研发运维等。

中华全国总工会法律工作部负责组织各地工会积极参与劳动争议调解工作，推动完善劳动争议调解机制建设，指导各级工会建立调解组织和调解员名册及相关管理制度，协调指导各级工会充分运用劳动争议调解服务资源开展在线调解和诉调对接工作等。

三、在线诉调对接工作开展范围

现阶段，劳动争议在线诉调对接工作仍主要立足于但不限于《关于在部分地区开展劳动争议多元化解试点工作的意见》所确定的11省（自治区、直辖市）范围内开展，鼓励非试点地区积极应用在线诉调对接平台开展调解工作。试点地区发挥示范引领作用，其他地区参照执行，一体推进。下一阶段，最高人民法院与中华全国总工会将在总结试点地区在线诉调对接工作开展情况的基础上，形成全国推广方案。

四、调解组织和调解员信息的收集和管理

中华全国总工会法律工作部负责定期汇总并更新调解组织和调解员的信息。地方各级工会负责调解组织和调解员的日常管理和信息维护工作。

各级工会应当按照《最高人民法院关于人民法院特邀调解的规定》（法释〔2016〕14号）的要求，将符合条件的调解组织和调解员信息通过调解平台推送到本级人民法院进行确认。人民法院对于符合条件的调解组织和调解员，纳入到本院的特邀调解名册中，并在调解平台上予以确认。

五、在线诉调对接业务流程

人民法院收到当事人提交的调解申请后，通过调解平台向入驻的调解组织或调解员委派、委托调解案件；调解组织及调解员登录调解平台接受委派、委托，开展调解工作；调解完成后将调解结果录入调解平台，并将调解信息回传至人民法院。

调解成功的案件，调解员组织双方当事人在线签订调解协议。双方当事人可就达成的调解协议共同申请在线司法确认或出具调解书。人民法院将通过调解平台对调解协议进行在线司法确认或立案后出具调解书。未调解成功的案件由人民法院依据法律规定进行立案或继续审理。

经调解组织线下调解成功的案件，依法能够申请司法确认的，可通过调解平台向人民法院在线申请司法确认。

六、强化在线音视频调解

调解组织和调解员要积极使用调解平台的音视频调解功能开展在线调解工作。各级人民法院要充分利用法院办案系统和法院调解平台内外连通的便利条件，落实在线委派或委托调解、调解协议在线司法确认、电子送达等工作，为在线音视频调解提供支持和保障。

七、落实联席会议制度

落实由最高人民法院立案庭、中华全国总工会法律工作部共同参与的联席会议制度，定期通报在线诉调对接工作的推广应用情况，分析存在的问题，研究下一步工作举措。各地由人民法院立案庭牵头，总工会法律工作部门参与，与相关单位和部门建立工作协调和信息共享机制，落实相关工作。

八、建立健全评估激励体系

最高人民法院和中华全国总工会根据工作实际逐步建立健全试点地区调解组织和调解员绩效评估激励体系，从组织建设情况、矛盾纠纷化解数量、调解成功率等方面科学设定评估内容和评估标准，并定期形成调解工作分析报告。各级人民法院和总工会对参与纠纷化解工作表现突出的调解组织和调解员给予褒奖，引导调解组织和调解员优质高效参与劳动争议多元化解工作。

各地在落实推进劳动争议在线诉调对接工作中的经验做法和遇到的困难问题，请及时层报最高人民法院和中华全国总工会。

八、其他

中华全国总工会关于
加强县级工会建设的意见

(2020年12月23日　总工办发〔2020〕24号)

为进一步加强县级工会建设,更好发挥县级工会作用,推进新时代县级工会工作创新发展,根据《中华人民共和国工会法》和《中国工会章程》等有关规定,提出如下意见。

一、提高政治站位,把握总体要求

(一)重要意义。县级工会在我国工会组织体系中处于承上启下的重要地位,发挥着基础性和关键性作用。随着新型工业化、信息化、城镇化、农业现代化深入推进,县域经济全面发展,产业转型升级加快,职工队伍结构深刻变化,用工形式和劳动关系日趋复杂。立足新发展阶段,贯彻新发展理念,服务构建新发展格局,围绕推动高质量发展,县级工会工作任务更加繁重,职能作用更加凸显。新形势下,县级工会工作只能加强,不能削弱;只能改进提高,不能停滞不前。要进一步提高思想认识,强化责任担当,坚持目标导向、问题导向、结果导向相统一,不断提高县级工会组织力、战斗力、影响力。

(二)指导思想。坚持以习近平新时代中国特色社会主义思想为指导,全面贯彻党的十九大和十九届二中、三中、四中、五中全会精神,深入学习贯彻习近平总书记关于工人阶级和工会工作的重要论述,贯彻落实党中央对做好新时代工会工作的新要求,保持和增强工会工作和工会组织的政治性、先进性、群众性,坚定不移走中国特色社会主义工会发展道路,突出重点难点,采取有力措施,推动县级工会组织体系更加健全,制度机制更加完善,工作方式方法不断改进,制度化、规范化、科学化水平显著提高，职能作用充分发挥，吸引力凝聚力战斗力明显增强。

（三）原则要求。

——坚持党的全面领导。增强"四个意识"、坚定"四个自信"、做到"两个维护"，始终保持工会工作正确政治方向，强化职工思想政治引领，切实承担起团结引导职工群众听党话、跟党走的政治责任。

——坚持围绕中心、服务大局。大力弘扬劳模精神、劳动精神、工匠精神，提升劳动和技能竞赛水平，深入推进产业工人队伍建设改革，团结动员广大职工充分发挥主力军作用。

——坚持以职工为中心的工作导向。发挥工会在社会治理中的作用，围绕改善职工生活品质，健全联系广泛、服务职工的工作体系，切实履行维护职工合法权益、竭诚服务职工群众的基本职责。

——坚持改革和发展融合联动。强化团结教育、维护权益、服务职工功能，树立落实到基层、落实靠基层理念，不断夯实基层基础，突出县域特色和工会特点，推进改革创新。

二、加强组织建设，健全工作体系

（四）强化机构设置和人员配备。适应形势任务变化和工作需要，积极争取党委重视支持，从实际出发加强机构设置，配齐配强工会干部。整合优化县级工会机关及有关直属单位职能，构建职责明确、运转高效的工作格局。整合统筹使用专职工作人员，通过增加兼职挂职干部、发展工会积极分子、招聘社会化工会工作者、争取社会公益岗位等途径，充实壮大县级工会和基层工会力量。

（五）健全组织体系。适应县域产业布局发展实际，调整完善县级产业（行业）工会设置，明确职责任务。加强乡镇（街道）、开发区（工业园区）工会建设，具备条件的，建立乡镇（街道）总工会，建立健全乡镇（街道）、村（社区）、企业工会组织网络。适应县域小微企业分散灵活，职工人数少、流动性大的特点，按照地域相近、行业相同的原则，推进区域性、行业性工会联合会建设。县级工会加强对基层工会的政治引领和组织领导，推进"会站家"一体化建设，充分发挥基层工会组织的作用。

（六）推进工会组建和会员发展。加大新经济组织、新社会组织建会力度，集中力量推进职工人数多、社会影响大的非公有制企业、社会组织依法普遍建立工会。加强实践探索，大力推动灵活就业、平台就业等新就业形态从业人员加入工会。推进会员实名制管理工作,最大限度把包括农民工在内的广大职工群众吸收到工会组织中来。

(七)加强阵地和网络建设。推动工人文化宫、职工学校、职工书屋、工会职工服务中心(困难职工帮扶中心)等工会阵地建设纳入当地经济和社会发展规划,已有职工文化体育教育活动阵地纳入公共文化体育设施范围,突出公益性、服务性,明确产权、规范管理,实现高质量发展。加快推进智慧工会建设,建设网上工作平台,借助县级融媒体,运用微博、微信、移动客户端等载体,打造网上网下相互促进、有机融合的工作新格局。

三、完善制度机制,突出工作重点

(八)定期向同级党委汇报工会工作制度。贯彻落实《中共中央关于加强和改进党的群团工作的意见》,推动同级党委建立健全研究决定工会重大事项制度。建立完善县级工会向同级党委汇报工会工作制度,争取同级党委加强对工会工作的领导。积极推动把工会工作纳入党建工作总体规划和考核体系,同部署、同落实、同检查,形成党建带工建、工建服务党建格局。积极向党委推荐优秀工会干部,促进工会与党政部门之间的干部交流。

(九)政府和工会联席会议制度。联席会议每年至少召开一次,主要内容包括:通报当地国民经济和社会发展计划、政府工作中涉及职工利益的行政措施;研究组织动员广大职工群众建功立业和解决涉及职工群众切身利益的突出问题;对构建和谐劳动关系作出总体部署和规划;研究解决工会工作中需要政府支持帮助的问题。

(十)劳动关系协调机制。积极推动建立和完善由政府、工会、企业共同参与的协商协调机制,共同研究解决劳动关系领域和涉及职工权益的重大问题,立足共建共治共享社会治理新格局,推动构建中国特色和谐劳动关系。加大劳动关系矛盾风险隐患排查化解力度,维护职工队伍团结统一,坚决维护劳动领域政治安全。

(十一)联系服务基层职工群众制度。健全完善基层调研、工作联系点等制度,引导和督促县级工会机关干部防止和克服形式主义、官僚主义,做到眼睛向下、面向基层,深入一线开展工作,真正与基层单位结对子,与基层干部交朋友,密切与职工群众联系,帮助职工群众和基层工会解决实际困难和问题,让职工群众真正感受到工会是职工之家,工会干部是最可信赖的娘家人、贴心人。

（十二）会议制度和工作制度。建立完善县级工会全委会、常委会、经审会、女职工委员会、主席办公会等会议制度，坚持常委会向全委会报告工作制度。坚持民主集中制，健全议事规则和决策程序，强化法治思维和法治观念，依法依章程开展工作。依据有关规定要求按期进行换届，同时指导督促基层工会做好按期换届工作。

四、强化党建引领，加强组织领导

（十三）加强党的建设。落实新时代党的建设总要求，以党的政治建设为统领，全面提升县级工会党的建设质量，不忘初心、牢记使命，带动县级工会自身建设全面提高。健全完善县级工会党组工作规则，落实管党治党主体责任。严守党的政治纪律和政治规矩，增强党内政治生活的政治性、时代性、原则性、战斗性。落实全面从严治党要求，深入推进县级工会党风廉政建设和反腐败工作，贯彻落实中央八项规定及其实施细则精神，持之以恒正风肃纪。

（十四）加强干部队伍建设。贯彻落实新时代党的组织路线，坚持党管干部原则，上级工会按照干部双重管理的有关规定要求，做好县级工会干部协管工作；主动与党委组织部门进行沟通协调，加强县级工会领导班子建设，大力发现培养选拔优秀年轻干部。提高县级工会委员会、常委会中劳模和一线职工比例，做好在领导班子中增设兼职挂职副主席并发挥作用工作，增强县级工会领导机构的广泛性和代表性。以忠诚党的事业、竭诚服务职工为己任，加强思想淬炼、政治历练、实践锻炼、专业训练，建设忠诚干净担当的高素质专业化县级工会干部队伍。加大工会干部教育培训力度，不断提高县级工会干部适应新时代新要求抓改革、促发展、保稳定水平和专业化能力，特别是提高政治能力、调查研究能力、科学决策能力、改革攻坚能力、应急处突能力、群众工作能力、抓落实能力，为推动工会工作创新发展提供组织保证。

（十五）加强指导支持。地市级以上工会要将加强县级工会建设列入重要议事日程，积极协调解决县级工会工作中的问题，鼓励和支持县级工会创造性开展工作。每年听取县级工会工作情况汇报，深入研究加强县级工会建设的举措，从政治建设、重点任务、工作保障等方面，加大指导力度。做到人、财、物等下沉，赋予县级工会更多资源和手段。根据县域经济发展情况及基层工会数、职工会员数和经费拨缴情况，对经费紧张的县级工会采取转移支付的方式给予经费支持。县级工会要依法足额收缴工会经费，通过工会经费留成、上级工会转移支付、争取财政支持等渠道，收好、管好、用好工会经费。加强对县级工会经费资产的审查审计监督，防范廉政风险。确保工会资产安全、完整和保值增值，不得擅自改变工会所属企业、事业单位的隶属关系和产权关系，为县级工会开展工作创造良好条件。

中华全国总工会关于加强乡镇（街道）工会建设的若干意见

（2019年12月27日）

为深入贯彻党中央的决策部署，贯彻党的十九大和十九届二中、三中、四中全会精神，落实中国工会十七大要求，推动工会改革创新举措在基层落地见效，夯实工会基层基础，现就加强乡镇（街道）工会建设提出如下意见。

一、明确指导思想。坚持以习近平新时代中国特色社会主义思想为指导，深入学习贯彻习近平总书记关于工人阶级和工会工作的重要论述，紧紧围绕保持和增强工会组织政治性、先进性、群众性这条主线，以促进区域经济高质量发展、加强和创新基层社会治理为中心任务，以维护职工合法权益、竭诚服务职工群众为基本职责，完善工会组织体系、扩大工会组织覆盖，优化运行机制、激发基层活力，充分发挥乡镇（街道）工会组织的重要作用。

二、主要工作职责。乡镇（街道）工会在同级党（工）委和上级工会领导下，依据《中华人民共和国工会法》和《中国工会章程》独立自主地开展工作。主要是：积极推动企事业单位依法建立工会组织，广泛吸收职工入会；加强职工思想政治引领；深化劳动和技能竞赛；维护职工合法权益，指导开展集体协商、签订集体合同，健全以职工代表大会为基本形式的企事业单位民主管理制度，健全协调劳动关系机制；推动落实职工福利待遇，开展困难职工帮扶，建设职工信赖的"职工之家"。

三、规范组织形式。乡镇（街道）工会组织应依据《中华人民共和国工会法》和《中国工会章程》建立，不得随意撤销、合并，具备法人条件的，依法取得社会团体法人资格。

乡镇（街道）工会组织形式有工会委员会、工会联合会和总工会。乡镇（街道）工会委员会由会员（代表）大会选举产生。乡镇（街道）工会联合会委员会可以由会员（代表）大会选举产生，也可以按照联合制、代表制原则，由下一级工会组织民主选举的主要负责人和适当比例的有关方面代表组成。乡镇（街道）辖区内有企业100家以上、职工5000人以上，能够配备专职工会主席（副主席）和专职工作人员的，可以建立乡镇（街道）总工会，其委员会换届和选举工作参照《关于地方工会召开代表大会及组成工会委员会、经费审查委员会的若干规定》执行。建立乡镇（街道）工会组织，应同时建立经费审查委员会和女职工委员会。

乡镇（街道）工会领导辖区内有隶属关系的各类基层工会组织（含区域性、行业性工会联合会）。

根据工作需要，县（市、区）总工会可以在不具备建立工会组织条件的乡镇（街道）设派出代表机关，即乡镇（街道）工会工作委员会。

四、健全制度机制。推动乡镇（街道）工会建设纳入党建带工建机制，推动建立乡镇（街道）党（工）委定期听取工会工作汇报、乡镇（街道）工会主席列席党（工）委有关会议制度，落实重大事项向乡镇（街道）党（工）委和上级工会请示报告制度。健全乡镇（街道）工会（会员）代表大会、委员（常委）会议、工作例会等制度；落实基层工会会员代表大会代表常任制，充分发挥会员代表、委员的作用。探索建立乡镇（街道）工会工作权责清单，健全工作评价制度。

五、强化干部配备。县级以上地方工会应与党委组织部门、编制部门协商，推动把乡镇（街道）工会干部纳入编制内统筹解决，纳入各级党委组织人事工作总体安排进行培养、使用，推动落实工会党员负责人作为同级党（工）委委员候选人提名人选制度。在推荐乡镇（街道）工会主席、副主席人选时，上级工会应积极争取工会主席按党政同级副职配备，专职副主席按中层正职配备。优化乡镇（街道）工会干部队伍结构，保持任期内相对稳定。建立乡镇（街道）总工会的，应设立专职主席（或副主席）和专职工作人员。积极推动乡镇（街道）党（工）委副书记兼任总工会主席。通过"专兼挂"等方式配强乡镇（街道）工会领导班子成员，充分发挥兼职、挂职副主席作用。

六、建设社会化工会工作者队伍。落实《中华全国总工会 民政部 人力资源社会保障部关于加强工会社会工作专业人才队伍建设的指导意见》，巩固发展社会化工会工作者队伍，将其作为乡镇（街道）工会专职人员的重要来源。地方工会要通过争取公益性岗位、直接聘用、购买服务等方式，积极发展社会化工会工作者队伍，建立健全选聘、管理、使用等制度。职工2000人以下的乡镇（街道）工会，可配备1名社会化工会工作者；职工2000人以上的，每3000人可配备1名社会化工会工作者。社会化工会工作者可以作为区域性、行业性工会联合会主席（副主席）候选人。各级工会要加大培育工会积极分子和志愿者队伍力度，引导社会力量参与工会工作。

七、提高培训质量。各级工会应高度重视乡镇（街道）工会干部培训工作。省级工会要制定培训规划，市、县级工会根据规划认真组织实施。新任乡镇（街道）工会主席、专职副主席在上岗一年内应参加上级工会组织的脱产培训，并达到合格；其他干部可通过脱产培训、以会代训、交流研讨、网上学习等多种途径，提高理论政策水平和业务工作能力，以适应岗位需求。社会化工会工作者应进行岗前培训。

八、保障工作经费。各级工会要保障乡镇（街道）工会的工作经费，通过经费留成、上级工会补助、财政支持等方式，保障乡镇（街道）工会正常运行。全国总工会每年从对下补助经费中，安排专项资金用于乡镇（街道）工会的工作经费，专款专用。地方工会综合考虑乡镇（街道）辖区内企业、职工数量和工作实际情况，确定一定比例的经费留成，或在本级经费预算中通过转移支付、项目化管理和定额补助等方式给予一定数量的专项经费。开展各种群众性、普惠性服务项目和活动，要积极争取地方政府和社会的支持。

县以上各级工会要在年度本级经费预算中安排专项资金，解决乡镇（街道）社会化工会工作者的经费，并逐步提高其待遇。有条件的地方，上级工会可以向乡镇（街道）工会的非公职人员发放兼职补贴。

九、严格财务监管。乡镇（街道）工会全部收支都要纳入预算管理，按照上级工会的要求编制年度收支预算和决算，严格按照工会财务管理规定所确定的范围使用工会经费,确保工会经费用于服务工会工作和用在职工身上,让工会经费真正惠及职工群众和工会会员。具有社会团体法人资格的乡镇(街道)工会,应按规定开设独立的银行账户,实行财务独立核算;不具备开设独立银行账户或不具备独立核算条件的乡镇(街道)工会,其经费由所在县(市、区)总工会代管。有条件的乡镇(街道)工会可以建立会计核算中心,对所辖小型企业工会实行集中核算,分户管理。乡镇(街道)工会应严格执行工会财务管理的相关规定,强化内部会计监督,实行工会委员会集体领导下的主席负责制,重大收支集体研究决定。强化工会经费的审查监督。

十、建好服务阵地。各级工会要推动乡镇政府、街道办事处帮助解决乡镇(街道)工会办公和会员职工开展活动所必要的场所和设施等。按照"会、站、家"一体化的要求,统筹建好、用好、管好职工服务和活动阵地。乡镇(街道)工会可单独建设服务阵地,也可与党政机构、其他群团组织,辖区内机关、事业单位、企业等共建共享阵地,实现资源有效配置。积极推进"互联网+"工会普惠性服务,建设线上线下融合的区域服务职工平台。引导社会组织为职工提供专业化服务,延伸工作手臂,提升服务质量。

十一、加强组织领导。各级工会要提高政治站位,引导乡镇(街道)工会积极参与加强和创新基层社会治理。将乡镇(街道)工会建设作为夯实基层基础的重点,列入重要议事日程,加大资金和力量投入,及时研究解决乡镇(街道)工会建设中的重要问题。加强分类指导,引导乡镇(街道)工会按照"六好"标准因地制宜开展工作,不断提升工作水平。鼓励和支持乡镇(街道)工会探索创新,及时总结推广典型经验。加强舆论宣传,为乡镇(街道)工会工作营造良好氛围。

中华全国总工会关于加强和规范
区域性、行业性工会联合会建设的意见

(2020 年 1 月 15 日)

为进一步加强和规范区域性、行业性工会联合会建设,充分发挥区域

性、行业性工会联合会作用,深入推进新时代工会工作创新发展,根据《工会法》及《中国工会章程》等有关规定,结合工会基层组织建设实际,提出如下意见。

一、加强和规范区域性、行业性工会联合会建设的重要意义和总体要求

(一)区域性、行业性工会联合会是基层工会的一种组织形式,是由若干个单位在各自成立基层工会组织(基层工会委员会、联合基层工会委员会或基层工会联合会)的基础上,在一定的区域或行业范围内,按照联合制、代表制原则建立的区域性、行业性的基层工会的联合体。

(二)区域性、行业性工会联合会是近年来各级工会在扩大组织覆盖、扩大工作覆盖探索实践中形成的一种有效形式。实践证明,加强区域性、行业性工会联合会建设,对于基层工会组织围绕中心服务大局、促进区域、行业经济持续健康发展,参与基层社会治理、积极发挥作用,加强维权服务、构建和谐劳动关系,树立以职工为中心的工作导向、夯实工会基层基础,确保职工队伍和工会组织团结统一具有重要意义。

(三)加强和规范区域性、行业性工会联合会建设,要深入学习贯彻习近平总书记关于工人阶级和工会工作的重要论述特别是关于加强工会基层组织建设的重要指示精神,聚焦保持和增强政治性、先进性、群众性,坚持正确政治方向,在党组织领导、政府支持下,通过党建带工建等机制方法有序有力推进;坚持依法依规,做到依法建会、依法管会、依法履职、依法维权,健全完善制度,严格落实制度;坚持产业和地方相结合的工会组织领导原则,着眼组织健全、职责明确、关系顺畅的目标,推动形成自下而上、工作贯通、覆盖不同所有制企业和相关社会组织的组织体系;坚持从实际出发,积极稳妥推进,立足区域、行业所辖基层单位的分布、数量以及职工人数等实际,按照规模适度、便于管理、科学合理的原则进行组建,并确定覆盖范围。

二、区域性、行业性工会联合会的建立

(四)区域性、行业性工会联合会一般建立在县(市、区、旗)及以下范围内。城市工会可根据本地区域、行业发展情况,从实际出发,探索在市级建立行业性工会联合会。

(五)建立区域性、行业性工会联合会,必须坚持在同级党组织和上一级工会的领导下进行。上级工会及时有效跟踪指导服务,严把组建前置

环节，严格规范组建程序，积极稳妥推进组建工作。在广泛征求各方面意见特别是覆盖单位意见，进行充分酝酿协商的基础上，经同级党组织同意并报上一级工会批准后成立工会筹备组。筹备组依法依规做好筹备工作。未建立党组织的，在上一级工会领导下进行。

（六）区域性、行业性工会联合会委员会按照联合制、代表制的原则建立。坚持广泛性和代表性，委员由本区域或行业内所覆盖基层工会的主席和适当比例的有关方面代表等组成，所覆盖基层工会数量较多的，区域性、行业性工会联合会委员会委员可以由所覆盖基层工会主席民主推选代表担任；根据工作需要，可吸收政府有关部门代表参加。

（七）区域性、行业性工会联合会委员会的产生适用《工会基层组织选举工作条例》《基层工会会员代表大会条例》等规定。担任区域性、行业性工会联合会主席、副主席职务，必须履行民主程序。区域性、行业性工会联合会主席、副主席可以由全体委员选举产生，也可以由区域性、行业性工会联合会所覆盖基层工会联合组成会员（代表）大会选举产生。区域、行业内的基层单位行政主要负责人不得作为区域性、行业性工会联合会委员会委员人选，行业协会（商会）会长、副会长等不得担任区域性、行业性工会联合会主席、副主席。上级工会派出的工会干部、社会化工会工作者或者区域、行业龙头骨干企业工会主席、社区工作者等可以作为区域性、行业性工会联合会主席、副主席人选。区域性、行业性工会联合会主席、副主席可以专职，也可以兼职，其任期与区域性、行业性工会联合会委员会相同。

（八）区域性、行业性工会联合会委员会委员实行替补、增补制。区域性、行业性工会联合会委员会委员，当其不再担任原工会组织的主要负责人时，其委员职务由其原单位工会新当选的主要负责人经履行民主程序后予以替补。新覆盖基层工会的主要负责人，经履行民主程序，可以增补为区域性、行业性工会联合会委员会委员。

（九）区域性、行业性工会联合会可结合区域、行业实际，制定工会联合会组织办法等。区域性、行业性工会联合会委员会每届任期三年至五年，任期届满应按时换届。特殊情况需提前或延期换届的，应报上一级工会批准。

（十）建立区域性、行业性工会联合会，原则上所覆盖基层工会的组织领导关系、经费拨缴关系和会员会籍关系保持不变。确需调整的，须经县级以上地方工会批准。

（十一）区域性、行业性工会联合会所覆盖区域、行业内的基层单位，应当分别单独建立基层工会组织（基层工会委员会、联合基层工会委员会或基层工会联合会）。

（十二）区域性、行业性工会联合会的名称应根据区域、行业、单位等情况确定，一般为"××（行政区划名称）+××（区域或行业名称）+工会联合会"，不能以职业名称或基层工会名称等作为区域性、行业性工会联合会的名称。

（十三）具备条件的区域性、行业性工会联合会，要在上级工会的指导下，及时登记取得社团法人资格，开设独立工会经费账户。

（十四）独立管理经费的区域性、行业性工会联合会，应同时成立工会经费审查委员会。区域性、行业性工会联合会所覆盖基层工会女职工较多的，建立女职工委员会，在工会联合会委员会领导下开展工作。

（十五）建立区域性、行业性工会联合会的，应采取有效措施，逐步实现对区域、行业内的基层工会以及不具备单独建会条件的小微企业和零散就业人员全覆盖。实际履行联合会职能但不规范的，应在上级工会指导下，按照联合制、代表制原则，逐步规范为工会联合会。

三、区域性、行业性工会联合会的主要职责任务

（十六）加强对职工的思想政治引领，承担团结引导职工群众听党话、跟党走的政治责任，推动习近平新时代中国特色社会主义思想进社区、进企业、进车间，深化理想信念教育，教育职工践行社会主义核心价值观，恪守社会公德、职业道德、家庭美德、个人品德，遵守劳动纪律。

（十七）在同级党组织和上级工会的领导下，推动和指导区域、行业内基层单位的工会组建、发展会员等工作，夯实工会基层基础。承担本区域、行业职工代表大会工作机构的职责。

（十八）大力弘扬劳模精神、劳动精神、工匠精神，组织开展具有区域特点、行业特色的劳动和技能竞赛、经济技术创新等活动，建设知识型、技能型、创新型的高素质职工队伍。

（十九）代表和组织职工依照法律规定，通过职工代表大会或其他形式参与本区域、行业民主管理和民主监督。调查研究和反映本区域、行业

中涉及职工切身利益的重大问题。

（二十）参与制订本区域、本行业涉及劳动和职工权益的政策、标准等。积极推进区域、行业集体协商，推动建立区域、行业集体合同制度。

（二十一）参与协调劳动关系和调解劳动争议，协商解决涉及职工切身利益问题，为所覆盖区域、行业的基层工会和职工提供法律服务和法律援助。

（二十二）突出行业特色、区域特点、职工需求，强化服务意识、健全服务体系、建立服务机制，精准化、精细化开展服务工作。

四、区域性、行业性工会联合会的工作保障

（二十三）加强区域性、行业性工会联合会工作经费保障，建立区域性、行业性工会联合会建设专项经费，并列入本级工会年度预算，保障工会联合会正常运转。各地工会结合实际，可建立项目补贴办法，实行一事一补。区域性、行业性工会联合会可以争取行政支持，也可在所覆盖基层工会自愿的基础上，由基层工会按照一定比例承担部分工作经费。上级工会要加强对区域性、行业性工会联合会经费使用的指导监督。区域性、行业性工会联合会的经费要做到专款专用。

（二十四）加强区域性、行业性工会联合会办公场地、活动场所、服务阵地建设，根据《基层工会经费收支管理办法》等有关规定，争取多方面、多渠道为区域性、行业性工会联合会办公和开展活动提供必要的设施和活动场所等。

（二十五）各地工会可结合实际，建立区域性、行业性工会联合会工会干部日常性工作补贴制度，对非国家工作人员担任的工会主席、副主席及其他工会干部，可给予适当的工作补贴。

五、加强对区域性、行业性工会联合会建设的领导

（二十六）充分认识加强和规范区域性、行业性工会联合会建设的紧迫性和必要性，把加强对区域性、行业性工会联合会建设摆上重要位置，加强统筹协调、形成工作合力，解决好区域性、行业性工会联合会规范和建设中遇到的矛盾和困难，为区域性、行业性工会联合会作用发挥创造有利条件、提供有力保障，努力把工会联合会建设成深受职工群众信赖的学习型、服务型、创新型职工之家，工会干部努力成为职工群众信赖的娘家人、贴心人。

（二十七）积极探索符合区域性、行业性工会联合会特点的工会干部管理使用方式，拓宽来源渠道，采取专职、兼职、挂职相结合的方式，配备区域性、行业性工会联合会干部。加强教育培训，切实提高工会干部适应岗位需要的能力素质。

（二十八）加强分类指导，注重对已建立的区域性、行业性工会联合会加强规范；立足区域、行业实际，适应职工需求，指导区域性、行业性工会联合会突出工作重点，发挥优势作用。加强调查研究，及时总结推广好典型、好经验，发挥示范引领作用。加强监督检查，严格考核考评，坚持问题导向，督促整改解决，不断提升区域性、行业性工会联合会整体建设水平。

中华全国总工会、民政部关于加强社会组织工会建设的意见（试行）

（2021年8月31日 总工发〔2021〕16号）

各省、自治区、直辖市总工会、民政厅（局），新疆生产建设兵团民政局，各全国产业工会，中央和国家机关工会联合会，全总各部门、各直属单位：

为深入学习贯彻党的十九大和十九届二中、三中、四中、五中全会及中央党的群团工作会议精神，切实落实中共中央办公厅、国务院办公厅印发的《关于改革社会组织管理制度促进社会组织健康有序发展的意见》，推动社会组织依法建立工会，促进工会和社会组织在构建基层社会治理新格局中发挥重要作用，现就加强社会组织工会建设提出如下意见。

一、加强社会组织工会建设的重要意义和总体要求

（一）重要意义。随着改革开放不断深入，以社会团体、基金会和社会服务机构为主体的社会组织快速发展，已成为社会主义现代化建设的重要力量、党的工作和群众工作的重要阵地。党的十九届五中全会提出，发挥群团组织和社会组织在社会治理中的作用，畅通和规范市场主体、新社会阶层、社会工作者和志愿者等参与社会治理的途径。中央党的群团工作会议强调，联系和引导相关社会组织，是群团组织发挥桥梁和纽带作用的

一项重要任务。推动社会组织建立工会是坚持党建带群建，落实中央党的群团工作会议精神的内在要求。加强社会组织工会建设，对于维护社会组织职工合法权益，构建和谐劳动关系；对于团结带领社会组织职工听党话、跟党走，巩固和扩大党执政的阶级基础和群众基础；对于加强工会对劳动领域社会组织的政治引领、示范带动、联系服务，团结引导劳动领域社会组织人士，促进社会组织健康有序发展，推动社会组织在国家治理体系和治理能力现代化进程中更好发挥作用等，都具有重要意义。各级工会、民政部门要充分认识加强社会组织工会建设的重要性和紧迫性，将其作为一项重要的基础性工作，发挥各自职责优势，加强联动配合，推动党中央的要求落地落实。

（二）总体要求。坚持以习近平新时代中国特色社会主义思想为指导，深入学习贯彻习近平总书记关于工人阶级和工会工作的重要论述，积极探索符合社会组织实际的工会建设方式方法，着力破解社会组织中工会组织覆盖不够全面、作用发挥不够充分等问题，不断扩大工会对社会组织的有效覆盖，激发社会组织工会活力，加大工会联系引导社会组织工作力度，在促进社会组织有序参与社会治理、提供社会服务、承担社会责任等方面充分发挥工会的重要作用。

二、社会组织工会的主要职责

（一）密切联系职工，强化政治引领。组织引导职工学习贯彻习近平新时代中国特色社会主义思想，学习习近平总书记关于工人阶级和工会工作的重要论述，不断增强"四个意识"、坚定"四个自信"、做到"两个维护"，宣传贯彻执行党的路线方针政策，坚定不移听党话、跟党走，始终同以习近平同志为核心的党中央保持高度一致。及时向同级党组织和上级工会请示报告工会重大事项。在已建工会、尚未建立党组织的社会组织，工会要积极配合上级党组织在工会会员中培养发展党员，并发挥好党员模范带头作用，为在社会组织中建立党组织创造条件。

（二）团结凝聚职工，汇集发展力量。加强对职工的思想政治引领，引导职工积极践行社会主义核心价值观，激发职工主人翁意识和工作热情。大力弘扬劳模精神、劳动精神、工匠精神，围绕社会组织中心任务开展劳动和技能竞赛，加强技能培训，提升素质，推动建立健全专业人才培养、评价、使用、激励机制。支持社会组织有序参与社会治理、提供社会服务、承担社会责任。

(三)建立健全机制,维护职工权益。通过以职工代表大会为基本形式的民主管理制度或其他形式,组织职工有序参与社会组织的民主决策、民主管理和民主监督。涉及职工切身利益的重要事项,要及时向职工公开。指导帮助职工与社会组织依法订立和履行劳动合同,规范劳动用工管理。对社会组织贯彻执行有关劳动法律法规和政策实施监督。建立健全集体协商和集体合同制度,探索建立行业性、区域性协商机制,协商解决涉及职工切身利益的重大问题,维护职工合法权益,构建和谐劳动关系。

(四)创新方式方法,竭诚服务职工。坚持以职工需求为导向,利用现代信息技术,组织开展丰富多彩的文化活动,营造积极向上的文化氛围。通过购买服务、项目合作等方式,为职工提供专业化个性化服务。注重对职工的人文关怀和心理疏导,做好送温暖、金秋助学等困难职工帮扶工作,努力提升职工群众的获得感、幸福感、安全感。

三、扩大工会对社会组织的有效覆盖

(一)推动社会组织依法建立工会。以在省级以上人民政府民政部门登记的社会组织和在各地民政部门登记的民办医院、学校、幼儿园等为重点,开展摸底排查,力争用三年左右的时间,推动符合条件的社会组织建立工会工作取得明显突破。

(二)合理确定建会方式。坚持从社会组织特点出发,采取灵活多样的组织形式,扩大工会组织有效覆盖。

1. 按用人单位建立工会组织。本单位有工会会员二十五人以上的社会组织,应单独建立基层工会委员会;不足二十五人的,可以单独建立基层工会委员会,也可以由两个以上单位的工会会员联合建立基层工会委员会,也可以选举组织员或工会主席一人主持基层工会工作。

2. 按区域、行业建立工会组织。在社会组织相对集中的街区、园区、楼宇等区域,可以建立区域性工会联合会。行业特征明显、管理体系健全的行业,或依托相关管理部门成立社会组织综合(行业)党委的,可以组建行业性工会联合会。区域性、行业性工会联合会一般在县(市、区、旗)级以下范围内建立。符合条件的,可以在市级探索建立行业性工会联合会。

乡镇(街道)、村(社区)工会应加强本区域社会组织工会建设的领导,广泛吸收职工入会,推动社会组织依法建立工会,切实发挥区域"兜底"作用。

(三)广泛吸收职工入会。加强宣传动员和服务吸引,最大限度地把社会组织职工吸收到工会中来。尚未建立工会的社会组织,职工可以向工作或居住地的乡镇(街道)、开发区(工业园区)、村(社区)工会和区域性、行业性工会联合会等提出入会申请,工作或居住地工会应吸收其入会,做好会籍管理工作;条件具备后,上级工会应及时指导社会组织组建工会。社会组织兼职人员等,应加入所在单位工会;所在单位尚未建立工会的职工,可以向单位所在地或本人居住地工会提出入会申请,也可以申请加入所兼职社会组织的工会,待所在单位成立工会后及时接转会员组织关系。

四、规范社会组织工会建设

(一)理顺工会组织领导关系。社会组织工会受同级党组织和上一级工会双重领导,以同级党组织领导为主。未建立党组织的,由上一级工会领导。按照属地管理原则,社会组织住所地与登记地不一致的,原则上在住所地成立工会,受住所地工会领导。在京全国性社会组织工会,以同级党组织领导为主,同时受业务主管单位工会领导;没有业务主管单位但由党建工作机构统一领导和管理党建工作的,同时受党建工作机构工会领导。京外全国性社会组织和省级以下社会组织工会,以同级党组织领导为主,同时受住所地地方工会或相关产业工会领导。各地已建社会组织党建工作机构的,有条件的地方可依托社会组织党建工作机构成立社会组织工会联合会,指导本地区社会组织工会工作。

(二)依法选举工会主席、副主席。按照《工会基层组织选举工作条例》、《基层工会会员代表大会条例》等规定,规范选举工会委员会、经费审查委员会及女职工委员会。社会组织负责人、法定代表人及他们的近亲属不得作为工会主席、副主席和委员候选人。

区域性、行业性工会联合会主席、副主席、委员的人选及产生,应按照《中华全国总工会关于加强和规范区域性、行业性工会联合会建设的意见》的规定执行。

上级工会可以向社会组织工会和区域性、行业性工会联合会推荐工会主席、副主席候选人,为其配备社会化工会工作者。

（三）努力建设职工之家。社会组织工会要按照"六有"标准（即：有依法选举的工会主席、有独立健全的组织机构、有服务职工的活动载体、有健全完善的制度机制、有自主管理的工会经费、有工会会员满意的工作绩效），加强工会组织和工会工作规范化建设，努力做到建起来、转起来、活起来。加强工会会员会籍管理，推进社会组织工会和会员实名制管理工作。开展建设职工之家活动，落实会员评家、会务公开、会员代表常任制等制度，依靠会员群众将社会组织工会建成职工信赖的职工之家。依据《基层工会经费收支管理办法》的有关规定，规范社会组织工会财务预算管理，严格工会经费使用。

五、加强对社会组织工会建设的领导

（一）加强组织领导。各级工会和民政部门要高度重视社会组织工会建设，作为当前和今后一个时期的重要任务抓紧抓好。积极争取地方党委组织部门的支持，加强对社会组织工会建设的领导指导，推动社会组织工会在党组织领导下发挥作用，以党建带工建机制引领工作。健全完善社会组织工会建设工作机制，形成党委统一领导、工会具体负责、民政部门支持、有关部门各司其职、齐抓共管的工作格局。

（二）强化协调联动。各级工会要加强与民政部门、社会组织党建工作机构和业务主管单位的沟通与协调，定期研商工作，共享数据信息，合力推动社会组织依法建立工会、规范运行。各级民政部门要积极支持配合，及时提供数据信息，做好政策宣传引导，通过将工会建设情况纳入社会组织评估指标等适当形式，支持和推动社会组织工会建设。在推动建立社会组织工作协调机制时，应吸纳同级工会参与。

（三）落实保障措施。各级工会要督促社会组织及时足额拨缴工会经费，支持工会依法行使权利并开展工作。支持社会组织工会通过单独建、联合建、共享资源等方式，解决职工活动场地等问题。加大对社会组织工会建设的经费支持力度。有条件的地方，上级工会可以向社会组织兼职工会干部发放补贴，可以设立专项经费保障规模较小社会组织工会和区域性、行业性工会联合会正常运转。各级工会组织购买社会组织服务时，在同等条件下，优先购买已建工会组织或实现工会工作覆盖的社会组织的服务。

（四）注重精准施策。根据社会组织规模、工会工作基础等实际情况，坚持建管并举，不断增强工会工作的针对性和实效性。对应建未建工会的社会组织，要明确目标时限，采取有效措施推动尽快建立工会组织。对已经建立工会的社会组织，要加强工会规范化建设，促进工会作用发挥。要加强工会干部的教育培训，提高做好工作能力水平。要加大宣传力度，培育推广社会组织工会工作先进典型，营造社会组织工会工作良好氛围。

全国总工会关于加强产业工会工作的实施办法

（2018 年 4 月 17 日　厅字〔2018〕10 号）

为深入学习贯彻习近平新时代中国特色社会主义思想和党的十九大精神，贯彻落实《新时期产业工人队伍建设改革方案》，深入推进产业工会工作创新发展，充分发挥产业工会在加强产业工人队伍建设改革、促进产业经济高质量发展的积极作用，根据《中华全国总工会关于深入推进产业工会工作创新发展的意见》，制定加强产业工会工作的实施办法。

一、建立全国产业工会工作专题会议制度

1. 建立全国产业工会工作会议制度。全总每 5 年召开一次全国产业工会工作会议，遇有特殊情况，可适时召开。会议的主要任务是贯彻落实中央有关会议精神，总结推广加强产业工会建设、发挥产业工会作用等方面的经验，研究推进产业工会工作创新发展的思路和举措，更好地发挥产业工会作用。

2. 建立全总机关产业工会工作会议制度。根据产业工会面临的形势任务，全总每年适时召开全总机关产业工会工作会议，听取各全国产业工会工作汇报，研究产业工会工作面临的重大理论和实践问题，明确重点工作任务和要求，把产业工会工作纳入工会工作总体格局一起部署、一起推进。

二、加大对全国产业工会经费保障力度

3. 继续将产业工会年度重点工作所需经费纳入全总本级经费收支预算，继续在驻会全国产业工会的日常办公经费、差旅费等方面加大保障力度。

4. 进一步加大对产业工会工作经费的支持力度，经全总书记处批准的临时性重大活动所需经费，由全总本级调整预算安排，保障重点工作、重点活动的开展。

三、积极为全国产业工会工作创造条件

5. 全总在开展全国五一劳动奖和全国工人先锋号等各类评选表彰活动时,在条件允许的情况下,适当增加全国产业工会推荐名额。加强同政府有关部门的沟通协调,推动全国产业工会会同有关国家部委共同做好相关评选表彰工作。

6. 对在参加国家重大战略、重大工程等纳入全国引领性劳动和技能竞赛中取得优异成绩、表现突出的先进集体和先进个人,纳入全总总体表彰范围,经报全总书记处研究审批,进行适量表彰。

四、加强全国产业工会与省级地方工会的协调配合

7. 由全总办公厅下发文件,要求各省(区、市)总工会明确与全总各相关全国产业工会对口联系的产业工会或工作部门,以及具体工作职责、内容、方法、途径等,形成制度性安排,以更好加强全国产业工会的对下领导和工作指导,推动产业工会工作创新发展。

8. 各全国产业工会要积极主动加强与省级地方工会以及相应省级地方产业工会或部门的联系,建立有效的联系渠道,推动健全完善产业工会组织体系,确保工作上下贯通、指导及时有力。

五、加强对省(区、市)产业工会工作的督查

9. 建立专项督查制度。每2年对省(区、市)产业工会工作进行一次督查,遇有重大任务、重要工作,根据工作需要,可随机进行督查。督查由全总办公厅、组织部、财务部等部门,会同各全国产业工会共同进行。

10. 督查主要围绕组织领导、组织体系建设、人员配备、责任落实、经费保障、完成工作任务、发挥作用等情况进行。当前和今后一个时期,重点督查推进《新时期产业工人队伍建设改革方案》和《中华全国总工会关于深入推进产业工会工作创新发展的意见》的贯彻落实情况。

六、切实加强全国产业工会党的建设

11. 在全总党组领导下,修订完善各驻会全国产业工会分党组工作规则,更好发挥分党组领导核心作用,为推进产业工会工作创新发展提供坚强政治保证。全国产业工会要更加自觉做到坚持党的领导,落实全面从严治党要求,切实提高党的建设水平,坚定不移走中国特色社会主义工会发展道路,始终坚持产业和地方相结合的我国工会组织领导原则,确保产业工会工作正确的政治方向。

12. 着眼建设高素质专业化产业工会干部队伍，加强产业工会领导班子建设，优化干部结构，加大培训力度，注重产业工会干部的培养、锻炼、交流和使用。推进产业工会委员会机关和委员、常委单位互派挂职干部，切实提高产业工会干部的综合素质和专业化水平。

中华全国总工会、民政部、人力资源社会保障部关于加强工会社会工作专业人才队伍建设的指导意见

(2016 年 12 月 5 日)

各省、自治区、直辖市总工会、民政厅（局）、人力资源社会保障厅（局）：

为深入贯彻中央党的群团工作会议精神和中共中央《关于深化人才发展体制机制改革的意见》精神，贯彻落实中央组织部、民政部、全国总工会等 18 个部门和组织《关于加强社会工作专业人才队伍建设的意见》，落实工会系统改革创新的要求，更好地联系服务职工、维护职工合法权益，满足职工群众多样化的社会服务需求，为构建和谐劳动关系提供有力的人才支撑，现就加强工会社会工作专业人才队伍建设提出以下意见。

一、加强工会社会工作专业人才队伍建设的重大意义

工会社会工作专业人才是指具有一定的社会工作专业理念、知识和技能，面向广大职工提供工会组建、权益维护、争议调处、困难帮扶、教育引导、人文关怀、职业发展等方面社会服务的专门人员，是国家社会工作专业人才队伍的重要组成部分。

随着社会主义市场经济的深入发展，我国职工队伍总量不断扩大，企业组织形式、职工队伍结构和劳动关系等方面都发生了深刻变化。广大职工对工会普惠服务、维护合法权益、实现体面劳动和全面发展等社会服务的需求日益增长，工会社会工作任务日益繁重。近年来，各级工会探索选聘了社会化工会工作者、专职集体协商指导员等多种形式的工会社会工作人员，在面向职工的社会服务中发挥了重要作用。但总的看，工会社会工

作人员队伍仍存在数量短缺、专业性不足、服务能力不强、流动性较大等问题,难以适应新形势新任务的要求。建设一支高素质的工会社会工作专业人才队伍,对于推动工会工作改革创新、提高服务职工群众的能力水平、构建和谐劳动关系具有重要的作用。要进一步增强责任感和紧迫感,加强调查研究,采取有效措施,切实加强工会社会工作专业人才队伍建设。

二、加强工会社会工作专业人才队伍建设的指导思想、工作原则和工作目标

(一)指导思想。全面贯彻党的十八大和十八届三中、四中、五中、六中全会精神,深入贯彻习近平总书记系列重要讲话精神,贯彻落实中央党的群团工作会议精神,接长工作手臂,拓展服务链条,建设一支高素质的工会社会工作专业人才队伍,发挥社会工作专业优势,有效满足职工发展需要,促进劳动关系和谐稳定,团结动员广大职工为实现"两个一百年"奋斗目标、实现中华民族伟大复兴的中国梦而努力奋斗。

(二)工作原则。

1. 坚持党管人才。建立党委领导、政府支持、工会运作、社会参与的工作格局,将工会社会工作专业人才队伍建设纳入国家社会工作专业人才队伍体系,确保工会社会工作专业人才队伍建设的正确政治方向。

2. 坚持立足基层。按照社会化运作、契约化管理、专业化培训、职业化发展的要求,推动工会社会工作专业人才在基层合理配置,引导职工社会服务资源向基层倾斜。把满足职工社会服务需求作为工会社会工作专业人才队伍建设的出发点和落脚点,用职工满意度检验工作成效。

3. 坚持突出重点。整合、优化、提升、发展现有的工会工作者队伍,培育工会社会工作骨干人才。着力解决岗位开发设置、人才评价激励和教育培训等方面的问题,优先开发服务职工急需的专业人才。

4. 坚持分类推进。根据各地企业、职工队伍和劳动关系情况、职工服务类社会组织发展状况、工会人才队伍建设和保障现状,因地制宜、分类有序地推进工会社会工作专业人才队伍建设。

(三)工作目标。建立健全工会社会工作专业人才队伍建设管理机制,推进工会社会工作专业人才队伍规范化建设。建立完善工会社会工作专业人才信息库,实现工会社会工作专业人才管理服务信息化、规范化。充分发挥现有工会企事业单位服务职工的社会工作职能。引导发展一批职工服务类社会组织，培育孵化一批工会作为业务主管单位并积极吸纳社会工作专业人才的职工服务类社会组织。建立一支政治合格、结构合理、作风过硬、心系职工、素质优良的工会社会工作专业人才队伍，到 2020 年力争达到 20 万人。

三、明确工会社会工作专业人才队伍的人员构成和工作内容

（一）人员构成。工会社会工作专业人才包括具备工会社会工作专业素质能力的工会机关、工会企事业单位人员，工会通过购买岗位和购买服务等方式使用的具备工会社会工作专业素质能力的人员。以购买方式使用的人员原则上由市、县工会统筹配置。

1. 工会直接聘用人员。工会通过公开招聘人员等方式聘用的社会工作专业人才。

2. 工会购买服务人员。工会（含基层工会）面向具有专业资质的社会组织（包括工会培育孵化的职工服务类社会组织）购买职工社会服务，由社会组织聘用并向工会提供服务的社会工作专业人才。

（二）工作内容。工会社会工作专业人才要有机融合工会工作与社会工作两者的专业理念方法，发挥工会工作和社会工作的两种专业优势，做好服务职工工作，更好地协调劳动关系，满足职工和企业发展需要。

1. 帮助指导职工依法组织和参加工会，维护职工队伍和工会组织团结统一；帮助指导职工签订劳动合同、开展集体协商、参与企事业单位民主管理，维护职工的劳动经济权益和民主权利。

2. 向职工普及劳动法律知识和政策法规，为职工提供法律援助，接受职工委托参与劳动争议案件的协商和调解，代理劳动仲裁和诉讼。

3. 促进企事业单位不断改善劳动条件，加强劳动保护，支持和帮助职工预防和治疗职业病，维护职工劳动安全、休息休假和职业健康权益以及女职工的特殊劳动保护权益；协调推进职工后勤保障服务，提高职工生活保障水平。

4. 了解困难职工及其家庭基本生活情况，开展困难帮扶工作，促进困难职工解困脱困；协助政府部门为职工特别是下岗、失业人员提供职业介绍、转岗安置、社会保障、创业扶持、职业培训等服务，帮助职工规划职业发展等。

5. 掌握职工思想动态，反映职工诉求，开展人文关怀和心理疏导，提高职工心理适应能力,结合实际做好释疑解惑、化解矛盾等工作。

6. 运用信息化手段,开展"互联网+"工会普惠性服务。

7. 提供新市民培训,提高农民工融入城镇能力,满足职工特别是农民工需求的其他社会服务。

四、加强工会社会工作专业人才队伍的岗位开发设置和机构建设

(一)开发和设置工会社会工作岗位的工作要求。工会面向职工提供社会服务的岗位,可明确为工会社会工作专业岗位。工会要通过增设、调整岗位等方式,开发设置工会社会工作专业岗位,纳入专业技术岗位管理范围,明确工会社会工作岗位的专业性及其职责任务,建立相应的工会社会工作岗位等级体系,拓宽工会社会工作专业人才的职业发展空间。实行工会社会工作专业技术岗位聘用与社会工作者职业水平评价制度相衔接,规范工会社会工作岗位聘用。

(二)开发和设置工会社会工作岗位的具体范围。工会要根据工作需要,特别是工作范围内的企业和职工的数量、结构和集聚状态以及劳动关系状况等,积极吸纳工会社会工作专业人才。主要在以下组织和机构开发设置岗位、配备使用人才。

1. 街道(乡镇)、开发区(工业园区)工会。职工 2000 人以下的,可配备 1 名工会社会工作专业人才;职工 2000 人以上的,每 3000 人可配备 1 名工会社会工作专业人才。加大力度开发设置工会社会工作岗位、配备使用工会社会工作专业人才。

2. 城乡社区工会、区域(行业)性基层工会联合会、企事业单位工会。推动工会社会工作专业人才配备向基层延伸,企业和职工较多的城乡社区工会、区域(行业)性基层工会联合会,规模较大的企事业单位工会,要创造条件开发设置工会社会工作岗位、配备使用工会社会工作专业人才。

3. 职工帮扶(服务)中心(站点)、职工法律援助机构、12351 职工服务热线以及其他工会企事业单位等工会服务职工工作机构。加大配备使用工会社会工作专业人才力度,提高此类人才所占比例,可将工会社会工作专业岗位作为主体专业技术岗位。

4. 其他职工服务类社会组织。引导其积极开发设置工会社会工作岗位、配备使用工会社会工作专业人才,提高此类人才所占比例,确保人才专业能力素质适应工作要求。

（三）加强职工服务类社会组织建设。认真贯彻落实中共中央办公厅《关于加强社会组织党的建设工作的意见（试行）》和中共中央办公厅、国务院办公厅《关于改革社会组织管理制度促进社会组织健康有序发展的意见》精神，加强职工服务类社会组织党的建设，充分发挥党组织在社会组织中的政治核心作用。加强对职工服务类社会组织的政治引领、示范带动和联系服务，积极培育孵化工会直接领导的职工服务类社会组织，有效发挥工会社会工作专业人才作用。依法推动各类社会组织建立单独的工会委员会或组建联合基层工会，扩大工会工作有效覆盖。民政部门要加强对职工服务类社会组织的管理监督和指导服务，提高其服务能力。符合条件的职工服务类社会组织，按照国家有关规定享受相关税收优惠政策。将职工服务类社会组织纳入有关表彰奖励推荐范围。

五、加大工会社会工作专业人才保障激励和培养评价力度

（一）建立工会社会工作专业人才薪酬保障机制。工会要会同民政部门、人力资源社会保障部门，根据经济社会发展总体情况和其他社会工作者队伍薪酬水平，制定并适时调整工会社会工作专业人才薪酬指导标准。属于机关、事业单位正式工作人员的工会社会工作专业人才，按国家有关规定执行相应的工资收入分配制度；签订劳动合同的工会社会工作专业人才，由用人单位综合职业水平等级、学历、资历、业绩、岗位等指标并参考相应岗位等级专业技术人员合理确定薪酬标准和增长机制，同时按照国家有关规定办理社会保险和公积金。购买职工社会服务，要按照不低于薪酬标准编制、核定成本预算，确保购买服务经费足额支付人员薪酬。

（二）建立工会社会工作专业人才评价激励制度。工会要会同民政部门、人力资源社会保障部门将工会社会工作专业人才纳入全国社会工作专业人才评价体系。鼓励工会工作专业人才参加全国社会工作者职业水平考试，将取得国家社会工作者水平评价类职业资格证书的工会社会工作专业人才纳入专业技术人员管理范围，实行国家社会工作者水平评价类职业资格与相应系列专业技术职务评聘相衔接，通过考试取得国家社会工作者职业资格证书人员，可根据工作需要，聘用（任）相应级别专业技术职务。工会可根据需要进行工会社会工作实务能力考核，将工会社会工作实务能力作为工会社会工作专业人才聘用的重要参考。工会要根据工会社会工作岗位职责规范和考核评估标准，定期对工会社会工作专业人才履行职责、学习进修、职业发展等情况进行考核评估，考核结果作为工会社会工作专业人才是否提升岗位等级、提高待遇、续聘合同的主要依据。各级工会招录时，具有工会社会工作经历的，在同等条件下优先录用。鼓励各级工会机关依法依规吸纳以劳动合同形式聘用的工会社会工作专业人才担任（兼任）有关职务，参加企业职工社会保险，按规定缴纳社会保险费、享受社会保险待遇。通过双向挂职、短期工作、项目合作等多种形式，鼓励引导工会社会工作专业人才向急需紧缺地区和行业流动。拓展工会社会工作专业人才参政议政渠道，对政治坚定、业绩突出、职工认可的优秀工会社会工作专业人才，按照国家有关规定予以表彰奖励。

（三）构建工会社会工作专业人才培养体系。工会要推动所属高等院校设置工会社会工作专业课程，加强工会社会工作实训，扩大工会社会工作教育规模。加大工会社会工作在工会机关干部、事业单位人员和聘用人员教育培训中的比重。民政部门要加强对工会社会工作专业人才培训的支持力度。依托国家社会工作专业人才培训基地、大专院校等，对工会社会工作专业人才开展培训。加强继续教育，定期对取得社会工作职业水平证书的工会工作者开展专业培训。建立完善在职培训机制，有计划、分层次地对实际从事职工社会服务的在职人员进行培训。加强工会积极分子和服务职工志愿者队伍建设，建立与工会社会工作者的服务协同机制，充分发挥工会社会工作者的专业优势，调动广大工会积极分子和服务职工志愿者规范有序参与工会社会工作服务，壮大工会社会工作服务力量。积极吸纳符合条件的工会积极分子和职工服务志愿者进入工会社会工作专业岗位。

六、加强工会社会工作专业人才队伍建设的工作要求

（一）形成工作合力。按照党委组织部门牵头抓总、工会组织统筹实施、民政部门和人力资源社会保障等有关部门支持配合、社会力量广泛参与职工社会服务的要求，合力推进工会社会工作专业人才队伍建设，解决经费保障、岗位开发设置、人才评价和教育培训等瓶颈问题，使这支人才队伍成为团结职工、巩固阵地、化解矛盾、凝聚人心的重要力量。工会组织、民政部门和人力资源社会保障部门要在党委组织部门宏观指导下抓好工会社会工作专业人才队伍建设综合协调工作。工会组织要科学开发设置社会工作岗位，合理编制、认真实施录用（聘用）计划，强化日常管理和激励机制建设。对现有的工会工作者，按照专业化、职业化要求实施人员整合、素质提升。暂不具备独立开发、管理人才资源条件的地方工会，可以与党政部门共建社会工作专业人才队伍，共同开展工作。民政部门要切实履行好推进社会工作专业人才队伍建设的有关职能，着重在工会社会工作专业人才激励保障、能力评价、教育培训及职工服务类社会组织建设和政府购买职工社会服务等方面加大支持力度。人力资源社会保障部门要做好社会工作专业岗位开发设置及配套措施的实施与保障。

（二）加大资金投入。争取支持，建立健全工会经费和社会资金等共同参与的多元化投入机制，建立可靠的职工社会服务和工会社会工作专业人才队伍建设经费保障机制。各级工会要切实加大投入，将工会经费更多地向基层倾斜，向职工社会服务和工会社会工作专业人才队伍建设倾斜。坚持和完善各级地方工会分级负担聘用工会社会工作专业人才薪酬制度。

（三）强化宣传引导。深入开展工会社会工作专业人才理论和实践研究，探索工会社会工作专业人才资源开发与配置规律。及时总结提炼、交流推广各地、各相关部门加强工会社会工作专业人才队伍建设的经验和举措，探索完善符合我国国情和发展需要的工会社会工作专业人才队伍建设思路和模式。注重运用各类媒体特别是新媒体，积极宣传加强工会社会工作专业人才队伍建设的方针政策，培育树立先进典型，形成发展职工社会服务、加强工会社会工作专业人才队伍建设的良好社会氛围，不断提高工会社会工作专业人才的社会认同度，发展具有中国特色的工会社会工作专业人才队伍和工会社会工作事业。

中华全国总工会关于切实维护新就业形态劳动者劳动保障权益的意见

（2021年7月　总工发〔2021〕12号）

为深入贯彻落实党的十九大和十九届二中、三中、四中、五中全会精神，贯彻落实习近平总书记关于新就业形态、平台经济的重要讲话和重要指示精神，现就切实维护新就业形态劳动者劳动保障权益工作，提出以下意见。

一、总体要求

（一）重要意义。党中央高度重视维护好新就业形态劳动者劳动保障权益。习近平总书记多次作出明确指示，要求维护好新就业形态劳动者合法权益。新就业形态劳动者在我国经济社会发展中发挥着不可或缺的重要作用，解决好他们在劳动报酬、社会保障、劳动保护、职业培训、组织建设、民主参与和精神文化需求等方面面临的困难和问题，是落实习近平总书记重要指示和党中央决策部署的必然要求，是促进平台经济长期健康发展的必然要求，是工会履行好维权服务基本职责的必然要求。各级工会要充分认识维护新就业形态劳动者劳动保障权益的重要性紧迫性，强化责任担当，积极开拓创新，做实做细各项工作。

（二）指导思想。坚持以习近平新时代中国特色社会主义思想为指导，深入学习贯彻习近平总书记关于工人阶级和工会工作的重要论述，坚持以党建带工建的工作原则，坚持以职工为中心的工作导向，坚持立足大局、顺势而为、审慎稳妥的工作方针，聚焦解决新就业形态劳动者最关心最直接最现实的急难愁盼问题，推动建立健全新就业形态劳动者权益保障机制，不断增强新就业形态劳动者的获得感、幸福感、安全感，最大限度地把新就业形态劳动者吸引过来、组织起来、稳固下来，进一步夯实党长期执政的阶级基础和群众基础。

二、工作举措

（三）强化思想政治引领。切实履行好工会组织的政治责任，坚持不懈用习近平新时代中国特色社会主义思想教育引导新就业形态劳动者，增强他们对中国特色社会主义和社会主义核心价值观的思想认同、情感认同，更加紧密地团结在以习近平同志为核心的党中央周围。深入新就业形态劳动者群体，广泛宣传党的路线方针政策和保障新就业形态劳动者群体权益的政策举措，将党的关怀和温暖及时送达。深入了解新就业形态劳动者群体的思想状况、工作实际、生活需求，引导他们依法理性表达利益诉求。关心关爱新就业形态劳动者，以多样性服务项目实效打动人心、温暖人心、影响人心、凝聚人心，团结引导他们坚定不移听党话、跟党走。

（四）加快推进建会入会。加强对新就业形态劳动者入会问题的研究，加快制定出台相关指导性文件，对建立平台企业工会组织和新就业形态劳动者入会予以引导和规范。强化分类指导，明确时间节点，集中推动重点行业企业特别是头部企业及其下属企业、关联企业依法普遍建立工会组织，积极探索适应货车司机、网约车司机、快递员、外卖配送员等不同职业特点的建会入会方式，通过单独建会、联合建会、行业建会、区域建会等多种方式扩大工会组织覆盖面，最大限度吸引新就业形态劳动者加入工会。保持高度政治责任感和敏锐性，切实维护工人阶级和工会组织的团结统一。

（五）切实维护合法权益。发挥产业工会作用，积极与行业协会、头部企业或企业代表组织就行业计件单价、订单分配、抽成比例、劳动定额、报酬支付办法、进入退出平台规则、工作时间、休息休假、劳动保护、奖惩制度等开展协商，维护新就业形态劳动者的劳动经济权益。督促平台企业在规章制度制定及算法等重大事项确定中严格遵守法律法规要求，通过职工代表大会、劳资恳谈会等民主管理形式听取劳动者意见诉求，保障好劳动者的知情权、参与权、表达权、监督权等民主政治权利。督促平台企业履行社会责任，促进新就业形态劳动者体面劳动、舒心工作、全面发展。加强工会劳动法律监督，配合政府及其有关部门监察执法，针对重大典型违法行为及时发声，真正做到哪里有职工，哪里就应该有工会组织，哪里的职工合法权益受到侵害，哪里的工会就要站出来说话。

（六）推动健全劳动保障法律制度。积极推动和参与制定修改劳动保障法律法规，充分表达新就业形态劳动者意见诉求，使新就业形态劳动者群体各项权益在法律源头上得以保障。配合政府及其有关部门，加快完善工时制度，推进职业伤害保障试点工作。推动司法机关出台相关司法解释和指导案例。

（七）及时提供优质服务。深入开展"尊法守法·携手筑梦"服务农民工公益法律服务行动和劳动用工"法律体检"活动，广泛宣传相关劳动法律法规及政策规定，督促企业合法用工。推动完善社会矛盾纠纷多元预防调处化解综合机制，重点针对职业伤害、工作时间、休息休假、劳动保护等与平台用工密切相关的问题，为新就业形态劳动者提供法律服务。充分利用工会自有资源和社会资源，加强职工之家建设，推进司机之家等服务阵地建设，规范和做好工会户外劳动者服务站点工作，联合开展货车司机职业发展与保障行动、组织和关爱快递员、外卖送餐员行动等。加大普惠服务工作力度，丰富工会服务新就业形态劳动者的内容和方式。针对新就业形态劳动者特点和需求组织各类文体活动，丰富他们的精神文化生活。

（八）提升网上服务水平。加快推进智慧工会建设，紧扣新就业形态劳动者依托互联网平台开展工作的特点，大力推行网上入会方式，创新服务内容和服务模式，让广大新就业形态劳动者全面了解工会、真心向往工会、主动走进工会。构建"互联网+"服务职工体系，完善网上普惠服务、就业服务、技能竞赛、困难帮扶、法律服务等，形成线上线下有机融合、相互支撑的组织体系，为新就业形态劳动者提供更加及时精准的服务。

（九）加强素质能力建设。针对新就业形态劳动者职业特点和需求，开展职业教育培训、岗位技能培训、职业技能竞赛等活动，推动新就业形态劳动者职业素质整体提升。组织开展贴近新就业形态劳动者群体特点的法治宣传教育，提高劳动者维权意识和维权能力。开展心理健康教育，提升新就业形态劳动者适应城市生活、应对困难压力、缓解精神负担的能力。

三、组织保障

（十）加强组织领导。牢固树立大局观念，将新就业形态劳动者劳动权益保障作为当前和今后一段时期各级工会的重点任务，协助党委政府做好工作。各级工会要落实属地责任，成立主要领导任组长，各相关部门和产业工会共同参加的工作领导小组，制定工作方案，明确目标任务、责任分工、时间安排，配强工作力量，加大经费投入，形成一级抓一级、层层抓落实的工作机制。

（十一）深化调查研究。组织干部职工开展赴基层蹲点活动，深入一线蹲点调研，面对面了解新就业形态劳动者权益保障方面存在的突出问题，准确掌握一手资料，有针对性地研究提出对策建议。加强对平台经济领域劳动用工情况及劳动关系发展形势的分析研判，及时发现和积极解决苗头性、倾向性问题，做到早发现、早预警、早处置。

（十二）密切协作配合。积极推动建立工作协调联动机制，形成党委领导、政府支持、各方协同、工会力推、劳动者参与的工作格局。重要情况要第一时间向党委报告、请示。通过与政府联席会议制度及时报告情况、研究问题。充分发挥各级协调劳动关系三方机制作用，及时就新就业形态劳动者权益保障相关重大问题进行沟通协商，推动出台相关制度文件。加强与相关部门、行业协会和头部企业的沟通联系，推动制定相关标准和工作指引，保障劳动者权益。联系和引导劳动关系领域社会组织服务新就业形态劳动者。工会各部门、产业工会要牢固树立"一盘棋"思想，主动担当、密切配合，齐心协力推进工作。

（十三）注重工作实效。坚持问题导向、目标导向，压实责任，细化措施，狠抓落实。在充分摸清情况、掌握困难和问题的基础上谋划解决办法，把新就业形态劳动者满意不满意作为检验工作成效的标准。切实改进工作作风，敢于啃硬骨头，勇于担当、迎难而上，扎实有序推进各项工作。一边推进一边总结，逐步建立健全务实管用的工作机制，形成一批可复制、可推广的典型经验。

（十四）加大宣传力度。充分运用各地主流媒体、工会宣传阵地以及"两微一端"等线上线下宣传手段，面向平台企业和广大新就业形态劳动者开展形式多样的宣传活动，介绍工会的性质、作用和工会维权服务实效。注重培养、选树新就业形态劳动者和平台企业先进典型，及时表彰宣传，发挥示范作用。通过现代媒体平台扩大舆论影响，广泛凝聚共识，推动形成全社会共同关爱和服务新就业形态劳动者群体的良好氛围。

各地工会要根据本意见，结合当地实际研究制定相应的实施办法，认真抓好落实。

中华全国总工会办公厅关于推进新就业形态劳动者入会工作的若干意见（试行）

(2021年9月18日　总工办发〔2021〕16号)

近年来，随着新产业新业态新模式蓬勃兴起，企业组织形式和劳动者就业方式发生深刻变化，依托互联网平台就业的货车司机、网约车司机、快递员、外卖配送员等新就业形态劳动者大幅增加，工会组建工作面临新情况新问题。为深入学习贯彻习近平总书记重要指示精神，落实全总党组、书记处工作部署，最大限度把新就业形态劳动者组织到工会中来，团结凝聚在党的周围，现就推进新就业形态劳动者入会工作提出如下意见。

一、夯实新就业形态劳动者入会组织基础

（一）推动用人单位依法建立工会组织。聚焦重点行业、重点领域，推动互联网平台企业特别是头部企业及所属子公司、分公司，以及货运挂靠企业、快递加盟企业、外卖配送代理商、劳务派遣公司等关联企业普遍建立工会组织，完善组织架构，广泛吸收新就业形态劳动者入会。

（二）加强新就业形态行业工会联合会建设。根据地方和行业实际，按一个或多个行业成立以覆盖新就业形态劳动者为主的行业工会联合会，作为吸收新就业形态劳动者入会和管理服务的重要载体。有条件的配备社会化工会工作者、保障工作经费。

（三）完善"小三级"工会组织体系。建强乡镇（街道）、村（社区）工会组织，承担新就业形态劳动者入会"兜底"功能。对应党建片区、社会治理网格、园区、商圈、楼宇等，建立相应的区域工会，推行工会网格化模式，夯实组织基础，扩大有效覆盖。

二、明确新就业形态劳动者入会路径

（四）与用人单位建立劳动关系或符合确定劳动关系情形的新就业形态劳动者，应加入用人单位工会。用人单位没有成立工会的，可加入用人单位所在地的乡镇（街道）、开发区（工业园区）、村（社区）工会或区域性行业性工会联合会、联合工会等。待用人单位建立工会后，及时办理会员组织关系接转手续。

（五）不完全符合确立劳动关系情形及个人依托平台自主开展经营活动等的新就业形态劳动者，可以加入工作或居住地的乡镇（街道）、开发区（工业园区）、村（社区）工会或区域性行业性工会联合会、联合工会等。鼓励平台企业、挂靠企业工会等吸纳新就业形态劳动者入会。

（六）以劳务派遣形式就业的新就业形态劳动者加入工会，依照《中华全国总工会关于组织劳务派遣工加入工会的规定》（总工发〔2009〕21号）执行。用人单位、用工单位均没有成立工会的，可加入用人或用工单位所在地的乡镇（街道）、开发区（工业园区）、村（社区）工会或区域性行业性工会联合会、联合工会等。

三、创新新就业形态劳动者入会及管理方式

（七）适应新就业形态劳动者用工关系复杂、就业灵活、流动性大等特点，优化入会流程，方便组织劳动者入会。探索推行集体登记入会、流动窗口入会、职工沟通会现场入会等方式,举行集中入会仪式等做法,增强会员意识,扩大工会影响。

(八)针对新就业形态劳动者多依托互联网平台就业的实际,结合智慧工会建设,加快推进网上入会试点步伐,逐步健全支持网上便捷入会的数据系统和服务平台。有条件的地方,可以试行网上入会全流程操作。探索依托平台企业开展宣传引导、网上入会和维权服务。

(九)坚持新就业形态劳动者会员劳动(工作)关系在哪里,会籍就在哪里,实行一次入会、动态接转,加强流动会员管理,畅通组织关系接转渠道。探索基层工会联合会直接发展会员方式。及时将新就业形态劳动者会员纳入基层工会组织和工会会员数据库实名动态管理,逐步打通网上接转会员组织关系通道。

四、深化维权服务吸引新就业形态劳动者入会

(十)坚持服务先行,打造线上线下有机融合的服务新就业形态劳动者工作体系。争取社会力量支持参与,探索面向货车司机等重点群体的关爱基金和意外伤害险等服务项目,开展以满足新就业形态劳动者需求为导向的服务活动。规范和做好工会户外劳动者服务站点相关工作,推动"司机之家"建设和"会、站、家"一体化建设,有效凝聚新就业形态劳动者。

(十一)探索平台企业实行民主管理的方式方法,注重发挥产业、行业工会作用,引导平台企业和劳动者在劳动报酬、奖惩办法、工作时间、劳动定额等方面进行协商,为劳动者搭建理性有序表达合理利益诉求的渠道,保障劳动者对涉及切身利益重要事项的知情权、参与权、表达权,加强对平台企业执行劳动法律法规的有效监督。

五、强化新就业形态劳动者入会工作经费保障

(十二)各级工会要持续加大投入,逐步建立健全新就业形态劳动者入会工作经费保障机制。推行新就业形态劳动者入会项目制。争取财政资金和社会力量投入,探索多元化投入机制,多渠道解决新就业形态劳动者入会工作经费保障不足等现实问题。

(十三)针对新就业形态劳动者收入不稳定、难以确定交纳会费基数的实际,加强对会费交纳问题的探索研究,增强会员意识,提高新就业形态劳动者入会动力。

六、加强组织领导

（十四）各级工会要将推进新就业形态劳动者入会作为当前和今后一个时期的重点任务，建立健全工作推进机制，加强统筹协调，调动资源力量，深入开展入会集中行动，加快推进步伐。坚持党建带工建，推动建立完善党委领导、政府支持、工会主抓、职工参与、社会协同的工作格局，推动将新就业形态劳动者入会纳入党建工作考核体系。争取行业主管部门、行业协会等支持，联合制定文件、开展调研、组织活动、建设阵地、共享信息。

（十五）加强分类指导，创新载体手段，增强新就业形态劳动者入会工作的针对性和实效性。充分利用工会主流媒体以及微博、微信、微视频等新媒体，广泛开展新就业形态劳动者入会服务集中宣传活动。结合开展党史学习教育、"我为群众办实事"、下基层蹲点活动等，进一步转变作风，扎实推动工作。全总将把新就业形态劳动者入会作为组建工会和发展会员考核的重要内容，加强督促检查，适时通报工作进展，对先进集体予以表扬。

中华全国总工会关于组织劳务派遣工加入工会的规定

（2009年4月　总工发〔2009〕21号）

一个时期以来，由于一些派遣单位与用工单位职责不清，相互推诿，相当数量的劳务派遣工还没有组织到工会中来。为最大限度地把包括劳务派遣工在内的广大职工组织到工会中来，切实维护其合法权益，根据《工会法》《中国工会章程》的相关规定，现对组织劳务派遣工加入工会作出以下规定：

1. 劳务派遣单位和用工单位都应当依法建立工会组织，吸收劳务派遣工加入工会，任何组织和个人不得阻挠和限制。劳务派遣工应首先选择参加劳务派遣单位工会，劳务派遣单位工会委员会中应有相应比例的劳务派遣工会员作为委员会成员。劳务派遣单位没有建立工会组织的，劳务派遣工直接参加用工单位工会。

2. 在劳务派遣工会员接受派遣期间，劳务派遣单位工会可以委托用工单位工会代管。劳务派遣单位工会与用工单位工会签订委托管理协议，明确双方对会员组织活动、权益维护等的责任与义务。

3. 劳务派遣工的工会经费应由用工单位按劳务派遣工工资总额的百分之二提取并拨付劳务派遣单位工会，属于应上缴上级工会的经费，由劳务派遣单位工会按规定比例上缴。用工单位工会接受委托管理劳务派遣工会员的，工会经费留用部分由用工单位工会使用或由劳务派遣单位工会和用工单位工会协商确定。

4. 劳务派遣工会员人数由会籍所在单位统计。加入劳务派遣单位工会的，包括委托用工单位管理的劳务派遣工会员，由劳务派遣单位工会统计，直接加入用工单位工会的由用工单位工会统计。

5. 劳务派遣单位工会牵头、由使用其劳务派遣工的跨区域的用工单位工会建立的基层工会联合会，不符合建立区域性、行业性基层工会联合会的规定，应予纠正。

6. 上级工会应加强督促检查，切实指导和帮助劳务派遣单位和用工单位工会做好劳务派遣工加入工会和维护权益工作。

中华全国总工会关于加强公司制企业民主管理工作的意见

(2012年12月13日　总工发〔2012〕78号)

为贯彻落实党的十八大关于扩大社会主义民主、完善基层民主制度的精神，适应当前我国现代企业发展形势的要求，充分发挥以职工代表大会为基本形式的企业民主管理制度在完善现代企业法人治理结构、维护职工合法权益、构建和谐劳动关系、促进公司制企业又好又快发展中的积极作用，根据《公司法》、《劳动法》、《劳动合同法》及《企业民主管理规定》等法律法规，现就加强公司制企业民主管理工作提出如下意见。

一、充分认识加强公司制企业民主管理工作的重要意义

随着我国公有制企业改革逐步深化、非公有制企业不断发展，公司制作为现代企业的有效组织形式已成为不同所有制企业改革发展的普遍选择。依照《公司法》、《公司登记管理条例》成立的公司制企业，其法人治理结构在推动企业明晰产权、明确责权、强化监督、科学管理方面发挥了积极作用。同时，公司制企业依照《公司法》设立职工董事职工监事，建立健全以职工代表大会为基本形式的企业民主管理制度，加强了所有者、经营者和劳动者之间的有效沟通和协调，维护了职工合法权益，推动了劳动关系和谐发展，完善了法人治理结构，形成了中国特色企业管理制度。

根据当前经济形势和企业发展的客观需要，按照党的十八大关于"全心全意依靠工人阶级，健全以职工代表大会为基本形式的企事业单位民主管理制度，保障职工参与管理和监督的民主权利"的要求，依靠职工办企业，将民主管理制度融入企业法人治理结构，是加强基层民主政治建设的客观需要，是企业遵守国家法律法规经营管理的法定责任，是完善企业决策机制、实现科学管理可持续发展的必然要求，是构建和谐劳动关系、实现职工与企业共同发展的重要保证。

各级工会要充分认识加强公司制企业民主管理工作的重要性和必要性，促进公司制企业不断拓宽民主管理的范围和途径，不断丰富内容和形式，保障广大职工享有更多更切实的民主权利。要认真贯彻执行《公司法》、《中共中央办公厅、国务院办公厅关于在国有企业、集体企业及其控股企业深入实行厂务公开制度的通知》、《企业民主管理规定》等法律法规和政策规定，推动公司制企业依法建立健全职工代表大会制度、职工董事职工监事制度，推进厂务公开，开展民主协商，建立集体合同制度，维护职工合法权益，促进公司制企业又好又快发展。

二、大力推进公司制企业依法建立健全民主管理制度

各级工会要推动公司制企业严格执行企业民主管理相关法律法规和政策规定，将以职工代表大会为基本形式的企业民主管理制度作为中国特色企业管理制度的重要组成部分，真正融入到董事会决策、经理层执行、监事会监督的公司法人治理过程之中，融入到企业经营管理的活动之中，最大限度地激发和调动职工工作热情和创造活力，增强职工的主人翁意识和责任感，充分发挥民主管理对完善公司法人治理结构的积极作用。一方面推动公司制企业法人治理的权力运行和监督机制更加有效，防止企业领导人员行为失范、权力失控、决策失误，维护好投资人的合理利益；另一方面促进公司制企业经营管理者与劳动者相互协商、相互合作的民主决策意识不断强化，既维护好职工合法权益，又不断提高经营管理水平，为企业持续健康稳定发展提供制度性保障。

（一）推动公司制企业依法建立健全职工代表大会制度，加强民主决策和科学管理。

要督促公司制企业依法建立健全职工代表大会制度，按照《企业民主管理规定》的要求，定期召开职工代表大会，保障职工的知情权、参与权、表达权、监督权等民主权利，夯实公司制企业重要决策的民意基础。

一是发挥职工代表大会在推动董事会民主决策科学决策方面的积极作用。职工代表大会应当通过职工董事参与董事会的决策过程，充分发挥职工代表大会在了解民心、汇聚民意、形成共识方面的独特作用，真实、充分反映职工的意见建议，使董事会的决策和管理更加符合企业实际，符合大多数职工的意愿，得到广大职工的理解和支持。要督促董事会在经职工代表大会广泛听取职工意见的基础上进行决策。职工代表大会要及时宣传董事会决策精神，推动董事会决策事项的实施。

二是发挥职工代表大会在增强经理层经营管理效能方面的积极作用。职工代表大会应当监督和支持经营管理者依法将生产经营情况、发展规划和管理办法，以及改革发展过程中遇到的问题，通过职工代表大会等形式，向职工报告和说明；在制定、修改或者决定直接涉及劳动者切身利益的规章制度或者重大事项时，必须依法提交职工代表大会审议，集体合同草案必须依法提交职工代表大会审议通过；通过开展"公开解难题、民主促发展"主题活动，广泛征集职工代表提案，组织职工开展劳动竞赛和技术攻关、技术革新、发明创造等科技创新活动，群策群力破解经营管理难题、完善经营管理制度，提高企业市场竞争能力。

三是发挥职工代表大会在提高监事会监督实效性方面的积极作用。职工代表大会应当充分发挥民主监督的优势和作用，使职工代表大会广泛、深入的群众性监督与监事会专职、专业的权利性监督优势互补、形成合力。要组织职工代表开展调研巡查，通过对经营管理重大事项及董事和高级管理人员职务行为进行质询，民主评议领导人员等监督检查活动，为监事会及时提供详实的信息，督促企业执行劳动法律法规和规章，履行社会责任，推动企业健全权力运行的内部民主监督机制，提高监事会监督的效能。

职工代表大会还应当通过由其选举产生的职工董事职工监事影响和监督董事会、监事会的各项活动，督导职工董事职工监事在董事会决策、监事会监督的过程中发挥应有作用。

（二）推动公司制企业建立健全厂务公开制度，促进信息公开和廉洁从业。

要推动公司制企业实行厂务公开，积极推进厂务公开制度化、规范化建设，充分发挥厂务公开在保障职工民主权利、加强权力运行监督、促进反腐倡廉建设、推动企业健康发展方面的积极作用。

一是要推动所有公司制企业实行厂务公开，建立相应的工作制度。国有独资及其控股的公司制企业必须健全和完善厂务公开制度，并根据企业实际情况不断创新发展。

二是要丰富内容和形式，规范厂务公开制度。公司制企业的厂务公开要以职工代表大会为主要载体，并通过厂务公开栏、厂情发布会、民主议事会、劳资恳谈会和内部信息刊物、网络、广播、电视等形式，将生产经营管理的重大事项、涉及职工切身利益的规章制度和经营管理人员廉洁从业相关情况，按照一定程序向职工公开，听取职工意见，积极争取职工的理解和支持，接受职工监督。

三是要把厂务公开与公司制企业信息披露相结合。要将法定的公司信息披露制度与厂务公开制度紧密结合、同步推进，通过厂务公开将企业经营管理活动置于职工的监督之下，从而使对外公开与对内公开相结合，外部监督与内部监督相促进，保证披露信息和公开事项的真实性，增加职工和投资者的信心，推动企业健康发展。

（三）推动公司制企业依法建立健全职工董事职工监事制度，强化职工参与和内部监督。

要督促公司制企业依照法律法规和政策规定，支持和保证职工董事职工监事与董事会、监事会其他成员平等地参与企业决策、管理和监督，代表和维护职工合法权益。

一是要推动所有设立董事会、监事会的公司制企业建立职工董事职工监事制度。国有独资公司设立董事会的，以及两个以上的国有企业或者其他两个以上的国有投资主体投资设立的有限责任公司设立董事会的，必须依照《公司法》的规定设立职工董事；同时要督促其他设立董事会的公司制企业建立职工董事制度。设立监事会的各类公司制企业都必须设立职工监事，职工监事的比例不得低于监事会成员的三分之一。

二是要坚持职工董事职工监事必须依法由职工代表大会选举产生。职工董事职工监事的候选人应当由公司制企业工会在充分听取职工意见的基础上提名，经职工代表大会全体代表过半数通过方可当选，并报上一级工会组织备案。

公司制企业应当依法在公司章程中明确职工董事职工监事在董事会、监事会中的具体比例和人数，并明确工会主席、副主席作为职工董事职工监事候选人人选。

三是要加强对职工董事职工监事的支持与监督。必须明确职工董事职工监事是职工代表，对职工代表大会负责，在董事会、监事会会议上，要按照职工代表大会的有关决议发表意见，全面真实准确地反映职工代表大会的意见和建议，表达和维护职工合法权益和利益诉求；要定期向职工代表大会报告工作，接受职工代表大会的质询和监督。职工董事职工监事不履行职责或者有严重过错的，经三分之一以上的职工代表联名提议，职工代表大会全体代表的过半数通过，应当予以罢免。

要督促公司制企业依法为职工董事职工监事开展工作提供必要的信息和条件，保障职工董事职工监事依法履行职责应享有的各项权益，以及与公司制企业的其他董事监事享有同等的权利和相应的待遇。职工董事职工监事在任职期间，除法定情形外，企业不得与其解除劳动合同。

三、切实加强对公司制企业民主管理工作的指导

各级工会要把加强公司制企业民主管理工作作为一项重点工作来抓，从本地区、本产业和企业实际情况出发，加强组织领导，制订工作规划，加强对公司制企业民主管理工作的指导和监督。

积极推进公司制企业建立健全民主管理制度。要一手抓建制、一手抓规范。督促公司制企业在公司章程中明确建立企业民主管理制度相关内容。对尚未建立职工代表大会、厂务公开制度的公司制企业，依法应当设立却尚未设立职工董事职工监事制度的公司制企业，上级工会要加大建制工作力度，指导和帮助这些企业尽快建立职工代表大会制度，选举产生职工董事职工监事，实行厂务公开，同时，健全工作制度、规范工作程序，使厂务公开民主管理工作在推动企业发展、维护职工权益中发挥积极作用。

努力推动公司制企业民主管理工作创新发展。要及时总结公司制企业民主管理工作中的创新经验，大力宣传和推广先进典型，以点带面整体推进厂务公开民主管理工作。要加强与党委纪检部门、组织部门，政府国有资产监督管理机构、监察机关、企业代表组织等有关单位协作配合，齐抓共管、形成合力，共同把公司制企业民主管理工作抓好抓实。要加强立法源头参与，推动地方出台公司制企业民主管理工作的相关法规，为国家修改《公司法》和制定企业民主管理的法律法规奠定实践基础。要积极推动立法机关开展执法检查和政府有关部门行政监察，依法推进公司制企业实行民主管理。要加强调查研究，及时研究解决实践中出现的新情况、新问题，深入开展理论研究，为实践提供理论依据，推动公司制企业民主管理工作创新发展。

充分发挥公司制企业工会在企业民主管理工作中的作用。公司制企业工会要积极争取党组织的领导和经营管理者的支持，推动企业建立健全民主管理制度。要切实履行职工代表大会工作机构的职责，努力做好职工代表大会的组织工作，健全各项工作制度，推动职工代表大会各项决议的落实，积极开展职工代表的培训工作，努力提高职工代表的综合素质和履职能力。要认真做好厂务公开协调领导机构交办的各项工作，努力落实工作责任，完善考核评价和监督检查机制。要监督集体合同草案提交职工代表大会审议通过的民主程序落实和集体合同的切实履行。要及时了解和掌握职工的意愿和要求，积极为职工董事职工监事提供履行职责必要的信息和建议，帮助提高职工董事职工监事的履职能力。

中华全国总工会关于坚决纠正在企业改革改制中撤销工会组织、合并工会工作机构问题的通知

(2009 年 10 月 30 日　总工发〔2009〕48 号)

各省、自治区、直辖市总工会，各全国产业工会，中共中央直属机关工会联合会，中央国家机关工会联合会：

为了认真贯彻党的十七届四中全会精神，贯彻落实《工会法》等有关法律法规，坚决纠正一个时期以来一些国有企业在改革改制过程中，随意撤销工会组织或将工会工作机构合并归属到其他工作部门的错误做法，保证企业工会在党的领导下独立自主、创造性地开展工作，现将有关事项通知如下。

一、充分认识健全企业工会组织的重要性和紧迫性

近几年来，在各级党组织和行政的高度重视和大力支持下，在各种所有制企业中，工会工作覆盖面不断扩大，工会组织凝聚力不断增强，在促进企业发展、维护职工权益、构建和谐劳动关系等方面发挥着越来越重要的作用。但是，一些国有企业在改革改制过程中，出现了工会组织被撤销、工会工作机构被合并到党群工作部、工会专职工作人员被大量裁减等现象。这种做法，严重削弱了企业工会组织，严重影响了企业工会工作，致使企业管理者与职工群众的沟通渠道不畅通，劳动关系矛盾得不到及时调处和化解，成为导致群体性事件发生的重要原因之一，严重影响了企业和社会的和谐稳定。各级工会特别是国有企业工会必须充分认识企业改革改制中健全工会组织的重要性和必要性，认清撤销工会组织、合并工会工作机构的危害，统一思想认识，采取有效措施，坚决纠正并遏制撤销工会组织、合并工会工作机构的现象。

二、要始终坚持在党的领导下依法独立自主地开展工作

中国共产党是领导中国特色社会主义事业的核心力量，是中国工人阶级的先锋队，同时是中国人民和中华民族的先锋队。工会是工人阶级自愿结合的群众组织，是党联系职工群众的桥梁和纽带，是职工利益的代表者和维护者。工会必须自觉接受党的领导，在党的统一领导下开展工作。由于工会与党的性质不同，其群众性与党的先进性要求不同，工会必须要有相对的独立性，不能等同于党委的一个工作部门，否则不利于加强和改善党对工会工作的领导，也不利于充分发挥工会组织的作用。《工会法》第四条明确规定：工会必须坚持中国共产党的领导，依照工会章程独立自主地开展工作；第十二条明确规定：任何组织和个人不得随意撤销、合并工会组织。《中共中央关于加强和改善党对工会、共青团、妇联工作领导的通知》明确指出，党组织应当支持工会按照法律和章程，执行上级组织的决议，独立自主地、创造性地开展工作。不得把工会的机构撤销、合并或归属于其他工作部门。党中央三代领导集体和以胡锦涛同志为总书记的党中央，都深刻地阐明了加强和改善党对工会工作的领导与工会按照法律章程独立自主开展工作的辩证关系，要求工会从自身的性质和特点出发，在党的领导下，依法突出维护职能，全面履行各项社会职能。要求各级党委要加强和改善对工会工作的领导，支持工会依照法律和章程独立自主开展

工作,充分发挥工会组织的重要作用。因此,在企业改革改制中撤销工会组织、合并工会工作机构的做法,不符合法律规定和党中央的有关要求,必须坚决予以纠正。

三、要坚决纠正撤销工会组织、合并工会工作机构的错误行为

当前,我国改革发展进入关键阶段,工会在协调劳动关系、维护职工合法权益中的地位更加突出,责任更加重大,工会工作只能加强,不能削弱。各级工会要积极争取党委的领导和支持,切实做好抓基层、打基础工作,坚决纠正国有企业在改革改制中撤销工会组织、合并工会工作机构的错误做法。

要加强调查研究和分类指导。对企业正在实施改革改制的,要加强源头参与,跟踪做好企业工会组织的整改、重建工作,切实做到企业改革改制到哪里,工会组织就建到哪里;对在企业改革改制中撤销工会组织或将工会工作机构合并到党群工作部或其他工作部门的,要逐个摸清情况,逐个予以纠正,保证工会组织健全,独立设置工作机构;对在企业改革改制中随意减少工会专职工作人员的,要按照规定比例配备充实专职工会工作人员,保证工会工作人员队伍的相对稳定。

企业工会要大力宣传有关法律规定,宣传工会在党的领导下独立自主开展工作的组织保障、工作特点、工作机制等有关规定,不断提高自身建设水平。国有企业特别是中央企业工会要发扬优良传统,带头落实整改工作,切实纠正存在的问题。

各级工会要建立领导责任制,明确分工,落实责任,确保纠正改革改制中撤销工会组织、合并工会工作机构工作落到实处。所有国有企业,凡工会工作机构并入党群工作部的,要在2009年12月底前全部实现独立设置。在劳动模范、五一劳动奖状、奖章、劳动关系和谐企业等各类评先评优中,对在企业改革改制中撤销工会组织、合并工会工作机构并未坚决纠正的,要实行"一票否决"。全总将就各地整改情况进行专项检查,并通报整改工作情况。

中华全国总工会办公厅关于建立健全工会领导机关干部赴基层蹲点工作长效机制的意见

(2021年12月31日 总工办发〔2021〕21号)

为进一步密切工会领导机关与基层工会和职工群众的联系，推动解决基层工会和职工群众面临的实际困难和问题，改进工作作风，增进职工感情，提高做好职工群众工作能力水平，巩固拓展蹲点工作成果，培养锻炼工会机关干部特别是年轻干部，现就建立健全工会领导机关干部赴基层蹲点工作长效机制提出如下意见。

一、总体要求

坚持以习近平新时代中国特色社会主义思想为指导，深入学习贯彻习近平总书记关于工人阶级和工会工作的重要论述，围绕保持和增强工会组织和工会工作的政治性、先进性、群众性，深化工会改革创新，夯实工会基层基础，密切与职工群众的血肉联系，维护劳动领域政治安全，实现赴基层蹲点工作常态化、长效化、制度化，持续推动解决一批问题、办成一批实事、形成一批成果、锻炼一批干部，更好地团结引导广大职工坚定不移听党话跟党走，为实现第二个百年奋斗目标、实现中华民族伟大复兴的中国梦贡献智慧和力量。主要把握以下原则：

——坚持正确方向。始终自觉接受党的领导，坚持以党的创新理论武装头脑、指导实践、推动工作，充分发挥党联系职工群众的桥梁和纽带作用，不折不扣将党中央决策部署贯彻落实到工会各项工作中去，积极向广大职工宣传党的理论和路线方针政策。

——坚持职工为本。贯彻以人民为中心的发展思想，坚持以职工为中心的工作导向，树牢群众观点，践行群众路线，厚植为民情怀，强化服务意识，说职工话、解职工愁、办职工事，不断实现好、维护好、发展好广大职工根本利益，永远保持同职工群众的血肉联系。

——坚持问题导向。聚焦基层工会难点堵点和短板弱项，回应职工群众利益诉求和热切期盼，深入一线摸清情况、发现问题、"解剖麻雀"、破解难题，实现问题导向、目标导向、效果导向有机统一，以实实在在的工作成效取信于基层、取信于职工。

——坚持改革创新。积极适应新时代职工队伍和劳动关系新变化新特征新趋势，发扬改革创新精神，不断改进工作方式方法，推动工会改革向基层延伸，着力夯实基层基础，为基层工会提供精准指导和服务，真正使基层工会建起来、转起来、活起来。

二、主要任务

（一）以加强政治引领为保证，巩固团结奋进的思想基础。深入基层工会和职工群众，广泛开展有特色、接地气、入人心的宣传宣讲活动，使习近平新时代中国特色社会主义思想走近职工身边、走进职工心里；推动落实党中央部署开展的各类主题教育活动，深化"中国梦·劳动美"主题宣传教育，大力弘扬劳模精神、劳动精神、工匠精神，指导和推动建设健康文明、昂扬向上、全员参与的职工文化。

（二）以推动建会入会为重点，不断扩大工会组织覆盖面。推行"重点建、行业建、兜底建"模式，积极协助地方和基层工会针对头部企业、重点企业开展建会攻坚，努力把货车司机、网约车司机、快递员、外卖配送员等新就业形态劳动者组织到工会中来。坚持属地管理、线上线下相结合，对未建工会的重点单位，实行领导干部带队包干制度，推动单位建会、职工入会；对已建工会的单位，协助完善制度机制，补短板、强弱项，不断提升基层工会规范化建设水平。

（三）以强化维权服务为关键，着力解决实际困难和问题。加强与蹲点单位党政沟通联系，深入了解企业生产经营状况，了解职工期盼关切，多方争取工会内外的资源和手段，着力推动解决涉及职工切身利益的问题，特别是职工群众关注的困难救助、转岗就业、工资社保、休息休假、劳动安全卫生、女职工权益等"急难愁盼"问题，切实履行好维权服务基本职责。积极推动做好新就业形态劳动者的权益保障工作。进一步深化产业工人队伍建设改革，指导落实技术工人待遇，维护好职工的发展权益。

（四）以构建和谐劳动关系为主线，维护职工队伍团结稳定。宣传普及劳动法律法规，增强职工法治意识。推动落实职工代表大会、厂务公开、职工董事监事、集体协商等制度机制，协助做好劳动关系协调、劳动争议化解及职工法律援助等工作。深入调查研究，及时掌握蹲点单位劳动关系焦点问题和职工思想动态，有针对性地做好心理疏导工作，引导职工依法理性有序表达利益诉求。

（五）以提升服务职工水平为目标，切实培养锻炼工会干部队伍。从工会事业发展、干部队伍建设和年轻干部成长需要出发，把蹲点工作作为锻炼干部的重要形式，把蹲点一线作为锻炼和培养机关干部的重要阵地，让机关干部在基层一线见世面，在急难险重任务中经风雨，在服务职工最前沿长本领，切实发挥好宣传员、组织员、办事员、联络员作用，增强做好群众工作的能力和担当作为的底气。

三、工作制度机制

（一）建立蹲点工作制度。自2022年起，全总、省级和市级总工会机关每年选派3%到5%的干部赴基层蹲点，其直属事业单位是否参加蹲点工作，由本级总工会研究确定。县级工会可根据自身情况选派机关干部参与蹲点工作。各级工会领导机关可联合组成蹲点工作组。蹲点时间一般选择在每年第二三季度，时间一般不少于3个月，可结合工作实际具体确定。蹲点范围主要是未建工会、工会工作比较薄弱、劳动关系情况比较复杂单位所在地的乡镇（街道）、开发区（工业园区）工会和县级以下区域性、行业性工会联合会。严格干部选派标准，选派经验丰富、善于解决复杂问题的领导干部带队并担任组长，选派一定比例业务素质较全面、责任意识较强、具备一定组织协调能力的年轻干部参与。蹲点工作组人员可进行轮换。西藏、新疆等偏远地区工会可根据当地实际灵活安排蹲点工作。

（二）建立党建引领制度。各级工会蹲点工作组要建立临时党组织，由蹲点工作组组长担任临时党组织负责人，作为党建工作第一责任人，负责牵头抓好政治理论和业务知识学习、落实党内生活制度、严明党的纪律及党员日常教育和管理等工作，完成党中央和上级党组织部署的各类学习教育任务，促进党建与蹲点工作融合推进，在蹲点工作中发挥好党组织的战斗堡垒作用和党员先锋模范作用。

（三）建立调查研究机制。把蹲点过程作为深入调查研究的过程。各级工会针对工会工作中面临的突出问题、职工群众普遍关心的热点难点问题，每年至少确定1项蹲点工作重点调研课题。对优秀调研成果以工作报告、信息简报、媒体刊发、成果交流会、结集汇编等方式宣传交流，及时为工会领导机关科学决策提供参考。

（四）建立问题解决机制。建立健全蹲点工作汇报、研商制度。蹲点工作组每月向派出单位汇报工作情况。工会领导机关根据工作需要适时召开蹲点工作汇报会，及时总结梳理蹲点中发现的问题，通过会商研判，谋划解决问题的思路举措。注重发挥地方积极性、主动性，各蹲点工作组要加强与当地党委政府、有关部门和工会的沟通协作，帮助基层工会和职工群众解决实际困难和问题。对个性问题，推动就地解决。对共性问题，找准症结，提出对策，并向上级工会报告，有序推动问题解决。建立蹲点工作成果转化机制，对看得准、有共识、行得通的经验和办法，要及时巩固提升到政策和制度层面。

（五）建立为职工办实事机制。建立为职工办实事清单制度。各蹲点工作组在充分了解蹲点单位情况的基础上，明确办实事内容、措施、完成时限等。协助做好送温暖等工会品牌活动，利用重要时间节点，走访慰问困难职工、劳动模范和工匠人才代表，把党和政府的关怀送到职工心坎上。

（六）建立重大事项报告机制。建立风险隐患专项排查和报告制度。拓宽职工意见表达渠道，通过多种有效方式倾听基层意见和职工呼声，对涉及职工队伍稳定和劳动领域政治安全等方面的苗头性倾向性问题，要进行梳理排查，第一时间向当地工会和上级工会报告，提出对策建议，及时防范化解风险隐患。

四、保障措施

（一）加强组织领导。各级工会领导机关要把干部赴基层蹲点工作摆在突出位置，成立机关干部赴基层蹲点工作联络指导小组，负责蹲点工作的组织领导、宣传报道、督促检查和后勤保障等工作。要明确责任分工，狠抓任务落实，一般由综合协调部门、组织人事部门牵头联络指导蹲点工作，各有关部门（单位）从资源配置、政策指导、工作保障等方面积极支持派驻蹲点工作组的工作。对蹲点干部做好行前培训，指导其掌握运用好蹲点工作"政策工具包"。蹲点工作组所在地方和基层工会，要积极配合，为工作组开展工作提供必要的条件。各蹲点工作组要发挥所在地方和基层工会主体作用，充分了解地方和基层工会的实际情况，广泛听取意见建议，注重在帮助、指导和推动工作上用力，避免代替或干扰地方和基层工会正常工作。

（二）加强服务保障。各级工会领导机关要建立蹲点工作领导干部包点联系制度，领导班子成员按照工作分工确定包联的蹲点工作组，定期走访调研、了解情况、听取汇报，及时研究解决蹲点工作中的各种问题，关心爱护蹲点干部，解决干部实际困难。工会领导机关要将蹲点工作专项经费列入年度预算，保障蹲点工作顺利实施；对攻坚克难的专项工作进行专门经费扶持，对工作基础薄弱的基层工会进行必要扶持。赴基层蹲点期间，可执行当地差旅费相关规定。

（三）加强评估激励。建立对蹲点工作的评估制度，每次蹲点结束后，由各级工会蹲点工作联络指导小组对各蹲点工作组的工作完成情况和取得的成效进行评估，表扬先进、激励后进。对工作不合格的，要通报批评。上级工会要加强对下级工会蹲点工作的调研、指导和服务，及时发掘典型、总结经验、宣传推广。建立工作台账制度，加强蹲点工作的日常督促检查。把蹲点工作表现作为干部评优评先、选拔使用的重要依据，对在蹲点期间表现突出的干部给予表扬和奖励。

（四）加强舆论宣传。发挥工会宣传舆论阵地作用，借助主流媒体传播渠道，充分利用新媒体资源，及时报道蹲点工作中推动政策落地、帮助企业建会、化解劳动关系矛盾、帮扶困难职工、组织职工活动等方面的进展和成效，提高影响力，扩大传播面，营造广大职工充分了解工会、社会各界大力支持工会的良好氛围。开展蹲点工作交流活动，对蹲点工作中涌现出来的好事迹好经验好做法，进行宣传推广学习。

（五）加强纪律监督。各级工会结合实际制定蹲点工作纪律规定，加强对蹲点工作组的纪律监督，坚决克服形式主义、官僚主义，确保蹲点工作风清气正、规范有序、取得实效。蹲点干部要增强纪律意识，坚决落实中央八项规定及其实施细则精神，不给基层和职工增加负担；严格遵守当地新冠肺炎疫情防控要求；充分尊重基层工会干部和职工群众，虚心学习群众工作经验，从群众中来，到群众中去，更好发挥工会作为党联系职工群众的桥梁和纽带作用。

人力资源社会保障部、中华全国总工会、中国企业联合会/中国企业家协会、中华全国工商业联合会关于推进新时代和谐劳动关系创建活动的意见

（2023年1月3日　人社部发〔2023〕2号）

各省、自治区、直辖市及新疆生产建设兵团人力资源社会保障厅（局），总工会，企业联合会/企业家协会，工商联：

近年来，各地认真贯彻落实中共中央、国务院关于构建和谐劳动关系的决策部署，扎实推进和谐劳动关系创建活动，在保障职工各项权益、完善协商协调机制、推动企业与职工共商共建共享等方面取得了积极成效，为促进经济高质量发展和社会和谐稳定发挥了重要作用。为进一步构建中国特色和谐劳动关系，现就推进新时代和谐劳动关系创建活动（以下简称创建活动）提出如下意见。

一、指导思想

以习近平新时代中国特色社会主义思想为指导，深入贯彻党的二十大精神，完整、准确、全面贯彻新发展理念，加快构建新发展格局，着力推动高质量发展，全面落实党中央、国务院关于构建和谐劳动关系的重要决策部署，以促进企业发展、维护职工权益为目标，坚持稳中求进工作总基调，在更大范围、更广层次、更多内容上不断丰富和发展和谐劳动关系创建实践，实现企业和职工协商共事、机制共建、效益共创、利益共享，打造企业与职工的利益共同体、事业共同体、命运共同体，使广大职工建功立业新时代的团结力量充分涌流，使各类企业尊重劳动、造福职工的崇德向善行为蔚然成风，让推动企业高质量发展的和谐动力竞相迸发，为构建中国特色和谐劳动关系奠定坚实基础。

二、基本原则

（一）坚持党的全面领导。发挥党总揽全局、协调各方的领导核心作用，健全党委领导的政府、工会、企业三方共同参与的协商协调机制，强

化共同奋斗的政治引领，把党的领导落实到创建活动的全过程、各方面、各环节，始终保持正确方向，形成共同构建中国特色和谐劳动关系的强大力量。

（二）坚持增进民生福祉。以满足人民日益增长的美好生活需要为根本目的，在企业发展的基础上，着力解决好职工急难愁盼问题，不断提高职工权益保障水平，切实增强广大职工的获得感、幸福感、安全感，促进人的全面发展，扎实推进共同富裕。

（三）坚持法治规范保障。增强企业和职工法治观念，推动企业依法规范用工，职工依法维护权益，提高劳动关系治理法治化水平，更好发挥法治固根本、稳预期、利长远的保障作用，在法治轨道上深入推进创建活动。

（四）坚持文化凝心聚力。以社会主义核心价值观为引领，培育企业关心关爱职工、职工爱岗爱企的和谐文化理念，讲仁爱，尚和合，厚植人文关怀，弘扬劳动精神，倡导团结奋进，不断巩固劳动关系双方协商共事、合作共赢、发展共享的共同思想基础。

（五）坚持创新稳健并重。坚持因地制宜、因势利导，科学把握创建工作的时度效，突出重点，分类施策，典型引路，循序渐进。增强问题意识，紧盯创建任务，不断推动实践创新、理论创新、制度创新。

三、目标任务

在全国各类企业持续推进新时代和谐劳动关系创建活动，推动企业贯彻落实劳动保障法律法规、完善劳动关系协商协调机制、健全劳动者权益保障制度、促进和谐文化建设。力争到2027年底各类企业及企业聚集区域普遍开展创建活动，实现创建内容更加丰富、创建标准更加规范、创建评价更加科学、创建激励措施更加完善，创建企业基本达到创建标准，和谐劳动关系理念得到广泛认同，规范有序、公正合理、互利共赢、和谐稳定的劳动关系进一步形成。

四、明确创建内容

（一）企业创建的重点内容。建立健全企业党组织，充分发挥党组织在和谐劳动关系创建活动中把关定向、团结凝聚各方力量的作用。全面落实劳动合同、集体合同制度，加强企业民主管理，依法保障职工劳动报酬、休息休假、劳动安全卫生、社会保险、职业技能培训等基本权益。建立职工工资集体协商和正常增长机制，加强劳动保护，改善劳动条件。建立企业劳动争议调解委员会,强化劳动争议预防,促进劳动争议协商和解。加强人文关怀,培育企业关心关爱职工、职工爱岗爱企的企业文化。

(二)工业园区、街道(乡镇)创建的重点内容。健全工业园区、街道(乡镇)党委领导的构建和谐劳动关系工作机制,加强对创建活动的组织领导,推动辖区内企业普遍开展和谐劳动关系创建活动。建立健全劳动关系协调机制、矛盾调处机制、权益保障机制,加强劳动保障法律宣传、用工指导服务,搭建劳动关系双方沟通协调平台,及时预防化解劳动关系矛盾。布局劳动关系基层公共服务站点,为企业和劳动者提供一站式、智慧化、标准化劳动关系公共服务。

五、规范创建标准

根据本地企业的类型、分布、职工人数和劳动关系状况以及工业园区、乡镇(街道)工作基础等,分类培育,分步推进。

(一)企业创建标准

——企业党组织健全,在创建活动中,组织职工、宣传职工、凝聚职工、服务职工的职能作用发挥充分,党员先锋模范作用有效发挥。

——企业工会组织健全、运行顺畅,针对工资等职工关心的问题定期开展集体协商并签订集体合同,协商程序规范、效果良好,职工工资增长与企业效益、劳动生产率增长相适应。

——以职工(代表)大会制度为基本形式的企业民主管理制度健全,定期召开职工(代表)大会,按规定将涉及职工切身利益的规章制度和重大事项经过职工(代表)大会审议通过,完善厂务公开制度,公司制企业依法设立职工董事、职工监事。

——企业劳动争议调解委员会机构健全、制度完善,建立劳动争议预防预警机制,及时调处劳动争议和影响劳动关系和谐稳定的苗头性、倾向性问题,促进劳动争议协商和解。

——职工培训制度健全,制定培训计划,采取岗前培训、学徒培训、脱产培训、技术比武、技能竞赛等方式,大幅提升职工技能水平。职工教育经费足额到位,经费60%以上用于企业一线职工的教育和培训。

——重视企业文化建设,努力培育与中华优秀传统文化相契合富有企业特色的企业精神和健康向上的企业文化,践行社会主义核心价值观,切实承担报效家园、服务社会、造福职工的责任。

——加强对职工的人文关怀，不断改善职工的生产和生活条件，支持和帮助职工平衡工作和家庭责任，保障生育女职工享有平等的就业机会、职业发展机会和待遇。注重职工的精神需求和心理健康，建立职工健康服务体系，塑造职工幸福生活环境，提高职工生活品质。

——职工爱岗敬业、遵守纪律、诚实守信，对企业的责任感、认同感和归属感较强，能够正确对待社会利益关系调整，以理性合法形式表达利益诉求，维护自身权益。

——职工满意度较高。职工对劳动报酬、社保缴纳、休息休假、工作环境、技能培训、劳动条件、协商民主、人文关怀等指标综合评价满意度高。

（二）工业园区、乡镇（街道）创建标准

——工业园区、乡镇（街道）党委领导的构建和谐劳动关系工作机制健全，将创建活动纳入当地党委、政府重要议事日程，制定出台推进创建活动的实施方案，完善政府、工会、企业代表组织共同参与的劳动关系协商协调机制。

——辖区内企业用工管理普遍合法合规，基本达到创建标准。

——辖区内企业普遍建立以工资集体协商为重点的集体合同制度，对不具备单独开展条件的小微企业，通过签订区域性、行业性集体合同实现覆盖。

——依法建立工会组织、企业代表组织以及劳动争议调解组织，健全劳动关系矛盾纠纷排查预防和联动化解机制，对辖区内带有普遍性、倾向性的劳动关系问题开展协商，预防和调处劳动争议。建立健全突发性、集体性劳动争议应急调解协调机制和重大劳动争议信息报告制度，及时化解矛盾和纠纷。

——成立厂务公开协调领导机构，辖区内企业普遍建立以职工代表大会为基本形式的企业民主管理制度，对不具备单独建立条件的小微企业，通过区域性（行业）职代会实现覆盖。

——辖区内防范和处置重大安全生产、重大职业危害事故以及重大劳动关系群体性、突发性事件的机制健全有效。

——根据辖区内企业规模，合理布局劳动关系基层公共服务站点，达到服务标识统一、服务场所固定、服务设施齐全、服务内容完备，配备一定数量的劳动关系协调员，经常性地对辖区内企业创建活动进行督促指导服务，定期组织培训、交流、观摩等活动，通过线上线下多种方式提升服务效能，形成地域、行业特色鲜明的公共服务品牌。

六、健全创建评价机制

（一）开展评审评估。科学设置创建标准指标体系，引导企业、工业园区、乡镇（街道）对照创建标准开展自我评价，由当地协调劳动关系三方对其是否达标进行评估。健全创建示范单位评审评估制度，在坚持协调劳动关系三方定期集中评审的基础上，探索引入社会第三方机构开展日常综合评估，形成协调劳动关系三方评审为主、社会评估为补充的和谐劳动关系评审评估机制和规范统一的综合评价体系，提高评审评估的客观权威性、科学合理性和社会公信力。

（二）定期命名授牌。国家协调劳动关系三方会议每三年开展一届全国和谐劳动关系创建活动，采取先创建后认定的方式，对创建活动中表现突出的企业、工业园区命名"全国和谐劳动关系创建示范企业、工业园区"，颁发铭牌，并向社会公布名单，系统总结好的经验和做法，发挥先进典型示范引领作用，并采取措施予以推广。

（三）实施动态管理。建立创建单位定点联系培育机制，加强日常跟踪服务和监督管理，督促创建达标单位在持续巩固已有成效的基础上，不断提升创建水平。健全创建示范单位的动态退出机制，由省级协调劳动关系三方采取抽查、普查等方式，充分利用劳动保障监察和劳动争议调解仲裁案件以及群体访、群体性事件、集体停工事件等信息，加大动态精准核查力度，定期对已命名的示范单位进行核查。对存在不签劳动合同、未依法缴纳社会保险费、超时加班、拖欠工资等构成重大劳动保障违法行为的，以及引发较大影响的劳动关系群体性事件、极端恶性事件、重大安全生产事故和职业危害事故、负面网络舆情的全国和谐劳动关系创建示范单位，由省级协调劳动关系三方报国家协调劳动关系三方审议同意后，取消命名，收回铭牌，并在本省（自治区、直辖市）内向社会公布。国家协调劳动关系三方定期组织对全国和谐劳动关系创建示范单位交叉互检，对各省级协调劳动关系三方未及时核查处置的，予以通报。

七、完善创建激励措施

（一）定期表彰奖励。国家协调劳动关系三方会议每五年开展一届

"全国和谐劳动关系创建工作先进集体、先进个人"表彰,对组织实施全国和谐劳动关系创建示范活动表现突出的工作机构、社会组织、企业、工业园区和乡镇（街道）及其相关工作人员授予"全国和谐劳动关系创建工作先进集体、先进个人"称号,颁发荣誉证书、奖章和奖牌,并向社会公布名单,激励社会各方积极参与。

（二）提供精准服务。对符合条件的企业,优化人社公共服务方式和手段,开展一对一用工"诊断",提供定制化企业薪酬数据服务,开通人社公共服务经办快速通道,优化各项补贴申领和办理流程,及时落实职业培训补贴、失业保险稳岗返还、社会保险补贴等政策。

（三）适当减少检查频次。对达到创建标准且符合守法诚信等级要求的企业,适当减少劳动保障监察和社会保险稽核日常巡视检查频次;劳动争议调解仲裁机构主动上门开展政策调研指导,对办理劳动争议案件开辟绿色通道。

（四）作为评选表彰重要参考因素。将达到创建标准的企业作为推荐和评选全国五一劳动奖状、全国厂务公开民主管理先进单位和示范单位、信用企业、全国企业优秀文化成果、全国就业与社会保障先进民营企业、全国关爱员工优秀民营企业家等荣誉的重要参考因素。

八、工作要求

（一）强化组织领导。和谐劳动关系创建活动是构建和谐劳动关系的重要载体。各级协调劳动关系三方要充分认识深入推进新时代和谐劳动关系创建活动的重大意义,切实增强责任感和使命感,把创建活动作为新时代构建中国特色和谐劳动关系的一项重要任务,摆在突出位置,采取有力措施,增强创建实效。要在党委、政府的统一领导下,健全组织领导机制,推动形成党委领导、政府负责、社会协同、企业和职工参与、法治保障的工作格局。要积极争取党委、政府重视支持,将创建活动纳入当地经济社会发展总体规划和政府目标责任考核体系,确保专项经费投入,定期公布创建单位。

（二）强化责任传导。各级协调劳动关系三方要建立创建活动工作目标责任制,将创建活动任务分解到各部门、各环节,明确责任主体、重点任务、时间进度、保障措施,确保创建活动落地落实落细。要结合本地实际,针对不同规模、不同行业企业特点,进一步规范创建标准、丰富创建内容、改进创建评价、完善激励措施。探索开展创建和谐劳动关系行业，拓宽创建范围。全国行业系统可根据本行业实际，深入开展行业和谐劳动关系创建活动。

（三）强化服务指导。各级协调劳动关系三方要结合各自职能，发挥三方机制优势，形成工作合力，加强对创建活动的部署、组织、调度，推动创建活动深入开展。人力资源社会保障部门要牵头做好创建活动的组织、协调、调研、督导和服务工作，完善创建活动的申报、备案、资料档、评价评审、动态调整等日常管理台账，定期通报创建活动信息。工会组织要加强工会组织建设，加大对职工群众的思想政治引领，健全联系广泛、服务职工的工作体系，为职工提供法律援助、政策咨询、协商培训、职业道德教育等服务，监督企业落实劳动保障法律法规，引导职工以理性合法形式表达利益诉求、解决利益矛盾、维护自身权益，团结和凝聚广大职工建功立业新时代。企业代表组织要加强基层企业代表组织建设，充分发挥企业代表组织对企业经营者的团结、服务、引导、教育作用，根据企业特点提供"诊断式"、全流程、多样化、多层次的服务指导，教育引导广大企业经营者主动承担社会责任。

（四）强化检查督导。各级协调劳动关系三方要采取系统检查与联合检查相结合、自我检查与上级抽查相结合、综合检查和专项检查相结合的方法，重点对创建活动部署、创建活动进度、创建活动举措、创建活动成效等进行检查督导，及时研究解决创建活动中遇到的新情况新问题，推动创建活动走稳走深走实。国家协调劳动关系三方每年对各地创建活动情况进行联合督导。

（五）强化宣传引导。各级协调劳动关系三方要加强与主流媒体、新媒体的协同配合，将创建活动与宣传工作一体谋划、一体推进，通过设立宣传月、开设宣传专栏、组织业务技能竞赛、举办巡回演讲、开展主题征文和摄影作品征集、拍摄专题片、培育教育实践基地等方式，全景式、立体化、多角度、持续性展现创建活动的生动实践和昂扬气派，用心用情用力打造创建活动特色品牌，提高全社会对创建活动的认知度、参与度和美誉度。要大力宣传创建活动涌现出来的先进典型和先进事迹，发挥榜样示范作用，扩大创建活动的传播力、引导力和影响力，营造共商共建共享和谐劳动关系的良好社会氛围。

人力资源社会保障部、住房城乡建设部、安全监管总局、全国总工会关于进一步做好建筑业工伤保险工作的意见

(2014年12月29日 人社部发〔2014〕103号)

各省、自治区、直辖市及新疆生产建设兵团人力资源社会保障厅（局）、住房城乡建设厅（委、局）、安全生产监督管理局、总工会：

改革开放以来，我国建筑业蓬勃发展，建筑业职工队伍不断发展壮大，为经济社会发展和人民安居乐业做出了重大贡献。建筑业属于工伤风险较高行业，又是农民工集中的行业。为维护建筑业职工特别是农民工的工伤保障权益，国家先后出台了一系列法律法规和政策，各地区、各有关部门积极采取措施，加强建筑施工安全生产制度建设和监督检查，大力推进建筑施工企业依法参加工伤保险，使建筑业职工工伤权益保障工作不断得到加强。但目前仍存在部分建筑施工企业安全管理制度不落实、工伤保险参保覆盖率低、一线建筑工人特别是农民工工伤维权能力弱、工伤待遇落实难等问题。

为贯彻落实党中央、国务院关于切实保障和改善民生的要求，依据社会保险法、建筑法、安全生产法、职业病防治法和《工伤保险条例》等法律法规规定，现就进一步做好建筑业工伤保险工作、切实维护建筑业职工工伤保障权益提出以下意见：

一、完善符合建筑业特点的工伤保险参保政策，大力扩展建筑企业工伤保险参保覆盖面。建筑施工企业应依法参加工伤保险。针对建筑行业的特点，建筑施工企业对相对固定的职工，应按用人单位参加工伤保险；对不能按用人单位参保、建筑项目使用的建筑业职工特别是农民工，按项目参加工伤保险。房屋建筑和市政基础设施工程实行以建设项目为单位参加工伤保险的，可在各项社会保险中优先办理参加工伤保险手续。建设单位在办理施工许可手续时，应当提交建设项目工伤保险参保证明，作为保证工程安全施工的具体措施之一；安全施工措施未落实的项目，各地住房城乡建设主管部门不予核发施工许可证。

二、完善工伤保险费计缴方式。按用人单位参保的建筑施工企业应以

工资总额为基数依法缴纳工伤保险费。以建设项目为单位参保的，可以按照项目工程总造价的一定比例计算缴纳工伤保险费。

三、科学确定工伤保险费率。各地区人力资源社会保障部门应参照本地区建筑企业行业基准费率，按照以支定收、收支平衡原则，商住房城乡建设主管部门合理确定建设项目工伤保险缴费比例。要充分运用工伤保险浮动费率机制，根据各建筑企业工伤事故发生率、工伤保险基金使用等情况适时适当调整费率，促进企业加强安全生产，预防和减少工伤事故。

四、确保工伤保险费用来源。建设单位要在工程概算中将工伤保险费用单独列支，作为不可竞争费，不参与竞标，并在项目开工前由施工总承包单位一次性代缴本项目工伤保险费，覆盖项目使用的所有职工，包括专业承包单位、劳务分包单位使用的农民工。

五、健全工伤认定所涉及劳动关系确认机制。建筑施工企业应依法与其职工签订劳动合同，加强施工现场劳务用工管理。施工总承包单位应当在工程项目施工期内督促专业承包单位、劳务分包单位建立职工花名册、考勤记录、工资发放表等台账，对项目施工期内全部施工人员实行动态实名制管理。施工人员发生工伤后，以劳动合同为基础确认劳动关系。对未签订劳动合同的，由人力资源社会保障部门参照工资支付凭证或记录、工作证、招工登记表、考勤记录及其他劳动者证言等证据，确认事实劳动关系。相关方面应积极提供有关证据；按规定应由用人单位负举证责任而用人单位不提供的，应当承担不利后果。

六、规范和简化工伤认定和劳动能力鉴定程序。职工发生工伤事故，应当由其所在用人单位在 30 日内提出工伤认定申请，施工总承包单位应当密切配合并提供参保证明等相关材料。用人单位未在规定时限内提出工伤认定申请的，职工本人或其近亲属、工会组织可以在 1 年内提出工伤认定申请，经社会保险行政部门调查确认工伤的，在此期间发生的工伤待遇等有关费用由其所在用人单位负担。各地社会保险行政部门和劳动能力鉴定机构要优化流程，简化手续，缩短认定、鉴定时间。对于事实清楚、权利义务关系明确的工伤认定申请，应当自受理工伤认定申请之日起 15 日内作出工伤认定决定。探索建立工伤认定和劳动能力鉴定相关材料网上申报、审核和送达办法，提高工作效率。

七、完善工伤保险待遇支付政策。对认定为工伤的建筑业职工，各级社会保险经办机构和用人单位应依法按时足额支付各项工伤保险待遇。对在参保项目施工期间发生工伤、项目竣工时尚未完成工伤认定或劳动能力鉴定的建筑业职工，其所在用人单位要继续保证其医疗救治和停工期间的法定待遇，待完成工伤认定及劳动能力鉴定后，依法享受参保职工的各项工伤保险待遇；其中应由用人单位支付的待遇，工伤职工所在用人单位要按时足额支付，也可根据其意愿一次性支付。针对建筑业工资收入分配的特点，对相关工伤保险待遇中难以按本人工资作为计发基数的，可以参照统筹地区上年度职工平均工资作为计发基数。

八、落实工伤保险先行支付政策。未参加工伤保险的建设项目，职工发生工伤事故，依法由职工所在用人单位支付工伤保险待遇，施工总承包单位、建设单位承担连带责任；用人单位和承担连带责任的施工总承包单位、建设单位不支付的，由工伤保险基金先行支付，用人单位和承担连带责任的施工总承包单位、建设单位应当偿还；不偿还的，由社会保险经办机构依法追偿。

九、建立健全工伤赔偿连带责任追究机制。建设单位、施工总承包单位或具有用工主体资格的分包单位将工程（业务）发包给不具备用工主体资格的组织或个人，该组织或个人招用的劳动者发生工伤的，发包单位与不具备用工主体资格的组织或个人承担连带赔偿责任。

十、加强工伤保险政策宣传和培训。施工总承包单位应当按照项目所在地人力资源社会保障部门统一规定的式样，制作项目参加工伤保险情况公示牌，在施工现场显著位置予以公示，并安排有关工伤预防及工伤保险政策讲解的培训课程，保障广大建筑业职工特别是农民工的知情权，增强其依法维权意识。各地人力资源社会保障部门要会同有关部门加大工伤保险政策宣传力度，让广大职工知晓其依法享有的工伤保险权益及相关办事流程。开展工伤预防试点的地区可以从工伤保险基金提取一定比例用于工伤预防，各地人力资源社会保障部门应会同住房城乡建设部门积极开展建筑业工伤预防的宣传和培训工作，并将建筑业职工特别是农民工作为宣传和培训的重点对象。建立健全政府部门、行业协会、建筑施工企业等多层次的培训体系，不断提升建筑业职工的安全生产意识、工伤维权意识和岗位技能水平，从源头上控制和减少安全事故。

十一、严肃查处谎报瞒报事故的行为。发生生产安全事故时，建筑施工企业现场有关人员和企业负责人要严格依照《生产安全事故报告和调查处理条例》等规定,及时、如实向安全监管、住房城乡建设和其他负有监管职责的部门报告,并做好工伤保险相关工作。事故报告后出现新情况的,要及时补报。对谎报、瞒报事故和迟报、漏报的有关单位和人员,要严格依法查处。

十二、积极发挥工会组织在职工工伤维权工作中的作用。各级工会要加强基层组织建设,通过项目工会、托管工会、联合工会等多种形式,努力将建筑施工一线职工纳入工会组织,为其提供维权依托。提升基层工会组织在职工工伤维权方面的业务能力和服务水平。具备条件的企业工会要设立工伤保障专员,学习掌握工伤保险政策,介入工伤事故处理的全过程,了解工伤职工需求,跟踪工伤待遇支付进程,监督工伤职工各项权益落实情况。

十三、齐抓共管合力维护建筑工人工伤权益。人力资源社会保障部门要积极会同相关部门,把大力推进建筑施工企业参加工伤保险作为当前扩大社会保险覆盖面的重要任务和重点工作领域,对各类建筑施工企业和建设项目进行摸底排查,力争尽快实现全面覆盖。各地人力资源社会保障、住房城乡建设、安全监管等部门要认真履行各自职能,对违法施工、非法转包、违法用工、不参加工伤保险等违法行为依法予以查处,进一步规范建筑市场秩序,保障建筑业职工工伤保险权益。人力资源社会保障、住房城乡建设、安全监管等部门和总工会要定期组织开展建筑业职工工伤维权工作情况的联合督查。有关部门和工会组织要建立部门间信息共享机制,及时沟通项目开工、项目用工、参加工伤保险、安全生产监管等信息,实现建筑业职工参保等信息互联互通,为维护建筑业职工工伤权益提供有效保障。

交通运输、铁路、水利等相关行业职工工伤权益保障工作可参照本文件规定执行。

各地人力资源社会保障、住房城乡建设、安全监管等部门和工会组织要依据国家法律法规和本文件精神,结合本地实际制定具体实施方案,定期召开有关部门协调工作会议,共同研究解决有关难点重点问题,合力做好建筑业职工工伤保险权益保障工作。

关于进一步加强职工体育工作的意见

(2010年5月31日 体群字〔2010〕88号)

改革开放以来，随着我国经济社会的不断发展，人民群众生活水平的日益提高，广大职工的体育健身意识得到明显增强，行业职工体育协会纷纷建立，职工体育组织网络体系正在形成，体育场馆设施建设速度加快，各级各类职工体育赛事不断增多，职工群众性体育健身活动日益活跃。但与此同时必须看到，社会主义市场经济的建立、所有制形式和劳动就业制度的改变、社会价值观的多元化，使一些企事业单位的组织形式、经营方式、用工方式、分配方式发生了深刻变化，这些变化给传统职工体育管理模式提出了新问题，职工体育发展面临新挑战。一是过去那种单一的、行政式的职工体育组织和管理模式已经不能满足职工群众体育健身多样化和个性化需求；二是职工体育发展的不平衡性，在一些经济欠发达地区、经济效益不佳的行业和企业，职工体育经费、组织和场地设施缺乏保障；三是一些单位对开展职工体育活动重视不够；四是广大职工体育参与程度仍然偏低，体育健身意识有待进一步增强。

为认真贯彻落实胡锦涛总书记在北京奥运会、残奥会总结表彰大会上的重要讲话精神和国务院颁布的《全民健身条例》以及中华全国总工会《关于充分发挥工会"大学校"作用，提高职工队伍整体素质的决议》、《关于全面实施职工素质建设工程的意见》，进一步推动我国职工体育工作深入开展，提出如下意见。

一、充分认识职工体育工作的重要意义

（一）广大职工是推动我国社会主义现代化建设的中坚力量。大力发展职工体育，不断提高广大职工的体育意识和健康水平，对建立一支体魄强健、充满活力的高素质职工队伍，促进我国经济社会可持续发展具有重要的现实意义和深远的历史意义。

（二）职工体育是我国体育事业的重要组成部分，切实加强职工体育工作，对努力推动我国由体育大国向体育强国迈进具有重要意义。

（三）职工体育是维护和实现广大职工合法权益的具体体现。为广大职工提供更多更好的体育公共服务，让职工更多地分享经济发展、社会进步和体育发展的成果、享受体育带来的健康和快乐，既是广大职工应得的社会回报，又是维护职工合法权利，特别是维护职工体育文化权益的具体体现。

（四）职工体育是促进单位文化建设、实现社会主义核心价值的有效途径。大力开展职工体育活动，对培养广大职工乐观向上的人生观，塑造健全人格、磨练坚强意志、促进人际关系和谐发展、增强单位凝聚力和向心力等都具有特殊功能和影响，是坚持社会主义先进文化前进方向，用社会主义核心价值体系引领职工群众的有效途径。

二、切实加强对职工体育工作的组织领导

（五）各级体育行政部门要发挥政府职能部门的主导作用，按照国务院《全民健身条例》的要求，将职工体育工作纳入本地全民健身总体规划当中，科学规划，全面统筹。

（六）各级工会组织要充分发挥在组织开展职工体育工作中的重要作用，根据本地区、本单位职工体育工作实际，成立专门机构，配备必要的专职体育干部。

（七）机关、企事业单位应当按照《全民健身条例》的要求，成立相应领导机构，加强对本单位职工体育工作的组织与领导，把职工体育工作列入本单位的工作规划，保障和监督职工体育工作规划的落实，协调和解决工作中存在的实际问题。

（八）要进一步建立和完善职工体育组织网络体系。倡导在机关、企业事业单位中建立职工体育协会和体育俱乐部、体育健身团队等体育组织，开展职工体育活动。

（九）加强职工体育骨干队伍建设。各级体育部门和工会组织要通过多种形式加大对职工体育骨干的培训力度，注重在职工群体中发展社会体育指导员，不断提高职工体育干部的理论素养和业务水平，逐步建设一支具有一定体育专项运动技能和专业知识的职工体育工作骨干队伍。

三、广泛开展职工体育健身活动。

（十）各级体育部门和工会组织要切实加强对各类机关、企事业单位开展职工体育活动的指导和支持，充分利用各种体育设施，积极探索适合职工特点的体育活动组织形式，推广普及有利于广大职工积极参与的体育健身项目，组织开展形式多样的职工体育健身交流、展示和竞赛活动。

（十一）各类机关、企事业单位要广泛开展符合职工身体状况和职业特点、喜闻乐见的健身活动和体育竞赛。要坚持机关、企业事业单位的工间（前）操制度，提倡根据行业、工种特点自行创编行业体操、工种体操等符合职工特点的健身项目，并根据单位实际，定期或不定期地举办多层次、多形式的职工运动会或单项比赛。

有条件的单位可以探索建立高水平运动队，为实现我国运动员培养模式的多元化做出贡献。

（十二）要高度重视进城务工人员的身体健康，将开展进城务工人员体育活动作为职工体育的一部分，从他们的生产劳动和生活特点出发，开展形式多样的体育健身活动，丰富进城务工人员的业余文化生活，提高他们的身体素质。

四、积极为开展职工体育工作创造条件

（十三）各类机关和企事业单位应当把职工体育活动经费纳入本单位的年度财政预算，为开展本单位职工体育活动提供经费支持。

（十四）各级体育行政部门每年应按照一定的比例从本级体育彩票公益金中拨出资金，用于组织开展本地区职工体育工作。

（十五）各级工会和职工体育协会要多渠道、多形式筹措资金，积极争取财政经费和社会支持，发展职工体育事业，实现职工体育经费和资源的多元化。

（十六）各类机关和企事业单位要积极为本单位职工参加体育健身活动创造条件，鼓励有条件的单位采取建设、开放、开办、合办等多种途径，新建职工体育活动设施。

（十七）充分发挥全国职工体育示范单位对开展职工体育工作的示范带动作用。国家体育总局、中华全国总工会将定期开展全国职工体育示范单位创建和命名工作。

（十八）有条件的机关和企事业单位应当按照《全民健身条例》的要求，定期开展职工体育锻炼达标活动和体质测试工作，并把职工体质测试结果作为制定本单位职工体育工作计划的依据，努力提高开展职工体育工作的科学化水平。

五、努力营造有利于职工体育发展的社会环境

（十九）大力宣传和普及职工体育活动和体育科普知识。充分利用广播、电视、报刊、互联网等多种媒体,采取宣传栏、宣传板报、健康咨询、科普讲座等形式,在广大职工中普及科学健身知识,推广健身方法,展示健身成果,为职工体育活动的开展营造浓厚的舆论氛围。

(二十)充分发挥体育科研的理论指导、实践探索和决策咨询作用,加强对职工体育的科学研究。支持和鼓励广大职工对职工体育改革与发展中重大理论问题和实际问题进行大胆探索,提出对策建议。通过举办多种层次职工体育学术会议,提供学术和经验交流的平台,提高职工体育科学化水平。

九、典型案例

1. 全国总工会推选工会劳动法律监督十大优秀案例[①]

天津市某公司安检员工超时工作案

2022年2月,天津市总工会接到一封职工匿名信。来信反映天津某公司存在旅检通道安检人员长期超时工作、劳动强度过大等问题,并详细描述了安检人员主班补班工作时长、工作强度以及休息倒班等有关情况。接到来信后,市总工会及时启动工会劳动法律监督程序,发送《工会劳动法律监督提示函》。同时,深入研判、细致分析找准工时制度及执行问题,发送《工会劳动法律监督意见书》,提出安检岗位综合计算工时折算政策适用不妥、工作时长计算缺乏准确性和科学性、履行职代会程序不规范三方面问题,要求公司整改。收到《工会劳动法律监督意见书》后,公司高度重视,明确提出并认真落实三项整改措施。一是根据旅检通道岗位工作实际情况,调整综合计算工时折算适用政策。二是加强人力资源精细化管理,科学准确做好工时核算工作,确保公开、公正,切实保障职工合法权益。三是进一步规范履行职代会程序,切实保障职工的知情权、参与权、表达权、监督权。

2021年1月1日起,《天津市工会劳动法律监督条例》正式施行,天津市工会劳动法律监督工作迈入了法治化轨道。此案中,市总工会严格依照条例规定,及时启动工会劳动法律监督程序,向用人单位发出《工会劳动法律监督提示函》,深入调查后向用人单位出具《工会劳动法律监督意见书》,切实将监督融入到维权服务工作的全链条,提升工会工作法治化

[①] 案例来源:《全国总工会推选工会劳动法律监督十大优秀案例》,载中工网,https://www.workercn.cn/c/2023-03-21/7775722.shtml。

水平，最大限度地减少苗头性、倾向性、潜在性劳动用工风险隐患，维护劳动关系和谐稳定。

河北省衡水市开展工资支付专项监督为职工追回工资、保险待遇案

衡水市冀州区总工会在对某公司开展工资支付专项监督时发现，2018年12月至2019年5月，公司为职工杨某等9人发放的工资低于当地最低工资标准，且未如期缴纳9人的养老、医疗、生育等社会保险费。冀州区总工会劳动法律监督委员会随即组织对该公司在工资支付和社会保险费缴纳等方面存在的问题进行梳理分析，并向该公司发出《工会劳动法律监督意见书》，要求15日内就相关情况进行答复。因到期未获答复，2019年6月25日，冀州区总工会向区劳动监察大队发出《工会劳动法律监督建议书》，提请其对该公司工资发放、社会保险费缴纳情况进行劳动保障监察，并依法作出处理。在冀州区总工会和区劳动监察大队的共同推动下，该公司为杨某等人补齐了工资差额，补缴了社会保险费。

工会劳动法律监督是工会组织积极参与社会治理、有效提升治理能力的重要载体和手段。多年来，衡水市冀州区总工会加强组织建设、健全联动机制，通过创新开展联合监督、定期监督、专项监督、综合监督等，将监督"关口"前移，及时发现劳动关系风险隐患。对用人单位存在劳动违法行为的，运用"一函两书"监督机制，加强与人社部门协调联动，推动劳动法律法规贯彻实施，依法维护职工合法权益，提升了职工群众的获得感幸福感安全感。

上海市推动企业平稳实施改革调整案

2021年8月，上海市某企业因经营需要进行架构调整，拟裁减部分职工。静安区曹家渡街道总工会了解这一情况后立刻组织力量上门开展工会劳动法律监督。由于该企业裁员人数达企业职工总数的25%，街道总工会会同区总工会劳动关系工作指导员以及专业的律师团队，上门就企业职工安置方案提出建议、给予指导。该企业根据建议及时调整方案，并加强

与职工的民主协商，最终确保企业改革调整平稳实施。

地方总工会充分发挥工会劳动法律监督作用，筑牢劳动关系"防火墙"，把劳动关系矛盾风险隐患化解在基层、消除在萌芽状态，生动展现了工会劳动法律监督在化解劳动关系矛盾、推动构建和谐劳动关系、维护地区稳定中的重要作用。一是织密工作网络，形成排查全面、预警及时的网格化管理模式。加强预警排查，通过摸排区域企业关停并转等苗头性问题，及时发现矛盾隐患，加强预警预防，采取有效措施。二是加强队伍建设，打造敢于担当、专业过硬的劳动法律监督员队伍。充分发挥劳动关系工作指导员的作用，吸纳具有丰富经验的工会干部、人事干部等加入指导员队伍，充实监督员的专业力量。三是整合各方资源，实现规范用工、维护稳定的劳动法律监督工作成效。劳动关系工作指导员、楼宇工会社会工作者、律师等协同配合，在监督过程中从不同层面发挥了重要作用，实现了"稳定劳动关系、维护职工权益、助力企业发展"的有机统一。

江苏省江阴市某互联网公司及入驻公司平台企业用工"法治体检"案

江苏省江阴市某互联网公司是一家一站式数字化集成公共服务平台，目前入驻平台企业1433家，注册货车司机1900多名。2021年3月，该公司向江阴市总工会"云监督"平台提出"法治体检"申请。接到申请后，江阴市总工会组建了市镇两级工会劳动法律监督员、法律专家、志愿者组成的监督小组，为该公司提供"法治体检"等工会劳动法律监督服务。通过检查发现，入驻平台企业与货车司机之间，绝大多数建立的是合作关系而非劳动关系，且合作协议仅涉及合作有关内容，没有货车司机权益保障的相关内容。监督小组从工会组建、职代会规范化召开、企业规章制度内容审议、工时制度等方面进行"一对一"监督指导，依法提出了整改建议。

江阴市总工会以帮助平台企业规范劳动用工管理为出发点，抓住用工关系这一主线，通过查验审核平台企业与劳动者之间的合作协议、企业规章制度等，寻找问题隐患，制作"体检报告"，开出"法律处方"，帮助企业建立完善"法律健康档案",从源头上、制度上规范企业劳动用工行为,既维护了劳动者合法权益,也促进了企业健康发展,实现了劳资双赢,促进了劳动关系和谐稳定。

浙江省东阳市总工会维护残疾职工合法劳动权益专项监督案

2022年4月,东阳市总工会在劳动法律监督过程中,发现作为残疾人集中安置企业的某公司违反《劳动法》《劳动合同法》等法律规定,未按当地最低工资标准向残疾职工发放工资等问题线索。通过与检察机关协作,运用检察大数据法律监督手段查明全市33家用工企业普遍存在残疾职工最低工资标准不达标、休息休假权被剥夺等违法问题,涉及残疾职工300余人。随后,市检察院向市人社局发送行政公益诉讼诉前检察建议,督促其履行行政监管职责,在全市残疾人集中安置企业开展残疾职工合法权益保障专项整治。在专项整治过程中,市人社局邀请市总工会和市检察院全程同步监督,督促残疾人集中安置企业自查、核查和认真整改,确保全市33家残疾人集中安置企业全部整改到位。

残疾职工是职工队伍的组成部分,依法维护残疾职工合法权益是工会的职责所在。东阳市总工会依托与检察机关建立的公益诉讼协作配合机制,通过数字化手段开展类案摸排,发挥公益诉讼检察职能,督促相关部门开展专项整治,健全完善长效监管机制,以劳动法律监督机制手段创新深化残疾职工权益保障,实现了政治效果、法律效果和社会效果有机统一。

福建省泉州市黄某等25人追索劳动报酬案

2021年10月下旬,黄某等25人到泉州台商投资区职工法律服务一体化基地,反映被拖欠劳动报酬共约96万元。接到投诉后,泉州台商投资区总工会劳动法律监督员和法援律师立即深入企业开展调查。查证属实后,区总工会劳动法律监督委员会向企业发出《工会劳动法律监督提示函》,并指派工会法援律师组织调解。在多次调解无果后,区总工会协助职工向当地劳动人事争议仲裁委员会申请劳动仲裁。同时，区总工会充分发挥"园区枫桥"机制优势，就地组织仲裁员、人民调解员等多部门人员，在基地再次对当事人进行裁前调解，经不懈努力和持续跟进，25名职工最终拿到了被拖欠的全部工资。

坚持和发展新时代"枫桥经验"，是推进基层社会治理现代化，促进社会和谐稳定的重要途径。工会会同法院、人社、司法等单位建立职工法律服务阵地，形成"园区枫桥"机制，是新时代"枫桥经验"在劳动关系领域的生动实践，是维护职工合法权益、竭诚服务职工群众，推动构建和谐劳动关系的积极探索和有益经验。泉州台商投资区总工会探索多元化解劳资矛盾一体化维权模式，联合区综治办、民生保障局和法院，集中设置"两室两庭一站"，即职工法律援助室、职工劳资纠纷调解室、劳动仲裁庭、劳动法庭和台籍职工法律服务工作站，建设职工法律服务一体化基地，为职工维权提供法律咨询、调解、仲裁、诉讼"一站式"服务，促进了园区劳动关系和谐，得到企业、职工的广泛欢迎和好评。

江西省九江市工会劳动法律监督维护职工工伤权益案

2019年7月，江西省九江市某金属机械加工厂职工李某在作业中右手被机器砸伤致手指骨折。李某请求企业为其申报工伤，但企业以各种理由推脱。因企业未提供相关资料，人社部门无法为李某办理工伤认定。九江市总工会接到李某求助后，迅即启动工会劳动法律监督程序，向企业发送《工会劳动法律监督意见书》，为企业负责人释明法律，同时向同级人社部门提出个案监督建议。在九江市总工会和人社部门的协作配合下，企业为职工出具了工伤认定手续，职工被认定工伤并获得赔偿。

实践中，一旦企业怠于履行申报工伤及相关义务，职工往往只能通过仲裁或诉讼方式维权。为推动从立法层面解决这一问题，九江市总工会在《江西省企业工会工作条例》制定过程中，明确建议增加"职工发生事故伤害或者按照《职业病防治法》规定被诊断、鉴定为职业病，请求工会为其申请工伤认定的，工会应当收集、审查有关证明材料，并向社会保险行政部门申报。对不予受理或不予工伤认定的，社会保险行政部门应当向工会作出书面答复"等有关内容，并最终被采纳。通过工会劳动法律监督发现问题，系统分析问题，进而提出对策，再推动将具有针对性、可行性的对策转化为具有普适性的法律规范，从个案法律监督上升至立法层面的制度设计，从源头上解决一类问题，体现了工会劳动法律监督的重要使命和意义，也是工会组织发挥桥梁纽带作用的具体体现。

山东省青岛市某企业返聘人员权益保障案

青岛市即墨区某大型服装智能制造企业有员工约2000人，劳动用工风险一直困扰着企业管理人员。2021年10月，即墨区总工会督促指导企业建立了工会劳动法律监督委员会，制定了企业工会劳动法律监督制度。企业工会劳动法律监督员在日常监督中发现，退休返聘人员张某、李某每天骑摩托车上下班，二人住址距离单位较远，职业伤害风险较大。另据了解，张某曾在2020年12月因路面湿滑，上班途中骑摩托车摔伤。随后，监督员将了解到的相关情况向企业工会进行了汇报，并建议企业为退休返聘人员购买雇主责任险。经研究，建议最终被采纳，既保障了劳动者合法权益，又降低了企业劳动用工风险，实现了企业和劳动者的双赢。该监督员也因此获得了企业的"金点子"奖励。

工会劳动法律监督过程中，发现企业存在退休返聘人员等无法纳入现行工伤保险制度保障范围的劳动者，可以通过建议企业购买雇主责任险、意外伤害险等商业保险方式，确保劳动者在发生职业伤害后可以获得有效的补偿救助。青岛市即墨区总工会创新监督理念，打造劳动用工"法治体检"品牌，指导辖区内已经建立工会的单位普遍建立劳动法律监督委员会，加强工会劳动法律监督员队伍建设，通过日常劳动法律监督及时发现企业的"痛点""难点""风险点"，"对症下药"，有力推动了职工合法权益保障和和谐劳动关系构建。

广东省珠海市某公司职工聚集表达诉求案

2021年6月，珠海市金湾区总工会收到某公司职工来电反映，称该公司自2021年3月开始安排100余名职工停工，原定于6月1日复工，但职工按时返岗要求复工时却遭到公司拒绝，导致多名职工聚集公司门口表达诉求。区总工会当即启动劳动法律监督程序，派出维权专员同区人社局劳动保障监察员等组成监督工作小组，及时处置纠纷。监督工作小组通过了解职工诉求、听取企业回应等方式了解事实后，对公司安排部分职工停工休假的合法性问题提出监督建议，认为依据《广东省工资支付条例》，公司若不能提供充分证据证明订单不足导致停工的事实，将承担由此带来的法律后果。同时，要求公司在实施停工措施前充分听取工会和职工意见，若需暂缓复工，应履行必要的通知义务。后经多次沟通协调，截至2021年12月底，约10名员工继续留在公司上班，10名员工申请劳动仲裁，其余职工与公司协商一致解除劳动合同。此后再未发生职工聚集表达诉求的情况。

近年来，受全球经济下行、国际贸易摩擦及疫情影响，一些企业面临订单锐减、开工不足等问题，部分企业停工停产、安排职工休息休假，导致职工收入大幅减少，容易引发劳资纠纷，劳动关系面临不少挑战。珠海市金湾区总工会及时启动监督程序，提出精准监督建议，提醒企业依法行使自主经营权，最大限度保障了职工合法权益，同时统筹处理好维护职工合法权益与推动企业发展的关系，有效促进劳动关系和谐稳定、健康发展。

陕西省总工会为新就业形态直播企业开展劳动用工"法治体检"案

陕西某文化传媒公司是一家全产业链型企业，因公司规模快速扩张，劳动用工管理方面存在劳动合同不规范等问题，曾出现因公司与主播之间对竞业限制的对象、期限、违约金等约定不明晰，培养孵化的网红主播"出走"，给企业造成经济损失的情况。陕西各级工会专门组建以工会干部、公职律师、专业律师为主体的"法治体检组"，梳理企业劳动用工方面可能存在的问题，宣讲劳动用工法律政策，对企业的管理运营合规性进行法律分析，提出整改措施，为某文化传媒公司及其他新业态企业开展深度"法治体检"，妥善化解了企业劳动用工管理方面存在的风险隐患，获得企业和职工好评。

新就业形态劳动者权益保障是近年来工会工作的重点。陕西各级工会组建专业化劳动法律监督队伍，通过体检内容"五个一"，即为企业开展一次劳动用工法律风险体检、为企业经营管理人员和职工开展一次法律政策宣讲、为企业提供一次专业法律咨询问答、为企业制定防范和化解法律风险的"法治体检"报告一次、帮助指导企业按"法治体检"报告规范整改一次，以及调研摸底、实地体检、咨询问答、梳理汇总、整改提高等体检形式"五步走"，为新业态企业提供个性化定制服务，开展全方位体检，帮助企业合规管理运营、规范劳动用工、解决纠纷争议，有效维护了新就业形态劳动者合法权益。

2. 岳某、某公司劳动合同纠纷案[①]

案　　号：（2023）吉 01 民终 3401 号

裁判要点：根据《中华人民共和国劳动合同法》第四十三条"用人单位单方解除劳动合同，应当事先将理由通知工会。用人单位违反法律、行政法规规定或者劳动合同约定的，工会有权要求用人单位纠正。用人单位应当研究工会的意见，并将处理结果书面通知工会"、《中华人民共和国工会法》第十一条[②]"基层工会、地方各级总工会、全国或者地方产业工会组织的建立，必须报上一级工会批准。上级工会可以派员帮助和指导企业职工组建工会，任何单位和个人不得阻挠"的规定，某公司已将与岳某解除劳动合同事宜向工会进行通知，工会并未提出异议，故某公司已向工会履行了通知义务。岳某未向法庭提供证据证明某公司存在阻挠工会建立或换届的证据，故对岳某的主张，依法不予支持。

法律依据：《中华人民共和国工会法》第十二条，《中华人民共和国劳动合同法》第四十三条

[①] 本书所收录案例的"裁判要点"为编者根据裁判文书原文撰写，仅供参考。各位读者可扫描本书"编辑说明"页二维码，下载裁判文书原文阅读。

[②] 对应 2021 年修正《中华人民共和国工会法》第十二条。

3. 康某、甘肃某公司劳动争议案

案　　号：(2023) 甘01民终2065号

裁判要点：关于甘肃某公司是否存在违法解除合同情形的问题。《中华人民共和国工会法》(2021年修正) 第二条规定，工会是中国共产党领导的职工自愿结合的工人阶级群众组织，是中国共产党联系职工群众的桥梁和纽带。中华全国总工会及其各工会组织代表职工的利益，依法维护职工的合法权益。第三条规定，在中国境内的企业、事业单位、机关、社会组织（以下统称用人单位）中以工资收入为主要生活来源的劳动者，不分民族、种族、性别、职业、宗教信仰、教育程度，都有依法参加和组织工会的权利。任何组织和个人不得阻挠和限制。工会适应企业组织形式、职工队伍结构、劳动关系、就业形态等方面的发展变化，依法维护劳动者参加和组织工会的权利。第十一条规定，用人单位有会员二十五人以上的，应当建立基层工会委员会；不足二十五人的，可以单独建立基层工会委员会，也可以由两个以上单位的会员联合建立基层工会委员会，也可以选举组织员一人，组织会员开展活动。女职工人数较多的，可以建立工会女职工委员会，在同级工会领导下开展工作；女职工人数较少的，可以在工会委员会中设女职工委员。企业职工较多的乡镇、城市街道，可以建立基层工会的联合会。县级以上地方建立地方各级总工会。同一行业或者性质相近的几个行业，可以根据需要建立全国的或者地方的产业工会。全国建立统一的中华全国总工会。工会以维护职工利益为基本职责，明确用人单位要单方解除劳动合同应事先将理由通知工会，意是避免用人单位随意解除劳动合同，有利于监督和纠正用人单位违法或违反约定解除劳动合同，亦是对职工劳动权利、生存权利的保障。而且，如果对用人单位未建工会就可以免除通知工会的义务，则可能会助长用人单位抵制成立工会之风，对于已成立工会的用人单位也不公平。因此，在企业没有组建工会的情形下，其应通过告知并听取职工代表意见的方式或向当地总工会征求意见方式变通来履行通知工会义务，否则则为解除劳动合同程序违法。

本案中，如甘肃某公司所述，其公司作为用人单位未依法建立工会组织，解除劳动合同时既未征求职工代表意见，也未征求当地工会意见，且在起诉前亦未补正相关程序，故其单方解除劳动合同系违法，应向作为劳动者的康某支付相应的违法解除劳动合同赔偿金。另，根据本案现已查明的事实，从甘肃某公司解除劳动合同事由来看，康某在配送快件过程中被客户投诉的事实，与甘肃某公司解除劳动合同所依据的相关规定不符，因此，甘肃某公司解除案涉劳动合同不具有合法性。

法律依据：《中华人民共和国工会法》第二条、第三条、第十一条

4. 深圳某公司、张某劳动争议案

案　　号：（2022）苏06民终5468号

裁判要点：《中华人民共和国工会法》（2022年1月1日起施行）第二条中规定：工会是中国共产党领导的职工自愿结合的工人阶级群众组织，是中国共产党联系职工群众的桥梁和纽带。第十六条中规定：基层工会委员会每届任期三年或者五年。第十八条中规定：罢免工会主席、副主席必须召开会员大会或者会员代表大会讨论，非经会员大会全体会员或者会员代表大会全体代表过半数通过，不得罢免。第十九条中规定：基层工会专职主席、副主席或者委员自任职之日起，其劳动合同期限自动延长，延长期限相当于其任职期间；非专职主席、副主席或者委员自任职之日起，其尚未履行的劳动合同期限短于任期的，劳动合同期限自动延长至任期期满。但是，任职期间个人严重过失或者达到法定退休年龄的除外。

本案中，张某自2018年9月起担任深圳某公司工会主席，当时适用的《中华人民共和国工会法》第十五条、第十七条、第十八条中关于基层工会委员会的每届任期、工会主席的罢免程序、任工会主席后劳动合同期限的延长等规定与前述修正后的工会法第十六条、第十八条、第十九条中的规定一致。具体到本案中，首先，根据前述法律规定，工会主席的任期可以为三年或者五年，并无证据证明张某担任深圳某公司工会主席时确定的任期为三年。其次，张某担任工会主席后，至2021年10月20日时，深圳某公司工会并未进行换届选举。公司工会未进行换届选举，如罢免工会主席，则须根据前述法律规定履行特定的程序。鉴于此，至2021年10

月 20 日深圳某公司终止与张某的劳动合同时,并无证据认定张某所担任的深圳某公司工会主席一职任期已经届满,深圳某公司工会并未进行换届选举工作,亦未将张某的工会主席一职罢免,故结合工会这一组织的性质,应当认为 2021 年 10 月 20 日深圳某公司终止劳动合同关系时,在该公司工会委员会中,张某仍是工会主席,根据前述法律规定,张某自任职工会主席之日起,其劳动合同期限将自动延长至工会主席任期期满。

法律依据:《中华人民共和国工会法》第十六条、第十八条、第十九条

5. 尤某、辽宁省沈某文化传媒有限公司劳动争议案[①]

案　　号:(2023)辽 01 民终 9274 号

裁判要点:本案的争议焦点为原告离职的原因及 2022 年 6 月 13 日以后,原告是否在被告公司实际工作。双方劳动合同于 2022 年 6 月 12 日到期,劳动合同到期前即 2022 年 5 月 11 日,被告向原告发出《劳动合同期满终止通知书》一份,表示 2022 年 6 月 13 日劳动合同到期后,不再续签劳动合同。但原告具有被告公司工会委员的身份,根据《中华人民共和国工会法》第十九条规定,基层工会专职主席、副主席或者委员自任职之日起,其劳动合同期限自动延长,延长期限相当于其任职期间;非专职主席、副主席或者委员自任职之日起,其尚未履行的劳动合同期限短于任期的,劳动合同期限自动延长至任期期满。但是,任职期间个人严重过失或者达到法定退休年龄的除外。因此,虽然双方劳动合同到期,但因原告具有工会委员身份,根据法律规定,其劳动合同期限自动延长,延长期限相当于其任职期间,原告担任工会委员的期限为 5 年,双方劳动合同关系应自动延长至 2026 年 5 月 25 日。故被告向原告提出解除劳动合同关系是在双方存在劳动关系期间内提出,在被告没有证据证明原告在职期间存在过错的情况下与原告解除劳动关系,系违法解除。关于被告提出的工会委员已调整的抗辩事由,因工会成员的调整系因原告离职而产生,原告离职系因被告违法解除劳动关系而产生。

法律依据:《中华人民共和国工会法》第十九条

[①] 本书所收录案例的"裁判要点"为编者根据裁判文书原文撰写,仅供参考。各位读者可扫描本书"编辑说明"页二维码,下载裁判文书原文阅读。

6. 尤某、某运营服务有限公司劳动争议案

案　　号：(2020) 冀 01 民终 3976 号

裁判要点：本院认为，《中华人民共和国劳动合同法》第四条第二款规定，用人单位在制定、修改或者决定有关劳动报酬、工作时间、休息休假、劳动安全卫生、保险福利、职工培训、劳动纪律以及劳动定额管理等直接涉及劳动者切身利益的规章制度或者重大事项时，应当经职工代表大会或者全体职工讨论，提出方案和意见，与工会或者职工代表平等协商确定。《中华人民共和国工会法》第三十五条第二款①规定，国有企业的工会委员会是职工代表大会的工作机构，负责职工代表大会的日常工作，检查、督促职工代表大会决议的执行。某运营服务有限公司提交了《某运营服务有限公司工会委员会会议》，该会议记载：会议认真研究了某运营服务有限公司提交的《员工劳动纪律管理规定》，并经过表决一致通过该《规定》，且该会议加盖有某集团公司第五十四研究所工会委员会办公室的印章，尤某称该规章制度未经过民主程序制定的主张，理据不足，不予支持。某运营服务有限公司将规章制度和考勤办法在 QQ 工作群内和以群文件保存的方式进行了公示，且尤某也曾在该工作群内，故尤某主张某运营服务有限公司未将规章制度告诉自己，没有履行公示程序，缺乏相应的事实依据，对其主张不予支持。尤某主张某运营服务有限公司解除与自己劳动关系的行为违反了规章制度，缺乏事实和法律依据，故对其主张亦不予支持。

法律依据：《中华人民共和国工会法》第三十六条，《中华人民共和国劳动合同法》第四条第二款

---

① 对应 2021 年修正《中华人民共和国工会法》第三十六条第二款。

7. 王某与某公司劳动争议案

案　　号：(2019)陕01民终14282号

裁判要点：工会是职工自愿结合的工人阶级群众组织，劳动者有依法参加和组织工会的权利。工会会员应履行按月交纳会费的义务。某公司提交了网页截图，证明王某系自愿加入工会。王某对此不予认可。根据王某提交的劳动合同显示王某以工号及自行设置的密码登录内部IT平台后所做出的一切行动及言论等视为王某做出的真实意思表示。结合王某工作岗位及王某表示某公司确向其发放了礼品，只是不清楚是否为工会发放，可认定王某系自愿加入工会。根据《中华人民共和国工会法》第三十六条[①]规定，工会的经费部分来源于工会会员缴纳的会费。某公司每月从王某工资中扣除10元作为工会会费符合法律规定，故对于王某的诉请，依法不予支持。

法律依据：《中华人民共和国工会法》第三十七条

8. 某贸易公司、某煤业公司工会委员会等买卖合同纠纷案

案　　号：(2022)晋11民终565号

裁判要点：双方争议的焦点是：1. 某煤业公司是否应当承担付款义务；2. 本案合同是否为欣怡公司和某煤业公司工会双方真实意思表示。

关于争议焦点1，某煤业公司工会是社团法人，具有独立的法人地位，独立承担民事义务，工会经费来源包括企业、事业单位、机关每月全部职工工资总额的百分之二向工会拨缴的经费。根据山西总工会和山西省税务局文件，工会经费由税务部门代征，故某贸易公司要求某煤业公司承担付款义务的请求不予支持。

---

① 对应2021年修正《中华人民共和国工会法》第三十七条。

关于争议焦点 2，某贸易公司与某煤业公司工会签订的合同符合成立民事法律行为的要件，应当认定是双方真实意思表示；某煤业公司工会辩称应付款来源应为上级工会拨款，但未提供证据证明，应当按照合同约定承担给付设备款。

法律依据：《中华人民共和国工会法》第四十二条

9. 邓某、广州某投资集团有限公司劳动争议案

案　　号：（2023）粤 01 民终 4845 号

裁判要点：关于返还工会费的问题。根据《中华人民共和国工会法》第四十三条规定："工会经费的来源：（一）工会会员缴纳的会费；……工会经费主要用于为职工服务和工会活动。经费使用的具体办法由中华全国总工会制定。"本案中，邓某主张其并未加入工会，但广州某投资集团有限公司每月扣除工会费，故请求广州某投资集团有限公司返还诉请期间的工会费。广州某投资集团有限公司则回应称其系根据广州南方投资集团有限公司工会委员会制定的《关于广州南方投资集团有限公司工会会费（个人部分）缴纳标准的通知》，每月在邓某的工资中代扣邓某应缴纳的工会会费 6 元/月。法院认为，广州某投资集团有限公司为邓某代扣工会费，符合法律的规定，对邓某要求返还工会费的诉请，不予支持。

法律依据：《中华人民共和国工会法》第四十三条

10. 北京某公司镇江分公司诉镇江市某区总工会纠纷案

案　　号：（2015）镇民终字第 1442 号

裁判要点：本院认为，中华全国总工会是各地方总工会和各产业工会全国组织的领导机关，其所颁布的各种规范性文件，各级工会均应当遵照执行。因中华全国总工会已确立工会经费属地管理原则，故北京某公司镇

江分公司应当向其所在地上级工会，即京口工会缴纳相应的工会费用。北京某公司镇江分公司上缴给该公司北京公司工会的工会经费，应当从其上交给京口工会后的留成经费中列支。故北京某公司镇江分公司以其已将工会费上交该公司北京公司工会为由，主张不应再向京口工会上交工会费的理由不能成立。

法律依据：《中华人民共和国工会法》第四十四条

11. 某县总工会、邓某执行复议执行案

案　　号：（2022）粤 13 执复 148 号

裁判要点：涉案账户中既有某县总工会日常运营费用，也有其他专项资金，对于专项资金只能专款专用，不能视为是被某县总工会的自有资金或收益，不在被执行资产的法定范围内，人民法院采取冻结措施时，不得冻结其银行账户内指明用途的专项资金。本案中，法院在未查明账户资金具体情况下，直接冻结账户内资金，事实不清，可能损害他人利益。法院应对某县总工会的账户收支情况进行查明，核定该账户内可供执行资金及不得执行资金，在保障某县总工会正常运营的情况下再对涉案账户采取冻结措施。

法律依据：《中华人民共和国工会法》第四十三条

12. 某公司、崔某等买卖合同纠纷案

案　　号：（2023）辽 0213 执异 83 号

裁判要点：本院认为，《最高人民法院关于适用〈中华人民共和国民事诉讼法〉执行程序若干问题的解释》第十四条规定："案外人对执行标的主张所有权或者有其他足以阻止执行标的转让、交付的实体权利的，可以依照民事诉讼法第二百二十七条（现为第二百三十四条）的规定，向执行法院提出异议。"根据案外人的异议请求及事由可知，案外人实质是对案涉账户内资金主张所有权，要求排除本案的强制执行，属于案外人提

出的异议,本案应按《中华人民共和国民事诉讼法》第二百三十四条的规定进行审查。《最高人民法院关于产业工会、基层工会是否具备社会团体法人资格和工会经费集中户可否冻结划拨问题的批复》第三条规定:"根据工会法的规定,工会经费包括工会会员缴纳的会费,建立工会组织的企业事业单位、机关按每月全部职工工资总额的百分之二的比例向工会拨交的经费,以及工会所属的企业、事业单位上缴的收入和人民政府的补助等。工会经费要按比例逐月向地方各级总工会和全国总工会拨交。工会的经费一经拨交,所有权随之转移。在银行独立开列的'工会经费集中户',与企业经营资金无关,专门用于工会经费的集中与分配,不能在此账户开支费用或挪用、转移资金。因此,人民法院在审理案件中,不应将工会经费视为所在企业的财产,在企业欠债的情况下,不应冻结、划拨工会经费及"工会经费集中户"的款项。"本案中,案涉账户2017年1月12日至2022年6月21日期间的交易明细显示,该账户在此期间仅有结算利息的交易流水,并无工会经费的收支记录。案外人并没有提供案涉账户自2022年6月21日至2023年1月13日被冻结前的交易记录,故对于案涉账户内资金的来源案外人没有提供证据证明,其主张该账户内资金为工会经费依据不足。因此,案外人并不享有排除本案强制执行的实体权益,其异议不能成立,应予裁定驳回。

法律依据:《中华人民共和国工会法》第四十三条、第四十五条,《最高人民法院关于适用〈中华人民共和国民事诉讼法〉执行程序若干问题的解释》第十四条,《最高人民法院关于产业工会、基层工会是否具备社会团体法人资格和工会经费集中户可否冻结划拨问题的批复》

13. 某集团有限公司与白某房屋买卖合同纠纷上诉案

案　　号:(2017)鲁01民终3000号

裁判要点: 白某参加某集团有限公司工会组织的房产团购活动,并实际交纳了购房款。由于开发商违约,某集团有限公司工会与开发商之间的团购协议已经解除,生效判决判令开发商向某集团有限公司工会返还购房款并支付利息。因此,由于团购已经实际无法履行,白某所交纳的购房款应予返还。白某购房款的直接收取主体是某建设集团有限公司工会,而在收款时某建设集团有限公司工会并未经审核取得工会法人资格,不能独立承担民事责任。某建设集团有限公司工会成员同时系某建设集团有限公司职工,在取得法人资格之前以工会名义所实施行为,由于具体经办人员身份上的混同、工会组织机构、财务独立性的缺乏,交易对方与之缔结法律关系系基于对某建设集团有限公司的信赖,该信赖是合理且应受保护的。

法律依据:《中华人民共和国工会法》第四十八条

14. 某公司工会委员会与云某等不当得利纠纷上诉案

案　　号:(2017)粤03民终13091号

裁判要点:本院审查认为,从某公司工会一审提交的《广东省工会社会团体法人资格证》及二审中提交的证明可以看出,该资格证书有效期至2016年8月19日,某公司工会提交的证据不能证明该日期后其社会团体法人资格证尚有效存在,故一审法院认定立案时某公司不具备合法有效的主体资格正确,应予维持。从某公司工会提交的2012年9月5日《某公司全体会员大会决议》中记载的购买原因来看,其系作为工会为了保护会员的身心健康,而支付的保险金,购买涉案保险,双方未就该9万元保费签订任何平等主体间的债权债务协议。故本案确实不属于平等民事主体之间的民事行为,不属于人民法院的受理范围,一审法院驳回某公司工会的起诉正确,应予维持。对于某公司工会与云某之间因支付保险费而产生的权利义务关系,双方可另循途径解决。对某公司工会要求人寿公司在云某未向某公司工会归还保险费和利息的情况下,不得向云某支付保险金或者办理退保的请求,亦无事实和法律依据,不予支持。

法律依据:《中华人民共和国工会法》第五十条

15. 战某、大连某公司劳动争议案

案　　号：（2023）辽02民终4088号

裁判要点：首先，《中华人民共和国工会法》（2021年修正）第五十三条规定，"违反本法规定，有下列情形之一的，由劳动行政部门责令恢复其工作，并补发被解除劳动合同期间应得的报酬，或者责令给予本人年收入二倍的赔偿：（一）职工因参加工会活动而被解除劳动合同的；（二）工会工作人员因履行本法规定的职责而被解除劳动合同的。"依此规定可知，战某如认为其因履行工会职责而被解除劳动合同违法，应向劳动行政部门主张权利，其未提交证据证明已向劳动行政部门投诉的前提下，直接向人民法院起诉赔偿法律依据不足。其次，从战某诉请依据的事实和理由看，战某以大连某公司未发放满勤奖，其在公司微信群发布要求大连某公司补发违法克扣的满勤奖的相关信息属于履行工会委员的职责为由，要求按照前述法律规定判决大连某公司支付违法解除劳动合同赔偿金，究其实质是对本院生效民事判决认定被大连某公司解除与战某劳动合同的合法性予以否定而提起的诉讼，违反了一事不再理的法律原则。

法律依据：《中华人民共和国工会法》第五十三条

图书在版编目（CIP）数据

工会法及相关法规汇编：含典型案例／中国法制出版社编．—北京：中国法制出版社，2023.11
（金牌汇编系列）
ISBN 978-7-5216-3372-6

Ⅰ.①工… Ⅱ.①中… Ⅲ.①工会法-汇编-中国 Ⅳ.①D922.569

中国国家版本馆CIP数据核字（2023）第050348号

责任编辑：王佩琳（wangpeilin@zgfzs.com） 封面设计：李 宁

工会法及相关法规汇编：含典型案例
GONGHUIFA JI XIANGGUAN FAGUI HUIBIAN：HAN DIANXING ANLI

编者/中国法制出版社
经销/新华书店
印刷/三河市紫恒印装有限公司
开本/880毫米×1230毫米 32开　　　　　　　印张/12.875 字数/326千
版次/2023年11月第1版　　　　　　　　　　2023年11月第1次印刷

中国法制出版社出版
书号 ISBN 978-7-5216-3372-6　　　　　　　　　　　定价：45.00元
北京市西城区西便门西里甲16号西便门办公区
邮政编码：100053　　　　　　　　　　　　　传真：010-63141600
网址：http://www.zgfzs.com　　　　　　　编辑部电话：010-63141801
市场营销部电话：010-63141612　　　　　　印务部电话：010-63141606

（如有印装质量问题，请与本社印务部联系。）